JN016413

新・21世紀の

人権

知っているようで知らない
差別と人権の話

監　　修　　江原由美子
編集・発行　　（一社）神奈川人権センター
発　　売　　日本評論社

はじめに

　「人権という言葉をよく聞くけど、何か分かりにくい言葉だな」と思っている人も多いと思います。そんな人に読んでもらいたいと思い、本書のタイトルを、『新・21世紀の人権―― 知っているようで知らない差別と人権の話』とつけました。

　21世紀前半の世界を生きている私たちの周りには、さまざまな問題があふれています。いじめやハラスメント、犯罪や事故、災害やパンデミックなど、数え上げればきりがありません。さらに新聞等のメディアでも、貧困や格差の問題、地球温暖化等の環境問題、軍事的衝突や戦乱等の報道があふれています。こういうさまざまな問題をどう考えていけば良いか、心と頭を悩ませているのが、私たちの生活ではないでしょうか。

　「人権」とは、こうしたさまざまな問題を考える上で抜かすことができない基本的な思想です。「すべての人は、一人ひとりが人であるということだけでかけがえのない尊い大切な存在として、守られなければならない」という前提の上で、法によらずして拘束されない権利や、教育を受ける権利、自由にものを考えその考えを表現する権利等が、憲法や法によって規定されています。このような思想がいつ生まれどのように憲法や法などになったのかについて、詳しくは、本書第1章を読んでみてください。この「人権」という視点は、いじめをどう考えればよいかとか、災害にどのような支援を行えば良いか等の現実の具体的な問題を考えていく時の大きな支えとなります。

　しかし、実際には、多くの現実の社会的問題は、「人権」の視点から見て充分な対応が取られているとは到底言えません。たとえば、日本国憲法では「すべて国民は、健康で文化的な最低限度の生活を営む権利を有する」という規定があるにもかかわらず、多くの人が貧困に苦しんでいます。また、この憲法の規定も「国民」に与えられた権利に過ぎず、国籍が違う人はそこには含まれていません。「すべての人は人であるだけでかけがえのない尊い大切な存在として守られなければならない」という人権思想から見れば、全く不十分ということになります。本書では、さまざまな現実的な問題について深く充分な知識を持った執筆者が、なぜどうしてどのように不十分なのかを、現代の日本社会に即して、かなり深く具体的に論じています。つまり本書の主題は、「人権」という思想を基準として、私たちが生きている社会が実際にどのくらい「人権」を尊重できている（できていない）社会なのかを、明らかにすることにあるのです。「知っているようで知らない差別と人権の話」という副題には、「人権」という概念を知っていても、さまざまな現実の社会問題のなかで何が問題なのかについてまでは知らないことが多いという意味も、込めています。本書を手掛かりに、一緒に考えていければ幸いです。

江原由美子
（一般社団法人神奈川人権センター理事長）

新・21世紀の人権＊目次

世界人権宣言（1948年12月10日）を採択した第3回国連総会（写真提供：UN Photo）

第1章
21世紀
の 人権

1. 21世紀の人権

人権とは

　人権とはなんでしょうか？　人は生まれたからには誰でも、生き生きと一生を過ごしたいと願っているはずです。しかし、これを実現するのは、容易ではありません。人は生まれてから生涯を終えるまで、実に様々な困難に直面します。この中には、人が生まれながらに持っている権利や自由が不当に侵されたり、制限されたりすることがあります。こうした「侵害」や「排除」から誰もが持っている権利や自由を守るための根拠が〝人権〟です。

　人には生存権をはじめとするいろいろな権利が保障されています。しかし実際にはこの「侵害」や「排除」によって、これらの保障が無意味になっている場合の方がはるかに多いのです。人の一生になぞらえて、いかに多くの望まない「侵害」や「排除」があるかを見てみましょう。

　まず、人には生きる権利＝生存権が保障されています。にもかかわらず、世界の絶対的貧困者や飢餓人口は7億人にのぼります。例えば、乳幼児の問題を取り上げてみると、世界では5歳までに死亡する乳幼児が少なくありません。サハラ以南のアフリカでは1,000人に対し81人、南アジアでは41人にのぼります（先進国では4人）。お母さんと子どもの栄養不良、不衛生な環境、貧困による食糧不足、不衛生な水、十分な医療サービスを受けられないことなどが、その原因です。こうして死亡した乳幼児は、生きる権利を否定されたことになります。

　また、乳幼児期に順調に成長しても、初等教育を受けられない人が世界には約5,900万人います。その3分の2は女性です。学校に行かないと文字が読み書きできず、安定した収入のある職業につくのが難しくなり、貧困から抜け出しにくくなります。

　初等教育を学ぶ権利は、教育を受ける権利に含まれていて、これも生きるためには必要な権利として保障されているはずです。

　さらに、学校でのいじめや家庭での虐待も人権侵害です。力の弱い子どもに対し、精神的苦痛・肉体的苦痛を継続的に与えるいじめや虐待は、人間の尊厳の否定であり、子どもの人格権や名誉権の侵害に当たります。

　学校教育を経て社会人となる際や仕事をはじめてからも、様々な「侵害」や「排除」が予想されます。性別、社会的出自、出身地、国籍などによって、就職や就業が妨げられる場合がよく見られますが、その日本における典型的な例として被差別部落出身者に対する就職差別が挙げられます。これは、差別による労働する権利の侵害になります。

　後ほどの各章で詳しく述べられているように、日本では部落差別以外にも、先住民族アイヌ、沖縄の人びと、在日コリアンなどに対する同様な差別が続いています。

　さらに加えて、原発震災による放射能被爆者に対する差別にどのように向き合っていくのか問われています。

　以上、人が生まれてから就職するまでを例に、いかに多くの望まない「侵害」や「排除」がありうるかを説明しました。この他、人が生きていく上で、差別や様々な人権侵害を経験することがあります。

　これらはいずれも個人の尊厳に対する不当な干渉であり、〝人権侵害〟とみなされるものです。こうした許されない外圧をはねのける際の根拠となるのが、〝人権〟です。「人権」は、人間が生まれながらに持っている自分らしく生き生きと生きる権利で、誰からも侵されることのない固有の権利として、憲法で保障されています。

　人権は誰もが持っている権利で、これが侵害されたときは公の制度によって救済される「法的な権利」のカタログでもあります。人権を守ることは、「思いやり」や「やさしさ」などの情

緒的な問題ではありません。

世界の人権状況

　世界人権宣言には、「すべての者」は誰でも生命・身体の不可侵、思想・信条の自由などの自由権や社会保障の権利、労働権などの社会権を持つと明記されています。しかし、既に紹介したように、世界では生存権自体を脅かされている人びとが多数います。いまでも超法規的処刑がなされ、「失踪者」がでている国があると言われています。世界人権宣言が規定する権利や自由が踏みにじられている現実が世界には数多く見られるのです。

　しかし、こうした事態が起きている国々にも、実は人権を保障する憲法や法律は存在します。

　人権保障の法制度があっても、人権が尊重されない場合が少なくありません。例えば、インドのいわゆるカースト制度1）は同国憲法第17条

によって禁止されていますが、一向に解消していません。

　第2次大戦前は少数民族の保護や奴隷売買の禁止などが条約によって規定されていましたが、一般に人権問題は国内問題とされていました。

　しかし、第2次大戦中のナチス・ドイツによるユダヤ人、ロマ2）、障害を持つ人びとの虐殺や、かつての南アフリカによるアパルトヘイト3）政策のように、国家自体が重大な人権侵害を犯す場合、国家による人権保障は機能しません。超法規的処刑、「失踪者」や拷問のように、国家が直接または間接に人権侵害を犯す場合も、同様です。カースト制度のような社会的差別について有効な対応策を国家がとれない場合も、人権侵害の防止や救済策を国家だけに期待することはできません。こうした場合には、国際的な人権保障を体系化する国際人権法に期待する他ないのです。

2. 世界の人権と歴史

人権保障の歴史

　私たち人類は、これまでの歴史の中で、人権が尊重される社会を実現するため多くの努力を重ねてきました。世界のどの文化や宗教でも人間の生命や尊厳は重視されています。歴史的に言えば、国家権力との関係でこれらを初めて確

認し、社会思想として人間の尊厳を語り始めたのは、ヨーロッパ社会においてでした。

　13世紀以降のイギリスにおけるマグナ・カルタ4）、権利章典5）等、1776年のアメリカ独立宣言6）、1789年のフランス人権宣言7）などによって人間の尊厳は徐々に「人の権利」として

1）ヒンズー教を背景にしたインド独特の身分制度。バラモン（僧侶）、クシャトリヤ（王侯、武士）、ヴァイシャ（平民）、シュードラ（隷属民）という4階層以外に、アウトカースト（不可触民）の5階層で構成されるている。

2）インド北西部（パンジャヴ地方）発祥の民族で、今日では世界各国に居住する独自の文化を持つ少数民族。ロマ人口はヨーロッパ大陸で600万人以上、インド残存のロマ1500万人を除いて世界で約1000万人と推定される。

3）1994年の制度撤廃まで、長年南アフリカで採られていた人種隔離政策のこと。人口全体から見れば少数派の白人が特権を維持できるように、あらゆる手段で黒人等の権利を徹底的に排除した。

4）大憲章。1215年、イギリスの封建貴族とロンドンの市民が王にせまって署名させた特許状のこと。みだりに税を課さない、逮捕しないなど前文と63条からなり、「法の支配」概念の出発点となった。

5）1688年成立したこの章典は、議会の承認なしには法律の停止や施行、金銭の取立て、常備軍の維持などができないことを規定。大憲章などとイギリスの基本法の一つである。

語られるようになりました8)）。

こうした考え方は次第に諸国に広まり、国家の憲法の中に規定されるようになり、その結果、20世紀前半までに人びとの人権を守ることは国家の義務とみなされるようになったのです。

しかし、第1次大戦と第2次大戦、とりわけドイツと日本のファシズムの登場によって多くの人びとが犠牲となり、また人権が否定される歴史が繰り返されたため、第2次大戦後、国境を越えた人権保障の必要性が痛感されました。こうして1945年に国際連合が創設され、1948年に国連総会で「世界人権宣言」が採択されるに至りました。

21世紀を人権の世紀へ

20世紀は「戦争の世紀」と呼ばれています。2度の世界大戦で多くの人びとが死傷したためです。また、東西冷戦後の1990年代以降、世界各地で地域紛争が起き、大規模な人権侵害や多くの難民が発生しました。しかし、東西のイデオロギー対立が解消したため、国際社会で人権問題に取り組みやすい環境ができました。1993年のウィーンでの世界人権会議で採択されたウィーン宣言及び行動計画ではすべての人権の普遍性や人権教育の重要性が確認されました。これを契機に、世界でも日本でも、21世紀を「人権の世紀」とする取り組みが活発に展開されています。

3. 国際的人権保障と国際人権法の発展

第2次大戦後、人権問題は諸国に共通の国際問題とされるようになり、国境を超えた国際的人権保障の取り組みが始まりました。

国際的人権保障では、諸国が守るべき人権保障の基準（国際人権基準）を国際レベルで設定し、国際・国内の両レベルでこの基準を現実の人権問題や人権侵害の被害者救済のため適用します。国際人権法はこうした国際的人権保障の制度や手続をめぐる国際法と国内法の法体系です。

国際的人権保障は地球規模では国連によって、またヨーロッパ、米州、アフリカなど地域レベルでは欧州評議会、米州機構、アフリカ連合などの地域的国際組織によって推進されてきました。ここでは、主に国連による国際人権基準の

設定と国際的実施、ならびに日本国内における実施に焦点をあてて説明します。

国際人権基準の設定

今日の国際人権基準設定の出発点は世界人権宣言（以下、「宣言」という）です。「宣言」は1948年12月10日の国連総会で、賛成48、反対0、棄権8（旧社会主義国6か国とサウジアラビア、南アフリカ）で採択されました。前文と30か条からなり、自由権と社会権などが規定されています（表1「国際人権基準の発展」参照）。これらの権利や自由は、「すべての人民とすべての国に共通の達成目標」（前文）とされています。宣言は条約でないので、諸国を法的に拘束する力は持っていません。

6）アメリカ独立戦争の過程でトーマス・ジェファーソンが起草。基本的人権と革命権の思想にもとづいて独立の必要性を訴え、人類共通の権利である「生命、自由、幸福の追求」を擁護し、ヨーロッパにも影響を与えた。
7）フランス革命で国民議会が採択した宣言。国民主権、法の前での平等、所有権の不可侵などを明らかにした。
8）実際には「フランス人権宣言」における「人」は男性のみを意味し、女性は含まれていなかった。「女性の人権」が確立するためには、その後の婦人参政権等の長い運動が必要だった。

表1 国際人権基準の発展

【個人的権利】

世界人権宣言（条文数）　─────→ 国連一般条約

　　　　　　　　　　　　　─────→ 主な国連個別条約

【個人的権利】

［一般原則］　─────────→ ┌ 自由権規約
　　　　　　　　　　　　　　　　└ 社会権規約

非差別原則(2)　────────→ ┌ 人種差別撤廃条約、女性差別撤廃条約
　　　　　　　　　　　　　　　　│ アパルトヘイト禁止条約、子どもの権利条約
　　　　　　　　　　　　　　　　└ 障害者権利条約

人権実現のため社会・国際秩序の享受(28)

　［市民・政治的権利（自由権）］→ ┌ 自由権規約
　　　　　　　　　　　　　　　　　└ 自由権規約第1選択議定書

自由・人間の尊厳(1)　──────→ ジェノサイド条約
生命・身体の安全(3)　──────→ 人身売買禁止条約
　　　　　　　　　　自由権　──→ 拷問等禁止条約
規約第2選択議定書（死刑廃止条約）
奴隷・苦役の禁止(4)
拷問・品位を傷つける取扱いの禁止(5)
人間として認められる権利(6)
法の前の平等(7)
人権侵害からの救済を受ける権利(8)
不当に逮捕・拘禁・追放されない権利(9)
公正な裁判を受ける権利(10)　───→ 難民条約
　　　　　　　　　　　　　　────→ 難民議定書
無罪の推定、遡及処罰の　─────→ 無国籍者の地位に関する条約
禁止(11)　　　　　　　　─────→ 移住労働者保護条約
私生活・通信・名誉の保護(12)
移転・居住の自由(13)
迫害からの庇護(14)
国籍に関する権利(15)
婚姻・家族に関する権利(16)　───→ 婦人の参政権に関する条約
財産権の保障(17)
思想・良心・宗教の自由(18)
意見・表現の自由(19)
集会・結社の自由(20)　─────→ ILO諸条約
参政権(21)

　［経済・社会・文化的権利（社会権）］──→ 社会権規約

社会保障、経済・社会・文化的権利(22)
労働権、労働条件、団結権(23)
休息・余暇の権利(24)
食糧・住居・健康権、母子の保護(25)
教育に関する権利(26)
文化生活に関する権利(27)

【集団的権利】

人民の自決権（規定なし）　────→ 自由権規約・社会権規約（3条）
マイノリティの権利（規定なし）──→ 自由権規約（27条）

表2 主要な国際人権条約と批准状況の一覧（2021年4月1日現在）

	条約名	採択年月日	発効年月日	締約国数	日本の締結年月日
1	あらゆる形態の人種差別の撤廃に関する国際条約（人種差別撤廃条約）	1965.12.21	1969.01.04	182	1995.12.15
2	経済的、社会的及び文化的権利に関する国際規約（社会権規約）	1966.12.16	1976.01.03	171	1979.06.21
	選択議定書*（個人通報制度）	2008.12.10	2013.05.05	26	
3	市民的及び政治的権利に関する国際規約（自由権規約）	1966.12.16	1976.03.23	173	1979.06.21
	第1選択議定書*（個人通報制度）	1966.12.16	1976.03.23	116	
	第2選択議定書（死刑廃止）*	1989.12.15	1991.07.11	89	
4	女子に対するあらゆる形態の差別の撤廃に関する条約（女性差別撤廃条約）	1979.12.18	1981.09.03	189	1985.06.25
	選択議定書*（個人通報制度）	1999.10.06	2000.12.22	114	
5	拷問及びその他の残虐な、非人道的な又は品位を傷つける取扱い又は刑罰に関する条約（拷問等禁止条約）	1984.12.10	1987.06.26	171	1999.06.29
	選択議定書*（拷問等防止小委員会）	2002.12.18	2006.06.22	90	
6	児童の権利に関する条約（子どもの権利条約）	1989.11.20	1990.09.02	196	1994.04.22
	武力紛争における児童の関与に関する児童の権利に関する条約の選択議定書	2000.05.25	2002.02.12	171	2004.08.02
	児童売買、児童買春および児童ポルノに関する児童の権利に関する条約の選択議定書（売買春選択議定書）	2000.05.25	2002.01.18	177	2005.01.24
	児童の権利に関する条約の選択議定書（個人通報制度及び調査制度）*	2011.12.19	2014.04.14	47	
7	全ての移住労働者及びその家族の権利保護に関する条約*（移住労働者権利条約）	1990.12.18	2003.07.01	56	
8	障害者の権利に関する条約（障害者権利条約）	2006.12.13	2008.05.03	182	2014.1.20
	選択議定書*（個人通報制度）	2006.12.13	2008.05.03	97	
9	強制失踪からのすべての者の保護に関する国際条約（強制失踪条約）	2006.12.20	2010.12.23	63	2009.7.23
10	難民の地位に関する条約（難民条約）	1951.07.28	1954.04.22	146	1981.10.03
	難民議定書	1967.01.31	1967.10.04	147	1982.01.01
11	国際的な組織犯罪の防止に関する国際連合条約を補足する人（特に女性及び児童）の取引を防止し、抑止し及び処罰するための議定書（人身取引議定書）	2000.11.15	2003.12.25	178	2017.7.11
12	集団殺害罪の防止及び処罰に関する条約（ジェノサイド条約）*	1948.12.09	1951.01.12	152	
13	戦争犯罪及び人道に対する罪に対する時効不適用に関する条約*	1968.11.26	1970.11.11	56	
14	婦人の参政権に関する条約	1953.03.31	1954.07.07	123	1955.07.13
15	既婚婦人の国籍に関する条約*	1957.01.29	1958.08.11	75	
16	婚姻の同意、最低年齢及び登録に関する条約*	1962.11.07	1964.12.09	56	
17	無国籍者の地位に関する条約*	1954.09.28	1960.06.06	95	
18	無国籍の削減に関する条約*	1961.08.30	1975.12.13	76	
19	奴隷改正条約**				
	1926年の奴隷条約*	1926.09.25	1927.03.09	-***	
	1926年の奴隷条約を改正する議定書*	1953.10.23	1953.12.07	61	
	1926年の奴隷条約の改正条約**	1953.12.07	1955.07.07	99	
	奴隷制度、奴隷取引並びに奴隷制度に類似する制度及び慣行の廃止に関する補足条約*	1956.09.07	1957.04.30	124	

20	人身売買及び他人の売春からの搾取の禁止に関する条約	1949.12.02	1951.07.25	82	1958.05.01
21	アパルトヘイト犯罪の禁止及び処罰に関する国際条約*	1973.11.30	1976.07.18	109	
22	スポーツ分野における反アパルトヘイト国際条約*	1985.12.10	1988.04.03	62	

* 日本が未加盟の条約については仮称。
** 「1926年の奴隷条約を改正する議定書」により改正された「1926年の奴隷条約」が「1926年の奴隷条約の改正条約」である。締約国となる方法には、(1)改正条約の締結と、(2)奴隷条約の締結及び改正議定書の受諾との二つがある。
*** 国連ホームページ上に締約国数の記載のないもの。
〔出所：アジア・太平洋人権情報センター「主要な国際人権条約と批准状況の一覧」
https://www.hurights.or.jp/archives/treaty/un-treaty-list.html（2021.3.16アクセス）〕

1949年から国連人権委員会で、宣言の内容を条約化する作業が始められました。長年の審議の結果、1966年に社会権規約・自由権規約・自由権規約第一選択議定書からなる国際人権規約が採択されました。自由権規約は個人の生命・身体の自由、思想・良心・宗教の自由などの市民的・政治的権利（自由権）の保障を、また社会権規約は、個人の労働基本権、社会保障や教育に対する権利、文化的生活に参加する権利などの経済・社会・文化的権利（社会権）の保障を締約国に義務づける条約です。第一選択議定書は、自由権規約の締約国内で起きた自由権の侵害に関する個人通報（自由権規約で認められ

た権利を侵害された個人が、自由権規約委員会に直接訴え、国際的な場で自分が受けた人権侵害の救済を求めるための苦情申立て）を可能とする条約です。

このほか、宣言第2条の「非差別原則」を個別条約化した人種差別撤廃条約（1965年採択）、女性差別撤廃条約（1979年採択）、子どもの権利条約（1989年採択）、障害者権利条約（2006年採択）、人権侵害の対象や事象ごとに個別条約化した人身売買禁止条約（1949年採択）、難民条約（1951年採択）、拷問等禁止条約（1984年採択）など22の人権諸条約が国連の活動によって次々に成立しました（表2「主要な国際人権条約と

図 国連の人権関係機関

批准状況の一覧」参照）。

人権諸条約と国家の国際的義務

　人権条約のような多数国間条約は、国家どうしが何らかの法的義務を国際的に確認しあう国際約束です。人権条約に加盟することで国家はどのような約束をするのか、自由権規約と社会権規約について説明しましょう。

　自由権規約の締約国は、非差別原則にしたがい、同規約で認められる権利を①尊重・確保し、②国内で実現するため必要な立法などの措置をとり、③権利を侵害された者に効果的救済措置を与えること、を約束します。締約国は、自国の領域（領土・領海・領空）内で起きた同規約違反の人権侵害に関し、その被害者が自国民であれ、外国籍者（難民や無国籍者を含む）であれ、③の義務を負います。締約国は自由権規約を批准後、すぐにこれらの義務を実施しなければなりません（即時的義務）。

　これに対し、社会権規約の場合、締約国は、「……権利の完全な実現を漸進的に達成するため、……行動をとることを約束する。」（第2条1項）と規定しています。社会権は、原則として、各国の経済発展に応じて達成されるので、すぐに実施しなければならない国際的な共通基準設定ではないといわれていました。そこで、締約国は、「自国における利用可能な手段を最大限に用いることにより」社会権規約に規定する経済・社会・文化的権利を、徐々に国内で実施する義務（漸進的実施義務）を負うものとされていました。しかし、例えば大震災時の仮設住宅はすぐに設置すべきであり、社会権の中にも即時実施が求められるものもあります。

国際人権基準の国際的実施

　国際人権基準を国際レベルで実施する方法には、人権諸条約の実施措置の運用によるものと国連人権機関、とくに国連人権理事会の活動によるものがあります。1994年4月から活動を始めた国連人権高等弁務官も国連の人権活動の責任者として国際人権基準を世界規模で実施する

ため活動しています（【図】「国連の人権関係機関」参照）。

a.人権諸条約の実施措置

　人権条約を批准しても、国家がその条約規定を守らなければ意味がありません。そこで、人権諸条約は締約国が条約規定を守っているかどうかを監視するための機関（条約体；条約実施機関）と仕組み（実施措置）をもっています。条約体は個人資格で選ばれる独立の専門家からなる委員会（自由権規約の場合は、18名から成る自由権規約委員会）形式をとっています。委員会の委員は出身国政府や国連機関から指揮・命令されることなく、独自の立場から人権条約の実施のため活動します。

　実質的に機能している実施措置としては、国家報告制度（国内での条約実施状況報告書［国家報告］の定期的提出を締約国に義務づけ、条約体でこれを審議し、是正策などを勧告）と個人通報制度（締約国の領域内で起きた人権侵害について、個人が条約体に苦情を申立て、条約体がこれを検討して個人の権利救済をはかります。通報を受理・検討する条約体の権限を宣言するか、選択議定書の批准によってこれを受諾する締約国のみが個人通報の対象となります。拷問等禁止条約・人種差別撤廃条約・強制失踪条約・移住労働者権利条約が宣言による受諾形式を採り、自由権規約・社会権規約・女性差別撤廃条約・子どもの権利条約・障害者権利条約は選択議定書による受諾形式を採用しています。このほか、締約国が他締約国の条約義務違反について申立て、条約体がこれを審査し、調停・勧告などを行なう国家通報制度もありますが、ほとんど機能していません。

b.国連人権理事会の活動

　国連機関の中で人権問題を中心的に扱うのは人権理事会です。人権理事会は2006年3月、ジュネーブに設置されました。従来の人権委員会に代わる機関で、国連総会の下に位置づけられています。国連における人権の主流化の流れ

の中で、国連の人権問題への対処能力を強化することが設置の趣旨です。

人権理事会は47か国（アジア13、アフリカ13、ラテンアメリカとカリブ海域8、東欧6、西欧およびその他7）の政府代表によって構成されます。理事国は総会において全加盟国の絶対過半数で直接かつ個別に選出され、任期は3年、連続二期を務めた直後の再選は不可となっています。また、総会の3分の2の多数により、重大な人権侵害を行った国の理事国資格を停止することができます。

人権理事会の主な任務は、①人権と基本的自由の保護・促進及びそのための加盟国への勧告、②大規模かつ組織的な侵害を含む人権侵害状況への対処及び勧告、③人権分野の協議・技術協力・人権教育等、④人権分野の国際法の発展のための勧告、⑤各国の人権状況の普遍的定期審査、⑥総会への年次報告書の提出です。

普遍的定期審査（UPR）

このうち⑤は普遍的定期審査（Universal Periodic Review；UPR）と呼ばれ、人権理事会の創設に伴い国連加盟国（193か国）すべての国の人権状況を普遍的に審査する枠組みです。2017年の日本のUPR審査では、死刑の執行停止や死刑制度の廃止、国内人権機関（人権委員会などの政府から独立した国設の人権機関）の設置、人権条約の選択議定書の批准、移住労働者権利条約の批准、ヘイトスピーチなどさまざまな差別禁止法・施策、人身取引対策、ジェンダー平等の推進、女性に対する暴力への対策、子どもの保護・福祉施策、朝鮮学校の「高校無償化」、障害者の権利促進、福島原発事故被災者の権利保護、ビジネスと人権に関する国別行動計画（NAP）の策定など多岐にわたる勧告が採択されました。

特別手続

人権理事会は特定国の人権状況やテーマ別課題について個人（特別報告者など）や集団（作業グループなど）に検討・監視・助言・報告する権限を与えることができます。これらによって開始される手続には、国別手続とテーマ別手続があります。2021年3月時点でベラルーシ、カンボジア、中央アフリカ、北朝鮮、エリトリア、イラン、マリ、ミャンマー、パレスチナ占領地域、ソマリアとシリアが国別手続の対象とされています。いずれも国内紛争などで人権状況が芳しくない国です。またテーマ別手続では、恣意的拘禁、子どもの売買・売春・ポルノグラフィー、強制的・非自発的失踪、即決処刑、食糧への権利、司法権の独立など44のテーマが検討されています。

苦情申立て

人権理事会は苦情申立て手続きを通じて、世界の人権状況を審議しています。これによって、人権理事会は人権侵害の苦情申立てを受理し、審議する権限を与えられています。苦情申立て手続きは大規模人権侵害の事態を改善するため国連がとるべき措置を決めるのが目的で、個人の救済を目指すものではありません。しかし、この手続きによって、地球上のあらゆる地域（国連非加盟国や人権諸条約未批准国を含む）に住む人びとは、重大な人権侵害について苦情申立てができるようになっています。苦情申立て制度の審査は非公開で行われています。2006年から2021年3月末までに、カメルーン、エチオピア、イラク、コンゴ共和国、トルクメニスタン、タジキスタン、ギニア、モルジブ、ウズベキスタン、イランおよびキルギスタンの11か国の人権状況が延べ16回、この手続きの検討対象とされました。人権理事会の創設以前は、旧人権委員会がこの手続きを運用していました。なお、この苦情申立ては人権条約にもとづく個人通報とは別のものです。

c.国連人権高等弁務官

人権高等弁務官は、事務総長の下で国連の人権活動に主たる責任をもつ国連職員（現在は、ミシェル・バチェレ氏〔元チリ共和国大統領〕）です。世界中の人びとにあらゆる人権を保障し、

このため国連機関に勧告し、世界中の人権侵害の継続を防止し、そのためすべての政府と対話し、国連の人権活動を調整し、人権高等弁務官事務所を監督することなどがその任務です。かつての国連の人権活動は人権侵害が起きてから事後的に対処していました。これに対し、人権高等弁務官には人権侵害の予防機能が期待されています。

国際人権基準の国内的実施

　国際人権基準を設定する各種の人権条約の締約国は、他締約国との関係で、条約上の権利を国内で尊重・確保・実現し、その権利が侵害された者を効果的に救済する義務を負います。この対外的義務を履行するには、国内で条約上の権利を立法措置などによって実現し、また行政または司法を通じて条約上の権利侵害を受けた者を実効的に救済しなければなりません。こうして、人権諸条約が設定する国際人権基準は国内的に実施されています。

　日本の法制度では、条約は憲法より下ですが、法律以下の法令より上に位置づけられています。したがって、条約と法律が矛盾する場合は、法律を改正する必要が生じます。たとえば、日本は1985年に女性差別撤廃条約に加入した際に国籍法を改正し、子どもの国籍取得について男女平等主義に改め、同時に男女雇用機会均等法も制定しました。条約上の権利侵害の救済は行政と司法の役割です。

　この点で、人権擁護のための国内人権機関9）の役割が最近注目されています。条約上の権利の尊重・確保に関しては、中央政府とともに地方政府（自治体）の役割が重要です。

4.国際人権法の特徴と効用

国際人権法と個人

　これまで国際人権法について制度面から説明してきました。次に個人の立場からみた国際人権法の特徴と効用を考えてみましょう。第一に、人権諸条約の締約国の領域にある個人は、その締約国民であるかどうかにかかわらず、その条約にもとづく人権保障を享受できることです。国際的人権保障は国境を超えて個人の権利や自由を守る取り組みなので、「国民」でなく「個人」が国際人権基準の適用主体となるのは当然のことです。

　第二に、国際人権法の国際的実施措置の一環である苦情申立て手続きによって、個人は国内で起きた人権侵害の苦情を国連に通報することができ、その訴えが人権理事会などで検討される途が開かれています。ただし、苦情申立て手続きで通報が受理されるためには、人権侵害が起きた国で利用できる行政・司法上の救済措置を尽くしたことが要件とされます（国内的救済の原則）。条約上の個人通報制度も個人に同様の途を開いています。しかし、この制度を利用できるのは、条約の通報処理権限を宣言や選択議定書の批准によって受諾した国で起きた人権侵害に限られます。また、国内的救済の原則が条約上の個人通報受理の要件とされています。

　第三に、国際人権法の国際的実施措置の一つである人権理事会におけるテーマ別手続きによって、略式または恣意的処刑や拷問など国内

9）人権を促進し、保護する権限を持つ政府から独立した国家機関。1993年に国連総会で採択された「国内人権機関の地位に関する原則（パリ原則）」がそのガイドラインを示す。日本では未設置だが、すでに110か国以上で設けられている。

では解決しにくい世界に共通の重大な人権侵害事象を、国際人権基準に照らして法的に議論できることです。死者や被拘禁者など個人通報ができないか、しにくい人びとの人権侵害状況がこの手続きによって国際社会に知られることになります。

　第四に、国際人権法には人権保障に関する国内法・制度の不備や欠陥を補完する可能性があります。人権諸条約加盟のさいに締約国は国内法を制定または改正し、人権保障のレベルがより高い国際人権基準に国内法を合致させる場合

があります。また、加盟によって国内法化した人権条約の規定を裁判上援用して、人権侵害の救済を求めることも可能です。ただし、すべての条約規定が裁判でそのまま直接に適用されるわけではありません。人権条約の規定が個人の権利や自由を明確に定めていると裁判所が判断した場合にだけ、国内法がなくても人権条約の規定は裁判上「直接適用」されます。さらに、人権侵害の救済や人権状況の改善を行政に求めるさいに人権条約を主張の根拠として用いることもできます。

5. 国際人権法の限界と展望

NGOの役割と課題

　国際人権法は国際的に国際人権基準を設定し、これを国際的・国内的に実施する壮大な法体系で、その目指すところはグローバルな人権保障の確立です。しかし、今日の主権国家からなる国際社会では、主権国家の媒介なしには、国際人権基準は国内に適用されません。いかに立派な国際人権基準が国際的に設定されても、国家がその基準を規定する人権条約に加盟しなければ、国内でそれを実施することはできないのです。日本は国連の人権諸条約22種のうち、15条約に加盟していますが、自由権規約第1選択議定書など早期批准を求められている人権条約がまだ少なくありません。

　かりに人権条約に加入した場合でも、締約国政府が条約義務を履行しなければ国内の人権状況は改善されません。日本政府は条約上の国家報告をほぼ定期的に提出し、条約遵守の姿勢を示しています。しかし、日本政府の自由権規約第6回報告書に対する規約人権委員会の最終見解（2014年8月）では、①規約の裁判所での適用、②ジェンダーの平等、③性的指向、ジェンダー・アイデンティティにもとづく差別、④精神障害者の非自発的入院、⑤死刑制度、⑥「慰安婦」に対する性奴隷慣行、⑦技能実習制度、⑧代替収容制度「代用監獄」・自白強要等の21の課題が日本政府に勧告されました。とくに、⑤〜⑧については、勧告実施に関する1年以内の情報提供を日本に求めました。同委員会の勧告には法的拘束力はありませんが、条約体の見解であり、重く受けとめる必要があります。

　これまで、国連の活動を中心に国際人権法の発展について見てきました。国連は政府間国際組織であり、国連における国際人権基準の設定や実施は諸国の意思に左右されます。しかし、NGO[10] は、新たな国際人権基準の設定や、既にある国際人権基準のより適切な実施を諸国に要望することで、側面から国際人権の発展のため貢献してきました。国連の経済社会理事会との協議資格をもつNGOは、国連の会議に出席し、発言し、文書を提出できます。

　例えば、アムネスティ・インターナショナル

10）非政府間国際組織。国連などの政府間国際組織とは異なり、市民の立場から人権、環境、発展途上国支援などの分野で活動する。

11) はこのような機会を利用して、拷問等禁止条約の草案を作成し、これを国連の場で諸国に示し、この条約の成立を実質的に推進しました。多くの人権関係のNGOは、国連の人権理事会、国連先住民族会議、世界人権会議などに参加してきました。こうした場で、NGOは積極的なロビー活動を通じて、自由権規約委員会などの委員や政府代表に専門的な情報や知識を提供し、決議や宣言案の起草過程や審議に参加するなど、国際人権法を推進するため重要な働きをしています。

　日本国内でも多様な人権NGOが活動しています。ジェンダー差別、子どもの権利擁護、部落差別、外国籍者差別、障害者差別、先住民族差別等々の人権課題に取り組むNGOは、それぞれの課題が直面する法や制度の改善に向け要望や政策提言を行ってきました。その過程で、日本国憲法や国際人権基準によって確立した法的人権が主張の根拠として活用されています。NGOはこうした主張を日本政府や各自治体に向け、日常的に発信しています。同時に、NGOは、UPR報告書や人権諸条約上の日本による国家報告に対する「もうひとつの報告書」（NGOレポート）を作成し、ジュネーヴやニューヨークでのこれら審査の場面で、活発なロビー活動を展開しています。さまざまな国や地域の多様な人びとによる長年の努力によって法的に確立してきた「人権」は、日本社会に暮らす私たちがこれを活用することで、さらにその重みを増すことになると思われます。

山崎公士（神奈川大学名誉教授）

11）国際事務局は英国。世界200か国で1,000万人以上が活動に参加している世界最大の人権団体で、国連との協議資格を持っている。主に、「良心の囚人」の釈放、「死刑の廃止」をかかげて活動している。

狭山事件再審実現まで！石川一雄さん、早智子さん近景（2021年5月）（写真提供：部落解放同盟中央本部）

第2章

被差別部落 と人権

1. 部落差別とは

部落民・被差別部落・部落差別

　被差別部落出身者（部落民）とは、江戸時代の被差別身分（穢多・非人等）にルーツをもち、現代社会においても、なお著しく基本的人権が侵害されている日本国民の一部の集団のことです。明治維新以降も、一定地域に共同体的集落（「部落」または「特殊部落」もという）を形成し続けたために「部落民」と呼ばれ、その集落は「被差別部落」と呼ばれています。部落差別が、被差別部落に所属する人々の問題であるだけでなく、被差別部落を離脱した人々の問題でもあり続けるのは、江戸時代の被差別身分にルーツをもつという属人的要素（家筋・血筋、世系）と、一定地域の共同体的集落に所属するという属地的要素が一体のものとして受け止められているからです。

江戸時代の「穢多非人など」と呼ばれた被差別身分の人々

　江戸時代に「穢多非人など」と呼ばれた被差別身分の人々は、斃牛馬を処理したり（皮を剥ぎ、鞣し、革をつくる）、竹皮草履をつくったり、犯罪者の護送・処刑や、都市の清掃、村々の山番・水番を担うなど、社会のメンテナンスに欠かすことのできない仕事をしていましたが、武士・百姓・町人からは、「穢れた仕事」をする「穢れた人々」と観念され、身分制度の最下層におかれただけではなく、「人外（人間の外のもの）」とされるなど、厳しい身分差別を受けていました。斃牛馬処理を例にとると、牛馬の持ち主であった武士・百姓・町人にとって、斃牛馬は死穢に汚染されており、自分たちでは処理できないために、穢多身分に斃牛馬処理というキヨメの仕事を担ってもらったにもかかわらず、理不尽にも、これらの人々を「穢れた人々」として差別し続けたのです。

「解放令」から「特殊部落」「特殊部落民」の成立へ

　1871（明治4）年に、「解放令」（「賤民制廃止令」「賤称廃止令」などともいう）が出され、江戸時代の被差別身分制度は廃止されました。しかし、江戸時代の被差別身分（穢多・非人等）にルーツをもつ人々は、斃牛馬処理権を失うなど貧困を強いられたばかりか、「元穢多」「元非人」「新平民」などと呼ばれ、公立小学校から排除され、神社の氏子組織から排除されるなどの社会的差別が続きました。明治政府はこうした差別をなくすための積極的な政策を講じなかったのです。

　明治時代後半になっても、社会的な差別によって職業選択の自由も獲得できず、いわゆる部落産業や日雇い・行商などの仕事に携わり、一層の厳しい貧困を強いられていきます。そのために、部落の子どもたちは小学校に通うこともできず、集落の風俗・環境・衛生の悪さが取り沙汰されるなど、「特殊」なものとみなされるようになっていきます。実は、明治政府は江戸時代以来の集落（現在の大字）を「部落」と呼んでいたのですが、明治時代の後半になると、地方改善政策の一環として、旧穢多・非人などにルーツをもつ集落を「特殊部落」と呼んで、「特殊部落」対策として、風俗の改善や就学率の改善に乗り出します。この地方改善政策の過程で、「特殊部落」「特殊部落民」という言葉が定着します。近代部落問題の成立です。

水平社運動から戦後の部落解放運動へ

　明治維新から半世紀、こうした厳しい部落差別に抗して、1922年、被差別部落の人々は全国水平社を結成しました。「水平社宣言」には、「全国に散在する吾が特殊部落民よ団結せよ」「吾々がエタであることを誇りうる時が来たのだ」とあり、部落差別を正面から受け止め、水

平社会を実現するために立ち上がったのです。水平社の闘いは、アジア・太平洋戦争を経て、戦後になると、部落解放全国委員会、部落解放同盟に引き継がれていきます。戦後の部落解放運動は、1951年のオールロマンス事件1)や、1961年の高知県長浜における教科書無償化の取り組み2)、1950年代後半からの国策樹立運動によって、政府による本格的な同和対策の取り組みを実現させていきます。

同和対策審議会答申、同和対策事業特別措置法から、人権教育推進法へ

1965年に「同和対策審議会答申」、1969年に「同和対策事業特別措置法」が施行され、以後、法律の名称を変えつつ3)、2002年まで33年間にわたって、国と自治体による同和行政・同和教育が計画的に実施され、市民や企業や宗教界なども参加するなど、国民的な取り組みとなっていきました。

2002年、同和対策事業特別措置の法期限切れを迎え、同和行政は一般対策に移行します。なお、「同和対策審議会答申」は、部落差別を「実態的差別」と「心理的差別」という2つのカテゴリーで把握していましたが、一般対策への移行にあたって、政府・自治体は「実態的差別」は一定程度解消しましたが、「心理的差別」はなお残っているとしました。経済的・社会的格差は一定程度解消されましたが、結婚差別・就職差別など、部落民を社会生活から排除する差別はなくなっていないからです。

政府は、2001年に人権教育推進法を施行し、同和教育を含む、人権教育・啓発活動を展開するとともに、「現在もなお部落差別が存在」し、結婚や就職の際の身元調査、インターネット上での差別書き込みなどの差別事象が発生していることを踏まえて、2016年には「部落差別解消法」を施行しています。

2. 狭山事件

狭山事件と狭山裁判

1963年、埼玉県狭山市で、女子高校生が誘拐され、殺害される事件が起きました。警察は身代金の受け渡しに現れた犯人を取り逃がし、世論の批判を受けると、近隣の被差別部落への見込み捜査を行い、石川一雄さん（当時24歳）を逮捕しました。警察は兄六蔵さんが犯人である

と脅したり、「やったと言ったら10年で出してやる」と騙して、石川さんを「自供」に追い込みました。「自白」と物証には多くの矛盾がありましたが、1964年の第1審は「死刑」の判決を出しました。1964年、第2審の第1回公判で、石川さんは「自白」を否認し、無実を訴えましたが、1974年の第2審でも無期懲役の判決が出

---

1) オールロマンス事件とは、1951年に雑誌『オールロマンス』に「特殊部落」と題された小説が掲載された。この小説は京都の「特殊部落」を舞台として、在日朝鮮人の医師と部落に住む女性の恋愛を題材に、ドブロクの密造をめぐる警官隊や部落の青年たちの対立を描いたものであった。部落解放委員会京都府連合会は、この小説の差別性をただすとともに、部落の劣悪な環境や生活実態を行政の責任として、京都市を追及した。この事件を大きな契機として、全国的に行政闘争が展開されることになっていく。
2) 高知県長浜における教科書無償化の取り組みとは、1961年に、高知県長浜で、半農半漁の部落の母親たちが憲法を学び、義務教育は無償であるとする権利意識に目覚め、教科書を無償にする運動に取り組みはじめた。
　このことがきっかけで全国的な運動となり、1963年には教科書を無償とする法律が生まれた。
3) 同和対策事業特別措置法（昭和44年法律第60号）と地域改善対策特別措置法（昭和57年法律第16号）及び地域改善対策特定事業に係る国の財政上の特別措置に関する法律（昭和62年法律第22号）をあわせて同和三法という。

されました。以後、第3審を請求し、現在も係争中です。

全国的に広がる支援闘争

　狭山事件が部落差別に基づく冤罪事件であり、警察（行政権力）による差別事件であることは明白であり、狭山裁判をめぐっては、当事者団体である部落解放同盟ばかりではなく、市民運動、労働運動、宗教界、企業など、全国的な支援闘争が広がっています。

　戦後の日本政府は、同和対策・同和教育を政策的に推進しておきながら、一方では、国家による部落差別事件である狭山事件を解決できていないのです。戦後社会では、数々の冤罪事件の判決が覆されていますが、日本社会における三権分立や、司法権力のあり方が問われていると言ってよいでしょう。

3. 最近の差別事件

結婚差別・就職差別・差別落書など

　今では部落出身者と部落外の人との結婚も増えてきていますが、興信所を使っての身元調査が行われたり、自治体が実施する市民人権意識調査では、部落出身者との結婚に反対するとの親の回答や、家族の反対があれば、部落出身者とは結婚しないなどの回答も見られます。就職差別は「統一応募用紙」4）の取り組みなどによって改善されてきていますが、結婚差別と同様に、興信所を使っての身元調査も行われています。また、公共施設などへの差別落書事件もあとをたちません。

部落地名総鑑事件

　戦後の日本社会では、結婚差別・就職差別などの日常的・個別的な差別とは別に、1975年頃に発覚した部落地名総鑑事件のように、社会的に大きな影響を与える差別事件も発生しています。部落地名総鑑事件とは、全国の部落の地名などを掲載した図書が刊行され、これを企業や親たちが購入して、結婚差別や就職差別に悪用された事件でした。この事件を大きなきっかけとして、自治体や企業の人権啓発が取り組まれるようになりました。しかし、近年、社会的に大きな影響を与える差別事件が次々と発覚しています。

戸籍不正取得事件

　2011年、プライム事件が発覚しました。この事件は、プライム総合法務事務所と興信所、名義貸しの司法書士が組んで、全国で一万件におよぶ戸籍謄本などを不正に取得し、数億におよぶ利益を受けていたものです。

　現在の戸籍法では、弁護士・司法書士・行政書士・土地家屋調査士・税理士・社会保険労務士・弁理士・海事代理士の8業士は「戸籍謄本・住民票の写しなど職務上請求書」を使って、本人の同意なしに、戸籍謄本などを取得する権利をもっており、この制度を悪用した事件でした。

　この事件をきっかけに、部落解放同盟では自治体に働きかけて、自治体に登録すれば、戸籍謄本などの取得の事実が本人に知らされる「本人通知制度」を立ち上げ、戸籍謄本などの不当な取得への抑止に努めています。

4）統一応募用紙。戦後日本の就職採用では、事業所・興信所による身元調査がまかりとおり、応募用紙に、応募者の本籍・健康状態・既往症や住居の周辺の地図、保護者の職業・役職・学歴・資産・宗教などの記載が当たり前であった。1960年代に、こうした応募用紙に基づいて、就職差別が各地から報告されたため、同和教育運動の一環として、1996年に本籍欄と家族欄などを削除した統一応募用紙が実現し、就職差別の抑止に大きく貢献している。

土地差別事件

　2019年、ユーチューブ動画「不動産会社のタブー　同和地区（被差別部落）と不動産会社」が「宅建太郎」の名で公開されていることが発覚し、わずか2か月半で18万7千回視聴されていました。部落解放同盟東京都連合会は東京都に働きかけ、東京都はこの動画の削除要請をするとともに、不動産業界に対して注意喚起を行い、不動産業界のホームページを通じて、「同和地区の存在を調べること、答えること、教えることが差別あるいは差別につながる行為であること」を改めて会員に徹底しました。こうした事件が起きる背景には、不動産業者が日常的に顧客や同業者から「物件が同和地区のものであるのかどうか」の質問を受けており、同和地区への忌避意識がまだまだ根強く残っている社会状況があるのです。

4. インターネット社会の差別事件

　近年、インターネット上での部落問題をめぐる差別書き込みも多発しており、その最たるものが示現舎版「全国部落調査」復刻版出版事件です。示現舎は出版社であるとともに、鳥取ループというウェブサイトを主宰しており、1935年に「部外秘」として報告された中央融和事業協会の「全国部落調査」リストを、ウェブサイトに掲載したばかりか、「全国部落調査」復刻版の出版を予告しました。この「全国部落調査」には、全国の五千有余の被差別部落の地名や職業・生活程度が記載されています。これをウェブサイトに記載し、出版することは、被差別部落の地名の暴露（アウティング）にほかなりません。

　部落解放同盟では、2016年に出版差し止めとウェブサイト掲載の削除を求めて、裁判所に仮処分の申し立てを行い、裁判所はこれを認め、現在、本訴の裁判が進行中です。ただし、示現舎・鳥取ループは、「学術研究：部落探訪」なるサイトを立ち上げ、全国各地の被差別部落を探訪し、写真やコメントを掲載したり、ユーチューブ動画をアップしたり、許しがたいアウティングを繰り返しています。現在の日本には、こうしたインターネット上の差別扇動を規制する法律として「プロバイダ責任制限法」があり、この法律の運用にかかわって、法務省は2018年に「12.27依命通知」を出して、「同和地区（地名）」のネット掲載を削除対象としていますが、有効に働いていません。

5. 部落差別をなくすためには

差別をなくすためには

　部落問題に限りませんが、差別とは、マジョリティに属する人々が、マイノリティに属するとみなした人々を蔑み、劣ったものと位置づけ、文化的社会的な権利圏から排除する行為を「正当なもの」として規範化する事態のことです5)。とすれば、差別をなくしていくためには、マジョリティとマイノリティの相互関係を変容させるとともに、差別を「正当なもの」とみなす社会的な規範を解体していく必要があります。

カミングアウトしても差別されない社会を

　たとえば、被差別当事者には、自らの出自をカミングアウトする権利もありますし、自らの出自を名乗らない（隠す）権利もありますが、当事者がカミングアウトしやすい社会、カミングアウトしても差別をされない社会をつくるにはどうしたらよいのでしょうか。アライ（Ally）という言葉があります。欧米のLGBTの世界で、LGBTの人たちに対してフレンドリーな関係を持っているマジョリティの側から、あなたがセクシュアルマイノリティの問題で差別されたら、自分は味方をするからね、というのをアライといいます。英語のアライアンス（Alliance）、同盟とか連携という意味の言葉です。

　被差別当事者がカミングアウトし、マジョリティからもアライ集団が名乗りをあげることで、マジョリティとマイノリティの間の差別の境界線に風穴を開けて、マジョリティとマイノリティが交流していくことは、差別をなくしていくための大事な取り組みのひとつです。そういう取り組みを積み重ねることで、マイノリティがカミングアウトしやすい社会をつくることにつながりますし、マジョリティにとっても、何か困ったことがあったら「助けて」って言いやすい社会につながっていくことになると思います。

人権侵害は犯罪という社会的合意や、差別を禁止する法律が必要

　一方で、残念なことに、私たちの社会には、差別を「正当なもの」とみなし、「表現の自由」を掲げて、確信犯的に差別扇動をする人々も間違いなく存在します。彼らの差別扇動は、被差別当事者の人権を侵害する犯罪です。犯罪には、犯罪を取り締まる法律が必要です。

　日本社会でも、2016年になって、「障害者差別解消法」「ヘイトスピーチ解消法」「部落差別解消推進法」など、差別を禁止する法律が制定されるようになっていますが、まだまだ実効性は不十分と言わざるを得ません。人権侵害は犯罪という社会的合意を形成するとともに、インターネットをはじめ、あらゆる差別扇動を禁止するために、その抑止に実効性のある包括的な差別禁止法の制定が求められています。

吉田　勉（東日本部落解放研究所副理事長）

6. 部落差別の歴史

中世（平安時代末～戦国時代）の被差別民

　今日の部落問題において、被差別部落出身者のルーツとみなされる、江戸時代に被差別身分とされた人々は、政治権力が政策的に作り出したのではなく、中世において非人・河原者・散所とよばれ社会の中で一定の賤視も受けながら、「ケガレ」の「キヨメ」にかかわる仕事をしていた人々とつながりがある人々です。しかし、中世におけるこうした人々については、近畿地方以外では史料が乏しく、その実態は不明な点が多く残されています。

　とはいえ、神奈川県内では鎌倉に関して、13世紀後半に「非人」が存在したこと、14世紀末、鶴岡八幡宮に所属する「犬神人（有力な寺社に所属し境内のキヨメなどを担当する）」がいたらしいこと、14世紀後半以降、市中の「キヨメ」を専門に担当する者たちの存在を想定できること、がわかっています。鶴岡八幡宮の例大祭で

5）井桁碧「〈分類〉する共同体ー『汚穢と禁忌』の読み方（Ⅰ・Ⅱ）」明日を拓く46・47号、51号（2003年）。

は、被差別身分の者が、神輿の行列が歩く道筋に蓆（むしろ）を敷いたり、行列を先導するといった重要な役割を幕末まで務めていました。

この役割の始まりがいつか、明らかにできないのですが、近世より古い時代に遡ることは確実です。

また、戦国大名の北条氏は、勢力強化のため様々な職人集団を組織し支配下におきました。

こうした職人集団のなかに革作りの職人たちも見られます。この革作りの職人たちは、その後近世の被差別身分につながっていきますが、彼らに対する北条氏の対応は、それ以外の職人たちと比べ、特に異なる点は見られません。

近世の身分制度と被差別民

下剋上の戦国時代が終わり、近世になると、支配者である武士とそれ以外の支配される者は、明確に別の身分とされ、身分の移動も禁じられました。また支配される者は村や町といった地縁共同体を通じて把握されるようになります。

この過程の中で、いわゆる被差別身分とされた人々と宗教にかかわる人々は、地縁共同体の正規のメンバーと扱われませんでした。それは、こうした人々の社会的役割が、「普通の人々」が担当できないものと見なされたためです。

近世に被差別身分とされた人々の役割や生業は「ケガレ」と関係がある、と見なされますが、前近代の人々にとっての「ケガレ」は、「日常の安定を脅かし不安定にさせるもの」と捉えられていました。中世以来、被差別身分とされた人々は、この「ケガレ」にかかわり日常の安定を回復する（ケガレをキヨメる）ような役割や、祭礼や市など「非日常」的な場の仕切りなど、要するに日常と非日常の境界にかかわる役割を務めました。このような「境界」にかかわることは、普通の人にはできない、と見なされていたのです。

「えた」や「非人」等と呼ばれた近世の被差別身分の者たちは、死牛馬の処理をはじめ、自分たちの身分固有の役割の「受持ち区域」というべき領域を持っていました。地域によって数か村から数十か村に及ぶ、こうした「受け持ち区域」は「旦那場」や「職場」「勧進場」と呼ばれ、関東地方ではこの旦那場に組み込まれていなかった村はありません。被差別身分の人々は、この旦那場内の村や町の安定した日常を維持するための役割を務めていたと見なすことができます。

前近代の社会における差別をどのように見るか

被差別身分の人々は、自分たちの旦那場に、旦那場内の村や町の住人ではない「よそ者」が入ってくることに注意を払っていました。このことは百姓や町人にとって、村や町の番、地域の警備と受け取られました。近世後期、格差が拡大して地縁共同体から離脱して流浪する人々が増加し治安が悪化すると、百姓・町人は、被差別身分の人々の番人・警備役としての役割への依存を深めていきます。さらに江戸幕府も、18世紀後半、被差別身分の人々のこうした役割を利用し、浪人の取り締まりという新たな役割を課しました。この頃、集団で村々を渡り歩き、金銭、食事や宿泊を強要する浪人は、百姓・町人だけでなく支配者層からも問題として意識されていました。曲がりなりにも武士である浪人を取り締まる権限を持たされた一方、被差別身分の者たちが「増長」しないよう、百姓・町人との身分の違い、特に、百姓・町人の「下」であることが強調され、様々な日常生活上の規制が行われました。一方、格差の拡大は身分の違いを問いません。経済力を強める被差別身分の者たちも現れましたが、こうした者たちは、時に、没落してしまった百姓・町人から怨嗟の目を向けられました。

近世後期、被差別身分の者たちの身なりや行動への規制強化や、地域社会における身分間の対立、といったことが目立つようになり、「差別の強化」と評されることもあります。確かに「差別」が深まった、と見える側面があるのですが、そもそも、近世被差別身分の人々は、最低の身分だったから、貧しかったから、悪いことをしたから、「差別」されたのではありません。私た

ちが、近代以前の社会において「差別」と見なすさまざまな事象の背後には、社会・経済の変化やそれらを踏まえた支配者の政策があったことを見逃すことはできません。

　神奈川県内でも、県内各地に残された史料から、さまざまな理由やきっかけで、近世後期以降、身分間の争論が起こっていたことがわかります。近世の関東地方では、関東一円の被差別身分の頭・「えた頭」であった弾左衛門が存在していました。時に、被差別身分の人々は、自分たちが被っている不当な扱いを打開するため、この弾左衛門の役所に訴えました。弾左衛門は、配下の者を地方に派遣したり、町奉行所に訴えることを通じ、被差別身分の者たちの立場を守るために動きました。被差別身分の者たちの主張がすべて認められるとは限りませんでしたが、身分固有の役割や、身分内の秩序に係ることは、町奉行所もだいたいにおいて尊重して対処しています。また、百姓・町人の側でも、「差別」一辺倒ではなく、被差別身分の者が作る雪駄や竹皮草履の購入、地域を徘徊する盗賊や浪人への対応などでは、被差別身分の者たちを頼っていた面もうかがえます。

近代の変化——「四民平等」の中で

　1871（明治4）年8月、いわゆる「解放令」が出され、それまでの被差別身分の者たちは「身分職業共平民同様」とされました。これに先立ち、死牛馬はもとの持ち主がどのように処理してもよいこととされ被差別身分の者だけが無償で手に入れることはできなくなっており、また、関東一円の被差別身分の者たちの権利を守る存在でもあった「えた頭」弾左衛門を中心とした被差別身分の人々の組織も消滅させられました。その一方、地域社会は「平民同様」となった旧被差別身分の者たちを、地域社会の一員として迎え入れようとはしませんでした。「解放令」は、「名目だけの解放」と評されることもありますが、旧被差別身分の者たちの生活を大きく変え、困難な状況に追い込む役割をはたしました。

　江戸時代から、「イエ」は社会を構成する基本単位であり、当時の人々にとって身分集団内で家格を上昇させることは重要なことでしたが、明治政府は「イエ」を民衆支配の基本単位として位置づけました。また、たてまえ上、身分の違いはなくなったことで、かえって家格の上下、「イエ」の存続にかかわる血筋・世系へのこだわりは社会全体で強く意識されました。こうした文脈の中で「特種部落」「特殊部落」という言葉が生まれます。

神奈川県内の近代部落問題

　神奈川県内では、このような旧被差別身分の者たちをとりまく困難な状況下、1880年代に、現在の川崎市内の地域で被差別部落へのキリスト教伝道が始まったこと、秦野で森崎和三郎を中心とした夜学（地域の未就学者と青年を対象とした補習教室）が始まったことが知られています。明治前期、差別によって学校へ通えない児童が多かった中で、森崎が夜学を始めたことには大きな意義がありました。この森崎の夜学は、秦野出身で幕末の弾左衛門役所で働いた経歴を持つ井上自衛の支援を受けて始められたことが知られています。被差別部落内における文化・教養の伝承という面からも大事なできごとでした。森崎は、その後1943年に亡くなるまで、町会議員も務め地域で影響力を持つ人物として活動します。

　1900年代に入ると、日露戦争後、政府が主導した地方改良運動に地域の有力者が呼応する形で、被差別部落の生活状態や環境の改善が取り組まれました。さらに1910年代以降のいわゆる大正デモクラシーの風潮、1918年の米騒動に示された民衆の力の高揚、1922年の全国水平社成立、といった流れを受け、神奈川県当局は、部落問題に積極的に取り組む姿勢を打ち出します。

　そして、1924年に県主導で、部落改善のための融和運動団体である青和会が設立されました。

　一般に融和運動とは、被差別部落の人々自身が、部落差別を存続させている社会のあり方を変えることを目指して立ち上げた水平運動に対抗し、それを押さえ込むために行政が主導した

もの、として否定的に見られる傾向が強いものでした。

　確かに青和会にはそのような側面はあり、また神奈川県では水平運動は起こらなかったのですが、このことについては、行政が先手を打って押さえ込んだという面だけでなく、神奈川県内の被差別部落が、関東の他地域と比べても規模が小さく、その経済基盤や部落間の連携という面も弱かったことなども考慮に入れる必要があります。また、青和会（1925年に神奈川県青和会と改称）は、被差別部落の人々にとって、自分たちが直面している差別が不当なものであることを自覚させ、そのことを機関誌『青和』を通じて社会に発信する、という役割もはたしました。他の地域で、水平運動が担った機能を一部代替するような側面を持っていた、という評価もあります。青和会の運動を実際に支えていたのは、地域に根差した支部の活動でした。こうした地域の活動家の一人として、現在の横浜市金沢区内の小学校教師であった長島重三郎が知られています。彼は、学校の中だけでなく、地域社会のさまざまな活動にかかわっていました。

　しかし、1930年代に入り、不況と侵略戦争への傾斜の中で、青和会の運動は部落の人々の経済的自立を重視していきます。差別からの脱却の途を、社会を変えることではなく、部落の人々が変わることに求めるものでした。また、戦時体制へ協力する姿勢も強まっていき、満州移民の奨励など、部落の人々を戦争に動員する活動に加担することになります。神奈川県青和会は1941年に、政府が翼賛体制を構築する中で、同和奉公会神奈川県本部に改組され、同和奉公会が1946年に解散した後、1947年6月にその活動を終えました。

鳥山　洋（東日本部落解放研究所事務局長）

7. 神奈川の被差別部落の現在とこれから

戦後の神奈川県内の被差別部落

　①神奈川県連の結成とその闘い

　聞き取り調査によると、被差別部落の人たちは、戦後も、小学生のころからいじめや仲間外れにされるなど悔しい思いをし、就職の際には「身元調査」により採用選考で落とされ、部落外の人との結婚では、相手の親や親戚の反対で破談になるなど、人生の節目ごとに、厳しい差別を受けてきました。差別と貧困、劣悪な環境のもとで、部落同士の強い絆で支え合い、必死に生き抜いてきました。1969年「同和対策事業特別措置法」が制定され、全国各地で急激に運動が広がり、環境改善事業が進みました。しかし、神奈川県内の被差別部落では、「寝た子を起こすな」という意識が強かったので、1970年代になって、ようやく「特別措置法」を活かして地区の劣悪な環境を良くしようという機運が出てきて、1974年に部落解放同盟神奈川県連合会が結成されました。

　②行政に対する要求闘争と同和対策事業の展開

　2002年3月で「特別措置法」が終了するまで、県内でも多くの被差別部落で同和対策事業が実施され、住宅、道路、下水道、急傾斜地などの生活環境が大幅に改善され、周囲の地区とあまり変わらない外観となりました。また、奨学金制度を利用して、高校進学者が増加するなど、若い世代では、高校や大学を出て安定した企業に就職する人たちも増えてきました。

　しかし、「特別措置法」の終了後、生活基盤のぜい弱な中高年齢者には、不安定な就労の実態が残り、さまざまな生活課題が残りました。生

活相談は、生活の課題、福祉や医療の問題、住宅の問題、あるいはＤＶや離婚の相談など多岐にわたり、その解決のために生活相談活動を現在まで継続して行っていますが、特に近年は社会全体の格差が拡大し、複雑化しており、生活相談の課題も多様化し、それに寄り添う生活相談員のスキルの向上も求められるようになっています。

根強い部落に対する差別・偏見

①くりかえされる部落差別事件

デパートや駅のトイレなどでの差別落書き事件や、差別貼り紙事件など、毎年繰り返される差別事件は職場や地域での人間関係のトラブルが原因で、相手を陥れるために書かれたと思われるものがほとんですが、生活相談活動を行っている中で結婚後に相手が部落出身者だとわかって離婚させられたという事例もありました。

全国規模で行われていた司法書士・行政書士と探偵社、調査会社が結託した「戸籍謄本不正取得事件」では、神奈川県内の全自治体に情報公開請求をして、判明しただけでも818件に上りました。これを抑止するための本人通知制度が、県内では、2013年9月、藤沢市で初めて実施され、現在は全市町村で実施しています。

また、インターネット上の差別書込みは限りなく拡大し、近年はＳＮＳなどによる個人に対する誹謗中傷などで、生命を奪われる事例も出ています。神奈川県内に在住する鳥取ループを名乗る人物が代表をつとめる川崎市内の出版社「示現舎」は、全国の被差別部落の情報をインターネット上に晒し、被害を受けた部落出身者が訴訟をおこしています。（「全国部落調査」復刻版出版事件）

これらの悪質な差別行為に対して、差別をなくす取り組みとともに、差別を禁止する法制定が必要です。

②「横浜市市民意識調査」結果から

部落問題は、日頃ほとんど話題にもならず、関心もないように見えますが、横浜市が、5年ごと実施している「人権に関する市民意識調査」の結果から横浜市民の人権意識状況を見てみると、横浜市民の多くは部落問題について知っており、特に「結婚相手が部落出身者だった場合」の部落に対する忌避意識は、依然として根強く、「結婚相手の身元調査」を肯定する意見も減少していません。解決策として、教育や啓発の重要性をあげる意見が多くありますが、「部落の人が分散して住めばよい」「そっとしておけば差別は自然になくなる」という意見もなかなか減りません。

横浜市の場合、ていねいに、意識調査を継続しているから見えてくるものもありますが、こうした人権意識調査を実施していない自治体では、市民がどのように考えているのか、実態を把握することができません。

部落差別をなくすために

①部落差別の問題は、被差別部落の側の問題としてだけ捉えていては、いつまでも解決の糸口はできません。部落差別は、部落の人と部落外の人との関係の中で生まれるのです。これが日本の社会の中で繰り返し再生産されるのは、部落問題を部落の側の問題として、自分とは直接かかわりのない問題だとして排除してきたからではないでしょうか。部落差別をなくすためには、それぞれのおかれた立場でどうしたら部落差別をなくしていくことができるかを考え、実践していくことが大切です。

②自治体においては、2016年に施行された「部落差別解消推進法」を活用して、自治体の責務として、相談、教育、啓発、実態調査などの取り組みを積極的に推進することが求められています。法律は、理念しか書かれていませんが、当事者（団体）と連携しながら、それを具体的な施策として推進するのが、自治体の役割です。

③労働組合や宗教教団などは、部落解放神奈川県共闘会議や「同和問題」に取り組む神奈川県宗教者連絡会議という組織を結成して、部落差別をなくしていくための活動を行っています。こうした組織として共闘、連帯していく活動と

ともに、市民一人ひとりが、部落問題をはじめ、さまざまな人権の問題を学習する場を作ることも必要です。そして、さまざまなマイノリティの人たちとの交流・連帯の取り組みを通して、反差別・人権運動のネットワークを広げていくことも重要な課題です。

　④2022年は、全国水平社創立100年になります。被差別部落解放のため、差別されてきた部落民自身が先頭に立って闘うと宣言した水平社運動の精神を受け継ぎ、先達の苦闘に学びながら、私たちが受けてきた部落差別をなくすために、私たちなりに積み重ねてきた闘いの成果と課題を、次の世代に引き継いでいくことが、私たちの果たさなければならない役割であると思います。

中村彰信
（部落解放同盟神奈川県連合会副委員長）

8. 宗教者の願いと「同宗連」

　部落差別、障害者差別、性差別、人種民族差別など、いろいろな差別が深刻な事実として、社会の中で複合的に日々行われ、また新しい差別事象が生まれている現実があります。しかしながら、その差別に気がつかないことも多くあるのです。差別は学習し、理解しなければ見えてきません。

　宗教者の究極の目標はすべての人の幸せを願うことです。被差別の側にいる人達や社会的弱者の問題にも気づかなければならないのです。私たちは、人の痛みを我が痛みとし、あらゆる苦悩を解き放ち、真の幸福を目指して、それぞれの教義と基本精神に立ち返り様々な活動に取り組んでいます。しかし、依然として厳しい差別は後を絶ちません。

　今という時代に山積する課題に向き合い、そのなかで宗教者に何ができるのか、果たすべき役割とは、使命、責務とは何かを絶えず問い続け、実践することをなくしては宗教者たりえません。

　なかでも、神道、仏教、キリスト教、諸教と宗教者の枠を越えて、1981（昭和56）年に設立された「同宗連」（同和問題に取り組む宗教教団連帯会議）は、象徴的なことともいえます。

「同宗連」結成の経緯 ── 第3回世界宗教者平和会議差別発言事件

　「同宗連」結成の大きな契機になったこととして、既に取り組みを進めていた一部の教団を除き、各宗教教団が積極的に部落差別を始めさまざまな差別の解消と人権確立のために取り組む契機になった事件があります。

　1979（昭和54）年8月にアメリカ、ニュージャージー州プリンストンにおいて第3回世界宗教者平和会議（略称:WCRPⅢ）が開催され、46カ国の仏教、キリスト教、イスラム教等の様々な宗教から各国代表者350人余りが参加し、宗教問題部会と現実問題部会に分かれて討議が行われ、最終日に「プリンストン宣言」を採択して閉幕しました。この会議の中で、当時の全日本仏教会理事長・曹洞宗宗務総長が、「日本には部落差別はない。部落差別問題を理由にして騒ぐ一部の人達がいるだけ」などと三度の発言をし、その結果、WCRPⅢの会議録から「日本の部落民・部落差別問題」という語句が削除されてしまったという事件です。

　発言の主な内容を要約すると「日本に部落問題、部落差別というようなものはない」「部落解放ということを理由に、何か騒ごうとしている一部の人達がいるだけ」「政府も自治体も私たちも誰も差別をしていない。だから日本において

は、部落が差別されているようなことは現実にはない」「日本の名誉のためにも部落差別問題の箇所は、その報告書より削除してもらいたい」などでした。

　当時も、また現在でも、これらの発言の問題は特に就職・結婚差別や差別落書きなど、厳しい部落差別が厳然と存在する中で、この「何か騒ごうとしている一部の人達」という発言は、予断と偏見の現れであり、現実にある部落差別問題を見ようとせず、自分はこの問題には関わりたくないという気持ちの現れではないでしょうか。それと同時に、日本の名誉のためにも報告書から「部落民・部落差別問題」の文言を削除して欲しいと繰り返し要請したことは、現実の部落差別や様々な差別に苦しむ多くの人たちや差別解消に取り組む人々へ大きな衝撃を与えたことは言うまでもありません。

　発言当時は「同和対策事業特別措置法」施行（1969年）など、国が部落差別の実態を認め、国の責務として地域改善の事業を行っていました。日本の名誉のためには、むしろ積極的にこの問題を取り上げ、取り組むべきでありました。

　更に、この会議には日本の宗教者が多数同席していたにも関わらず、誰一人、発言の差別性を指摘できなかったことも、一つの大きな問題でした。

　以上の結果、WCRPⅢは「日本に部落差別問題はない」という立場に立ち、世界の宗教者達が日本の部落差別問題を知り得る機会が失われてしまったのです。この後、発言者を初め日本側からのWCRPⅢ参加者、WCRP日本委員会、全日本仏教会、曹洞宗に対して「確認・糾弾会」が行われる中で、宗教界の差別体質とともに我々一人ひとりの主体性が問われたのです。そして、取り組みがなかった各教団においても、部落差別を初めとしたさまざまな差別問題への取り組みが始まったのです。

「同宗連」結成と「同宗連」宣言

　先のとおり、「同宗連」の結成にいたる直接的な契機は、1979年の第3回世界宗教者平和会議における差別発言事件でした。それまでにも一部の教団においては、部落解放運動の当初から確認・糾弾会を通して部落差別撤廃の取り組みはなされてはいましたが、各宗教教団の共通課題としての認識が生まれてきたのはこの頃からです。

　そして、1980年11月には数教団の代表者による「宗教者懇談会」が開催され、教義の違いを認めつつ、部落差別解消へ取り組むことの議論を踏まえ、数次にわたる会議を重ねていく中で、1981年3月に「同和問題にとりくむ全国宗教者結集集会」を開催することとなり「よびかけ文」が作成され、全国の信徒数2万人以上の316教団に呼びかけが行われました。

「よびかけ」文

　われわれは、社会に、宗教者を名告（なの）るものである。宗教者は、教えの心をこころとして生きるものである。しかるに、その心にそわぬ、あやまちのいかに多かったことか。しかし、このあやまちは、深き反省において、また、教えにつながりうる。神の国・仏の国を願うことは観念ではない。社会の事実を見すえ、積極的にかかわる生きざまこそ、その証（あかし）がある。今やわれわれは、あたえられた平等の慈愛にたって、世界の人権、そして日本の部落差別の事実を、自己自身にかかわる問題として受け止め、自主的に歩み出すことを確認する。ここに、あらためて、深き反省の上に、教えの根源にたちかえり、「同和問題」解決へのとりくみなくしては、もはや、日本における宗教者たりえないことを自覚し、ひろく、宗教者および宗教教団に、実践と連帯を呼びかけるものである。

1981年2月16日

浄土真宗本願寺派　真宗大谷派

天理教　日本基督教団

　そして、1981年3月17日東京都・砂防会館において53教団3協賛団体、989名の出席を得て

「同和問題にとりくむ全国宗教者結集集会」が開催されました。この集会で、「同宗連」宣言が採択され、「おのおのの教義の基本精神へたちかえることを誓い、もって部落差別をはじめとする一切の差別を許さない宗教者および宗教教団となる」ことが決意されたのです。

「同宗連」宣言

　天のこえ、地のこえを別のものとして、われわれ宗教者は、神の栄光を讃え、仏の徳を語り、まことの道は天に通ずとのみつたえきたった。すでに六〇年前、水平社宣言における、「人の世の冷たさが、どんなに冷たいか、人間を勧（いたわ）る事が何んであるかをよく知っている吾々は、心から人生の熱と光を願求礼讃するものである。水平社は、かくして生れた。人の世に熱あれ、人間に光あれ。」という大地の叫びをどう受け止めてきたか。いま、われら、ここにあらためて、大地に立ち、一切の差別を許さない厳しい姿勢を律しつつ、相携えてあらたな、宗教者たらんことを宣言する。

1981年3月17日
「『同和問題』にとりくむ
全国宗教者結集集会」

　このように、第3回世界宗教者平和会議における差別発言に対する確認・糾弾会を契機に、私たち宗教教団（宗教者）は、教えの名のもとに差別に加担した歴史を厳粛に受け止め、深き反省の上に立って、部落差別をはじめとする一切の差別解消の取り組みを始めたのです。

　結成以降、「同宗連」は自らが抱える差別体質の改善や人権啓発活動に取り組んできました。具体的には機関誌「同宗連」の発行、加盟教団相互の連帯関係の構築、部落解放・人権確立を要求する運動、差別戒名に対する反省と取り組み、狭山事件における再審への取り組み、各種研修会や現地研修などです。

　そして、2021年4月には「同宗連結成40周年記念式典」を京都市内で開催しました。

　ここに改めて部落差別を始めとする様々な差別問題の解消、人権の確立と恒久平和の実現へ向けて私たちはいっそうの努力することを誓いあいます。

　2020年4月1日現在、65教団3協賛団体が連帯して、今日も取り組み続けています。

【参考】
・「同宗連」部落解放基礎講座資料集／「同宗連」カリキュラム専門委員会　編

我孫子高宏
（曹洞宗人権擁護推進本部事務局長）

アイヌ民族の英雄「シャクシャイン」の像（北海道・新ひだか町）

第3章

アイヌ民族
と人権

1．アイヌ民族と近代法制度──その史的関係

　2019年４月「アイヌの人々の誇りが尊重される社会を実現するための施策の推進に関する法律」（以下、「アイヌ施策推進法」）が成立しました。後述しますが、1997年の「アイヌ文化の振興並びにアイヌの伝統等に関する知識の普及及び啓発に関する法律」（以下、「アイヌ文化振興法」）の制定以来、22年ぶりの改正法でした。さらに、本文中に「先住民族」という用語が明記されたことから、1984年以来の民族の悲願で

あった「アイヌ新法（案）」を類推し、「アイヌ施策推進法」を「アイヌ新法」と呼んだメディアも少なくありません。この論点も含め、本稿では、アイヌ民族を巡る明治政府以来の近代法制度の歴史を整理し、その中で、アイヌ民族の人権の歴史とその現状を説明します。最後に、こうした文脈においては「アイヌ施策推進法」の意義と課題を改めて紹介します。

2．「（北海道）開拓」の始まりと前近代的行政法による拘束

　アイヌ民族が最初に遭遇した近代法は、日露間の国際条約、1855年の「日露和親条約」でしょう。日本はロシアの東漸・南下に従って国境画定を迫られましたが、その結果、アイヌ民族の領土は、日露両国政府により一方的に分割支配されることになりました。この時期、日本政府（江戸幕府）が用いたのが、我が蝦夷（アイヌ人）の居住する処は我が領土[1]、という論理で、これは、アイヌ民族を古くからの「日本国民」と言いくるめるものでした。そして、この一方的な国境交渉は、その後1875年の樺太千島交換条約の締結を通し、同年の樺太アイヌ強制移住事件、1884年の千島アイヌ強制移住事件という悲劇を引き起こしました[2]。因みに、江戸時代には、日本の国境概念として「四つの口」がありました。それは中国・オランダにつながる長

崎口、朝鮮につながる対馬口、琉球につながる薩摩口、そして蝦夷地につながる松前口で、それぞれの口の向こうが外国であり、日露交渉で確立された論理は、近世の伝統的な領土概念[3]を大きく外れた拡張主義を意味するものでした。

　1868年には、明治政府が成立しますが、統治機構はすぐさま「文明開化」[4]、いわゆる近代化したわけではありません。箱館戦争勝利による戊辰戦争の終結後、採用された行政制度は古代律令制の復活でした。二官八省を土台にした「太政官制」が1869年に確立され、内閣制度に取って代わられる1885年まで続きました。この時期実現した法制度には、1871年の戸籍法（壬申戸籍）・廃藩置県、1872年の学制、1873年の徴兵令・地租改正などがありますが、これらは天皇の詔勅を土台に太政官からの行政命令によっ

１）北海道廳編『北海道舊土人保護沿革史』北海道廳、1934年、75〜79頁。（再録：『北海道舊土人保護沿革史』第一書房、1981年）
２）上村英明『知っていますか？アイヌ民族一問一答　新版』解放出版社、2008年、47〜51頁。
３）「近世の伝統的な領土概念」とは、鎖国体制下での日本の領土概念で、いわゆる「四つの口」の内側を指す。
４）福澤諭吉は、1875年『文明論之概略』を出版し、その中で「civilization」を「文明開化」と訳して「近代化」を進める空気を醸成した。

て実施された制度です。「蝦夷地」の開拓も、1869年8月に太政官制の下で設置された「開拓使」によって管轄されました。その点、「開拓使」は大蔵・外務省などと同列の中央官庁であり、その設置と同時に行われた蝦夷地の「北海道改称」も太政官布達という形で行われました。但し、蝦夷地開拓は、遡って同年6月に明治天皇のご下問をまとめた「蝦夷地開拓の件」という文書にその方針が定められました。この天皇からの指示書は「詔勅」であり、明治憲法での用語を使えば「勅令」に当たります。「蝦夷地開拓の件」はアイヌ民族を「土人」と称して以下のように述べています。

「蝦夷地は皇国の北門にして山丹満州に接し、ほぼ境界ありと雖も、北部に至りては中外雑居す。之に加うるに従来〈日本人〉官吏の土人を使役する甚だ過酷、対して外人頗る愛恤〈哀れみ恵むこと〉の意を尽す。故に土人往々に我を怨離し、彼を尊信するに至る。一旦彼れ民苦を救うを名として、土人を扇動すれば、その禍い延て松前・函館に及ばん。方今の要務は禍いを未然に防ぐことであり、函館平定の後速やかに開拓教導を蝦夷に施し、人民繁殖の域となさんとす。」（『北海道舊土人保護沿革史』、1934年、現代語訳）〈引用者補足〉

国境交渉の直後、古くからの日本国民とされたアイヌ民族が、ここでは役人の不当な扱いで、日本に対する忠誠心を欠いていると述べられていることは興味深いことです。それ故にこそ日本人移民を送り込む必要も述べられています。

律令体制下の明治の新制度は、アイヌ民族にも影響しました。1871年戸籍法では、アイヌ民族は「平民」とされる一方「旧土人」いう身分記載あるいは実質的な別戸籍化で差別構造が作られました。中央政府の直轄地とされた「北海道」では、廃藩置県は行われず、もともと年貢もなかったことから地租改正は「地租創定」と呼ばれます。また「地所規則・北海道土地売貸規則」（1872年）、「北海道地券発行条例」（1877年）によってアイヌ民族の土地は国有地として奪われ、日本人移民に瞬く間に分配されました。

アイヌ民族の領土権・土地権の収奪です。さらに、増加した入植者による資源の乱獲が始まると「山林仮規則（1873年）」、「北海道鹿猟規則（1876年）」（「獣猟毒矢禁止」）、「鮭鱒規則（1874年）・漁猟取締規則（1878年）」（「鮭川漁禁制」）などが出され、アイヌ民族の生活資源の利用が厳しく規制されるようになりました[5]。他方、開拓使は、1870年「開拓使庶務規則」で、「土人童男女」に対する手習所の設置で同化教育を始める一方、1871年には死者の家の焼却（家屋葬送）、女性の入れ墨、男性の耳輪などを禁止する布達を出して、アイヌ文化を一方的に否定しました。

ともかく、この時代、土地、資源、文化に関わる諸権利が、今日の政令・省令・通達に当たる行政法で簡単に否定されました。

3.「北海道旧土人保護法」制定の時代

「開拓」と社会進化論の導入

これらの「開拓政策」によってアイヌ民族が疲弊すると、政府は、古くからの国民であると　したアイヌ民族に対する認識を再定義しました。「開拓使」設置50周年に当たる1918年には、記念式典に伴って『北海道史』が編纂されました

5）上野昌之「アイヌ語の衰退と復興に関する一考察」『埼玉学園大学紀要（人間学部篇）』埼玉学園大学、2011年、212〜215頁。

が、そこでアイヌ民族についての「開拓」開始期の認識が以下のように記述されています。

「北海道の開拓は、知識低き蝦夷＜アイヌ＞によりて、之を成すこと能はず、必ず之を他の優等人種に俟たざるべからず。而して北海道の附近にありて、蝦夷と接触する優等人種は、和人の外なきを以て、其開拓の任の和人にあるは、多言を要せざる所なり」（『北海道史』、1918年）

「開拓」の50年は、政府の指導と日本人の開拓移民によって、蝦夷地＝アイヌモシリが「北海道」に激変された時期であり、富国強兵のための資源確保・失業した士族の救済などの課題がここで解決されました。この視点では、アイヌ民族は、「開拓」に不必要な「邪魔者」、排除（強制移住）あるいは放置（主要な政策対象者にならない）の対象であり、社会進化論を持ち出し、基本的にはその「優勝劣敗」の原則に任せるべきだと位置づけられました。

しかし、この間日本の統治機構は形の上では大きく変化しました。太政官制は1885年12月には内閣制に移行し、1889年2月には大日本帝国憲法及び衆議院議員選挙法が公布されました。翌1890年7月貴族院の互選・勅選及び第1回衆議院議員選挙が実施され、同年11月には第1回帝国議会が開会されました。また、1871年に黒田清隆によって策定された「開拓使十年計画」が満期を迎えた1882年、開拓使は廃止され、函館県・札幌県・根室県の3県と北海道事業管理局（農商務省の一部局）の「三県一局」体制で、初めての近代行政制度に移行しました。やがて、「三県一局」体制が失敗に終わると、1886年に、内務省直轄の行政区「北海道」を管轄する行政官庁として、長官をトップとする「北海道庁」が置かれました。「北海道庁」では、1901年の北海道会法で地方議会にあたる「北海道会」が設けられるなど、府県制の基準が準用されましたが、「北海道庁」は地方自治体ではなく、現在

の行政機構に比較すれば、各省の下に置かれた金融庁、消防庁、文化庁、国税庁などにあたり、「北海道庁」の上部組織は内務省でした[6]。

また、この時期、入植する開拓移民の数も急増し、さらに異常気象も加わって、アイヌ民族の疲弊はある種のピークに達しました。1883年根室県、1885年札幌県が十年計画「旧土人救済方法」[7]を定めて、勧農政策を大規模に展開しましたが、いわゆる「山間僻地」には及ばず、むしろこうした地域からのアイヌの強制移住につながりました。しかし、成果の上がらない勧農政策や授産事業は、日清戦争に関連した財政逼迫で、1890年には廃止され、政府が用意したわずかな生活基盤さえも崩れ去りました。生活の厳しさは、当時日本語の文字を理解できるアイヌはおよそ30％、40歳以上のアイヌに限れば、わずか3％であった事実からも理解されます（1916年調査）[8]。

「保護」を名目とした差別

この窮状を救済すべく、1893年埼玉県出身の加藤正之助（改進党）によって、「北海道土人保護法案」が帝国議会に提出されましたが、時期尚早として廃案にされました。その後1899年に「北海道庁」による政府案として「北海道旧土人保護法（以下、旧土法）」が第13回帝国議会に提出され、可決、制定されました。旧土法の内容は、アイヌ民族の視点からみれば、これまでの法令と同じく問題満載でしたが、近代的法制度の中での制定、しかもアイヌ民族の「保護」に国家が責任を持つ「福祉法」の成立は、従来の行政法令による施策と一線を画するものであり、逆にその意味で、近代法の責任を問われるものでした。

さて、旧土法の功罪を簡単にまとめておきます。当時の「福祉」の考え方は、国家に対する義務を履行する対価として、国家から施される

6）例えば、1895年に開校した「札幌尋常中学校」は、北海道庁時代には「北海道庁立札幌中学校」で、現在の「北海道札幌南高校」に当たる。また現在各県の「県道」に当たる「道道」は、当時「庁道」と呼ばれた。

7）北海道廳編、同上、176〜194頁。

8）アイヌ政策のあり方に関する有識者懇談会『報告書』内閣府、2009年、12〜15頁。

恩恵が「福祉」であり、それは国家が負わなければならない人権保障上の義務ではありませんでした。その点旧土法は、以下の恩恵をアイヌ民族に与えるものでした。①土地：一戸当たり1万5,000坪（第1条）、②農具等（第4条）、③医療費・薬代等（第5条）、④生活支援・埋葬費等（第6条）、⑤授業料（第7条）です。但し、第4条から第7条の供与に関する費用は、「北海道旧土人共有財産」の収益から充当し、それで不足する場合は国庫から負担する（第8条）、国立の小学校を設置する（第9条）、「北海道庁」長官は、内務大臣の監督の下、「北海道旧土人共有財産」を管理する（第10条）などの条件が付けられました。他方、国家がアイヌ民族に求める義務とは、①農耕民化、②同化教育の徹底であり、勧農と強制同化の政策軸は開拓使以来一貫したものでした[9]。

しかし、恩恵と義務の間に大きな差別が組み込まれていました。土地の下付は、日本人移民にはなかった農業を希望する者に「限定する」という条件がつけ加えられる一方で、1872年の「北海道土地売貸規則」は日本人移民に最大1人当たり10万坪（約33ha）を与えましたが、1899年の旧土法ではアイヌに付与された土地は1戸当たり1万5,000坪（約5ha）という差別でした。

さらに、旧土法制定直前の1897年の「北海道国有未開地処分法」では、移民1人あたりに150万坪（約500ha）の土地が払い下げられるようになりました。かつ農業に適した土地は1872年以来日本人移民に与えられてきたので、農業を強要しながら、1899年以降に下付された土地は河原や傾斜地など荒れた土地がほとんどでした。

土地の所有権には制限が付き（第2条）、さらに給与から15年後には農業に成功したかどうかの検査（「成功検査」）があり、後述するように農地とみなされない土地は、政府に没収されたのです（第3条）。

強制同化政策の完成

他方、旧土法の施行に関する予算措置は、遅れて1901年の「北海道十年計画」に初めて組み込まれていました。同年アイヌ教育の制度化を方向付けた「旧土人児童教育規程」が北海道庁令で制定され、同時に旧土法第9条に基づく「旧土人小学校」21校が新しく「庁立」小学校として設置されました。「旧土人小学校」はアイヌ児童だけの別学であり、修業年限4年、教科目は修身・国語・算術・体操・裁縫（女子のみ）・農業（男子のみ）で簡易な授業方法が取られましたが、「忠君愛国」教育を目的とする修身や学校儀式は、地域の大人も巻き込んで、厳しく実施されました。その結果、「北海道十年計画」の最終年に当たる1910年には、アイヌ児童の就学率は全道で92.2％に上昇し、就学者も2,072名に達し、小学校が地域の同化教育のセンターともなりました[10]。こうした構造を持つ旧土法は、アイヌ民族自身からは長年差別法だと指摘されてきましたし、その構造は開拓使設置以来の人権侵害、土地・資源の収奪、文化破壊を勧農政策と強制同化政策によって完成させることにあったと言ってよいでしょう。しかし、政府自身が旧土法の差別性を認めたのは、旧土法が廃止された1997年から3年後の2000年のことでした。

9）北海道廳編、同上、204〜228頁。
10）小川正人「『アイヌ学校』の設置と『北海道旧土人保護法』・『旧土人児童教育規程』の成立」『北海道大学教育学部紀要』北海道大学、第55号、1991年、304〜321頁。

4.「アイヌ新法」制定運動と国連人権活動

農地改革と旧土法の「給与地」

　第2次世界大戦が終わると、日本は1947年5月に施行された新憲法の下で民主国家となり、同年「北海道庁」も地方自治法改正によって、普通の地方自治体「北海道」となりました。この時期のアイヌ民族の課題のひとつは民主化政策である「農地改革」への異議申立でした。前年の1946年10月、GHQの指導の下、国会で成立した「自作農創設特別措置法」・「改正農地調整法」によって、翌1947年から「農地改革」が実施されたのです。これは不在地主などの土地を政府が強制買収し、小作農に安く売り渡して、自作農を創設することを目的としました。そして、旧土法でアイヌに給与された土地も「農地改革」の対象となりました。これを機に、「北海道アイヌ協会」が1946年に設立され、1947年には代表が上京して政府に「農地改革」から「給与地」を除外するよう要請しました。しかし、1948年政府は「給与地」を除外しないことを通告し、アイヌを「不在地主」などとみなして、強制買収が強行されました。1975年の北海道の調査によると、全給与地9,061ha（全北海道面積の0.01％）のうち、先述の「成功検査」による没収が1,950ha（全給与地の21.59％）、この「農地改革」で2,318ha（全給与地の25.58％）の土地が強制買収あるいは譲渡により、アイヌ民族から再び収奪されました[11]。旧土法と「農地改革」の事情を、1984年にアイヌ民族自身で起草された「アイヌ民族に関する法律（案）（以下、アイヌ新法案）」の「本法を制定する理由」は、以下のようにまとめています。
「……アイヌは、給与地にしばられて居住の自由、農業以外の職業を選択する自由をせばめられ、教育においては民族固有の言語もうばわれ、差別と偏見を基調にした「同化」政策によって

民族の尊厳はふみにじられた。戦後の農地改革はいわゆる旧土人給与地にもおよび、さらに農業近代化政策の波は零細貧農のアイヌを四散させ、コタンはつぎつぎと崩壊していった。……」
　最も成功した民主化政策といわれる「農地改革」の従来の研究では、旧土法の給与地問題はほとんど認識されていません。しかし、ある意味、これは戦後改革を巡る人権保障の深刻な問題と言ってよいでしょう。

一般法への解消と特別福祉政策

　他方、福祉を国策の貢献者（傷痍軍人、戦死者の遺家族、妊産婦など）への恩恵ではなく、政府の責任として無差別平等に国民の最低生活維持を確保する政策とみなす法律が、憲法第25条の下で生まれることになりました。1946年9月に原案が制定され、修正を加えて1950年に施行された「生活保護法」です。この新しい法制度の下、1964年、当時総理府の外局であった行政管理庁は、同化政策の完成と「生活保護法」の整備による旧土法の有名無実化を理由に同法の廃止を勧告しました。また、1970年には、旧土法が差別法であるという別の理由で、五十嵐広三旭川市長の提案により、北海道市長会は旧土法の廃止決議を採択しました。
　しかし、植民地支配によって作られた格差や貧困が、一般法の成立で簡単に解消されるわけはありません。例えば、1972年北海道は「北海道ウタリ生活実態調査」を行いましたが、アイヌ民族の生活保護率は115.7‰（パーミル）で、全道21.0‰の5.5倍、日本全体12.7‰の9.1倍という格差がありました[12]。北海道は、その後7年ごとに生活実態調査を行いながら、アイヌ住民の多い「低所得者地域」対策として、基本7年単位の「北海道ウタリ福祉対策」を1974年から開

11）北海道ウタリ協会編『50年のあゆみ』北海道ウタリ協会、1996年、31頁。

始しました。

この福祉対策は、第1次：1974年度～1980年度、第2次：1981年度～1987年度、第3次：1988年度～1994年度、第4次：1995年度～2001年度と継続的に実施されました[13]。確認しますが、当時日本政府はアイヌ民族の存在そのものを認めていません。1950年、国連事務総長に政府が提出した文書では、アイヌ民族はまもなくいなくなると報告されました。また、国連人権機関（国際人権規約・自由権規約の実施機関である自由権規約委員会）への政府の1980年の定期報告では、日本にはいかなる少数民族もいない、とされました。これが1986年の中曽根康弘首相の「単一民族国家」発言の土台です。その点、「北海道ウタリ福祉対策」は、アイヌ民族を祖先とするが同化を完了した同じ日本国民が居住する低所得者地域対策だと位置づけられました。

しかし、第4次福祉対策の途中で、1997年に「アイヌ文化振興法」が成立すると、北海道は2001年に「アイヌの人たちの生活向上に関する推進方策」と名称を変更し、2002年から同じ7ヵ年を単位にこの推進方策を継続実施するようになりました。そして、それ以来、政府と北海道はこれを「民族政策」と弁明しています。

「アイヌ新法（案）」の採択（1984年）

アイヌ民族に関連する日本の法制度の最大の問題点は、アイヌ民族自身の主体的な関わりがなく、アイヌ民族の自由な意志の尊重が実体性をもたなかったことです。その点、1982年に始まった「アイヌ新法」制定運動は、アイヌ民族史の視点からも画期的でした。「北海道ウタリ協会（1961年にアイヌ協会から改称、その後2009年に再改称）」は、1964年の行政管理庁の勧告、1970年北海道市長会の決議、さらに1974年の「北海道ウタリ福祉対策」の開始を背景に、差別法である旧土法の廃止と同時にアイヌ民族

政策に国の歴史的責任を明確化した「アイヌ新法」制定要求を方針化しました。1982年に協会内部で方針が決定すると、具体的な起草作業が副理事長であった貝澤正を座長に開始されました。そして、1984年の協会総会で「アイヌ民族に関する法律（アイヌ新法）案」が採択されたのです。同法案は、前文・制定理由と6項目で構成されています。当時「先住民族」と用語がなかったために、この用語は使われていませんが、先述したように、アイヌ民族が日本とロシアの植民地政策の犠牲者であること、「北海道開拓」による土地・資源の収奪、強制同化政策による民族の尊厳と文化の否定、不公正な農地改革の実施、旧土法の差別性などが明確に述べられています。しかし、本稿との関係で重要なのは、アイヌ民族が政府に求める法制度に関する以下の記述でしょう。

「現在行われているいわゆる北海道ウタリ福祉対策の実態は、現行諸法諸制度の寄せ集めにすぎず、整合性を欠くばかりでなく、何よりもアイヌ民族に対する国としての責任があいまいにされている。いま求められているのは、アイヌの民族的権利の回復を前提にした人種差別の一掃、民族教育と文化の振興、経済的自立対策など、抜本的かつ総合的な制度を確立することである。」

この認識を土台に同法律案は、アイヌ民族自身の手で、アイヌ民族が求める政策の基礎的構造を示し、政府の責任と「抜本的かつ総合的」な法制度の必要を明らかにしました。

そして、具体的な政策内容を示す6項目は以下のようなものでした。①基本的人権：民族差別を撤廃して、民族としての権利を保障する。②参政権：アイヌは「国民」としての一般的な参政権を憲法に保障されていますが、これとは別に民族代表[14]を自らの手で政治参加させる権利です。「北海道」選挙区では、国会議員の選出

---

12) 中村康利「現代アイヌ民族の貧困」『教育福祉研究』北海道大学、第14号、16～17頁。
13) 井之口淳治「北海道におけるアイヌ政策」『開発こうほう』北海道開発協会、第611号、2014年6月、30頁～33頁。

には、通常10万票を超えるあるいはそれに近い得票が必要とされますが、カミングアウトしたアイヌ民族の人口は2万人～3万人と言われ、通常の選挙制度では民族代表の選出は到底不可能でした。③教育・文化：アイヌ民族の子どもへの一般教育の振興及び民族教育を実施する。さらにアイヌ語を含むアイヌ文化の振興・研究が求められました。④農業漁業林業商工業等：アイヌの就業者に対する適正経営規模を確保する経済的権利の実現です。たとえば、2017年に北海道が行った調査によると、アイヌ農家一戸あたりの農用地面積は、全道平均の15％ほどでしかありません。これは、概観してきたように、アイヌ民族は本来農民ではなく、また日本政府のアイヌ民族に対する差別的な土地政策・農業政策の結果であり、アイヌ民族の貧困の土台でもあるのです。⑤民族自立化基金：アイヌ民族自身によって運営できる自主財源の確立です。アイヌ民族は、それぞれの政策実現に毎年各行政官庁に陳情や説明を繰り返さなければならず、こうした手続きを無くすことが重要な課題でした。とくに、この時期、アイヌ民族の中では無年金状態にある高齢者への民族年金の支給など特別なニーズへの対応に関心が集まっていました。⑥審議機関：中央・地方にアイヌ民族政策に責任をもつ機関を設置します。この新しい法は、「北海道ウタリ福祉対策」のような自治体に限定したものではなく、全国に散らばる全アイヌ民族を対象とします。もし、この基本構想を権利として明記した満足する法制度が誕生すれば、私個人は、それを喜んで「アイヌ新法」と呼びたいと思います。

さて、このアイヌ民族自身による新法制定要求に対し、同1984年に北海道は「ウタリ問題懇話会」を設置して、新法の検討を開始しましたが、中央ではこれに水をさす事件が起きました。

1986年、中曽根首相の日本は世界に冠たる大

1992年12月10日、国連総会で記念演説する野村義一・北海道ウタリ協会（現アイヌ協会）理事長（当時）

和民族という単一民族で構成される国家であるという先述した、いわゆる「単一民族国家」発言です。

国際人権活動の展開と国連機関への参加

1987年、こうした状況の中、野村義一・北海道ウタリ協会理事長はスイス・ジュネーブの国連欧州本部に足を運び、先住民族に関する当時唯一の国連機関であった「国連先住民作業部会（UNWGIP）」に参加しました。ここで野村は、中曽根発言に抗議するとともに、自らのアイヌ新法制定運動を報告しました。UNWGIPの主要な任務は、先住民族にとっての世界人権宣言に当たる国連の先住民族権利宣言の起草作業であったことから、これ以降アイヌ民族は毎年代表団をジュネーブに送り、その過程に積極的に加わることになりました。他方、国連諸機関との連携もその後密接になり、1991年にはUNWG-IPのエリカ＝イレーヌ・ダイス議長の日本視察が実現し、1992年には国連ニューヨーク本部で開催された「国際先住民年」の開幕式典に野村理事長が招かれ、記念演説を行いました。また、「国際先住民年」の1993年には、前年度のノーベル平和賞受賞者で、マヤ系キチェ民族の人権

---

14) 日本社会党は、比例代表制を利用し、萱野茂を比例名簿に掲載した。その後、上位当選者の死去に伴い、1994年～1998年に参議院議員を務めた。萱野の1997年の「アイヌ文化振興法」の制定に尽力するが、民族代表としてのいかなる手続きも踏んでおらず、むしろ当時の社会党政権の五十嵐広三官房長官の説得によって出馬を決めたといわれる。貴重な機会ではあったが、民族代表の手続きを経た上での参政権の行使とはならなかった。

活動家リゴベルタ・メンチュウの「国際先住民年親善大使」としての来日が実現しました。

アイヌ民族自身が作り出したこうした流れの中、1994年には先述した萱野茂が国会議員に当選すると、日本政府も1995年新しい法律を睨んで「ウタリ対策のあり方に関する有識者懇談会」（以下、ウタリ懇）を設置しました。翌年ウタリ懇の報告書が提出されると、政府は法律制定に動きだし、1997年３月に司法（札幌地裁）が初めてアイヌ民族を先住民族と認めた「二風谷ダム判決」の４ヵ月後、同年７月には「アイヌ文化振興法」が制定されました。

5. 「アイヌ文化振興法」の制定と旧土保護法の廃止

「アイヌ文化振興法」制定の意義はいくつかあります。ひとつは、「アイヌ共有財産」の返還問題で大きな禍根を残しますが、ともかくも差別法であり、植民地法ともいえる旧土法が廃止されたことです。また、目的（第１条）に、日本社会の進むべき方向として「多様な文化の発展」が明記されたことの意味も小さくありません。

さらに、アイヌ文化を振興する機関として、「アイヌ文化振興・研究推進機構」が設置され、「アイヌ文化活動アドバイザー」などの制度を通して、アイヌ文化実践への助成が行われるようになりました。その点、この法律制定によって、アイヌ民族の文化活動がしやすくなったことを否定しません。しかし、同法の基本的目的は、以下のようにアイヌ文化・伝統の振興と国民に対する普及と啓発にとどまっているのです。

「（目的）第１条　この法律は、アイヌの人々の誇りの源泉であるアイヌの伝統及びアイヌ文化（以下「アイヌの伝統等」という。）が置かれている状況にかんがみ、アイヌ文化の振興並びにアイヌの伝統等に関する国民に対する知識の普及及び啓発（以下「アイヌ文化の振興等」という。）を図るための施策を推進することにより、アイヌの人々の民族としての誇りが尊重される社会の実現を図り、あわせて我が国の多様な文化の発展に寄与することを目的とする。」

先述した「アイヌ新法案」でアイヌ民族が要求したことは、「抜本的かつ総合的な」法の制定でしたが、ここで実現したものは、その６項目のうち0.5項目の「文化」だけに終わりました。さらに、「アイヌ文化」を振興する法であるという理由で、人であるアイヌ民族のいかなる集団・個人にも「（先住民族の）権利」が認められていません。それは「文化的権利」でさえも例外ではありません。振興策の決定主体は、基本方針は内閣総理大臣（第５条）、基本計画は政令で定める都道府県で、具体的には北海道のみでした（第６条）。また、具体的な事業は、指定法人である「アイヌ文化振興・研究推進機構」がこれに当たりました（第７条〜第９条）。そして、アイヌ民族の置かれている位置はといえば、振興策の実施に関し、その「自発的意思及び民族としての誇りを尊重するよう配慮する」（第４条）ことでしかありません。「アイヌ新法案」では国の責任ある対応を求めましたが、その中核は国の歴史的責任であって、国の主導を求めたわけではありません。さらに大きな問題は、第１条にいう「アイヌの伝統及びアイヌ文化が置かれている状況」がなぜ起こったのかの説明がなく、かつアイヌ民族の権利の議論を進めるには「国民の理解」が前提だとされたことです。後半の論理のばかばかしさは、女性の権利の議論を進めるには、男性の理解が前提である、と置き換えてみれば、明白でしょう。この「国民の理解」が必要だという論理の存在は、後述する2019年の「アイヌ施策推進法」でも同じです。

ともかく、その後動いたのは、またしても国際社会でした。2007年には、先住民族全体に

よって待望された「国連先住民族権利宣言（UNDRIP）」が国連総会で採択されました。そして、翌2008年、北海道洞爺湖で先進国首脳会議（G8サミット）が開催されるのを機に、衆参両院で「アイヌ民族を先住民族とすることを求める決議」が採択され、すぐに「アイヌ政策のあり方に関する有識者懇談会（以下、アイヌ懇）」設置されて、新しい法制定への動きが始ま

りました。ウタリ懇では、委員7名の中にアイヌ民族は誰一人含まれませんでしたが、アイヌ懇では委員8名中1名がアイヌ民族でした。またアイヌ懇が2009年に提出した報告書によって、同年には「アイヌ政策推進会議」が設置されましたが、この機関は官房長官を座長に委員14名、うちアイヌ民族委員は5名に増加しました。

6. 「アイヌ施策推進法」の制定と構造—「アイヌ文化振興法」の廃止

「アイヌ施策推進法」の制定

「アイヌ施策推進法」は、2019年4月に制定され、アイヌ民族を法文中で初めて「先住民族」と認め、白老に国立アイヌ民族博物館を含む大規模施設「民族共生象徴空間（ウポポイ）」を開業することなど（第1条）で話題を集めています。

この法律の特徴は、「アイヌ文化振興法」が、「アイヌ施策推進法」の制定と同時に、廃止されたことで明白です。両者は同じ「文化法」で、「アイヌ施策推進法」は旧法が強化されたにすぎないからです。これは以下の第1条で、一目瞭然です。

「（目的）第1条　この法律は、日本列島北部周辺、とりわけ北海道の先住民族であるアイヌの人々の誇りの源泉であるアイヌの伝統及びアイヌ文化（以下「アイヌの伝統等」という。）が置かれている状況並びに近年における先住民族をめぐる国際情勢に鑑み、アイヌ施策の推進に関し、基本理念、国等の責務、政府による基本方針の策定、民族共生象徴空間構成施設の管理に関する措置、市町村（特別区を含む。以下同じ。）によるアイヌ施策推進地域計画の作成及びその内閣総理大臣による認定、当該認定を受けたアイヌ施策推進地域計画に基づく事業に対する特別の措置、アイヌ政策推進本部の設置等について定めることにより、アイヌの人々が民族

としての誇りを持って生活することができ、及びその誇りが尊重される社会の実現を図り、もって全ての国民が相互に人格と個性を尊重し合いながら共生する社会の実現に資することを目的とする。」

基本的な目的も同じで、アイヌ文化・伝統の振興と国民への普及・啓発による、アイヌ民族が誇りを持てる社会の構築が目標とされました。

同時に国民の理解の促進のために新しい施設・プログラムが設けられていることが特徴です。

もちろん「先住民族」の表記が本文中に入りましたが、1997年法と同じように「先住権」はどこにも書かれていません。アイヌ民族の位置が「アイヌの人々の自発的意思の尊重に配慮」（第3条）するだけの点も変わりがありません。アイヌ文化・伝統の普及・啓発には、1997年法では「アイヌ文化振興・研究推進機構」が当たりましたが、新しい法律ではこの財団とそれまで白老にあったアイヌ民族博物館が2018年に合併して成立した「アイヌ民族文化財団」がこれを担当します。同時に、ウポポイやその中に位置する、8番目の国立博物館である国立アイヌ民族博物館、慰霊施設などの施設もこの財団の管轄下にあります。つまり、国立の施設で「国民」はアイヌ文化や伝統を学ぶことができるようになり、政府は目標入場者を年間100万人と設定しました。単純計算すれば、「北海道」の白

老まで、毎年100万人が訪れても、「国民」全員がアイヌ文化・伝統を学ぶまでに、120年～130年が必要になるのです。

さらに、ウポポイと並んで、「アイヌ施策推進法」の普及・啓発の目玉は「アイヌ施策推進地域計画」です。振興事業は、内閣総理大臣が基本方針を、加えて都道府県も独自な方針を策定できますが、市町村がアイヌ民族と相談の上「アイヌ施策推進地域計画」を策定し、これが内閣総理大臣に認定されれば、交付金が与えられます。2019年度には、全国で13自治体（北海道の札幌市、釧路市、登別市、新ひだか町などの12自治体、松浦武四郎に所縁のある三重県松阪市）が認定され、約6億6000万円が交付されました。（内閣府HP、第1回認定　認定アイヌ施策推進地域計画一覧）加えて、この認定地域計画の中で、とくに伝統儀式に使う林産資源の利用（第16条）、内水面サケ採捕事業（第17条）でその手続きが簡素化され、商標登録（商品等需要開拓事業）（第18条）に対して、手続費用が減額されることは大きな前進に見えます。

その他、官房長官を本部長とし、国土交通・文部科学・厚生労働・経済産業など各大臣で構成される「アイヌ政策推進本部」（第32条～第41条）もこれまでにない新設の機関ですが、その役割に期待する部分がある一方、基本的に未知数です。第4条には、ヘイトスピーチを含めて差別禁止規定が盛り込まれましたが、これには罰則規定がなく、適正な運用ができるかは疑問です[15]。

「アイヌ施策推進法」を巡る課題

さて、こうしたアイヌ政策の新たな展開には、課題も多くあります。先述した以外の主要な問題点も整理しておきましょう。

まず、かつての政策の効果に関する十分な検証と分析です。「アイヌ文化振興法」は1997年に制定されましたが、内閣府政府広報室と内閣官房アイヌ総合政策室は、2015年～2016年にそれぞれ国民全体とアイヌ民族を対象に「国民のアイヌに対する理解度意識調査」を実施しました。「アイヌ政策推進会議」のHPからいくつかの項目を紹介すると以下のようになります。

＊差別や偏見の有無

「あると思う」　国民全体：18％、アイヌ民族：72％

＊差別や偏見の原因・背景

「アイヌの歴史に関する理解の不十分さ」　国民全体：65％、アイヌ民族：78％

＊差別や偏見をなくすために必要な取組

「アイヌの歴史・文化の知識を深めるための学校教育」

国民全体：73％、アイヌ民族：道内80％、道外85％

（「第8回アイヌ政策推進会議　政策推進作業部会報告」2016年5月13日＜資料1‐2＞15頁）

「アイヌ文化振興法」から約20年経ても、アイヌ民族の72％が差別・偏見を感じる社会、また「国民全体」82％が差別・偏見を感じないとする、ねじれた社会構造は解消されていません。

加えて、同じ状況の別の側面は、「アイヌ施策推進法」の施行に伴う基本方針案に対し、2019年7月～8月に政府が行ったパブリックコメント（意見公募）で、98％の意見が公表の対象外とされました。理由は6,305件のほとんどが、ヘイトスピーチに当たったからです。（北海道新聞、2020年1月18日朝刊）その原因は何なのでしょうか。また、歴史理解の不足や学校教育の不十分さが指摘される中での「文化法」の制定や白老での国立博物館の開設で、これに対処できるのだろうか、と強い疑問が湧かざるを得ません。

次に、「アイヌ施策推進法」は、「認定アイヌ施策推進地域計画」に基づいて、アイヌ民族の資源利用手続きを簡素化しました。しかし簡素化しても、アイヌが許可申請をしなければいけ

15）上村英明「新しいアイヌ民族立法とその構造 ── 先住民族の権利は再び無視された」『解放新聞東京版』第960号、2019年7月15日。

ない手続きは残っています。2019年9月1日、オホーツク海に面した紋別アイヌ協会の畠山敏会長は、儀式用の鮭を道知事の許可を得ずに採捕しました。道職員の警告の中、畠山は、これはアイヌ民族の自己決定権だと主張しましたが、道はこの事件を警察に告発しました。事件はその後検察に送致されましたが、検察は理由を明らかにせず、これを不起訴処分にしました。たぶん、裁判に持ち込まれることを避けたかったと想像できます。畠山は、これまでもアイヌの権利としての儀式用鮭（秋味）の自由採捕を主張してきましたが、道職員と道警に阻止されていました。今回は、4月の「アイヌ施策推進法」の制定に期待をかけていましたが、同法が道知事の許可制を残したままであったことから、日本の法律上「違法」を覚悟で、鮭の自由採捕に踏み切りました。大上段にいえば、「アイヌ施策推進法」の制定は、「文化享有権」に関してこの程度のことにも対応できず、私はこの法律を「アイヌ新法」と残念ながら呼ぶことができません。

しかし、畠山の動きは、さらに広がっています。2020年8月17日、北海道浦幌町のアイヌ民族団体「ラポロアイヌネーション」（旧浦幌アイヌ協会）は、国と道を相手に、鮭漁の権利を求めて札幌地裁に提訴しました。この訴訟は、「文化享有権」としての鮭漁ではなく、生業としての鮭の「漁業権」を求め、同時にアイヌ民族の個人的権利ばかりでなく集団的権利を視野に入れたもので、画期的なものと言えます。（朝日新聞、2020年8月18日朝刊＜北海道版＞）憲法が、どう「先住民族の権利」を積極的に扱うかに期待したいものです。

加えて、ウポポイや国立アイヌ民族博物館に対しては、私自身批判的です。「アイヌ施策推進法」自体の問題もありますが、博物館の展示も、文化が中心で、歴史の展示にはバラバラ感があり、現在につながる意味が理解されにくい

と思います。文化の実演や展示の解説でアイヌの若者たちも積極的に働き、多くの展示パネルの解説をアイヌに任せた点も評価できます。しかし、全体構造の企画が日本人の研究者の視点である点は透けて見えます。そんな時、ウポポイは別のグループからも攻撃を受けることになりました。アイヌ民族に関するヘイトスピーチを浴びせかけるヘイト団体の人々です。2014年8月に金子快之札幌市議（当時）が、ツイッターに「アイヌ民族なんて、いまはもういないんですよ」（毎日新聞、2015年8月17日朝刊）とつぶやき、大きな問題になったころから、こうした動きは強まりました[16]。これは先述したパブリックコメントにも当てはまりますが、今回もウポポイが開業すると、SNS上でウポポイへの攻撃が始まりました。「捏造のアイヌ文化」「にせアイヌ」、「アイヌ利権」や「アイヌの特権」という言葉が飛びかい、「アイヌは先住民族ではない」、「差別されていなかった」などの言説が渦巻き、とくにそこで働く若いアイヌには誹謗・中傷で大きな精神的負荷がかかっていると聞きます。この点をどう考えたらいいのでしょうか。ひとつの方法は、「アイヌ施策推進法」の第4条に、基本理念としてアイヌ民族に対する差別の禁止が先述したように規定されていることを忘れてはなりません。つまり、ヘイトスピーチは差別であると同時に犯罪ですから、施設の設置責任者である国そして管轄責任者である「アイヌ民族文化財団」こそが毅然とした態度で前面に立ち、ヘイト団体からウポポイやそこで働く職員を守る義務があります。一言追加すれば、アイヌ民族は特権を求めているわけではありません。剥奪された権利の回復を求めているだけであり、ずっと「特権」を維持してきたのは、むしろヘイト団体を含む「大和民族」の側です。

最後に、「アイヌ施策推進法」には記載がありませんが、ウポポイのHPの施設案内には「慰霊

16）岡和田晃、マーク・ウィンチェスター編『アイヌ民族否定論に抗する』河出書房新社、2015年1月を参照。

施設」の存在が明記されています。しかし、ウポポイから1,200メートル離れており、建物を見つけることも難しいです。ここは、大学など研究機関に収奪されたアイヌ民族の遺骨等が、アイヌ民族自身による受入体制が整うまでの間、仮保管をする施設とされています。この遺骨返還の問題はアイヌ民族の重要な運動のひとつです。小川隆吉による、北海道大学医学部児玉作左衛門の「アイヌ人骨台帳」の調査から、2008年8月に「北大開示文書研究会」が発足しました。そして、2012年9月には、浦河町杵臼コタン出身の城野口ユリ、小川隆吉らによる、北大に対する遺骨返還訴訟が札幌地裁に、その後紋別（2014年1月）、浦幌（2014年5月）などからも次々と提訴されました。文部科学省は、2013年、アイヌ民族のこうした運動に押されて、アイヌ遺骨の保管状況の調査を全国の研究機関に行い、全国の11大学で、1633体が保管されていることが判明しました。北海道大学の1027体を筆頭に、札幌医科大学249体、東京大学198体、京都大学94体などという数字です。（北海道新聞、2013年4月30日＜朝刊・社説＞）杵臼訴訟は2016年3月、紋別訴訟は2016年11月、浦幌訴訟は2017年3月にそれぞれ和解が成立し、遺骨の返還が実現しています。

　最近でも、浦幌アイヌ協会が、東京大学に対して、町内から1888年と1965年に盗掘された6体の遺骨の返還を2019年11月1日、釧路地裁に提訴しました。東京大学は当初争うつもりでしたが、2020年8月7日には和解が成立し、6体の遺骨と副葬品が、8月20日には「ラポロアイヌネーション」（旧浦幌アイヌ協会）に返還されました。ウポポイの慰霊施設は、こうした状況の中、返還の目途が立たない1,200体を超える遺骨の仮安置所として建設されましたが、返還手続きに際してのガイドラインを国は2018年12月に策定しました。しかし、このガイドラインは先住民族の権利を尊重していないとして、アイヌ民族の団体は、訴訟・和解という方法で、遺骨問題の解決を図っています。

7. さいごに

　アイヌ民族を巡る法制度史は、1984年の「アイヌ新法（案）」を例外に、一定の前進をみながらも、政府が自らに都合のよい制度を押し付けてきた歴史だといえます。そして、「アイヌ施策推進法」も例外ではなく、1984年の「アイヌ新法（案）」や2007年の「国連先住民族の権利宣言」の規定内容とはほど遠いものです。こうした状況の背景にあるのは、憲法学者である常本照樹北海道大学教授の「日本型先住民族政策」論です[17]。これは、政府に権利保障のような大きな変革を要求せず、国民の理解が広がってはじめて、先住民族の権利を議論しようという、無関心の日本人にあるいは保守政治家や官僚に都合の良い理論です。この理論によれば、アイヌ民族が本来の権利を取り戻すのにこれから何年待てばよいのでしょうか。なぜ、権利を侵害してきた側の責任が問われないのでしょうか。常本は、2020年6月から「アイヌ民族文化財団」の理事長に就任し、この政策をさらに進めるものと思われますが、本稿で紹介したようにアイヌ民族の新たな動きも着実に広がっています。

上村英明（恵泉女学園大学教授）

---

17) 常本照樹「アイヌ施策推進法－アイヌと日本に適合した先住民族政策を目指して」『法学教室』第468号、2019年9月、63～69頁。

米海軍兵による集団強姦致傷事件（2012年10月16日）に抗議する女性集会（写真提供：高里鈴代）

第4章

沖縄の人々
と人権

1. 沖縄の自然環境と歴史を踏みにじる琉球処分

日本最南端の亜熱帯海洋性気候に位置する沖縄県は、40の有人島を含む160の島々からなる島嶼地域です。特に、本島北部の「やんばるの森」は国土の約0.1％の面積に、ノグチゲラやヤンバルクイナなどの希少固有種が多く生息する生物多様性の宝庫です。単位面積当たり生物の種類は動物で全国の約51倍、植物では45倍と多く、東洋のガラパゴスとも呼ばれています。

この豊かな自然環境の独自性とともに、沖縄は、1879年に明治政府に併合されるまで、中国や他の国々と交易を通して400年以上にわたり独立した琉球王国を形成してきました。1609年に薩摩の武力侵攻により、実質的には薩摩の支配下になり、さまざまな収奪を受けましたが、中国とは独自の外交、貿易を築き、中国の明朝、清朝とは「朝貢と冊封」1) の関係を保っていました。

「琉球処分」とは何か

明治維新（1868年）政府は1871年（明治4年）に廃藩置県制を敷き天皇制国家の統一を図りましたが、沖縄に対しては、1872年に、薩摩の下から琉球国王を琉球藩王と呼称を改め、薩摩の配下から中央政府直属に置きました。1879年には〝琉球〟という名称を〝沖縄〟県へ改名したのは、中国から〝琉球〟（もしくは琉求など）と呼ばれた強い関係を断ち切らせる意図がありました。

明治政府の任を受けた琉球処分官・松田道之は、1875年から2度にわたり、琉球国王尚泰王に日本への完全帰属を求めますが、強い抵抗にあったため、ついに1879年3月27日軍隊と警察官を伴い首里城へ乗り込み、強制的に琉球王国を廃し、沖縄県設置を宣告しました。これを〝琉球処分〟2) といいます。

併合に強い抵抗を示す沖縄に、明治政府は「旧慣温存政策」3) を採りながらも天皇制体制への一体化のため、「沖縄対話」4) を使い琉球語の廃止や苗字の日本風への改名、ハジチ（女性の長寿を願う刺青）の禁止など風俗・慣習・文化の日本への同化を進めていったのです。

つまり、沖縄の人々の人権問題を特徴づけているのは、日本国家および国民が、沖縄を政治的、社会的、歴史的にどう位置づけてきたかという側面と、そこに依拠するところの、米軍基地問題に深く根ざしていると言えます。

かつての地上戦場、今は軍事基地の島

沖縄では県条例5) で、6月23日を〝慰霊の日〟（休日）と定め、県主催の慰霊式典が行われます。1944年3月、陸軍32軍が沖縄に創設され、軍隊11万人が国土防衛のために、米軍54万人余と対決した沖縄戦は、1945年3月26日の米軍の上陸から3ケ月にわたる熾烈な地上戦場となり、住民の4人に1人の命が失われ、沖縄戦の犠牲者数は20万人6) を数えています。

1）冊封・朝貢関係―朝貢とは，貢物を中国に納めて服従を誓うこと。琉球は500年間中国に進貢した。冊封とは皇帝からその国の王であることを承認してもらうこと。朝貢し冊封を受けると、中国との貿易が許されるだけでなく多くの返礼品が与えられた。
2）琉球処分―琉球の王国制度を解体し、日本国に属する沖縄県を設置すること。
3）旧慣温存政策―明治政府は沖縄県に対する当面の方針を旧慣（土地制度・祖全制度・地方制度）をそのまま残し、急激な改革をひかえる政策
4）沖縄対話―沖縄方言と普通語との差異がはなはだしく、1880年(明治13年)12月に発行、1882年8月に改訂再版、廃藩置県直後の沖縄で、共通語を教えるために作られた最初の教科書。創立当初の師範学校や小学校で使用された。内容は、ごく日常的な語句や会話文を取り上げて、共通語と方言の対訳を併記したもの。

またこの悲惨な沖縄戦の特徴としては次のような点が挙げられます。

①　日本で唯一の地上戦で本土決戦を遅らせ天皇制護持の〝捨石〟とされたこと。

②　住民の犠牲者が非常に多いこと。（その犠牲者の中に、軍命による集団自決―集団死、スパイ容疑での日本軍による住民虐殺、マラリア汚染地域に強制移住したマラリヤ禍死、米軍魚雷に撃沈された疎開船・対馬丸[7]で多くの児童と住民の死など、直接戦闘にかかわらない者が含まれる）。

③　国の規定を超えて、沖縄に特例として14歳から17歳までの男子学生は「鉄血勤皇隊」に、女子学生は従軍看護婦に現地召集され、その多くが犠牲となったこと。

④　日本軍兵約11万人のために沖縄県全域に軍隊慰安所が145ケ所設置され、韓国・朝鮮、台湾そして沖縄の女性たちが軍隊「慰安婦」にされていたこと。

日本はこの沖縄での敗戦後、東京および本土大空襲、広島（8月6日）・長崎（8月9日）への原爆投下をみて、1945年8月15日「ポツダム宣言」を受け入れ、敗戦国として連合軍の占領下に置かれます。直ちに国体としての天皇制国家は廃され、1946年には基本的人権、主権在民、平和主義の精神に基づく日本国憲法が制定され、民主国家への第一歩が踏み出されました。そして、1952年4月28日のサンフランシスコ講和条約の締結と発効によって、日本国は独立を果たすことになるのです。

しかし、その独立と引き換えに、沖縄はアメリカの軍事占領下に置かれて、それは、1972年の日本復帰まで27年間も続きました。その間、日本は平和憲法の下、著しい経済成長と復興を遂げますが、米軍占領下にある沖縄の人々には、その憲法の精神は遠く及ぶものではありませんでした。

それでも様々な基地被害、人権蹂躙に苦しみながら、基地撤去の実現を願い復帰運動を続けた結果、ようやく日本国憲法（平和憲法）の下に復帰したものの、この施政権返還で協議した日米両政府の合意内容は、沖縄を米軍基地の島に留め置くというものでした。国家機密のもとに〝密約〟していたのです。

5）沖縄県慰霊の日を定める条例（昭和49年10月21日条例第42号　沖縄県慰霊の日を定める条例をここに公布する。）
第1条　我が県が、第二次世界大戦において多くの尊い生命、財産及び文化的遺産を失つた冷厳な歴史的事実にかんがみ、これを厳粛に受けとめ、戦争による惨禍が再び起こることのないよう、人類普遍の願いである恒久の平和を希求するとともに戦没者の霊を慰めるため、慰霊の日を定める。
　　慰霊の日は、6月23日とする。
6）沖縄戦の犠牲者　沖縄戦戦没者数

全戦没者　200,666人	米軍　12,520人	
	日本軍　94,136人	県外出身将兵　65,908人
		沖縄県出身将兵28,228人
	住民約94,000人	戦闘参加者　55,246人

7）対馬丸
「昭和19(1944)年8月22日、沖縄からの疎開者を乗せた「対馬丸」は、鹿児島県・悪石島付近で米海軍潜水艦ボーフィン号の魚雷攻撃を受け沈められた。このとき、乗船者約1800名のうち学童775名を含む1418名（氏名判明者数）が一瞬のうちに帰らぬ人となった。
　この年7月から翌20年3月の最後の疎開までに、沖縄から出航した延べ187隻の疎開船（約8万人）のうち、これほどの民間人が犠牲になったのは対馬丸をおいて他にありません。」（対馬丸記念館より）

2. 人々の生活と人権を侵害する米軍基地

私有地の強制占拠

　国土面積の0.6%に過ぎない沖縄に、在日米軍常時使用基地の70.6%があり、海兵隊を中心に在日米軍の70.4%が常駐して、沖縄本島の15%を占有しています。しかし、なぜこの小さな島の沖縄に、これほどの米軍基地が存在しているのでしょうか。3ヶ月の地上戦に勝利した米軍が、生き残った人々を16ケ所の収容所に強制隔離し、その間に、広大な土地を強制接収して米軍基地を建設しました。

　さらに1952年〜53年にかけて銃剣とブルドーザーによる強制接収を続けて基地を拡張しました。

　日本本土の米軍基地は9割が国有地ですが、沖縄では国有地は3割にすぎず、3割は自治体などの公有地で、残り3割を私有地が占めています。こうして生活・生産の場を奪われた人々は、基地のフェンス沿いにひしめき合って生きるしかなく、当然、日々の米軍演習による被害を強く受けました。

　自分の土地を軍事基地使用から生活、生産の場に取り戻すために契約更新を拒否する「反戦地主会（1971年結成当初3000人）」や彼らを支援する「一坪反戦地主会」（1982年）も結成されました。

　地主の契約拒否は、その代行を地主の所在地首長が行いますが、首長も拒否した場合には県知事が代理署名します。1998年、太田昌秀沖縄県知事が、この代理署名を拒否した為に総理大臣に提訴され、最高裁判所で裁定されました。政府は、1999年に米軍用地特措法を改正することで地主が契約を拒否しても総理大臣が代理署名をして、強制使用出来るようになりました。

爆音被害

　東洋最大規模といわれる嘉手納基地、市街地の中心にある普天間基地の周辺住民は、爆撃機の離発着訓練や大型輸送ヘリや垂直離発着機MV-22オスプレイの早朝から夜まで続く90〜100ホーンを超える凄まじい爆音に苦しんできました。人体に与える悪影響として、難聴、不眠、身体の脆弱性、生活への恐怖、さらに子どもの成長への悪影響が住民から訴えられています。

（沖縄の米軍基地）

奥間レスト・センター
伊江島補助飛行場
北部訓練場
八重岳通信所
キャンプ・ハンセン
慶佐次通信所
辺野古弾薬庫
キャンプ・シュワブ
嘉手納弾薬庫地区
天願桟橋
ギンバル訓練場
瀬名波通信施設
金武ブルー・ビーチ訓練場
楚辺通信所
金武レッド・ビーチ訓練場
読谷補助飛行場
キャンプ・コートニー
トリイ通信施設
キャンプ・マクトリアス
陸軍貯油施設
キャンプ・シールズ
嘉手納飛行場
浮原島訓練場
キャンプ桑江
ホワイト・ビーチ地区
キャンプ瑞慶覧
泡瀬通信施設
津堅島訓練場
牧港補給地区
普天間飛行場
那覇港湾施設

例えば、1997年に沖縄県が行った「爆音被害健康調査」[8]には、嘉手納基地に隣接する最も強い被爆音地域における低出生体重児出生率（出生時体重の低い赤ん坊）が全国一高率でした。この結果は、爆音がいかに胎児に大きな影響を与えているかを示しています。

形式上、米軍は「爆音規制に関する基地使用協定」を自治体との間で結んでいますが、演習時間の制限や、頻度、また夜間の飛行制限など、これまで一切守られることはありませんでした。

「現代の民衆の蜂起」第3次嘉手納爆音訴訟に2万2千人の原告団

日夜、耐え難い爆音に苦しんできた嘉手納基地、普天間基地周辺住民は、1982年に最初の訴訟を起こしてから現在まで、数回にわって政府に対し、夜間飛行差し止め訴訟を起こしてきました。2011年4月には、日本で最大といわれる2万2千人を原告団として第3次嘉手納爆音訴訟が起きたことを、琉球新報は社説で次のように述べています。

「日米安保の負担の大部分を基地の島・沖縄が背負い、県民の基本的人権と平穏な暮らしが侵され続けている。こうした〝憲法番外地〟ともいえる状況に対し、空前の規模で告発の矢が放たれる。基地騒音などの公害訴訟も含め、2万人超のマンモス原告団は国内で例がない。改善の兆しが見えない基地重圧に業を煮やし、実に70人に一人の県民が原告に名を連ねる。現代の民衆の蜂起と言っていい。」（「琉球新報」2011年1月3日社説）

2019年9月、福岡高裁那覇支部は、この第3次嘉手納爆音訴訟に、「米軍機騒音違法」との判断を示し、これは第一次1次訴訟から6度目と

なります。しかし、日米両政府に対する飛行差し止め請求は棄却する判決となっています。

米軍機墜落事故
①小学校に米軍機墜落事故（1959年）

1959年6月30日、米軍ジェット戦闘機が小学校の校舎に激突し炎上し、学校はたちまち火の海と化し、児童11名を含む17人が死亡、児童156人を含め210人が重軽傷を負う大惨事になりました。教室が全焼、飛び散った航空燃料で民家17棟と公民館などを焼失し、住民は大変なパニック状態になりました。

大火傷を負った児童への傷の治療はなされても、事故の衝撃で心身に深い傷を負った子どもたちへの心のケアはなきに等しく、深刻な心の傷をかかえたままの人も少なくないのです。

「宮森6・30館」（外観）

50年目の記念館「宮森6・30館」設置

事故後40年目に校内に小さな記念碑が建立され、50年目の2009年に、当時2年生の児童が校長として赴任したことで、悲惨な事故の体験を被害者自身が語り始め、50年目の記念館「宮森

---

8) 低出生体重児出生率

分析の結果，騒音曝露量と低出生体重児（2,500g未満）の出生率との間に有意な量反応関係が検出された。また，2,000g未満の低体重児についても同様な結果が得られた。さらに，早産児の出生率についても同様の分析を行った結果，早産児出生率と騒音曝露量との間にも有意な量反応関係が得られた。

また、航空機騒音に曝露されている幼児達は，風邪をひきやすくて，食欲が騒音は身体的にも精神的にも幼児達の問題行動を増加させる要因になっていると言うことができるであろう。（航空機騒音による健康影響に関する調査報告書　1999年3月　沖縄県文化部）

「宮森６・30館」（室内）

６・30館」が開設されました。当時の教師、児童、親たちの声の収録と事件の全容を資料収集しています。

②大学に米軍ヘリ墜落炎上（2004年）

　2004年８月13日に、米軍普天間基地所属のCH53D大型輸送ヘリが沖縄国際大学構内に墜落・爆発炎上しました。ヘリコプターの羽の一本が大学本館の屋上に衝突して私道まで飛び、残りの５本も油を撒き散らしながら墜落炎上しました。大学建物への損傷、隣接したアパートの部屋に寝ていた乳児を母親が抱き上げた一瞬後に破片が窓を突き破っていますが、幸い一人の死傷者も出ていません。しかし、この事故は、日々頭上を旋回する米軍ヘリコプターが安全ではないことを強く意識させ、子ども、高齢者、多くの市民に強い衝撃と不安を与えたのです。

③米海兵隊MV-22オスプレイ墜落事故（2016年）、米軍大型ヘリ墜落・大破（2017年）

　2016年12月13日に、本島北部の安部海岸に米海兵隊MV-22オスプレイが墜落し、また、2017年10月11日には、東村の牧草地帯に米軍大型ヘリが墜落・大破しました。事故現場は直ちに米軍が支配して残骸や現場の土壌をえぐり取っていく様は、2004年の大学構内にヘリが墜落炎上した時と同じでした。

④保育園にヘリコプター部品落下事故、小学校運動場にヘリコプター窓枠の落下事故

　2017年12月７日に、普天間基地に隣接する保育園の屋根にヘリコプター部品が落下、その１週間後には、近くの小学校の運動場に米軍ヘリコプターの窓枠が落下する事故が相次いで発生しています。米軍は飛行ルートも変えずに演習を再開し、防衛局は、小学校の運動場に２ヶ所の屋根付き避難所（バス停のような）を設置しましたが、子どもたちの恐怖を置き去りにしています。

環境破壊

　山を標的にした砲弾訓練は、時に３日間燃え続けて広大な面積を焼失する山火事を起こし、さらに強い雨によって山肌の赤土が海中に流れ込んでサンゴをはじめとする海の生物の死滅を招いています。また、返還された米軍基地跡から基準値をはるかに超える大量のカドミウム、水銀、ＰＣＢ等の有害物質が検出されています。

　1967年には、燃料油輸送用の地下パイプが破損して、いわゆる〝燃える井戸〟事故によって水質汚染が起こりました。1995年12月から1996年１月にかけて、米海兵隊が劣化ウラン弾1520発を射爆場（現久米島町の鳥島）に誤射した事件が、１年後に報告されたのは、海洋汚染の調査を遅らせる意図があったと推測されます。

　今深刻な問題は、米軍が50年以上にわたって使用してきた有機フッ素化合物（PFAS、PFOS）による汚染です。国際的にもその製造が禁止になっている中で、米軍は、2015年までの50年間にわたり、米軍基地内でPFOSなどを含む泡消火剤を大量に使用してきたことが明らかになりました。（ワシントンポスト紙）その結果、米軍基地周辺ではPFAS、PFOSによる環境汚染、特に基地が集中する嘉手納基地周辺で深刻です。

　2020年４月には普天間基地から大量の泡消火剤が流出して基地外の住宅地域にまであふれ出て不安を与えています。また、沖縄本島の嘉手納基地周辺７市町村・約45万人に供給している北谷浄水場等の水を飲料水としても日々飲んでいることが問題となりました。早速、「有機フッ素化合物から市民の生命を守る連絡会」が設立されました。

戦争は最大の環境破壊である、といわれますが、こうした状況を打開する最大のカギは、日米地位協定の改定です。しかし、日米地位協定の第4条9)では、米軍は環境破壊や汚染について原状回復の義務を負わないし、基地に起因した環境汚染を、自治体が立ち入り調査する権限を持っていないのです。

普天間基地から流出した泡消化剤（2020年4月）
沖縄タイムス社提供

3. 基地と人権——女性に対する暴力・性犯罪＝構造的暴力

　「基地・軍隊と女性」問題とは、戦後75年にわたり駐留米兵による、特に女性、少女への暴力や性犯罪という人権侵害問題のことです。朝鮮・ベトナム戦争を含み、現在も米軍が介入するすべての紛争に直結する派兵基地としての沖縄の基地は、起こり続ける兵士の事件、事故、女性への暴力や性犯罪などの人権侵害に深くつながっているのです。「沖縄・米兵による女性への性犯罪」年表10)によって、状況のひどさを追うことが出来ます。

戦後から朝鮮戦争前後までの事件

　地上戦を生き延びた住民が安堵する間もなく、米軍人による女性への性的攻撃は、女性への〝新たな戦争〟と名付けられるほどのひどさでした。それは、戦後から朝鮮戦争前後まで以下のような特徴をもって起こっていました。

1　上陸直後から発生。銃やナイフで脅し強姦する。
2　兵士2人〜6人よる集団犯行、拉致して他の兵士集団に渡す事例も複数件。
3　救助する家族、警察官などが殺害されたり重傷を負う。
4　あらゆる場所（収容所、野戦病院、畑、井戸、基地内、家族の面前からも拉致）で起きる。
5　乳児をおぶった母子とともに、強姦、殺害される残虐さを持つ。

9）日米地位協定　第4条
1　合衆国は、この協定の終了の際又はその前に日本国に施設及び区域を返還するにあたつて、当該施設及び区域をそれらが合衆国軍隊に提供された時の状態に回復し、又はその回復の代りに日本国に補償する義務を負わない。
2　日本国は、この協定の終了の際又はその前における施設及び区域の返還の際、当該施設及び区域に加えられている改良又はそこに残される建物若しくはその他の工作物について、合衆国にいかなる補償をする義務も負わない。
3　前記の規定は、合衆国政府が日本国政府との特別取極に基づいて行なう建設には適用しない。
10）復帰前の米軍占領下における米軍犯罪統計はない。「基地・軍隊を許さない行動する女たちの会」が、1996年に年表づくりを始め、新聞、市町村史、書籍、米国公文資料、証言などをもとに作成した「沖縄・戦後米兵による女性への性犯罪（1945年4月〜2016年6月）」年表。第12版A429ページ

6　被害者は９ヶ月の乳児、６歳、９歳児を含めあらゆる年齢に及ぶ
7　強姦による多数の出産
8　加害者のほとんど不処罰である

当時の米軍統計[11]、実は氷山の一角に過ぎないのです。

ベトナム戦争期（1963年〜1975年）

沖縄の米軍基地はベトナム戦争への前進基地として、連日北ベトナムへB52爆撃機が飛び立つ一方で、ベトナム景気に沸く基地の街で米兵相手に働く女性たちが毎年２〜５人も絞殺されました。"絞め殺されそうになった"経験を持つ女性も多く、暴力が蔓延していたことがわかります。

1995年少女強姦事件

1995年に起きた３人の米兵による12歳の少女強姦事件は、沖縄県民の多くにちょうど40年前の「由美子ちゃん事件」[12]を思い起こさせ、それまでの米軍駐留で受けてきた人権侵害状況に対する県民の怒りが噴出して８万５千人の県民大会で、決議も採択されました。[13]

県民の強い怒りは看過できないとして日米両政府は、「沖縄に関する特別行動委員会（SACO）」を設置し、沖縄の負担軽減と日米同盟関係の強化を目的として、「SACO合意」を発表しました。すなわち、「普天間基地の撤去（実は移設）と北部訓練場の過半の返還」を含む基地の整理縮小です。しかし、25年を経た現在でも、県民大会で求めた要求は何ら実現していないのが現状です。

2005年７月に起きた米兵による10歳の少女への強制わいせつ事件で、高校２年次に米兵から性暴力を受けた富田由美さん（仮名、年齢30代）は、二度と被害を出さないため軍隊の撤退を求めて県知事に訴えましたが、その後も性暴力事件は起こり続けています。

拝啓、沖縄県知事　稲嶺恵一様
日頃のご活躍に敬意を表します。

1995年９月に起こった米兵による少女暴行事件から10年、去る７月３日、またもや米兵による少女に対するワイセツ行為事件が起こりました。いったいいつまでこんなことが続くのでしょうか。いったい何人の女性が犠牲になれば、気がすむのでしょうか？

稲嶺知事、あなたは95年10月に行われた県民大会の壇上にいらっしゃいました。あの日の気持ちをどうぞ思い出してください。まだ「たったの10年」しかたっていません。その10年間の間にも、どれだけの女性が犠牲になったかわかりません。それとも、振興策と引き換えなら県民の命や、人間としての尊厳を差し出すことができるのでしょうか？

私は被害者の一人として訴えます。私は、高校２年生のときに米兵によるレイプを受けました。学校帰りにナイフで脅され、自宅近くの公園に連れ込まれ３人の米兵にレイプされたのです。本当に怖かった。「も

11）1945年12月から６ヶ月間に、沖縄女性に対するレイプ並びにレイプ未遂で逮捕された米軍人軍属数は30人とする米海軍第９軍事警察大隊の報告書があり、また、1946年の米兵犯罪439件中103件が女性への性犯罪であるとの民警察部の調査記録が残されている。

12）1955年９月、６歳の幼女が路上から拉致され強姦、殺害された「由美子ちゃん事件」の加害者米兵は、軍法廷で重労働45年の判決を受けた後米国送還となった。この事件に限らず、当時沖縄には憲法はおろか裁判権もなく、全ての米兵犯罪は基地内の軍法廷で行われ、判決後の状況は知ることができなかった。

13）1995年県民大会の決議
「米軍人による少女暴行事件を糾弾し、日米地位協定の見直しを要求する沖縄県民総決起大会」で決議されたのは、「米軍人、軍属による繰り返し発生しているこの種の凶悪事件は、米軍の綱紀が著しく乱れており、また、今なお過去の占領意識が根強く残っている事と同時に、人間の尊厳と人権に対する意識が全く欠如していることを示すものである。」（1995年10月21日大会決議書）

う終わりだ、自分は死ぬのだ」と思いました。何度叫ぼうとしても声も出せずにいました。そのとき米兵は「I can kill you」と言いました。「殺すぞ」ではなく、「殺せるぞ」と言ったのです。

あれから20年以上の月日が流れたいまでも、私は事件による心の傷に苦しんでいます。被害者にとって、時の長さは関係ありません。被害を受けたその瞬間から命の尽きるまで、まるで寄せくる波のように苦しみが押し寄せてくるのです。それは穏やかな波のようなときもあれば、嵐のように荒れ狂うときもあります。しかし、心の傷がなくなることはないのです。

今回被害にあったのは、まだ小学生です。

被害にあった女の子の気持ちを考えると、いても立ってもいられなくなります。どれほど恐ろしかったことでしょう。私は基地を押し付けようとするすべての人に言いたいのです「あなたのお子さんであったならどうされるのでしょうか？」と。それはきっと、稲嶺知事も同じだと思います。

稲嶺知事、こんなにも多くの被害が起こる原因はいったい何でしょうか。私達「被害者」が、「沖縄人」がいったい何をしたというのでしょうか。基地があると言うだけで、朝から子どもを遊びに出すこともできないことが、私達の望む沖縄の姿なのでしょうか。

米兵達は今日も我が物顔で、私達の島を何の制限もされずに歩いています。仕事として「人殺しの術」を学び、訓練している米兵達が、です。稲嶺知事、一日も早く基地をなくして下さい。それは、県民の80％以上が望んでいることなのです。基地の県内移設に「ＮＯ」と言って下さい。ここならだめ、あそこならＯＫと言うことはありえません。なぜなら、事件の多くは基地の外で起きているからです。沖縄はアメリカ・米軍のために存在しているのではありません。

県民の命を守る重要な立場にあり、日頃から県民のことを考えているあなたのことですから、きっと私の意見を参考にして下さると思います。あなたの度重なる要請も、このままでは何の効果もなくなってしまいます。ぜひご検討くださり、「県民の命を守る知事」「沖縄の歴史に残る知事」となってください。一日も早いご英断を、お待ちいたしております。

　　被害者として　富田由美（仮名）

○2016年元海兵隊員で軍属による女性強姦・殺害・死体遺棄事件

2016年４月29日、元海兵隊員の軍属による20歳の女性のレイプ、殺害、遺棄事件が発生しました。５月19日に遺体が発見されて、女性たちは「沈黙の集会」を開催し、2016年６月19日には、「元海兵隊員による残虐な蛮行を糾弾！被害者を追悼し、海兵隊の撤退を求める県民大会」が、炎天下の公園に６万人の人々が参加して持たれました。

○2019年米海兵隊員女性殺害事件

2019年１月、交際を拒否し続けていた女性は、性暴力被害を米軍保護機関に訴えました。加害者は、外出禁止措置となっていましたが、それにもかかわらず４月13日、被害を訴えていた女性は殺害され、加害者米兵も自殺しました。こ

2016.6.19　元海兵隊員による残虐な蛮行を糾弾！被害者を追悼し、海兵隊の撤退を求める県民大会

の事件は、軍の被害者保護が万全でなかったことを露呈しています。女性たちの抗議声明とともに追悼集会が開催されました。

米海軍兵士による女性殺害事件の被害者を追悼し、子どもへの保護とケアを求め、真相究明、人身保護責任の明確化、米軍の撤収を求める要求書

　4月13日未明に北谷町の民間地で発生した米海軍兵士による女性殺害事件に、悲しみとともに大きな衝撃を受けています。加害者米兵も自殺していることから、事件の詳細は不明ですが、事件は基地の外で起こりました。女性が1月から米憲兵隊に助けを求め、沖縄の警察にも、その事実が周知されていたことは、女性が殺される恐怖の中にあったことを明らかにしています。殺された女性は、加害者との関係を拒否する過程でも、性的暴力を受けていました。事件を通報したのが被害者の子どもであるということも深刻です。その心情を思うと、被害者の関係者には十分な支援とケア、そしてプライバシーの保護が求められます。

　去る4月2日、スミス四軍調整官は、これまでに実施した米兵の基地外行動への規制を、「隊員らにより沖縄の魅力を知り、楽しんでもらうためだ」として緩和しています。しかし、被害者の女性はこのときすでに、被害を米憲兵に訴え出ていました。そのような中で緩和が行われたということです。今回の事件を受けて、司令官は玉城知事に対し謝罪を行い、「すべて私の責任です」と発言したのですから、どのようにその責任を取るつもりなのか、単なる言葉ではなく具体的に示すように求めます。

　駐留兵士への基地外行動の規制が緩和された矢先に、この新たな事件が起こったことは、制度そのものが機能していないことを示しています。「リバティ制度」といいますが、自由に出入りするのは米軍関係者の側だけで、沖縄の人々には許されない片務的な「自由」です。なぜ緩和するのでしょうか。なぜ、「隊員らにより沖縄の魅力を知り、楽しんでもらうため」が、沖縄の人々の命の安全より優先されるのでしょうか。

　また、この4月は、2016年に殺害された女性の丁度3年忌に当たりますが、あの事件後に日本政府が実施している「パトロール」も、形骸化した対策であることは明らかです。

　私たちは何よりもまず、奪われた尊い命を悼みます。彼女がどれほどの恐怖と苦しみのなかにあったか。これは沖縄に暮らす私たちすべてに起こり得ることです。亡くなった女性はもう抗議ができません。彼女の痛み苦しみを共にする者として、私たちは声を上げます。

　私たちは、基地・軍隊の長期駐留が押し付けられている沖縄で、幾度となく繰り返される事件のたびに、被害者を貶める発言や態度にも、幾度となく引き裂かれてきました。第一に、被害に遭った人の尊厳が守られるよう、強く求めたいと思います。

　私たちは、「軍隊は構造的暴力組織であり、平時と戦時とを問わず、人間の安全を保障しない」と訴え続けてきました。基地・軍隊は、人間の心と身体を深刻なまでに破壊しており、その暴力はフェンスの内と外とを問いません。私たちは、今こそ共に怒り、抗議の声を上げる時です。

　私たちは、日米両政府、米軍、沖縄県に対して、基地・軍隊の駐留がもたらすこのような現実を直視し、責任ある行動を執るよう、以下のことを強く要求します。

一、被害者を取り巻く人々と子どもたちへの謝罪と保護、ケアが行われること。
一、真実が究明され、加害の原因分析が完全に沖縄の人々に知らされること。
一、米軍の基地外行動の規制を緩和しないこと。

> 一、沖縄に暮らす人々の人身の保護について、日本政府と沖縄県の責任のあり方を明確にすること。
>
> 一、沖縄に暮らす人々の真に安全な社会を実現するため、沖縄から全ての基地・軍隊を撤収すること。
>
> 2019年4月16日

軍隊の構造的暴力

　富田由美さんが知事に訴えているとおり、米兵が何の制限も無く、地域社会を我が者顔で行動できるのは、「日米地位協定」によって、彼らの行動の自由が一方的に保障されているからです。

　また、米兵の事件事故は、公務外の私的犯罪として扱われますが、軍隊の本質は、暴力行使です。兵士らは破壊と殺傷の訓練を日々繰り返し、訓練の成果を戦場で発揮できるように訓練されているのです。つまり、兵士たちは極限状態にも置かれて暴力や殺傷に対する感覚が麻痺し、その抑圧から逃れるために弱者に向かってストレスを発散するのです。その本質には沖縄に対する植民地差別意識も読み取れます。

　新たな被害を出さないためにと、知事に手紙を書いた由美さんは、大規模の軍隊の長期駐留から生じる暴力が、個々の兵士の暴力をこえて、まさに軍隊の組織的、構造的な暴力であることを指摘しています。

　しかし、米軍の米兵犯罪に対する対応は、米兵の綱紀粛正や一時的な外出制限措置などで事件の沈静化をはかるのみで、駐留規模の削減はおろか、不平等な地位協定の改正も一切行われません。

子どもの人権

—— 無国籍児の解決は国籍法改正によって

　長期の米軍駐留下では、日本人女性と米兵との結婚も多く存在しますが、その中で、実は、子どもの基本的人権の侵害となる無国籍児問題がありました。

　日本の国籍法は1985年1月に、「父親が日本国籍であること」とする父系血統主義から「父母平等主義」に改正されました。その背景には、国連の「女性に対するあらゆる形態の差別撤廃条約」[14] を日本政府が批准したことがありました。それまでは、米兵と結婚した日本女性の子どもは、必然的に父親の国籍になっていました。

　しかし米国の国籍法にも米国人男性は、「満14歳から継続して5年間を含む10年以上を米国内に居住していること」が子どもに米国籍を付与できる要件になっていたため、この要件を欠いた米国籍男性と日本人女性との間に生まれた子どもは、両親のどちらからも国籍を付与されず無国籍状態になったのです。

　無国籍状態とは、就学、就職、結婚、旅券取得や資格取得はもちろん、国民健康保険への加入も出来ません。つまり、子どもは生まれながらにして基本的人権を奪われた状態になるのです。1985年1月の国籍法改正によって、推定で80〜100人いた無国籍児問題がほぼ解決をみたのでした。

14）女性（女子）に対するあらゆる形態の差別の撤廃に関する条約（女性差別撤廃条約）
　「女性差別撤廃条約は、男女の完全な平等の達成に貢献することを目的として、女性（女子）に対するあらゆる形態の差別を撤廃することを基本理念としています。具体的には、「女性（女子）に対する差別」を定義し、締約国に対し、政治的及び公的活動、並びに経済的及び社会的活動における差別の撤廃のために適当な措置をとることを求めています。」この条約は、1979年の第34回国連総会において採択され、1981年に発効した。日本は1985年に締結。
　1985年1月1日、父親が日本人の場合にだけ日本国籍を認めていた父系血統主義を改め、父母のどちらか片方でも日本人であれば日本国籍を認めるという男女平等の父母両系血統主義に改正した国籍法・戸籍法が施行された。

４．人権保障を求めて──辺野古新基地建設撤廃を求めて

2020年の現在、沖縄の人々の人権獲得の最大の課題は、辺野古新基地建設の撤廃です。沖縄県民総出で、可能な限りの方法で、座り込み行動、選挙、司法、行政、国際社会と連動しながら実現を目指しています。

米軍基地の集中と過重な重圧の下で、1995年の少女強姦事件で沖縄県民が示した怒りの声に応えるかに見えた「SACO合意」の本質は、沖縄の負担軽減ではなくて、「日米同盟関係の強化」だったことを、北部訓練場過半の返還が2016年7月から12月までの強行された中で見せられたのです。

返還予定地にある6つのヘリパッドを残る過半の土地へ建設する計画に、強い疑念がありました。なぜならそこには15ケ所のヘリパッドが存在しているからです。真実は、沖縄に配備されたMV-22オスプレイの為に強固なオスプレイパッドが必要だったのです。建設反対住民に対して、全国から500人の機動隊が動員され、工事は強行されました。

翁長沖縄県知事は2015年9月、国連人権理事会において、与えられた時間が90秒にもかかわらず心を込めて明確に訴えています。

「私は、日本の沖縄県の知事、翁長雄志です。私は世界中の皆さんに、辺野古への関心を持っていただきたいと思います。そこでは、沖縄の人々の自己決定権が、ないがしろにされています。

第2次大戦のあと、アメリカ軍は私たちの土地を力によって接収し、そして、沖縄にアメリカ軍基地を作りました。私たちが自ら望んで、土地を提供したことは一切ありません。

沖縄は、日本の国土の0.6%の面積しかありません。しかしながら、在日アメリカ軍専用施設の73.8%が、沖縄に存在しています。

70年間で、アメリカ軍基地に関連する多くの事件・事故、環境問題が沖縄では起こってきました。私たちは自己決定権や人権を、ないがしろにされています。

自国民の自由、平等、人権、民主主義すら守れない国が、どうして世界の国々とそれらの価値観を、共有することなどできるでしょうか。

今、日本政府は、美しい海を埋め立てて、辺野古に新しい基地の建設を強行しようとしています。彼らは、昨年沖縄で行われた選挙で示された民意を、無視しているのです。私は、あらゆる手段、合法的な手段を使って、新しい基地の建設を止める覚悟です。」

建白書（2013年1月）

政府が、沖縄の負担軽減を約束しながら、逆に垂直離着陸輸送機MV22オスプレイの配備を強行したのは、沖縄県民が、2012年9月に9万人で開催した「オスプレイ反対県民大会」から3週間足らずでした。

県民大会の「①MV22オスプレイ配備を撤回すること。②米軍普天間基地を閉鎖・撤去し、県内移設を撤回すること」の2点を求めて、政府に出された「建白書」には、県民大会実行委員会共同代表として県議会議長、市長会会長、県商工連合会会長、連合沖縄会長、沖縄県婦人連合会会長、および沖縄県41市町村の全首長と全議会議長たちの直筆の署名が記されています。

建白書提出の前日、2013年1月27日に東京の日比谷野外音楽堂で「オスプレイ配備反対」集会が行われました。その後、銀座をデモ行進した140名の沖縄代表団は、道路両側の群衆からの〝売国奴〟、〝日本から出て行け〟、〝中国のスパイ〟などの予期せ攻撃には、沖縄代表者たち

の思いは複雑なものがあったでしょう。

　2010年の知事選挙に辺野古反対の立場を掲げて当選した仲居真前知事が、4年目には政府の圧力に屈して「辺野古の埋め立承認」に転じたため、2014年11月の知事選挙で、辺野古反対を表明する翁長新知事が誕生しました。そこへ導いたのが2014年7月28日に結成された、「建白書」の精神にもとづき辺野古新基地に反対する「島ぐるみ会議」です。

　沖縄全域を網羅する「島ぐるみ会議」が結成され、辺野古ゲートの非暴力座り込み行動へは各地域からバスが運行され、学習会も活発化していきました。知事選に次いで実施された衆議院議員選挙でも、沖縄県4区全てで、辺野古新基地建設反対の候補者が当選をしました。保革を超えて多くの県民が結集して、「辺野古に新基地を造らせないオール沖縄会議」の結成へとつながり、抵抗運動への財政的な支援団体として「辺野古基金」も立ち上がりました。しかし、日米両政府の「辺野古唯一」も強固になる一方なのです。

沖縄の声を世界に届ける

① 国連の「現代的形態の人種主義、人種差別など」の特別報告者・ドゥドゥ・ディエン氏からは、米軍基地の異常な集中が差別であること、また、「表現の自由に関する」特別報告者・デービッド・ケイ氏からは、抵抗行動の場の保障と人権侵害について指摘がなされました。このことは、沖縄の人々に大きな勇気を与えています。

② 訪米団の成果と「ジュゴン裁判」

　「アメリカへ米軍基地に苦しむ沖縄の声を届ける」、「辺野古新基地建設は米政府も当事者である」というメッセージをもって、過去3回（2012年、2015年、2017年）、国会議員、県議、市民代表、学生などの訪米団が組織されました。彼らは、アメリカ上下院議員やその補佐官、シンクタンク、環境団体、政府機関、女性団体などへ、沖縄の現状を訴え続けています。成果の一つが、バークレー市議会（カルフォルニア州）が、2015年9月15日米国内の議会で初めて「米政府に沖縄県名護市辺野古の新基地建設計画の中止」を求めた「沖縄の人々を支援する決議」を可決したことです。さらに、米軍基地を抱える国や地域の女性たちの軍事主義を許さない国際女性ネットワークや、アメリカのベテランズ・フォー・ピース（平和を願う退役軍人の会）

とも沖縄支援のネットワークを築いています。また、2017年8月、APALA（アジア太平洋系労働組合）総会で沖縄支援が決議されました。そしてAPALA代表団が2019年に沖縄を訪問して、辺野古の座り込みに共に座り、大学生との交流を深めました。

「ジュゴン裁判」は、2003年に新基地建設の米軍側の責任を問うために、沖縄ジュゴンと地域住民、そして日米の環境保護団体が原告となって、米軍国防総省・国防長官を被告にサンフランシスコ連邦地裁に提訴した裁判です。2008年1月には、裁判長が被告に「米国文化財保護法に基づき、ジュゴンの保護策を示せ」との判決を出しましたが、2020年2月、「基地建設がジュゴンの生態に影響を与えないと判断した国防総省の検討プロセスは非合理ではない」とされ、原告敗訴となりました。支援の環境保護団体には感謝です。

県民投票で再確認の県民の総意

　裁判における沖縄県の敗訴は続いています。2015年12月20日に沖縄県知事は辺野古違法確認訴訟で国に敗訴しました。前知事が2013年12月に行った「辺野古埋め立てを承認したこと」に対して、沖縄県は「生物多様性に富む辺野古・大浦湾の自然環境が喪失する」など、4つの瑕疵を指摘しましたが、前知事の行為に行政上の誤りはないということです。

　2018年8月11日「土砂投入を許さない。ジュゴン・サンゴを守り、辺野古新基地建設断念を求める県民大会」は、辺野古新基地の撤廃をあらゆる方法で実現すると、病の床からも強い意志を表明していた翁長県知事が逝去して3日目に、台風混じり雨の中7万人が結集して開かれました。

　そして、翁長知事の意志を継ぐ玉城新知事が誕生し、その知事の下で行われた県民投票（2019年2月24日）15) でも、辺野古埋め立てに反対する県民は、投票者の72%と圧倒的に県民の総意を表しています。

2018.8.11 土砂投入を許さない！ジュゴン、サンゴを守り、辺野古新基地建設断念を求める8.11 県民大会（オール沖縄会議主催）

高里鈴代（基地・軍隊を許さない
行動する女たちの会共同代表）

15)

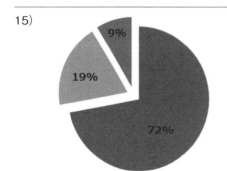

埋め立て反対	434,273	票	72.2%
埋め立て賛成	114,933	票	19.1%
どちらでもない	52,682	票	8.8%
合計	601,888	票	

辺野古新基地は造れない!!　希望を示す専門家たちの働き
非暴力で粘り強い抵抗を続けている年数の長さは、決して無駄ではなかった。なぜなら、その間に、巨大な基地建設の構造的問題と、地質学的問題が惹起されてきた。活断層と軟弱地盤の問題である。当初の工期は2014年完成だったが、現在は、工期は2030年までかかり総工費も当初の3倍の9,300億円と言われている。この事実によっても、辺野古への新基地建設が普天間飛行場の危険を除去するものではないことは明らかである。普天間飛行場の危険性は使用中止によるしか除去できないものである。

5か国の子どもやスタッフが参加した「信愛塾」の遠足（写真提供：NPO法人在日外国人教育生活相談センター・信愛塾）

第5章

外国につながる人々
と人権

1.「移民社会・日本」の到来

ニューカマーの増加と定住化

　かつて送出し国であった日本が、外国人労働者受入れ国へと転換したのは、1980年代後半です。「開国vs鎖国」をめぐる活発な議論の結果、いわゆる外国人「単純労働者」は受け入れないという基本方針が閣議決定され、1989年12月に出入国管理及び難民認定法（以下「入管法」）が改定されました（翌90年6月施行）。入管政策における「90年体制」の構築です。

　その後の30年余りの月日のなかで、日本における外国人をめぐる状況は大きく変化しています。一方で、変わらない点もあります。

　最大の変化は、外国人総数の増加と在日コリアンなどオールドタイマー（オールドカマー、在留の資格「特別永住者」）の減少、そしてニューカマーの定住化です。2020年末現在の在留外国人数は2,887,116人で、30年前と比較すると3倍近くに増えている一方で、オールドタイマーは1992年末の645,438人（総数の60.0%）から304,430人（同10.5%）へと半減しています。

　これに対して、ニューカマーは6倍以上に増えていますが、その多くは、当初、やがて母国に帰る「デカセギ」的な存在として捉えられていました。けれども実際には、滞在長期化、定住化が進み、家族と共に日本で生活する者が着実に増え、単なる「労働者」ではなく、「住民」として日本社会で暮らしています。在留期間に制限のない永住（在留資格「永住者」）を取得している外国人も増加しています（807,517人、総数の28.0%）。

　さらに、日本国籍を取得する者や「ダブル」の子どもといった外国ルーツの日本人も確実に増えています。これらの現実は、まさに日本が「移民社会」であることを物語っていると言えましょう。

放置される不平等や格差

　では、「移民社会」にふさわしい法制度や社会環境は整っているのでしょうか。

　2018年12月、深刻な労働力不足に対応するために入管法が改定されましたが、法施行（2019年4月）に先立って、同月、「外国人材の受入れ・共生のための総合的対応策」が閣議決定されました（2019年12月、2020年7月改訂）。入管法の改定と並行して、受入れ後の環境整備に取り組もうとする姿勢は、1989年の入管法改定当時と比較すれば、一定の評価ができます。

　しかしながら、その内容を詳細に検討すると、「移民社会」の実態をふまえた取り組みとは言い難く、日本語教育などの支援の多くは、自治体任せであるという点は変わっていません。

　改訂版も含めて、総合的対応策には、制度的不平等を是正する取り組みがみられません。社会保障に関しては、1970年代後半から80年代にかけて、国際人権条約の締結・発効にともなって、内外人平等の原則のもと、外国人の権利が獲得されてきた経緯があります。けれども、1980年代後半以降、在日外国人数が激増しているにもかかわらず、制度の見直しはほとんど行われていません。外国籍の子どもは義務教育ではないという政府見解ゆえに、不就学の子どもが生み出されています。日本で生まれ育った者であっても、長期に日本で暮らす者であっても、外国人である限り、自らが暮らす地域の代表を選ぶ権利がない、自治体によっては地方公務員になれない、管理職になれない、といった不平等が今なお変わらずに存在しています。

　さらに、2017年に公表された「外国人住民調査報告書」では、就職差別、雇用差別や入居差別などの深刻な実態（実質的不平等）が明らかになったにもかかわらず、啓発活動、人権相談や救済手続きの多言語化など、実効性の乏しい従来の取り組みが列挙されているのみです。

図　在留資格別在留外国人（外国人登録者）数の推移

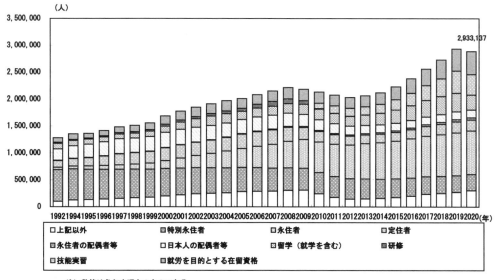

注）数値は各年末現在のものである。
出所：(財)入管協会（各年版）『在留外国人統計』をもとに筆者作成

　加えて、教育や労働市場における格差を解消するための取り組みも不十分です。例えば、ニューカマー外国人労働者の間接雇用比率は日本人と比べて極めて高いゆえに、景気後退期に仕事を失う可能性が高くなります。リーマンショックを契機に、雇用の安定性をめざした事業が導入されているものの、依然として不安定雇用を脱却できない移民／外国人が少なくありません。その背景には、前述の解消できない差別の存在もあります。その結果コロナ禍において、彼／彼女らの雇用の脆弱性が露呈しました。高校や大学への進学率、卒業後の正規雇用比率などにおける格差も、いまだ解消されていません。

　移動局面の移民／外国人政策を規定する法律として入管法や入管特例法があるのに対して、居住局面の移民／外国人政策には、包括的な法律はなく、「国民」である日本人を前提とした分野ごとの個別の法律が、必要に応じて適用されているのみです。

　「外国人材の活用」を超えて、同じ人間として移民／外国人をどのように迎え入れ、共に生きる社会を創っていくかというビジョンを描く必要があるのではないでしょうか。そのためには、「移民社会・日本」を支える基本法や差別禁止法の制定が急務です。

鈴木江理子（国士舘大学教授）

2. 在日コリアンの人権

　1910年大日本帝国による「韓国併合」の結果、朝鮮民族は大日本帝国の臣民（「日本国籍」者）とされました。その結果、生活の糧を求めて渡日を余儀なくされた人や、募集、官斡旋、徴用など戦時労働動員された人（約70万人）などで、敗戦時の日本には約200万人が在留していました。敗戦直後から約150万人が帰国しましたが、朝鮮半島が38度線を挟んで米・ソによって分断

支配されたことや、金品の持帰り制限、母国に生活基盤がないことや社会情勢の不安定などの事情によって帰国を見合わせた約60万人が、日本に残留しました。この朝鮮人とその子孫が「在日朝鮮人」と呼ばれていました。その後、在日朝鮮人は100年の歴史を数え、五世も誕生し、戦後一時帰国して再入国した人、日本人との国際結婚などで日本国籍を有する人も増加し

ていることから、国籍や在留資格で区分せず、今では朝鮮半島にルーツを持って定住する人たちを総称して『在日コリアン』と呼ぶのが一般的です。狭義には「日本国との平和条約に基づき日本の国籍を離脱した者等の出入国管理に関する特例法」(1991年法律第71号)の「特別永住者」を指します。こうした歴史と定住の実態から在留外国人の中では安定した法的地位を有し

公務就任権を考える

大石文雄（NPO法人在日外国人教育生活相談センター・信愛塾理事）

　人は誰もが自由で尊厳を持って生きることが求められている（世界人権宣言）。人間らしく生きていくためには差別されることなく職に就くことが保障されねばならない。しかし、日本ではこの当たり前のことが実現していない。いまだに多くの自治体に「日本国籍を有するもの」という「国籍条項」があるからだ。「国籍条項」は体（てい）のいい「外国人お断り」、「ジャパニーズオンリー」である。

　法文上では外務公務員を除いて外国人を直接排除する規定としての国籍条項は存在しない。しかし、いわゆる「当然の法理」という「内閣法制局見解」が排除の論理として機能しているのである。「一般にわが国籍の保有がわが国の公務員の就任に必要とされる能力要件である旨の法の明文の規定が存在するわけではないが公務員に関する当然の法理として、公権力の行使または国家意思の形成への参画に携わる者については、日本国籍を有すべきものと解すべきであり、他方においてそれ以外の公務員となるためには日本国籍を必要としないもの」とする（1953.3.25法制局第一部長高辻正巳回答）。

　つまり、法の明文の規定が無くても外国人を排除できるという極めつけの制約基準なのである。まさに法治主義の否定である。朝鮮戦争の時代に作られた「当然の法理」が、その後も独り歩きし、1973年には自治省が「国家意思の形成」を「地方公共団体（公の）意思の形成」と巧みにすり替え、地方自治体における外国人排除規定として、差別の拡大を推進した（1973.5.28）。

　一方、教員については1991年の「日韓覚書」以降、すべての都道府県と指定都市で、外国人も教員採用試験の受験が認められるようになる。ところが政府は通知を出し教員採用においても「当然の法理」を持ち込む。日本人は「教諭」採用で、

外国人は任用の期限を付さない「常勤講師」としたのである。日本人は「主任」や「教頭」「校長」などに昇任できるが、外国人は常勤"講師"であるため、校務の運営にも携われないとした。

　同一試験を受け合格した者が、採用された後に、任用や社会的な地位において、また生涯賃金に大きな差が生じることは労働基準法3条や地方公務員法などに反する。また「先任または能力以外」で昇進に差を設けてはいけないとする社会権規約第7条（C）にも反する。

　横浜市教育委員会によると2級職（外国人は2級止まり）と5級（校長）で退職した人の生涯賃金の格差は1800万円になると算出している。神戸市立中学校で起こった人権侵害事件に対し、日弁連は、外国人教員は「常勤講師」にしかなれず、教諭及び管理職教員になれないという取り扱いは不合理な差別であり憲法14条に違反し、憲法22条の保障する職業選択の自由を侵害するため、「常勤講師」を「教諭」にするよう勧告している（2012年）。

　2018年にジュネーブで開かれた人種差別撤廃委員会の日本審査において、委員会は日本政府に「数世代に渡り居住する在日コリアンが公権力行使または公の意思形成の参画にたずさわる国家公務員に就任できるように確保することを勧告」している。また「長期在留外国人及びその子孫も」公務員の地位にアクセスできるようにすることを勧告している。

　全国に439人近くいる外国人教員はそのほとんどが「常勤講師」という差別的扱いを受け不利益を被り続けている。全国のほぼ6割強の自治体において外国人が「国籍条項」によって受験を拒否され続けている。これが日本における制度的差別の現実であり、日本の「人権」の生の姿でもある。

Column

在日高齢者が抱える課題

「文化背景によるサービスや余暇の活動の場の提供と制度利用」

①在日高齢者が「行きたい」と思える場づくり。

　地域社会の国際化により外国人支援の取り組みやネットワークが広がっているが、高齢者の文化背景によるサービスや余暇の活動の場の選択肢が少ない。

　約20年前に結成された在日高齢者交流クラブ「トラヂの会」は仕事をリタイアし、戦争や貧困で幼いころから学ぶことを奪われたハルモニの想いから誕生した。参加者の9割以上が朝鮮半島にルーツがある「ハルモニ」である。（韓国・朝鮮語でおばあさん）

　※その他のルーツは日系ペルー人1名　日本人の数名の参加者がいる。

　現在参加者の生活スタイルが多様化しており、家族と生活する人。90歳を過ぎても「誰にも迷惑をかけたくない」という想いがあり一人で暮らしている人。また本国に子どもを残し出稼ぎ労働者として渡日し生活基盤が日本にあり本国に帰らないという選択をする人もいる。そんな中で出会う課題は文化背景やルーツを真ん中においたサービス提供や活動の場である。

　在日高齢者の活動の場としてスタートしたトラヂの会はハルモニたちの居場所であり、開催日は外出の機会でもある。「日本のデイサービスは静かだから通いたくない」「字が上手く書けなく馬鹿にされるから行きたくない」と口にする。来ているハルモニはそういった文化背景やルーツをありのままに表現できる場所を求めている。そういったニーズが重なり、トラヂの会では基本的には本名で呼び合い、高らかに笑い、朝鮮半島に伝わる歌などを歌い、活動している。

②行政サービスや制度の利用

　植民地支配により戦争と貧困に起因する非識字と、いったんは日本国籍が認められながらもその後一方的に外国籍に戻された経験が絡み合い、ハルモニにとっての行政サービスや制度の利用を困難にさせている。

　1982年の社会保障の国籍条項撤廃から40年近く経っているが現在も公営住宅の申請や生活保護の申請など書類が伴う相談が寄せられる。直近では新型コロナウイルスによる特別定額給付金の申請も「今までこんなことやったことないから」と多くの相談を受けたがこの言葉の裏にはかつて国籍条項により、あらゆる社会保障制度から外されてきたことと学ぶことを奪われた歴史的背景が容易に想像できる。

　「人に迷惑をかけたくない」「馬鹿にされたくない」と強い想いで生きてきたハルモニ達にとって「公の制度」の利用は非常に高い壁となっている。

　行政や地区担当には継続的に地域の歴史的背景や実情を踏まえた研修を行い、文化背景や歴史背景を踏まえ当事者を中心としたケースワークを期待したい。

遠原　輝（川崎市ふれあい館職員）

ていますが、ヘイトスピーチで叫ばれる「在日特権」などと呼ばれるものは一切ありません。以下では、日本政府も批准した国際人権規約（社会権規約、自由権規約）や人種差別撤廃条約などを視野に入れて、克服すべき主要な人権課題を提起します。そこでは「無差別及び平等は国際人権法の基本要素」とされており、区別を正当化する明確な根拠がない、いかなる差別も禁止されているからです。

1　戦後補償：在日コリアン特有の差別に戦後補償問題があります。軍人・軍属として徴兵・徴用された朝鮮人は合計24万人余（台湾人も20万人余）ですが、戦傷病者・戦没者、未帰還者、引揚者関係への弔慰金支給などを内容とする戦争犠牲者援護関係14法の適用が国籍を理由に排除されています。2000年には旧植民地出身者への弔慰金支給法が議員立法で成立し、右手を失った石成基さんは一時金400万円受給しましたが、石さんと同程度の日本人戦傷者の場合は累計で8,000万円を超えています。1982年外務省は「負傷者又は戦死した外国人に対する欧米諸国の措置概要」において米、英、仏、独、伊の五か国の調査結果を報告しました。いずれの国も外国籍兵士への戦後補償は国籍に関係なく、「軍務の提供」の事実に基づいて行われています。

2　年金法：1982年難民条約批准に伴い国民年金

法の国籍条項が削除されましたが、必要な経過措置をとらなかったため一定の年齢以上の外国人障がい者、高齢者が無年金のまま放置されています。2008年に自由権規約委員会から「年金法の年齢制限規定によって影響を受けた外国人のため、経過措置（救済措置）を講ずるべき」と指摘されましたが、何もせずにいたため、2018年には人種差別撤廃委員会からも「市民でない者が国民年金制度に包摂されるよう確保すること」と再び勧告を受けました。

3 地方参政権、公務就任権：参政権については、1995年の最高裁判決で在日コリアンなどの原告は敗訴しましたが、判決文では「永住外国

差別に抗議する在日コリアンの女性たち

人などに地方参政権を付与することは・・・憲法上禁止されていない」と判示しました。公務就任権については、政府は1953年の「公権力の行使又は国家の意思形成への参画に携

朝鮮学校の課題

高梨晃嘉（神奈川 朝鮮学園を支援する会）

在日朝鮮人と朝鮮学校へ、いまも排外主義的差別言動や暴力行為が揮(ふる)われているのはどうしてなのか。21世紀が「人権の世紀」とも呼ばれる中で、問われている日本人の人権意識とのかかわりで、この問いを軽視することはできない。

朝鮮学校は、文科省の指導基準に準じて授業を行っており、日本の学校との違いは母国語（ハングル）での授業と朝鮮民族の歴史・伝統と文化を継承する民族教育を行っている点、さらに子どもたちは将来、日本と朝鮮の友好の懸け橋になることをめざすという教育目標を掲げている点も特徴的な違いとして見落としてはならない。

「朝鮮学校の問題」の理解をしようとするなら、まずは、「なぜ、日本に朝鮮学校が存在するのか」を問い、その歴史をたどってみてほしい。

日本の朝鮮への植民地支配が、朝鮮の人々の、人と民族の尊厳を否定し、多くの人々を日本へ強制連行して過酷な労働を強制してきたという事実。こうした植民地支配からの解放がポツダム宣言と日本の敗戦によりようやく実現したこと。朝鮮学校は、この解放された人々が朝鮮民族の誇りを取り戻そうと自分たちで作り上げた国語講習所を起源としている。

さらに歴史をさかのぼり、日本の支配下で朝鮮の人々はいったい日本（人）にどのように扱われていたのか、ここにも目を向けてほしい。創氏改名や天皇・神社の崇拝強制、自国語（朝鮮語）禁止と日本語使用の強制などを通して朝鮮人を日本人（天皇の赤子）としての意識を持たせる、という「同化政策」が武力弾圧で押しすすめられた。この朝鮮民族にとっての暗黒の歴史は、日本（人）が朝鮮民族に押し付けた歴史であって、解放後も日本政府は朝鮮学校の閉鎖などの弾圧と差別的扱いをやめることなく、いまも続けられている。

こんにち、安倍・菅政権は高校無償化や幼保無償化の制度からの朝鮮学校・朝鮮幼稚園を排除し、差別を平然と押し付けて恬(てん)として恥じることはない。政権に連動して、神奈川県をはじめ各自治体も朝鮮学校運営補助金等の支給を縮小・凍結・廃止を強行。官製差別の横行・暴走である。

朝鮮学校は今、自民党政権による「朝鮮学校つぶし・民族教育つぶし」の兵糧攻めに直面している。一連の差別は、今も、政権中枢が植民地支配意識を継続していることの現われでもある。私たちの意識の中にも同様の意識はないのか、自省と、その克服が求められている。

朝鮮学校を断じて潰させてはならない。民族教育は尊重されなくてはならない。朝鮮学校の問題は、日本の植民地支配の責任・補償に関わる問題であるという点で、私たち日本人の問題に他ならない。「平和と人権の時代」をつくりだしていくために朝鮮学校とその民族教育を守り抜くため私たちは支援をさらに強めなくてはならない。

わる公務員には日本国籍が必要」という内閣法制局回答（当然の法理）を維持し管理職登用などから排除しています。しかし、公務員は憲法遵守義務（憲法99条）と法令及び上司の職務命令に従う義務（地方公務員法32条）を負っており、性別や国籍などの属性は関係ないはずです。個別の公務の内容に応じて日本国籍を必要とするかどうか検討すればいいのです。

山田貴夫
（多文化共生・自治体政策研究会世話人）

3. 在日中国人の人権

新華僑の日本定住化

現在、日本に居住する中国人1)は、第二次世界大戦前から数世代にわたり、横浜、神戸、長崎などを生活拠点としてきた「老華僑」と、1978年の改革開放政策以降、おもに留学などで来日し、日本に就職するなどして定住するようになった「新華僑」に大別できます。

日本政府は2008年、「グローバル戦略」の一環として、2020年を目途に30万人の留学生受け入れを目指す「留学生受け入れ30万人計画」を策定しました2)。この計画では留学生の「卒業・修了後の社会の受入れの推進」がうたわれており、こうした政策を背景に、日本で就職したり、永住ビザを取得したりする新華僑が増えてきました。西川口や池袋などには中国人コミュニティが形成されています。

メディアによる「嫌中」とヘイト活動

2000年代以降、日中関係が悪化すると日本国内のメディアも、中国を「反日国家」として取り上げることが多くなり、書店でもいわゆる「嫌中本」が目立つようになりました。また、それと軌を一にしてインターネット上で在日中国人を誹謗中傷したり、ヘイト活動が行われたりするようになりました。

2007年、新華僑が多く住む池袋において、中国人経営者などが「東京中華街」構想を提起しました。しかし、あまりに唐突な提起だったために地元商店会が難色を示し、構想は実現しませんでした。このことをメディアが煽情的に取り上げると、その後、拝外主義を掲げる団体が、同地の在住中国人を「侵略者」であるかのように喧伝し、ヘイト街宣を繰り返すようになりました3)。

また、2010年春には、中国人が多く住む川口市の芝園団地に、20数名からなるグループが押しかけ、同団地が「外国人勢力に侵食されつつある」として、ヘイト活動を行いました。これもまたメディアが、ことさら同団地の中国人を、あたかも地域の風紀を乱す存在であるかのように取り上げていたことと連動するものでした4)。

こうしたメディアによる「嫌中」報道とともに、排外主義的言辞がインターネットを介して拡散し、ヘイト活動が行われるなど、在日中国人の人権を侵害する事案がたびたび発生しています。これら団体による活動のほかに、コロナ禍においては一個人の中国（人）に対する偏見がヘイト行為として顕在化しました。

---

1) 中国人総数786,241人、台湾人61,960人。
2) 文部科学省HP（https://www.mext.go.jp/a_menu/koutou/ryugaku/1420758.htm）
3) 山下清海『池袋チャイナタウン　都内最大の新華僑街の実像に迫る』（洋泉社　2010年）142-149頁。
4) 安田浩一『団地と移民　課題最先端「空間」の闘い』（KADOKAWA 2019年）79-87頁。

新型コロナウイルスとヘイト封書事件

「中国人はゴミだ！早く日本から出て行け！」。2020年3月3日および4月下旬から5月上旬にかけて、横浜中華街の複数の飲食店に、このような文言の封書が届きました[5]。

2019年暮れに発生した新型コロナウィルスの脅威が日本にも波及すると、国内の一部のメディアはこれを「武漢肺炎」などと称し、憎悪感情をあおりました。封書は、このような嫌中記事の影響を受けた者による行為であると思われます。

先述のように、2010年前後のヘイト活動は、もっぱら池袋や芝園団地などの新華僑を敵視するものであり、数世代にわたり日本に永住する横浜中華街などの老華僑はヘイトの標的にされませんでした。ところが、コロナ禍においては不特定の老華僑にヘイトの矛先が向けられました。コロナウイルスとは無関係の飲食店が、憎しみの対象としての「中国（人）」と同一視され、ヘイト行為が行われたのです。

人間の心の奥底にある差別感情や偏見は、災禍による不安や恐怖、苛立ちとともに表面化し、敵意を創出し、排斥へと向わせます。このような現象は、関東大震災の時にもみられましたし、現在も世界の各地で起こっています。私たち一人ひとりが、いかに「内なる差別意識」と向き合い、克服するのかが問われているのです。

谷川雄一郎（神奈川大学非常勤講師）

4. 中南米にルーツをもつ人たちの人権

日系人とは
—— 日本から中南米へ、そして中南米から日本へ

日本以外の国に移住した日本人やその子孫のことを日系人と呼びます。世界に約380万人が暮らし、ブラジルの19万人をはじめ、約40万人の日系人が住む中南米には100年以上も前に日本からの移住が始まり、5世代、6世代と世代を重ねています。

1990年の出入国管理および難民認定法(入管法)が改正され、日系3世までの人々が新設された「定住者」という在留資格を得て来日するようになりました。自らを「dekassegui(デカセギ)」と呼び、賃金水準の高い日本で働くことを目的に地球の反対側から来日しました。定住者は職種に制限がなく就労できるため、当時人手不足が深刻であった製造業が盛んな東海地方を中心に多くの中南米出身の日系人が従事するようになりました。

雇用の調整弁として

仕事をすることを目的に1990年代以降来日した中南米出身の日系人の多くは非正規雇用で働いています。例えば、24時間稼働の工場の夜勤など、なかなか人が集まらない仕事に派遣会社を通じて勤務している人も少なくありません。また景気が傾くと真っ先に解雇されてしまうなど、雇用の調整弁として都合よく使われてしまうこともあります。2008年のリーマンショックによる経済危機の影響で、多くの日系人が職を失うことになりました。その際、日本政府は帰国支援事業を打ち出しました。不要となれば帰国させるという追い出し政策は国際的にも批判を浴びましたが、職も住まいも失い、失意のうちに日本を離れる人が相次ぎました。その後、2011年の東日本大震災も追い打ちとなり、2007年に313,771人の登録があった在日ブラジル人は2015年には173,437人まで減少しました（神奈

5）『神奈川新聞』（2020年3月5日付、5月27日付）。

川県内では、2000年12,565人、2010年11,410人、2019年8,866人）。2020年にはコロナウィルス感染拡大の影響で再び多くの日系人は解雇や休業に追い込まれ、今度は帰国もできず経済的な困窮に直面しています。

ことばの壁、制度の壁、こころの壁

海外で生まれ育った日系人の人々の多くは日本語理解が難しく、習慣が異なる日本での生活で困る場面が多いです。例えば、保険無加入、賃金未払い、労災不認定などの問題が起こっても相談先もなく泣き寝入りしてしまうことがあります。地震や大雨などの災害発生時に日本語が分からないため支援から取り残されてしまうことも起きました。日本語を勉強したいと思っても、仕事が忙しく、教室に通ったりする時間的余裕がありません。
有給休暇が保障されず、欠勤や解雇を恐れ、体調が悪くてもなかなか病院にも行けません。子どもの授業参観や学校行事に参加したくても、仕事が優先になってしまいます。日本社会の諸制度が分からないため、職場だけでなく、医療、教育、福祉の場面でも不利益を被ってしまうのです。

外国人に対する差別も依然として存在します。入居差別、入店拒否などで裁判になったケースもあります。生まれ育った国では「日本人」と呼ばれてきた日系人の人たちが、日本に来ると「外国人」として扱われてしまうことに余計に疎外感を感じる人もいます。

日本社会の一員として

入管法が改正され、多くの日系人が日本に住むようになって30年以上が経ちます。最初は「デカセギ」として来日した日系人の人たちですが、今や生活の基盤を日本に置いている人も多く、日本社会の一員として共生していく方法を考える必要があります。

日本で生まれ育つ日系人の子どもたちも増えています。日本での将来の選択肢を狭めないためにも日本語や教科支援の充実が求められます。病院や役所、学校などで通訳や翻訳の制度を充実させ、十分な情報提供とサービス提供を保障することは、誰にとっても生活しやすい安心・安全な社会づくりにつながるのではないでしょうか。

富本潤子
（公益財団法人かながわ国際交流財団）

5. アジアからの女性

1980年代後半以降、国際結婚や出稼ぎのために多くの外国人・移民が来日して、日本で生活しています。法務省の統計によると2019年末現在の在留外国人数のうち50.7パーセントを占める148万7,338人が女性です。

1980年代後半から増加した国際結婚は2006年の4万4701件をピークに一時期よりは減少傾向がみられますが、それでも毎年2万件以上の新たな国際結婚カップルが生まれています。そのうちの7割以上は、女性が外国籍の結婚で、日本で国際結婚して定住した女性は少なくとも40万以上と推計されています。国籍順で見ると、中国、フィリピン、韓国とアジア出身の女性たちが大部分を占めます。また、2010年代以降急増した技能実習生や留学生も、およそ半数は女性で、主な出身地は、中国、ベトナム、ネパールなどです。このように、日本にはすでに多くのアジアからの外国人女性が生活していますが、彼女たちは、家庭や労働、その他の地域社会などで、外国人であることに加え女性であること

による複合的な差別を受け、暴力や人身取引の被害にあう場合も少なくありませんでした。

国際結婚とDV

　2000年以降、国際離婚の割合も国際結婚の増加率を上回る勢いで増えていきます。その背景には、アジアと日本の経済格差などを背景に斡旋業者をつうじて結婚する場合など、結婚当初から、夫婦間に圧倒的な力の格差があるなかで、日本人夫から外国人妻へのドメステックバイオレンス（DV）被害が非常に高い割合で起こっていたこともあります。

　フィリピン人女性のエマさんは、母国では看護学校を卒業し優秀な学生でしたが、日本人男性とお見合い結婚をして来日、夫と義理の両親との暮らしが始まりました。ところが両親は、日本語もたどたどしいエマさんを見下した態度をとり、一生懸命料理をしても「こんなものは食べれない」「フィリピン人、貧乏くさい」などの差別的な言葉を浴びせていました。

　義理の両親からの差別に対して、夫がかばってくれることもありませんでした。やがて、息子が生まれると、育児の方法についてもあれこれと口出しをされ、辛くて夫に訴えると、「なんで親の言うことが聞けないんだ」と、逆上する夫から次第に暴力もふるわれるようになり、追い詰められていきました。地域の中で同国人もいない中で、誰に相談したらよいのかもわからないまま、エマさんは孤立していきました。

　日本では、2000年に成立したDV防止法により、国籍を問わず被害者は保護や支援の対象となっているのですが、外国人女性に対する具体的な支援は自治体任せになっている部分も多く、支援対応の自治体間格差があり、地方によっては支援が届きにくいのが課題として残されています。

形を変えて続く人身取引

　日本では、1980年台後半から、フィリピンやタイなどから多額の借金を背負って来日し、騙されて性産業で働かされるなどの性的搾取の人身取引の例が報告されるようになりました。

　当時の日本では、人身取引を防止し、被害者を保護する法制度整備がない中で、民間のシェルターや宗教団体、また大使館などが被害者を救済し、帰国支援などをしていました。その後、1990年代に国際社会で、女性に対する暴力についての認知が広まり、各国で国連の人身取引に関する議定書などが批准されると、日本も2004年に「人身取引行動計画」を策定し、関係省庁による人身取引の防止や被害者保護の取り組みがようやく始まりました。しかし、毎年被害者として認知され、保護される人の数は二桁にすぎず、氷山の一角でしかありません。2000年代以降、大きな問題になっているのが、技能実習制度の中での労働搾取型の人身取引です。ベトナムや中国などから来日する技能実習生の数はすでに40万人を超えていますが、多くは母国で多額の借金を抱えて来日し、低賃金や長時間労働、暴力やハラスメントの被害にさらされていながらも、転職がむずかしい制度の枠組中で、借金を抱えて逃げ出せない構造に置かれているのです。技能実習制度は、米国国務省が2007年に人身売買レポートで批判をして以来、数多くの国連機関など国際社会からの批判にさらされてきました。技能実習生の半数以上が女性であり、女性に対するハラスメントや、妊娠などのリプロダクティブヘルスの問題も抱えており、近年、こうした問題が明らかになってきています。

　このようにアジアから来日する女性は、社会の中で非常に脆弱な立場に置かれ、権利侵害にさらされています。外国人であり女性である彼女たちの権利を守る法制度整備と同時に、女性たち自身のエンパワメントを支援する取り組みが、今後も求められているのです。

山岸素子（（特非）移住者と連帯する
全国ネットワーク事務局長）

6. 技能実習制度とは何か

制度の概要

技能実習制度は、在留資格「研修」に付加される形で1993年にスタートしました。当初は研修1年プラス技能実習1年の2年間でしたが、1997年には技能実習が2年とされ全体で3年という制度が続いてきました。2009年の入管法改定により新たに在留資格「技能実習」が設けられ（それ以前の在留資格は「特定活動」）、公的研修や非実務のみの研修に限定された在留資格「研修」とは切り離されました。その後、2016年には、特定の在留資格に関する単独立法としては初めて技能実習法も制定され、現在に至っています。

技能実習制度は、「人材育成を通じた開発途上地域等への技能、技術又は知識の移転による国際協力を推進することを目的と」しており、そもそも労働力政策として外国人労働者を受け入れるものではありません。

しかし、実際には、人手不足の企業に3年ないし5年間、低賃金かつ他企業に移動しない安定した労働力確保策として利用されてきました。

こうした目的と実態との乖離が、「現代奴隷」とも言われるさまざまな人権侵害を生み出すことにつながっています。執筆段階で技能実習法の施行から3年以上になりますが、制度の改善はまったく見通せていません。

問題はどこにあるか

根幹的な問題としては、転職の自由なし、多額の借金、強制帰国という3点が挙げられます。

すなわち、技能実習制度が技能等の移転を目的とするため、技能実習生には転職の自由がなく、同一企業で実習を継続・修了しなければなりません。また、来日前に手数料や研修費用また渡航費用等の名目で、年収の数年分にも及ぶ多額な支払いのため借金をしていることも多いのです。このため、もし実習期間の途中で帰国することになると多額の借金だけが残ります。それを避けるため、日本国内で労働条件等に問題があっても、我慢して働き続けることを強いられるという債務奴隷的な状況におかれることも珍しくありません。さらに、技能実習生が勇気を奮って労働条件の違法な取扱いや居住環境の劣悪さについて権利主張をした場合、本人の意思に反して期間途中で帰国させるいわゆる強制帰国が、日頃の抑圧手段とされ、また監理団体や送出し機関関係者により実行されることも多いのです。

これらが、同制度における劣悪な労働条件や人権侵害の根幹的な要因となっています。その結果、低賃金、賃金不払い、寮費・水光熱費等の不当な控除、妊娠の禁止を含む私生活上のさまざまな制約、暴力・暴言・パワハラ、セクハラ・

<技能実習生をめぐる諸関係>

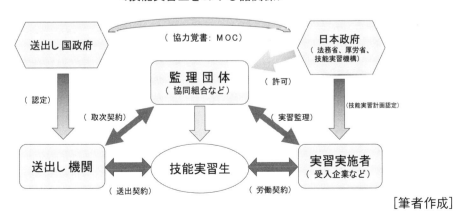

[筆者作成]

性的暴行等が起こっています。2019年には初めて外国人労働者の賃金実態が調査され、技能実習生の賃金が、非正規社員はおろか留学生のアルバイト賃金よりも低いことが明らかとなりました。

さらに、同年には、三菱自動車や日立製作所が改善命令を受けました。いずれも本来の技能実習職種以外の作業をさせていたためで、近年は大企業にまで悪弊が広がっています。

なお、技能実習生の失踪理由は、実習先における労働条件の劣悪さが主たる原因であることも明らかとなっています。同年に発表された法務省報告でも、「残業時間等不適正」「割増賃金不払い」「賃金からの過大控除」「最低賃金違反」等が主な原因とされています。

制度の現状

外国人労働者の中で、技能実習生の占める比重は年々増大しています。2020年10月末現在の外国人労働者数は172.4万人ですが、在留資格別にみると技能実習生は40.2万人であり、永住者32.2万人、留学生のアルバイト30.7万人、「技術・人文知識・国際業務」28.2万人を大きく超え最も多くなっています。

その実態は、厚生労働省からも「基本給が時間額換算450円であり最低賃金を下回っており、時間外労働に対する賃金が法定の割増率を下回

る時間額500円であった」「月180時間を超える時間外労働があり、6名に対して総額約1,000万円の賃金未払い」「足場の組立て等作業主任者が選任されておらず、高さ3.8mの足場の解体作業を行っていた技能実習生が地面に墜落し、死亡する労働災害が発生した」などと事例報告されています。

米国務省からは2007年以降、毎年「人身取引報告書」において技能実習制度の問題点が指摘されていますが、日本への評価が2020年には第2階層に1ランク引き下げられました。技能実習法の制定で期待された改善効果がみられないことが大きな要因となっています。「労働搾取を目的とした人身取引犯罪のための送検は全くなかった」「人身取引の兆候という実質的証拠があるにもかかわらず、政府は技能実習制度の開始以来強制労働の被害者をこれまで1人も認知していない」などと批判されています。

また、国連の自由人権規約委員会からも「技能実習制度において性的搾取、労働関連死亡事故、強制労働となりうる条件について多くの報告があることに、懸念を持って留意する」「労働搾取目的の人身取引事例やその他の労働法違反については実効的に捜査、訴追し、制裁措置を執るべきである」とも指摘されています。

旗手　明（自由人権協会理事）

7.留学生の課題

2019年に日本で学ぶ留学生は31万人に上ります。特に近年は、ベトナム、ネパールなどからの留学生が急増し、技能実習生と並んで日本の労働現場を支えています。しかし、働きながら学ぶ生活の中で、希望の進学ができない者、コロナ禍で真っ先に解雇される者が増えています。

働きながら学ぶ留学生の増加と生活実態

2008年から留学生30万人計画が開始されましたが、当初は留学生数が思うように伸びず、2011年の東日本大震災では、中国、韓国、台湾という留学生の主流だった漢字圏出身者の帰国や来日中止が相次ぎました。危機感を抱いた日本語学校関係者は、これまで留学生が少なかった非漢字圏諸国での学生リクルートを強化し、

日本留学の利点として、資格外活動（アルバイト）の上限時間が週28時間（夏期、冬期、春期休暇中は1日8時間）と他国より長いことを強調しました。このことは、アジアの比較的貧しい国々（一人当たりGDPがベトナムは2,567米ドル、ネパールは1,034米ドル、世界銀行2018）の若者にアピールし、働きながら学ぶ留学生の急増につながりました。

　2011年から2019年にかけて留学生数は1.9倍となり、特に日本語学校在籍者が3.3倍、専門学校在籍者が3.1倍に拡大し、国別ではベトナム人学生が14.4倍、ネパール人学生が8.8倍に急増しました[6]。大学で学ぶ者は中国人留学生の58%に上るのに対し、ベトナム人留学生では21%、ネパール人留学生では17%に過ぎません。他方、専門学校在籍者は、ベトナム人留学生の35%、ネパール人留学生の51%に上ります[7]。日本語学校には最長2年しか在籍できませんが、その間に大学進学に必要な日本語能力（日本語能力

試験N2レベル）に達することができず、入学が容易な専門学校に進学する者が多いためと推定されます。「私費外国人留学生生活実態調査」に基づく分析では、日本語能力がN3以下の者が、専門学校在籍の非漢字圏出身者で54.7%、大学学部在籍者でも30.3%に上ります[8]。非漢字圏出身者は日本語習得にハンディがあることに加え、働きながら学ぶ生活のため、日本語学習に集中できないことが背景にあります。アルバイトで学費と生活費を賄う過酷な生活により、健康を害する者、挫折して帰国する者も少なくありません。

労働者としての留学生の課題

　他方、留学生のアルバイトは、技能実習生を配置できないサービス業などで重要な労働力となっています。図1は、日本で働く外国人をスキル別、主な在留資格別に示しています[9]。2020年10月に日本で働く外国人は172万人に上

図1　スキル別、在留資格別の外国人労働者の位置づけ
出所：佐藤（2018）の図2を更新。身分による在留資格者を含まず

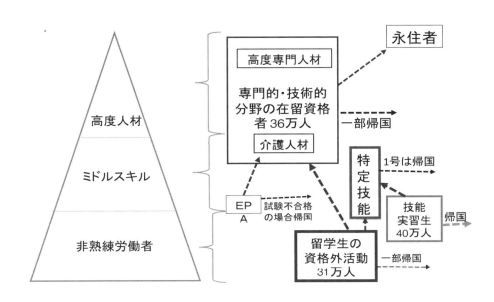

6）日本学生支援機構（2020）「外国人留学生在籍状況調査結果」。
7）日本学生支援機構（2018）「平成29年度外国人留学生在籍状況調査結果」データに基づく。
8）佐藤由利子（2016）「非漢字圏出身私費留学生のニーズと特徴—日本学生支援機構・私費外国人留学生生活実態調査の分析結果から」（ウェブマガジン留学交流12月号、Vol.69）表4。
9）佐藤由利子（2018）「移民・難民政策と留学生政策—留学生政策の多義性の利点と課題—」（移民政策研究第10号）の図2を更新。身分による在留資格者を除く。

り、23％が技能実習生、18％が資格外活動の留学生ですが[10]、正規労働者ではないため、労働者としての権利を十分に知らされず、コロナ禍などで経営が悪化すると真っ先に解雇され、休業手当を受け取れない者も多くいます。

日本語学校の中には、企業へアルバイト学生を紹介して利益を得ている所もあり、留学生が授業に出席さえしていれば、疲れて眠っていても意に介さない所もあります。日本語学校が留学の在留資格申請の保証人になっていることから、学校に不満があっても転校は難しく、退学

しても前払いの授業料はほとんど返還されません。

留学生30万人計画では留学生の日本就職が促進され、2019年に日本で就職した留学生は30,947人に上り[11]、外食、宿泊分野の特定技能に切り替える者も出始めています。しかし、コロナ禍により求人倍率は一気に落ち込み、就職できずに帰国する者、内定取り消しに途方に暮れる者が増えています。

佐藤由利子（東京工業大学教授）

8. 難民の人権

難民条約と日本

難民（条約難民）とは、難民条約において「人種、宗教、国籍もしくは特定の社会的集団の構成員であることまたは政治的意見を理由に迫害を受けるおそれがあるという十分に理由のある恐怖を有するために、国籍国の外にいる者であって、その国籍国の保護を受けることができない者[12]」と定義される人たちです。日本には1975年以降、インドシナ難民がボートに乗っ

て亡命してきたことにより、難民に対する注目が集まりました。日本は当時、難民条約に加入していなかったため、インドシナ難民を政治的措置によって受け入れましたが、1981年には難民条約に加入し、1982年から難民を受け入れるようになりました。難民申請数は2000年代には年間1000人を超えるようになり、2016年以降は1万人を超えるようになりました。

表　ここ5年間の日本の難民認定状況　　　　　　　　　　　　　　　　（単位：人）

	申請数	処理数	難民認定	人道配慮	保護合計	難民認定率	保護率
2015年	7586	5202	27	79	106	0.52%	2.04%
2016年	10901	9632	28	97	125	0.29%	1.30%
2017年	19629	12846	20	45	65	0.16%	0.51%
2018年	10493	16596	42	40	82	0.25%	0.49%
2019年	10375	11001	44	37	81	0.40%	0.74%

※処理数には一次手続と異議・審査請求を含む
※法務省ホームページ、全国難民弁護団連絡会議ホームページを参照

10) 厚生労働省（2021）「外国人雇用状況」の届出状況まとめ（2020年10月末現在）」。
11) 出入国在留管理庁（2020）「令和元年における留学生の日本企業への就職状況について」。
12) 正確には、本文の箇所に続けて「・・・及びこれらの事件の結果として常居所を有していた国の外にいる無国籍者であって、当該常居所を有していた国に帰ることができない者またはそのような恐怖を有するために当該常居所を有していた国に帰ることを 望まない者」をいう（難民条約1条A）。

Column

入管収容

オーバーステイなどの退去強制事由（入管法24条。以下「法」））に該当する疑いのある外国人は、主任審査官が発付する収容令書によって収容施設に収容することができます（法39条1項・2項）。主任審査官は入管の職員です。刑事事件の逮捕状や勾留状は裁判官が発付します。入管の収容には、裁判所の事前関与がなく、入管内部の手続だけで外国人の身体拘束をすることができます。

国の解釈によれば、収容令書による収容をするためには逃亡の危険等の収容の必要性を吟味する必要はなく、対象者は全て収容した上で手続を進めるとしています。これを「全件収容主義」、「収容前置主義」等と呼んでいます。

この収容令書による収容期間は原則として30日間ですが、主任審査官が認めた場合にはさらに30日間の延長が可能です（法41条1項）。実務上は極めて安易に延長が認められています。

また、退去強制令書が発付された場合には、送還可能なときまで収容を続けることができるとされ（法52条5項）、期限が設けられていません。

本来、退去強制令書による収容は、強制送還を確実に実施するための、いわば船待ち・飛行機待ちのために認められる、暫定的なものです。ですが、国の解釈では、収容の目的には、この強制送還の確保ということの他に、本来日本に滞在することが許されない外国人の在留活動を禁止することも含むとしています。

このように、法律と国の解釈によって、在留資格のない外国人は逃亡の危険もないのに入管手続だけで拘束されてしまいます。期限の上限もないので、送還の目途もたたないのに、半年以上収容され続けている人が多くいるのです。

2019年10月に法務大臣の私的懇談会である出入国管理政策懇談会の下に設置された「収容・送還に関する専門部会」（以下「専門部会」）では、長期収容の解消方法等について議論がされ、2020年6月に報告書が取りまとめられました。

長期収容を解消するには収容期間に上限を設けることが最も効果的なのは明らかです。ですが、専門部会では、上限を設けるのは困難であるとされました。

また、収容の必要性をチェックするための裁判所による事前の司法審査も、専門部会の報告書には採り入れられませんでした。

このような入管収容は、かつてハンセン病患者が必要もないのに隔離収容されていたことを想起させます。前時代的な入管収容制度は、必ず変えなくてはなりません。

児玉晃一（弁護士）

異常に低い難民認定率

ところが申請数の増加にもかかわらず、日本の難民認定数は年間2桁を超えることはなく、とても低い認定率が続いています。難民として認定されなくとも「人道配慮」によって在留が認められる場合もありますが、「人道配慮」が出された件数もここ数年は年間100人以下です[13]。

2015年以降の認定状況を表にすると表1のようになり、毎年1％を下回っていることがわかります。

また手続きにかかる期間も非常に長く、最終的な結果が出るまでに2、3年かかることも珍しくありません。在留資格のない申請者はその間就労できず、国民健康保険にも入れず、不安定な立場に置かれます。

あるべき保護の実現のために

2019年8月に来日したグランディ国連難民高等弁務官は、記者会見で「他の先進国に比べ、難民認定の基準がかなり厳しい」と指摘しました[14]。

例えば2018年の認定数は、日本がわずか42人だったのに対し、ドイツ56,583人、米国35,198人、フランス29,035人、カナダ16,875人、英国12,027人でした[15]。日本の認定数は少なすぎると言わ

13）「人道配慮」には、出身国が紛争状態にあるため帰国は困難などの理由で認められる場合と、日本に家族がいるなどの事情で認められる場合が含まれる。
14）https://www.unhcr.org/jp/23517-ws-190920.html
15）難民支援協会2018年度年次報告書。

ざるをえません。認定数が少ない理由としては、難民認定業務を行っている機関が地方出入国在留管理局（入管）であることが挙げられます。入管は元々、出入国管理や外国人の退去強制などの「取締り」を本来的な業務としていた組織です。人道的な見地から難民を積極的に保護しようという理念とは相容れないと考えるのが自然です。難民認定業務を入管ではなく、独立した組織に委ねることが難民認定率を上げる第一歩でしょう。また、インタビュー時に弁護士の同席を認めたり、録音して事後的に確認できるようにするなどの手続保障も整える必要があります。

ところで法務省は、2015年に「難民認定制度の運用の見直し」を、2018年には「難民認定制度の運用の更なる見直し」を発表しましたが、これは難民制度の「濫用・誤用的な」申請が増えたとして、再度の申請者に対して就労を禁止したり、手続中の在留資格を認めないなどの措置をとって、申請者を減らそうというものでした。しかし先に述べたとおり、そもそも日本の認定率が低すぎるため、本来であれば認定されるべき人が認定されておらず、再申請せざるを得ない人が多くいます。難民認定率を諸外国なみに引き上げることが、する必要のない再申請者を減らすことにつながります。また、条約難民には該当しなくても保護が必要な「人道配慮」の要件を明確にして、該当する人が必ず保護されるような仕組みを作ることも必要です。

日本の難民制度は、極めて低い認定率、長い手続期間、収容人数の多さなどの課題が山積しています。「濫用・誤用的な」申請だと疑心暗鬼になって締め付けを図るのではなく、認定率を上げていくことから始めるべきではないでしょうか。

浦城知子（弁護士）

9. 非正規滞在者の人権

緩やかな排除から徹底的な排除へ

いわゆる「単純労働者」は受け入れないという政府の基本方針の背後で、「単純労働」に対する市場の需要を満たしたのは、バックドアからの労働者である非正規滞在者でした。1989年改定入管法の施行後も「不法」残留者数は増え、1993年5月には、298,646人を記録しています。その後、景気低迷とともに、その数は減少していくものの、2000年代初頭には20万人以上の非正規滞在者が日本で暮らしていました。

NPOや労働組合などにも支えられ、労働者として、生活者としての権利を獲得することで、次第に滞在が長期化する非正規滞在者もいました。当時、当局による取締りは緩やかで、その存在が一定程度、黙認・放置されていたことも、彼／彼女らが、比較的安心して働いたり、生活することができた一因とも言えます。

東日本入国管理センター（茨城県牛久市）

このような状況は、2003年12月の「半減計画」（5年間で「不法」滞在者の半減を目指す計画）を契機に一変します。当局による徹底的な排除が始まったのです。日系南米人や研修生・技能実習生など、サイドドアからの「単純労働者」の

供給が拡大したことにより、当局は、非正規滞在者の「労働力」をもはや不要と判断し、単なる「不法」な存在とみなすようになったからです。

追いつめられる非正規滞在者

2007年10月には外国人雇用状況の届出制度が導入され、「不法」就労助長罪が過失犯化されたことで、非正規滞在者が就労の場をみつけることは、次第に難しくなりました。就労の場からの排除です。さらに2012年7月、改定入管法と改定住基法が施行され、新しい在留管理制度が導入されるとともに、外国人も住民基本台帳に記載されることになりました。旧制度では、非正規滞在者であっても外国人登録が可能でしたが、新制度のもとでは対象外とされ、「見えない人間」として不可視化されることになりました。生活の場からの排除です。

一方で、法務省は、正規化措置である在留特別許可に関して、2004年より許可事例を、2006年より不許可事例を毎年HPで公表し、同年10月には「在留特別許可に係るガイドライン」を策定しました（2009年7月改訂）。実際、半減計画達成に向けて、在留特別許可が柔軟に活用さ

大村入国管理センター（長崎県大村市）

れ、5年間で5万人近い人が正規化されました。しかしながら、在留特別許可の線引きの明確化は、不許可と判断された残余の人びとの「不法性」を強調し、当局による排除の強行を正当化します。

2013年3月には、チャーター機による集団国費送還が初めて実施され、2020年3月までに計8回、女性や子どもを含む333名が送還されています。強制送還のニュースは、残された非正規滞在者を精神的に追いつめていることでしょう。

図　国籍別「不法」残留者数の推移

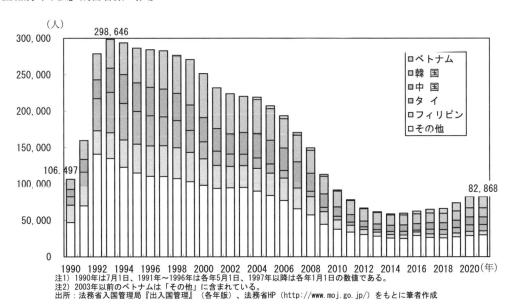

注1）1990年は7月1日、1991年～1996年は各年5月1日、1997年以降は各年1月1日の数値である。
注2）2003年以前のベトナムは「その他」に含まれている。
出所：法務省入国管理局『出入国管理』（各年版）、法務省HP（http://www.moj.go.jp/）をもとに筆者作成

追いつめられる「送還忌避者」

半減計画以降の徹底的な排除のなかで、自ら帰国を選択した者もいます。しかしながら、日本で育った子どものいる家族、日本人や永住者などとの家族的つながりをもつ者、母国での迫害に怯える者など、退去強制令書（退令）が発付されてもなお帰国を選択できず、日本での滞在を望み続ける者もいます。そのような「在留希望者」を当局は「送還忌避者」とラベリングし、より強力な排除を推し進めています。

半減計画の目標が達成された頃から、在留特別許可件数が激減し、以前であれば在留が認められたであろうケースであっても、退令が発付されることが増えていきます。帰れない事情ゆえに出国を拒む者に待ち受けているのは、収容か仮放免です。2015年頃から、当局は仮放免者に対する監視を強め、かつては容認していた就労を厳しく取り締まるようになりました。仮放免者から生活の糧を奪うことで追いつめようという意図です。さらに、長期収容、収容施設内での死亡事故や暴力による制圧なども多発しています。被収容者を身体的・精神的に追いつめ続けているのです。

2021年の通常国会では、「送還忌避者」のさらなる排除を企図する改定入管法案が上程されましたが、市民の強い反対の声によって廃案となりました。いたずらに排除のみを追求するのではなく、人権という視点に立ち、一人ひとりの事情に耳を傾け、在留特別許可をより柔軟に運用することが求められています。

鈴木江理子（国士舘大学教授）

10. 自治体の人権施策

外国籍住民は地方自治法第10条2において、日本人と対等に「住民は、法律の定めるところにより、その属する普通地方公共団体の役務の提供を等しく受ける権利を有し、その負担を分任する義務を負う」と定められています。しかし、在日コリアンなどは、戦後一貫して法律や政府の解釈に基づいて国籍を理由に、排除と差別を受け、法の下の平等は充分に保障されず、また、個人の尊厳の基礎となる自分につながる民族の歴史や文化を享受する権利も保障されず、ありのままの自分を表現し、自分の夢や可能性を実現することを妨げられてきました。1970年代前後から、在日コリアンなど外国人当事者の要求や抗議を受けとめた地方自治体の政策によって、外国人の権利保障は徐々に改善されてきました。

少子高齢化、労働力不足の今日、日本各地には195の国や地域の約293万人の外国人が暮しており（2019年12月末現在）、都道府県別では約59万人の東京都を筆頭に、最少の秋田県でも4,354人です。国籍別に見るとベトナムとインドネシアが急増しています。

こうした歴史と現状を踏まえると、地方自治体の果たす役割は重要です。外国籍市民が日本社会の一員として権利を行使し、可能性を発揮できる社会をめざすためには、「法の壁」、「心の壁」、「言葉の壁」の三つの壁をなくすことが大切です。政府において(仮称)「人種差別禁止法」や「多文化共生社会推進法」が制定されていないことが根本的な問題ですが、まず、地方自治体において、(仮称)「人種差別禁止条例」や「多文化共生社会推進条例」等を制定し、差別のない人権が尊重される多文化共生の街づくりをめざすこと、地方自治体は「社会の少数者の立場に立って彼（女）らの市民としての人権、人としての尊厳と安全を守る」責任があることを明記するべきです。そして、行政サービスの増大や啓発・教育で終わらず、政策を推進する

ためには制度設計を行うことが大切です。具体的な政策としては、以下の政策がとくに重要です。
① 可能な限り住民として平等な待遇、特に医療通訳を含む社会保障を受ける権利を保障する。言葉の壁を越えるためにアクセスしやすい多言語広報、通訳を配置すること。
② 外国籍住民も自治の担い手です。当事者の意見表明の場、政策作りへの参加を保障し、外国人住民会議の設置や自治体職員、教職員の公平な採用と任用をめざすこと。
③ 子どもの教育が重要で、就学案内の発送から事実上の義務教育化をめざすべきです。特に日本語学習支援が必要な子どもたちには、日本語学習支援と併せて母語の保持も支援し、進学、就労支援につなげること。
④ 孤立せず日本社会で暮らしていくためには日本語学習は必要です。成人の外国人のためにも日本語学習の場を可能な限り設置すること。

山田貴夫
（多文化共生・自治体政策研究会世話人）

11. 外国人が生活の中で抱える様々な課題

住居に関する課題

「従来の専門的・技術的分野における外国人材に限定せず、一定の専門性・技能を有し即戦力となる外国人材を幅広く受け入れていく仕組みを構築する必要がある。真に必要な分野に着目し、移民政策とは異なるものとして、外国人材の受入れを拡大するため、新たな在留資格を創設する。」とし、日本政府は2019年4月新しい入管法を実施することにしました。

深刻な人材不足を背景にした新法制定は、外国人材と呼ばれる人たちの命や人権、生活を守るものとは言い難いのです。戦前から今日に至るまで労働力を受け入れるための法制度は整備したもののこの人々の権利や生活について保障するための法も制度も見当たらず、依然として企業や地方自治体に丸投げされているからです。

特に住居問題は社会的課題としての認識が浅く長い間、自らの努力や地域においての信頼関係などにより住宅を確保せざるを得ない状況に置かれてきました。

1990年代、日本政府は労働力不足と経済不況を解消するため、ブラジルや中南米の国々と経済協定を結び日系人たちを労働者として受け入れることにより外国人の住居問題は顕著化することとなります。しかし、ここには日本の植民地支配下において渡日した在日朝鮮人たちの居住問題が解決されずに来たという根が存在します。

比較的多くの外国人が暮らす神奈川県ですら、1976年まで在日朝鮮人をはじめとする外国人の公営住宅入居が認められなかったばかりか、民間賃貸住宅へのあからさまな差別が存在し続けていました[16]。

このような中、神奈川県は、1998年外国籍県民に関する施策や外国籍住民の視点を生かした地域づくりを協議し知事に報告、提言するため「外国籍県民かながわ会議」が設置されました。「外国籍県民かながわ会議」において議案とされた外国人の入居差別問題は、神奈川県の呼びかけに応じた県内行政の住宅関係担当部署、不動産業者団体、民族団体、NGO、国際交流団体

---

16) 2016年度法務省委託調査研究報告書「外国人住民調査報告書」（2017年6月）では、「外国人であることを理由に入居を断られた」39.3％、「日本人の保証人がいないことを理由に断られた」41.2％、「外国人お断りと書かれた物件を見て諦めた」26.8％との報告。

が外国人入居問題について議論する場を持つこととしました。これを機として、後に神奈川県庁内に「外国人入居支援システム検討プロジェクト」を立ち上げ「かながわ外国人すまいサポートセンター（以下すまセン）」を設立するに至りました。

すまセンの活動は不動産業者、行政、関係機関、司法関係者などさまざまな連携、協働を積み重ねながら「部屋を借りることができない、貸したいが不安」など外国人のみならず、業者やオーナーのニーズにも応えています。寄せられる年間1500件の相談は氷山の一角にすぎず、多言語による居住相談を受け付ける団体に行きつけない人たちはかなり多いと推測しています。

特に、このコロナ禍においては、住居を失う恐れのある外国人が住居確保給付金の申請サポートを受けるために、すまセンに多数来所し、立ち行かない生活をどうにか立て直すため緊急小口生活福祉資金の貸し付けの申請手続きも行

わなければならない状態に至りました。国や自治体から多言語情報が流されても、そこに行きつける外国人は僅かに過ぎず、仮に役所や社会福祉協議会の窓口に辿りつけても多言語による申請サポートが行われていないことから、制度利用すらできない現状にあります。居住と生活は切り離せない事項であり、単に不動産業者やオーナーの意識改善だけでは解決できない基本的人権にもかかわる問題です。

外国人の居住問題は、漠然とした不安を抱える不動産業者やオーナーに安心を与えることにも着眼するべきで、差別する側、される側という単純な線引で解決できるとは考え難く、日本の経済事情を鑑みて入国管理に関わる制度を制定し実施してきた国に負うべき責があるという観点から、問題解決に挑む必要があります。

裵　安（NPO法人かながわ外国人すまいサポートセンター理事長）

医療・福祉施策と自治体の課題

2012年7月の入管法改定に伴い外国人登録法が廃止され、3か月を超えた在留資格を持つ外国人住民が、住民登録の対象となりました。この結果、住民登録があれば、日本人と同等の住民サービスが確実に受けられるようになった一方で、これまで外国人登録が可能であった難民申請者、被仮放免者等の非正規滞在者が自治体の記録から消えてしまいました。1990年代前半には30万人近くいた非正規滞在者は、2014年には6万人近くに減少しましたが、最近は技能実習生や留学生が在留資格を失って非正規滞在となる例もあり、2020年には8万人を超えるところまで増えています。

ところで、非正規滞在者には、住民サービスを受ける権利はないのでしょうか。まず医療についてみてみましょう。皆保険制度の下では、「会社勤めの人は健康保険」→「会社勤めでない自営業者、高齢者等は住所地の国民健康保険」→「最低生活維持困難な人は生活保護」と

いうように、セーフティネットの守備範囲を広げることにより、すべての人の生存権を守る、という構造が作られています。しかし、外国人住民の場合は、会社勤めの人は同じですが、国民健康保険は在留期間が3か月を超える人に限られ、生活保護に至っては、定住、永住、日本人配偶者など身分系の在留資格がなければ対象となりません。セーフティネットの守備範囲が逆に狭まっていく、という逆転構造が作られてしまっているのです。

それ以外の住民サービスについてはどうでしょうか、外国人登録制度の廃止に伴い、住民登録のない外国人の制度利用に対する危惧が国会でも指摘され、政府は「在留資格の有無にかかわらず提供の対象となっている行政サービスについて、その取扱いに変更はない」と答弁し、改定住民基本台帳法附則第23条において、在留資格のない外国人について「（改定住基法）施行日以後においてもなおその者が行政上の便益を受けられることとなるようにするとの観点から、

必要に応じて、その者に係る記録の適正な管理の在り方について検討を加え、その結果に基づいて必要な措置を講ずるものとする。」と規定しました。この規定を受けて総務省は2012年7月4日に「入管法等の規定により本邦に在留することができる外国人以外の在留外国人に対して行政サービスを提供するために必要な記録の管理等に関する措置に係る各府省庁の取組状況について（総務省自治行政局外国人住民基本台帳室、総務省自治行政局長事務連絡）」を発出しました。この通知は3年ごとの見直しが行われており、2018年現在で、母子手帳の交付、乳幼児健診、予防接種、感染症治療、入院助産や未熟児医療、消防や災害救助等26の分野にわたる制度が列挙されています。

ところが、この通知の趣旨は、各自治体に徹底されていません。その結果、母子に関する検診や、予防接種の公費助成を行わない、という自治体が数多く存在します。在留資格にかかわらず利用可能としている制度すら利用させようとしない、「非正規滞在すなわち権利なし」という発想が、自治体の現場に染みついているかのようです。

非正規滞在者は働くこともできず、身体を壊しても病院にかかれず、知人やＮＧＯの支援で辛うじて生きていく、「いのちの差別」ともいうべき状態が続いています。それは、外国人住民が増加し、多くの自治体が「多文化共生」を掲げる神奈川県でも同様です。非正規滞在でも利用できる住民サービスの利用拒否を直ちにやめるとともに、医療費については、未払医療費補填事業の適用範囲と予算を拡充することが、だれ一人取り残さない「かながわ」をつくるためにも、欠かせない政策であると考えます。

大川昭博（（特非）移住者と連帯する
全国ネットワーク理事）

医療現場での課題

外国にルーツを持つ人たちの医療を考える上での大きな問題は、①医療費（公的保険に加入できるか？）②言葉（医療通訳はつくのか？）の2点です。1990年代を前後して多くの外国人が日本に働きにやってきましたが、「言葉が通じない」「公的保険に加入できない」「医療機関に行けず重篤化して緊急入院……」等々の問題が多く生じました。医療法や医師法には「正当な事由がなければ診療拒否をしてはならない」とあり「医療費の不払不可能」は拒否理由にならない、と明示してあります。しかし頻発する診療拒否。

未払い医療費への対応

この時期、私たち（カラバオの会や医療関係者有志）は、とりわけ公的な医療機関で起きた診療拒否に対し、交渉や抗議、そして役所の担当部署への申し入れを行なってきました。1992年神奈川県は「緊急入院の場合、2週間以内の100万円までの未払い医療費については、県と自治体が医療機関に補助する」という制度を作りました。（救急医療機関補助事案）その後、診療拒否は目に見えて減っていきました（2005年からの在留資格のない外国人追い出し策も関係があるのですが）。

しかし診療拒否がゼロになったわけではありません。

2017年、神奈川県内の公立病院で起きた在留資格のない外国人のケースでは、「いのくら」[17]などの場で粘り強く交渉を重ね、2018年3月県は県内の全ての救急医療機関あてに、在留資格のない外国人患者に対する診療拒否をさせないための「外国籍患者への対応について（依頼）」と

---

17)「県民のいのちとくらしを守る共同行動委員会」。神奈川県内の市民団体、生協組織、労働組合など57団体で構成している。神奈川県や横浜市、川崎市などに提案、要求を投げかけ、実現へ向けて働きかけを行っている。

いう文書を通知しました。

医療通訳制度の発展

　2001年の「外国籍県民かながわ会議」の提言を受け、2004年県と医療通訳のNPO法人Micかながわの協働事業として、「医療通訳システム構築事業」が開始されました。その後発展し続け、2019年度は13言語、69医療機関へ7769件の通訳派遣を行っています。担うのは県の公募により、研修を受け、合格した200名の医療通訳のボランティア、それを支えるコーディネーターと事務局、県及び県内自治体、医師会、病院協会などで構成する運営委員会が支えています。

　一方で、拡大し続ける通訳需要。新型コロナのような事態になった時の活動（対面派遣通訳から電話などでの通訳へ）など課題が山積みです。ボランティアでどこまで展開できるのか、という思いもあります。

　しかし、「私たちの活動は金持ち外国人の医療ツアーなどの通訳ではない。あくまでも在住外国人を対象としている」という担当者の強い意志に私たちは大いに賛同をします。

早川　寛（神奈川県勤労者医療生協理事）

共生と教育

　現在、日本には約293万人（2020年5月末）の外国人が暮らしています。少子高齢化による日本の生産労働人口の減少の中で、それを補うような形で外国人人口の比率が高まっています。

　神奈川においては228,275人（2020年1月1日現在）の外国人が居住し、中国7万3千、韓国2万7千、ベトナム2万4千、フィリピン2万3千、ブラジル8千、ネパール7千と続いています。この5年間に県内外国人人口は1.36倍にもなり、ネパール（3.05倍）、ベトナム（2.84倍）、インド（1.77倍）、中国（1.34倍）などとアジアからやってきた人の増加が著しいです。横浜市の外国人人口は10万人を超え、36人に1人、横浜市中区では約8.6人に1人が外国人です。

　在日外国人の増大とともに学校現場や地域社会において外国人との共生の課題が急浮上しています。学校や自治体などでも外国人問題は喫緊の課題であり、地域で外国人相談を行っているNGOなどでは外国人からの相談が後を絶ちません。教育、言語、在留資格、進路保障、いじめ、非行、DV、セクハラ、入居、就労、生活保護受給、医療、貧困、人権などに関する深刻かつ複雑で複合的な相談が連日寄せられています。

　2020年1月、このような状況下で新型コロナウィルスによる感染拡大が始まりました。かつ

信愛塾は子ども達にとって家でも学校でもない「第三の居場所」となっている

て例を見ない学校の一斉休校や企業の操業停止などが続き、その影響は弱い立場にある外国人労働者や家族などを襲っていきました。雇用の調整弁にされていく建設労働者の父、清掃現場で働く母たちの雇い止めなど、子ども達の家庭状況は悪化の一途をたどっていきました。どこに相談してよいのか分からず、地域NGOなどにSOSが殺到しました。

　このような現実の中から、共生社会を築くための具体的な施策がどれほど切実なものとして求められているのかが見えてきました。例えば外国につながる児童・生徒の実態把握（さらに不就学児童・生徒を把握）の調査の実施。児童・生徒間の相互理解を図る共生のための人権教育の推進。「居場所づくり」や外国人相談を行って

いる地域NGOとの連携による課題解決の促進。医療・教育・生活・法律相談などに必要な通訳制度の拡充。日本語指導による学習支援や母語学習の場の確保。外国籍教員の積極的な採用。「現場」NGOでの実践的な教育実習の推進。自治体とNGOとの協働による外国人生活相談拠点や多言語相談ホットラインの設置等々の具体策です。

外国人との共生は、先を見据えた自治体独自の基本計画（推進指針）が必要です。地域に見合った特徴を把握（実態調査など）し、それに対応できる人材を育成し、先進的な取り組みを行っている地域の実践に学び、外国人住民と向き合っていける体制を市民とともに作っていくことです。外国人との共生と教育は地域社会を確実に豊かなものにしていく未来づくりそのものです。

竹川真理子（NPO法人在日外国人教育生活相談センター・信愛塾センター長）

在留資格と進路

2020年のことです。ある高校の先生から「卒業間近で、進学希望なのに、奨学金がもらえない生徒がいる」と相談を受けました。話を聞いてみると、ネパールの子どもたちで、日本で就労できる在留資格を持っていない子どもたちでした。父親はインド料理店で調理師として働いており、在留資格は「*技能*」、子どもは父親の扶養家族として認められる「*家族滞在*」という在留資格で、奨学金の対象からはずされ、日本での就労が認められていません。同様の状況は、中華料理店で働く親を持つ若者も同じです。

また英語の教師として働くフィリピン人を親にもつ若者や、パキスタン人で車の中古の商いをする親を持つ若者も「*家族滞在*」の場合があります。大使館の職員を親に持つ若者も「*公用*」という在留資格で、おなじような状況です。

日本学生支援機構をはじめ多くの奨学金が「*家族滞在*」「*公用*」「*外交*」「*特定活動*」などで在留する高校生について、奨学金の対象からはずしています。このように在留資格による様々な制限は、日本で生活している外国籍高校生の進路の前に、大きなハードルとして立ちはだかっています。

NPO法人移住者と連帯する全国ネットワークでは、ここ数年法務省へこうした若者たちの在留資格の変更を働きかけてきました。2015年ごろから運用が変更され2020年からは、「日本の高校を卒業している」「就労先がきまっている」などいくつかの条件さえ満たされれば、就労可能な在留資格への変更の道が開けてきています。

また奨学金の運用についても、私達は文科省にこうした若者たちも奨学金の対象とするように要請してきました。2020年6月にも改めて文科省への要請を行いました。しかし、文科省の門戸は硬く、改善の見通しは立っていません。

しかしながら、現在のところ在留資格変更の救済措置は高校卒業が条件です。高校を卒業できなければ進学はもとより、フルタイムで働くことができないのです。（「*家族滞在*」では週あたり28時間までの就労しか許されていません）外国籍の高校進学率は極めて低く、特に日本語指導が必要な若者の高校卒業率は3割〜4割程度と推定されています。また仮に高校に入学しても、中退率が高いので、卒業までたどり着かない若者も少なくありません。親が働けているうちはいいのですが、健康上の理由や、突然の解雇などで帰国せざるを得なくなれば、子どもたちも在留の根拠を失い、日本で自らの進路を見いだすことはできなくなります。

（斜体部分は在留資格名です）

高橋　徹（認定NPO法人多文化共生ネットワークかながわ理事長）

思春期に呼び寄せられた子どもたち

「日本には家族を引き裂かせてしまう魔力がある」。ネパールの家族に子どもを預けて日本に出稼ぎにきた親と、本国に残された子どもたち、家族の葛藤を描いた「ジャパニ〜ネパール出稼ぎ村の子どもたち〜」（2020年6月14日NHK BS1放送）。子どもを呼び寄せ、せっかく一緒にいられるようになったものの、働きづめで一緒に時間を過ごすこともできず、自分に心から懐いてくれない子どもとの関係に悩む母親の言葉が胸を刺します。今まで地域で幾度も出会ってきた家族の風景と重なります。

呼び寄せられた子どもの多くは、乳幼児期から祖父母または親戚等に預けられてから渡日していることはよく知られています。大人からすれば「やっと家族で一緒に暮らせる」という想いがあるでしょうが、とりわけ一人で留守番ができる小学高学年から中学生の学齢期に来日した子どもたちは、長らく親と生活を共にしていなかったこと、夜勤やダブルワークで仕事に疲れ果てた親と時間を共有することもありません。両親が飲食店や工場のアルバイトで忙しいある中国の子どもからは、自分にとって親は、「中国で住んでいた寮のルームメイトよりも他人みたい。こんなに一人で置いとくなら、何で私はここにいるの？」と話されたことがあります。また、日本で再婚した母に呼び寄せられた子どもたちの場合は、異郷の地での生活と、今まで生活を共にしていなかった母、母の新しいパートナーとの生活の始まりで重なるストレスで精神的な不安を吐露する子どもが少なくありません。

家にいることに息が詰まる子どもたちは、同じルーツで寂しい想いを共有する同年代で集い、そのつながりの中で支えられ、救われます。しかし、近年SNSなどネットを通じてどこにいても本国とつながることができる時代になり、深まるホームシックと孤独が耐えられず、ひきこもる子どもが増えつつあります。学校では自分が受け入れられている感じがしません。でも、母国の友達たちなら安心できます。そんな想いで日本では誰とも会わずひきこもりになっていきます。親は仕事でいっぱいで、子どもが学校に行かず、ずっと家にいたことに長い間気がつかず、学校からの電話でようやく子どもがどう過ごしていたかを知ります。孤独な自分の想いを知ろうともせず問い詰めてくる親とはより深い溝が生まれていく一方です。

「ステイホーム」が強調された2020年の春。この期間中、「ウイルスが怖い。でも、ずっと家はつらい」と思いをこぼす子どもが少なくなかったのです。いつも家にいなかった親も仕事がなくなり、ずっと同じ空間にいることで普段よりも息苦しい日々を過ごしていました。必ずしも安心できる場所ではない家・家族がくれる疲労感や不安感と共に暮らしていく子どもたちがいることに気付いてほしいのです。

黄　浩貞（川崎市ふれあい館職員）

外国人労働者が抱える課題

フィリピンにルーツをもつラケルさん（仮名）は約10年にわたって同じ職場で、介護職としてフルタイムで従事しています。ひとりで子育てをしながら、熱心に仕事をしてきました。

ラケルさんはある日、労働組合の活動に取り組む私に、「保険証がないままで、病気になった時も病院に行かずに我慢している」と相談しました。

話を聴いたところ、国民健康保険料や国民年金を滞納し続けるなかで、保険証がない状態に至っていました。また、上司から「子どもをどうしてフィリピンから連れてきたんだ」などの言葉に耐えてきました。

保険料の滞納をしていたラケルさんが悪いのでしょうか？　ラケルさんの上司や事業主と話し合いの機会（※）をもったところ、事業主側は「外国人だから社会保険に入れなくていいと勘違いしていた」、「いつか国に帰るのだから年金に入れないほうが本人にとってもいいとも

思っていた」と話しました。健康保険や厚生年金などの社会保険制度は原則として、週30時間以上働くと、事業主の側に労働者を社会保険に加入させる義務が生じます。その費用は事業主と労働者の折半です。有給休暇などの労働者の権利行使も法律に反した制限が加えられていました。話し合いの結果、滞納した国民健康保険料はじめ、全額を会社負担として、ラケルさんはようやく保険証を手にしました。上司の言動についても、謝罪があり、改めていただきました。

　ラケルさんと後日、話したところ、社会保険加入などの権利を侵害されていたこと以上に、上司からの言動がつらかったことをこぼしました。「子どもと一緒に生活したい」ことや「この地域で働いて、ここで暮らしていく」ことの否定が繰り返されるなかで、「私が外国人だからいけないんだ」という気持ちを覚えていたとのことです。

　私が相談を受けてきた外国にルーツをもつ人たちは、コンビニに並んでいるお弁当をつくったり、みなさんが必要とする機械のメンテナンスをしているなど、様々な仕事に就いています。

共通するのは「外国人だから…」と自信を失っていることです。私が労働組合で相談対応している多くの人は日本ルーツの人たちですが、労働環境が過酷であればあるほど、自分は「○○だから…」とこぼしています。

　私たちが、ひとりの個人として、お互いにできることは、「外国人だから…」、「○○だから…」と自尊心すらも奪っていく過程に対して、人権は教科書だけの言葉じゃないこと、しんどい状況に対して権利を行使できること、行使するための情報にアクセスするために多言語化やネットで周知することです。

　労働法、社会保障法、フィラデルフィア宣言、内外人平等の原則、労働組合…。課題解決のためのキーワードは必ずあり、協力する仲間たちは必ずいます。

※団体交渉といって、労働組合からの話し合いの求めに、使用者は応じないといけないことが労働組合法で定められています。

ラボルテ雅樹（関西非正規等労働組合（ユニオンぼちぼち）書記長）

12. ヘイトスピーチの課題

　ヘイトスピーチとは直訳すると「憎悪表現」ですが、民族、国籍、性別などの容易に変更できない属性により構造的に不利な立場に置かれている社会的少数者（マイノリティ）に対する言動による差別、とりわけ差別の煽動を意味します。ヘイトクライムは差別的動機に基づく犯罪を指し、両者ともマイノリティに対する攻撃です。

　ヘイトスピーチは、「魂の殺人」とも言われ、ターゲットとされた人々に恐怖と絶望をもたらし、心身の健康を損ない、沈黙を強いられるなど深刻な被害を生みます。さらに、ヘイトクラ

イム、さらにはジェノサイドや戦争につながることはナチズムの歴史などで世界共通認識となっています。日本でも1923年の関東大震災における数千人の朝鮮人虐殺の前には、官民によって、「不逞鮮人」等とのヘイトスピーチが行われていました。国連は、1965年に人種差別撤廃条約を制定し、加盟国に差別を禁止し、なかでもヘイトスピーチとヘイトクライムについてはその危険性から刑事規制することを求めています。

　日本も1995年に同条約に加盟しましたが、政府は日本に深刻な人種差別があることすら認め

ず、差別撤廃政策を策定せず、差別禁止法も制定してきませんでした。

　在日コリアンなどに対するヘイトスピーチは、戦前からの問題でしたが、2007年に在日コリアンへの差別を活動目的とする団体が結成され、「●●人を皆殺しにしろ」「△△人はうじ虫」「■■人を叩き出せ」などと叫ぶデモや街宣が東京、大阪などで行われるようになり、2013年頃から年に約400件にまで増加しました。他方、現場でヘイトスピーチに反対する抗議行動（カウンター）が行われるようになり、社会問題化しました。

　当事者たちの被害の訴えや差別反対の声が国会内外の世論を動かし、2016年5月、日本ではじめての人種差別解消のための法律（「不当な差別的言動の解消にむけた取組の推進に関する法律」＝ヘイトスピーチ解消法）が制定されました。ただし、同法には差別禁止条項や制裁条項がないため、その実効性は弱く、デモ、街宣、ネット上などのヘイトスピーチもヘイトクライムも止まっていません。

　同法制定を契機に各地で反差別条例が制定されつつあります。特にヘイトデモが繰り返されてきた川崎市では、2019年12月、ヘイトスピーチを刑事罰付きで禁止する、日本ではじめて差別を犯罪として禁止する画期的な「川崎市差別のない人権尊重のまちづくり条例」が制定されました。

　また、ネット上のヘイトスピーチを含む人権侵害については2021年以降に法改正がなされる動きがあります。

　被害者の日々の苦しみを止めるべく、国と地方で人種差別撤廃条約の要請に合致する包括的な差別禁止法整備が急務です。

師岡康子（弁護士）

市町村別主要国・地域別外国人数　2020（令和２）年１月１日現在
※県内各市町村の住民基本台帳に登録されている外国人の数の集計値　　　　国・地域数173

	全合計	中国	韓国	ベトナム	フィリピン	ブラジル	ネパール	インド	ペルー	米国	台湾	タイ	インドネシア	スリランカ	その他160
県合計	228,275	73,136	27,964	24,269	23,076	8,866	7,344	6,298	6,225	5,777	5,626	4,512	3,806	3,644	27,732
横浜市	104,033	41,700	12,901	8,595	8,410	2,714	4,148	3,192	1,240	2,697	2,872	1,719	1,416	991	11,438
川崎市	45,677	16,438	7,693	4,127	4,655	862	1,502	1,362	465	1,068	1,217	688	613	248	4,739
相模原市	15,811	4,434	1,699	2,132	2,036	376	426	736	296	337	314	332	297	113	2,283
横須賀市	5,958	773	762	551	1,612	214	234	32	291	449	167	104	150	18	601
平塚市	5,237	993	403	585	819	656	74	25	180	75	72	98	112	18	1,127
鎌倉市	1,510	259	292	70	88	29	38	17	5	158	61	48	43	13	389
藤沢市	6,625	1,256	795	705	425	582	79	56	509	200	129	158	273	512	946
小田原市	2,587	447	310	463	555	127	109	20	59	43	41	51	121	25	216
茅ヶ崎市	2,002	422	318	167	236	93	48	35	26	110	69	85	57	28	308
逗子市	523	69	119	13	49		22	6	3	83	15	14	1		129
三浦市	321	29	33	86	54	9	6	1	1	23	8	9	19		43
秦野市	3,783	748	224	552	212	505	95	37	374	35	61	104	92	15	729
厚木市	7,743	1,265	467	1,770	796	431	69	305	674	61	111	173	128	458	1,035
大和市	7,108	1,517	736	994	878	315	169	98	727	110	137	237	103	101	986
伊勢原市	2,678	437	133	910	291	212	51	69	74	17	49	46	77	13	299
海老名市	2,646	473	230	342	227	147	46	231	114	63	38	96	47	209	383
座間市	3,199	732	301	421	527	162	18	37	142	87	49	91	61	126	445
南足柄市	476	188	37	35	51	81	9	2	2	2	4	7		8	50
綾瀬市	4,068	273	166	969	252	602	8	5	209	35	26	208	96	566	653
葉山町	237	9	38	5	15	4	8	3	2	48	2	6	4		93
寒川町	880	73	56	216	110	101	7	5	42	13	15	26	36	62	118
大磯町	194	35	18	9	33	2	1		1	21	6	6	5		61
二宮町	246	32	14	13	27	25	15	3	10	10	6	6	5		80
中井町	330	25	6	39	198	28			24	1		2			7
大井町	124	51	13	22	9	6	1			3	3	2	1		13
松田町	151	52	8	26	26	7	15	1		2		2	1		11
山北町	79	26	7	16	12	1						5	1	4	7
開成町	138	34	14	21	14	21	7		7	5		3	2		10
箱根町	608	99	57	97	16	10	116	4	1	5	129	5	13	3	53
真鶴町	59	20	14		11	2	1			3					8
湯河原町	347	42	68	45	63	7	12	3	48	9	7	9		1	33
愛川町	2,865	183	32	270	362	531	10	13	699	3	4	173	35	112	438
清川村	32	2		3	7	4				1	14				1

外国人数の推移と県民比

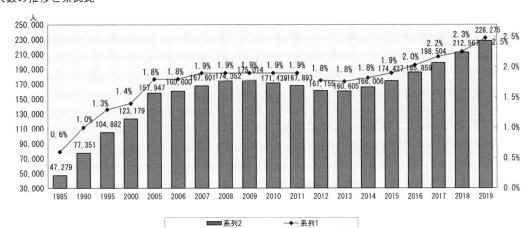

・2011年度までは外国人登録法に基づく外国人登録者数、2012年度以降は住民基本台帳上の外国人数です
　（なお、2012年度までは12月31日現在、2013年度以降は１月１日現在のデータ）

（神奈川県国際文化観光局
国際課調べ）

だれもが使える交通機関を求める全国大行動・神奈川行動（写真提供：県民のいのちとくらしを守る共同行動委員会／撮影：菊地信夫）

第6章

障害者
と人権

1. 障害とは何か

ICIDHとICF

障害とは何かということをきちんと述べるのは、意外に難しいことです。多くの人が英語の〝Handicap〟を「障害」と理解してきましたが、本来の〝Handicap〟の意味は、社会的不利（益）です。今日、英語の〝Handicap〟を障害の意味で用いるのは、不適切だと考えられています。これはなぜでしょう。

国連総会で「障害者の権利宣言」が採択されたのは1975年ですが、その5年後、1980年にWHO(世界保健機関)から「機能障害・能力障害・社会的不利の国際分類」(International Classification of Impairments, Disabilities, and Handicaps：略して「ICIDH」と呼ばれる。）が示されました。この「ICIDH」では、障害を「機能障害(Impairment)」、「能力障害（Disability）」、「社会的不利益（Handicap）」の3つに分けて考えることを提唱しました。「機能障害」とは、疾病等により生物学的な心身の機能レベルに障害が生じることをいいます。この「機能障害」に伴い、ある動作や行為が十分には行えないことがありますが、これを「能力障害」といいます。「ICIDH」ではこのように、機能・能力の障害と、社会的不利益を分けて考えます。「能力障害」によってある動作や行為が十分には行えないことが社会的な不利益を招くことを指して、「社会的不利益」といいます。

例えば、糖尿病の合併症で視覚を失うということは「機能障害」です。視覚を失うことにより、新聞を読むことや、テレビを見ることができなくなりますが、これが「能力障害」に当たります。新聞を読むことや、テレビを見ることができないということにより、その人が得られる情報量は20％程度に制限されるといいますが、これは、大きな「社会的不利益」です。

もう一つ例をあげましょう。交通事故による頸椎損傷で下肢にマヒの生じることがあります（機能障害）。その結果、歩くことができないということが起きます（能力障害）。歩くことができないことから車イスを使用する場合、少しの段差でも車イスは超えることが難しいなど、移動の自由が大幅に制限されることになります（社会的不利益）。

WHOは、2001年にこの「ICIDH」を改善し、「国際生活機能分類」(International Classification of Functioning, Disability and Health：略して「ICF」と呼ばれる。）を示しています。

「ICIDH」や「ICF」で大切なのは、「機能」の障害がそのまま「社会的不利益」になるのではなく、「能力」の障害を何らかの形で補えば社会的な不利益は生じないで済むということです。階段にスロープを付けたり、建物にエレベーターを設置するなど、車イスでも移動しやすい社会をつくることで社会的不利益は大きく改善されます。点字誘導ブロックを道路に敷設することで、視覚障害の方でも移動しやすくなります。社会の側で少し工夫をすることで、社会的不利益は大きく減らせるということが理解されるようになってきたきっかけが、この「ICIDH」や「ICF」ということになります。

個人ではなく社会としての課題へ

また、障害学を専門とする社会学者の星加良司さんは、『障害とは何か　ディスアビリティの社会理論に向けて』という本の中で、<ディスアビリティとは、不利益が特有な形で個人に集中的に経験される現象である>としています。星加さんは、機能障害により不利益が個人に特定の形で集中することを障害といっています。

私たちは、普段生活していていろいろなことで不利益を受けることがあります。でも、多くの場合、その不利益は一過性のものであったり、あるいは自分の努力である程度何とかなったりします。でも、機能障害があることにより、移

動や文化・情報の収集に不利益が集中して生じ、自分の努力だけではその不利益に対処することができない場合があります。星加さんは、そうした状況を「障害（ディスアビリティ）」といっているのです。

このほかに、「障害は個性」という言い方や、不利益の代わりに「生きにくさ」ということをもとに障害を説明する場合があります。

「障害は個性」という言い方は、障害があるかないかで人を分ける考え方に対しては大変意味のある反論になります。しかしもう一方で、障害から生じる社会的不利益に対して、社会の側が担うべき支援の必要性を導くことが難しいという欠点があります。また、「生きにくさ」という概念では、ある能力が普通の人に比べて飛びぬけて秀でている場合にも「生きにくさ」がまれにあり、このことも障害に含まれてしまいます。

現時点では、２つの障害の概念と社会的不利益の関係について障害学を専門とする日本の社会学者、星加さんの「障害（ディスアビリティ）とは障害（インペアメント）による不利益の集中である」という考え方、さらに社会の側が必要な対応をとることでその不利益は軽減させることができるというのが、最も適切なのではないでしょうか。

このように私たちは、障害について障害のある人の個人の問題という考え方からスタートして、社会と個人の関係性の課題として考えるようになってきました。

2. 障害があることでの障壁

障害者が生活していく上で障壁（バリア）となるものに、どのようなものがあるでしょうか。

1993年に内閣府が出しれた『障害者対策に関する新長期計画』では、「障害者を取り巻く社会環境においては、交通機関、建物における物理的な障壁、資格制限等による制度的な障壁、点字や手話サービスの欠如による文化・情報面の障壁、障害者を庇護されるべき存在としてとらえる等の意識上の障壁がある」としています。

物理的な障壁

車イスを利用する方にとっては、歩道と車道の間にある小さな段差が、移動に当たって大きな障壁となります。また、エレベーターのない建物では、上下の階への移動ができません。視覚障害のある方にとっては、白杖の利用と併せて、点字誘導ブロックの敷設が、移動の不安を大きく和らげます。このように、物理的な条件整備がされていないことにより生じる障壁を、物理的な障壁といいます。

制度的な障壁

長い間、さまざまな障害を理由に多くの資格・免許の制度等から、障害のある方は対象外となっていました。それに対し『障害者対策に関する新長期計画』では、障害者が社会活動に参加することを不当に拒む要因とならないよう、対象となるすべての制度について見直しを行うこととしました。しかし、精神障害などを中心に、いまだに多くの欠格条項が残っているのが現状です。さらに、車イスの対応ができないなどの理由をつけて、障害者の入学、就職を認めない学校や企業もまだまだあるのが実態ではないでしょうか。こうした障壁を、制度的な障壁といいます。

文化・情報面の障壁

聴覚障害の方は、駅で電車の来るアナウンスを聞くことができません。電光掲示があってはじめて同じ情報を入手することができます。視覚障害者の方は、そのままの状態では本を読む

ことができません。点字化した本を読んだり、音声情報に変換されたものを聞いたりすることで情報を入手します。そのため、駅の切符の自動販売機や銀行のATMは、点字の表示が一部あるものの極めて使いにくい状況です。こうした障壁を、文化・情報面での障壁といいます。

意識上の障壁

これが最もクリアしにくい障壁です。私たちは、多くの場合、障害のある方に対して庇護的に接してしまいます。障害があることイコールかわいそうと思ってしまいます。でもそれは、人と人との関係を障害によって歪んだものにしていることになります。

私たちの社会には、こうした4つの障壁をなくし、障害のある方が生活しやすい環境を作っていくことが求められています。

3. 身体障害の理解

障害者の権利について、私たちはこれをどのように理解するのがよいのでしょうか。

前述した国連総会による「障害者の権利宣言」の中に、次のような内容があります。

「障害者は、その人間としての尊厳が尊重される生まれながらの権利を有している。障害者は、その障害の原因、特質および程度にかかわらず、同年齢の市民と同等の基本的権利を有する。このことは、まず第一に、可能な限り通常のかつ十分満たされた相当の生活をおくることができる権利を意味する」

ここでは、障害の原因、特質および程度に関わらず同年齢の市民と同等の基本的権利を有するとしています。以下では、様々な身体障害に関し、その原因や特質、程度等について見ていきます。

肢体障害とは

身体障害者手帳を有する方は、2016年12月の時点で全国に約428万7千人、うち肢体障害の方は約193万1千人（45.0%）となっています。（厚生労働省「生活のしづらさなどに関する調査(全国在宅障害児・者等実態調査)」より）

肢体障害には、上肢（腕や手）の機能の障害、下肢（足）の機能障害、体幹（手足を除く胴体部分）の機能障害（座ったり起立したりすることができないなど）、乳幼児期以前の非進行性の運動機能障害（上肢を用いた日常生活動作に制限等がある、不随意運動等により歩行が困難等）に分かれます。

運動で怪我をして頚椎を損傷することで、肢体障害になることがあります。脳性まひによって運動機能障害が生じたケースも肢体障害に該当します。また、糖尿病の合併症から下肢切断という事例や、脳血管障害によって片方の上下肢にまひが残る事例も、肢体障害に該当します。このほか、筋ジストロフィーや筋委縮性側索硬

駅にエレベーターの設置を求めて

化症など、進行性の病気によって肢体障害になるケースもあります。

身体障害者福祉法が制定された直後の昭和20年代、肢体障害の中心は、戦争で腕や足を失った方々などでしたが、最近は、高齢化の進展に伴い脳血管障害を中心に、高齢者で肢体不自由になる方が多く、近年は身体障害の45〜50％が肢体障害に該当しています。

重度の肢体障害では、移動などの日常生活における基本的な動作が制約されるため、車イスなどの補装具を使用したり、介護サービス等を利用することが必要になります。

しかし、単に車イスがあるだけでは問題の解決にはなりません。先にも述べましたが、車イスには段差や上下の移動が難しいという欠点があります。歩道と車道の段差（段差自体は、視覚障害者などのために必要なものです）をスロープにすること、公共的な建物にはエレベーターを設置すること、電車やバスにも車イスでアプローチできるよう駅やバスの構造を改良したりといったことが行われないと、車イスでの移動は大きく制限されてしまいます。

神奈川の障害者たちは、こうしたことに早くから気づき、1977年、車イスのままバスに乗ろうとして乗車拒否にあったことを契機に、抗議行動をスタートさせます。この行動は、その後、1990年にスタートした鉄道駅舎へのエレベーター等の設置促進や、1995年の神奈川県福祉のまちづくり条例の制定につながっていきます。いまでは、国のレベルでの政策として、移動の問題も含め、物理的な障壁を少なくするためのバリアフリー化の取り組みが進められるようになってきました。

一方で、障害者の介護の問題は、なかなか前進していないのが実態ではないでしょうか。重度の障害のある多くの方が、介護者の確保で苦労しています。障害者総合支援法の枠組みによる介護に加えて、ボランティアによる支援を組み合わせて生活している方が大勢います。生活上の基本的なニーズである食事や入浴などのニーズだけでなく、普通の生活としての買い物や掃除、洗濯などの家事などを行うことができて始めて同年齢の普通の人と同じ生活が営めるようになるのですが、そのための介護者の確保自体が大きな問題となっています。

このほかにも、肢体障害等があることで学校への入学や学校を卒業した後の就職等、さらには結婚や自己実現のための各種の活動にあって、様々な不利益が生じています。

聴覚障害とは

1995年に、木村晴美さんはある雑誌の論文で「ろう文化宣言」を主張しました。このなかで木村さんは「聴覚障害者とは、手話という言語を話すマイノリティである」としています。

聴覚障害は、聞こえない、聞こえにくいという障害です。音声言語によるコミュニケーションが難しいことから、聴覚障害のある方は、手話を用いて聴覚障害者同士のコミュニケーションを図ることが一般的です。この手話というコミュニケーションツールが、聴覚障害児のための特別支援学校であるろう学校ですら長い間、使うことが認められていませんでした。ろう学校には、手話を話せる教員すらいない時代が長く続きました。ろう学校では、子どもたちに手話の使用を禁止し、人の口の動きを見て何を話しているのかを読みとり、日本語を話すことができるようにする口話法を教育する時期が長く続きました。

私たちは、耳から音を聞き、それをまねることで音声言語を獲得していきます。しかし、聴覚障害のある方に対し、長い間、聞こえない中で日本語を話すことを強いていたことになります。最近になってやっと、ろう学校の中で子どもたちが手話を話すことができるようになるとともに、手話を話せる先生の確保も行なわれるようになったといわれています。

先天的な聴覚障害のある子どもたちがろう学校に通うようになると、子どもたちの間では自然に手話でのコミュニケーションが始まります。ここで話されている手話は、少し補正することで日本手話と呼ばれる、日本語とは異なる聴覚

障害者の言語となります。もう一方で、日本語をベースとした日本語対応手話と呼ばれる手話もあります。多くの手話教室で教えられているのは、この日本語対応手話で、日本語をベースとして、それを手話で表現するものです。

現在では、手話は言語であると認識されるようになりました。つまり、聴覚障害者は、聞こえないということによって、聞こえる人とはことなる言語を話す人であるということです。しかし、聴覚障害者とそうでない人の間でコミュニケーションをする場合にはどうしたらよいでしょうか。

聴覚・言語障害（聴覚に障害のある人は、言語の発声が難しいことが多く、そのため「聴覚・言語障害」という区分の統計があります。）の方は全国で、約34万1千人（2016年）となっています。この中には、加齢に伴う難聴等も含まれています。

生まれながらの重度の聴覚障害でしたら、手話の通訳を用いてコミュニケーションすることが最も適切でしょう。聴覚能力がある程度残っている場合は、補聴器等の機器を用いて聞くことのできる環境を作る方法もあります。

一方で、特に中高年になってからの中途失聴の場合は、手話を取得することが難しいことから、可能な限り補聴器等で補強し、それでも難しい場合は、筆談や要約筆記（側にいる筆記者が話している内容を要約して書きとり、プロジェクターに投影したり、ノートに示したりすることで内容を伝える）という方法を用いてコミュニケーションを取ることが多くなります。

ここで大切なのは、こうした方法の多くが聴覚障害者やその支援者の側に手間や努力を強いていることです。本来であれば、社会的な不利益から生きにくさを感じている聴覚障害者の側と、聴覚障害のない側の双方の努力、特に聴覚障害のない側のより多くの努力が求められていいはずです。神奈川県聴覚障害者福祉センター所長であった黒崎信幸さんは、日本語対応手話でよいからできるだけ多くの人に手話を学んでほしいと言っています。

視覚障害とは

視覚障害とは、視力を失い、あるいは矯正視力が極めて弱くなったりすることで、物を見ることができない状態や難しい状態のことをいいます。全国では約31万2千人（2016年）の方が、視覚に障害があります。

私たちが得る情報の8割以上が視覚によるものだといわれます。テレビを見る、新聞や本を読む、外を歩くとき周囲のものを見るなど、様々なことが視覚情報として得られます。近視や遠視に関しては、相当程度メガネやコンタクトレンズによって矯正が可能になっていますが、視野が極端に狭くなったり、大きな表示でなければ見えなかったり、全く見えないなど、通常のメガネ等による矯正では対応できない場合、私たちは視覚情報を大幅に制限されることになります。

全く見えない方は、少し前までは文字情報を点字化することで、指から読んでいました。今でも紙に書かれた文字を墨字（すみじ）といい、視覚障害者用の文字を点字といって区分します。しかし、点字は紙等の凹凸を読むため、墨字に比べて一頁当たりの情報量が少なくなります。小説を文庫本のような形で楽しむことが難しかったり、持ち運べるコンパクトな辞書をつくることができなかったりという課題がありました。

小型のテープレコーダーができたことで、紙

点字ブロックの上にものを置かないで‼

ベースの点字情報だけではなく、ボランティア
の皆さんが吹き込んだ音声情報を聞くことがで
きるようになりましたが、これも必要なところ
だけを聞くということが難しいなどの欠点があ
りました。最近は、音声情報がインデックスつ
きのデジタル情報化されることで、必要なとこ
ろを抜き出して聞くことが可能になりました。
また、パソコンの文字情報を読み上げるソフト
も開発され、視覚障害の方も、メールでやり取
りをすることができるようになってきています。
このように情報機器の発達は、視覚障害者の生
活を飛躍的に改善してきています。

　しかし、外出するときの様々な困難は、あま
り大きく改善されていないのが現状です。視覚
障害の方が外出する際は、道路交通法で白杖を
携帯することが義務づけられています。白杖を
使って前に障害物等がないかどうかを確認しな
がら歩きます。歩道に点字誘導ブロックが敷設
されていれば、進む方向は分かるのですが、残
念なことにこの誘導ブロックの上に自転車など
が置かれ、ブロックをたどっていくことができ
ない場合があります。また、駅や様々な建物な
どでは上下の移動が多く、こうした上下の移動
は白杖を使う方にとって大変難しいことです。

　最近、鉄道の駅で転落防止柵が設置されるよ
うになってきましたが、電車の規格の問題もあ
り、まだ多くの駅でホームの転落防止柵は設置
されていません。駅のホームは、視覚障害のあ
る方にとって欄干のない橋のようなものだとい
います。視覚障害の方の多くが、駅のホームか
ら落ちたことがあるといいます。

　駅のホームで白杖を使っている方を見かけた
ら、ほんの少し手をお貸しすることでその方は
安全に電車に乗り降りできることになります。
歩道で信号の変わるのを待っている際、視覚障
害のある方に声をかけ、信号が変わったら一緒
に歩道を渡ることで、どれだけ安心して道路を
横断できるでしょうか。便利な情報機器が増え
ましたが、人のちょっとしたサポートがとても
大切であることを理解してください。

内部障害とは

　内部障害とは、心臓機能障害、じん臓機能障
害、呼吸器機能障害、ぼうこう又は直腸の機能
障害、小腸機能障害、ヒト免疫不全ウイルスに
よる免疫機能障害、肝機能障害のことをいいま
す。

　例えば心筋梗塞で心臓の自律的な機能が失わ
れた時、心臓ペースメーカーを埋め込むことで、
定期的に心臓を刺激し動かすという治療が一般
的になっています。心臓ペースメーカーを埋め
込むと1級、3級、4級のいずれかの身体障害に該
当します。

　じん臓の機能が失われ人工透析を受ける方、
肺の機能低下でボンベ等を携帯し酸素濃度の高
い空気を必要とする方、ぼうこうガン、直腸が
ん等の手術によりストーマ（排せつ物をためる
袋）を身につける必要がある方、手術で小腸を
切断され中心静脈栄養法による栄養維持が必要
な方、エイズウイルスに感染し免疫機能に障害
のある方、さまざまな原因で肝臓機能に重度の
障害のある方等が内部障害の対象であり、全国
で約124万1千人（2016年）の方がこれに該当し
ます。

　内部障害のある方の人数は、1970年時点では
全国でわずかに6万6千人でしたから、この46年
の間で約19倍になりましたが、実は、医療の高
度化等に伴って内部障害の種類を加えてきたと
いうのが、対象者の増えた本当の理由です。
2010年には、肝機能障害が内部障害の種類に加
えられました。これは、肝炎対策として政治的
判断で行なわれたものですし、1998年には薬害
エイズ対策としてエイズウイルスに感染したこ
とによる免疫機能の障害が内部障害に加えられ
ています。

　また、肺の機能低下への対応やストーマの装
着、人工透析などは、継続的な費用が必要にな
ります。こうした方々に対し社会的に費用を負
担する必要性から、順次、内部障害の種類を増
やしてきたというのが本当のところです。

　内部障害の方々の抱えている悩みはいろいろ
です。多くの方が継続的な医学的処置を必要と

する不便を抱えます。また、ストーマを装着するオストメイトの皆さんからは、洋服を着ていると外見からは障害者に見えないため障害者用トイレが使いづらい、ストーマをトイレの中で取り換える際に汚物の入っていたストーマを洗う洗面台やトイレの中に物を置く台がトイレの構造として必要といった声が上げられました。

現在、神奈川県みんなのバリアフリー条例では、みんなのトイレとして、障害のある・なしや男・女の区別のない、オストメイトの方々も使いやすい設備のあるトイレの設置を求めていますが、これはオストメイトの方々の意見から生まれたものです。

4. 知的障害の理解

　知的障害者の方のための療育手帳は、1960年に施行された精神薄弱者福祉法のもとで、1973年9月の厚生省事務次官通知によって制度化されたもので、神奈川県では療育手帳と呼ばれていますが、東京都では愛の手帳といいます。もとの精神薄弱者福祉法は、1997年に知的障害者福祉法と名前を改めますが、いずれにしても法律の中で対象者の明確な定義はされていません。療育手帳を定めた事務次官通知では、知能指数（ＩＱ）に生活上の困難さを加味して区分を決定することとしていますが、実際のところは、多くの場合、知能指数の数字によって分けられています。

　知的障害者は、全国で約96万2千人（2016年）となっています。知的障害者にとって最も大きな問題は、多くの親がいつまでも保護対象として抱え込もうとすることでしょう。親が子どもの介護者の役割を担い、自らが亡くなったとき誰が代わりに介護するのかを心配する、こうした親の気持ちは、それはそれで自然なことでしょう。しかしその結果として、知的障害のある子どもがゆっくりと成長していくことを待つことができず、さまざまなことに対して父権的に関わることで、結果として子どものゆっくりとした成長すら奪い、親自らが亡くなった後のことを心配するあまり知的障害者の施設に入所させることが多かったのが、これまでの現実です。

　結果として、日本では、20年ほど前の2000年時点で約13万人分の知的障害者のための入所施設が作られており、これは世界で最も多い整備水準（対知的障害者数比）となっていました。近年、知的障害者の入所施設の新たな整備をストップしたり、施設で生活している知的障害の方をできるだけ地域移行（地域での生活に移行）していこうという取り組みが始まっています。

　私たちには、知的な障害があっても、できる限り地域で普通の生活ができるような社会を作っていくことが求められています。知的障害があっても、企業・商店などでの一般就労や、地域作業所や授産施設での福祉的就労など、地域社会の中で働く場を得て活動し、夜は同じような生活をする仲間とグループ・ホームで過ごしたり、家族のいる自宅で暮らしたり、あるいは支援を受けながら一人暮らしをしたり、そうした生活ができるようにしていく必要があります。

　一方で、知的障害者自身の活動も次第に取り組まれるようになってきました。

　1973年、アメリカ・オレゴン州での会議で、知的障害のある当事者が「知的障害者」とレッテルを貼られることがどんなに嫌かを話し合い、「わたしたちは、しょうがいしゃであるまえに人間だ」と言ったことをきっかけとして、「ピープルファースト」という運動が始まりました。その後、カナダ、アメリカで当事者が組織化さ

れ、1993年のカナダで開催された世界大会には多くの日本の当事者が参加し、翌1994年からは日本でも全国大会が毎年開催さています。

「ピープルファースト」は、自分たちのことは自分たちで決めるという「自己決定」の考え方に基づく当事者運動として取り組まれてきており、これは知的障害者のセルフヘルプ・グループ（自助グループ）、セルフアドボカシー・グループ（自ら権利を守るグループ）として捉えることができるものです。

5. 発達障害の理解

2004年に発達障害者支援法が成立しました。この法律では発達障害を、自閉症、アスペルガー症候群その他の広汎性発達障害、学習障害（LD）、注意欠陥多動性障害（ADHD）その他これに類する脳機能の障害であって、その症状が通常低年齢において現われるものとしています。より正確には、脳機能の発達の障害として理解するのが適当です。

発達障害には、手帳制度がないため該当者の具体的な統計は現在のところ存在しませんが、2016年の推計では48万1千人となっています。

小学校や中学校では、学習障害、注意欠陥多動性障害の子どもが増え、静かに授業を進めることが難しくなっているといいます。発達障害という考え方は、こうした発達段階での生活しにくさ、生きにくさに着目しこれを支援することを目的としてスタートしたものです。

子どもが成長していく過程で、ある特定の能力の獲得について人より時間のかかる場合があります。子どもは、皆が同じペースで成長していくというものではありません。しかし、小学校などの集団生活では、授業を進める上で同じような発達過程にあることが前提となります。小学校一年生の段階では、イスに座り、先生の話をきちんと聞く能力が求められます。子ども同士の交わりでもその年齢にあった感受性を獲得していることが必要です。

少子化の進行によって、地域社会における子どもの数は極端に少なくなりました。また、子どもたちの遊び方は、1970年代頃までは外で一緒に身体を動かしながら遊ぶことが多かったのですが、1980年代以降は一人あるいは少人数で遊ぶゲームが主流となっています。こうした遊び方では、子ども同士の発達に必要なコミュニケーションが十分確保されません。

私たちは、子ども同士の遊びや軽易ないいさかいを通して、他者が何を考えているのか、こちらの行為に対し相手がどのように感じるかを経験的に学んできました。少子化の進行は、子どものときに学んでおくべきことであっても学びにくい状況を作ってきています。そして、そのことで社会的な生きにくさのある子どもたちを広い意味での発達障害といいます。

6. 精神障害の理解

欧米、特にヨーロッパでは、精神障害者に対する社会のあり方に関して長い議論がありました。中でも単科の精神科病院の多くは、人里離れた場所での隔離施設として設けられてきまし

た。

イタリアでは精神科医であるフランコ・バザーリアなどの活動の結果、1973年にWHOの支援のもとで、マニコミオと呼ばれる隔離施設としての精神科病院（規模の大きい精神科の単科病院）の廃止に向けた取り組みがスタートしました。その結果、イタリアでは1978年に隔離施設としての精神科病院を廃止していくための法律が施行されます。精神障害者を街から離れた病院に隔離して治療するという古典的な精神科医療のモデルが否定され、新たな取り組みがスタートすることで、精神障害者が人権を取り戻してきたと考えることができます。

アメリカでも1950年代後半から脱施設化として、州立の精神科病院の縮小に向けた取り組みが始まります。第2次世界大戦後も、1950年代初めの朝鮮戦争、1950年代から70年代にかけてのベトナム戦争など、様々な戦争に参加してきたアメリカでは、若者を中心に多くの精神障害者が生まれました。それまでの州立の精神科病院での対応では難しくなり、ケネデイ政権のときに、各地に精神保健センターを設けて地域でケアする方向に転換していきます。結果として、40年の期間を経て、1990年代には1950年代に比べ、州立の精神科病院のベッド数は約十分の一まで減少しました。アメリカでは、精神障害者の人権を向上させるためということで精神科病院の削減が進みましたが、一方では戦争に伴う影の部分を担いきれなくなったということが垣間見えます。

日本では、1918年に東京帝国大学で精神医学の教授であった呉秀三が、精神障害者の「私宅監置」の状況を明らかにします。多くの精神疾患の患者が自宅の座敷牢などに拘束されていて、その状況は、長く1950年の精神衛生法の成立まで続きました。呉秀三はその著書の中で「我邦十何万の精神病者は実に此病を受けたるの不幸の外に、此邦に生まれたるの不幸を重ぬるものと云うべし」（原文では、かなはすべて片仮名表記）と述べています。

2017年時点で、日本全体の病院の病床数は1,653,303床、うち精神科の病床は331,700床であり、さらにそのうちの247,595床が単科の精神科病院の病床で、一般病院の精神科病床は84,105床となっています。（20年かけて約2万床が減りました。）日本の単科の精神科病院の247,595床分について、イタリアではすでに廃止し、アメリカでも40年かけて約十分の一に削減したのです。世界では、精神障害者が地域社会で治療を受けながら生活を営む方向に向かっていますが、日本ではまだ多くの精神科病院が残っていて、多くの精神障害者が社会的に隔離されたる状況にあります。

精神保健及び精神障害者福祉に関する法律（精神保健法）では、精神障害者を「統合失調症、精神作用物質による急性中毒またはその依存症、知的障害、精神病質その他の精神疾患を有する者」としています。日本の2014年度推計では、392万人余りが精神疾患を有する患者数となっており、うち約31万人が入院で、通院している方が約361万人です。また、患者の約2割が統合失調症、約3割が気分障害で、外に認知症、アルコールや薬物による精神および行動の障害などがあります。

他の障害と同様に精神障害者に関しても、病院での長期入院から、治療を受けながら社会的支援を利用しつつ地域社会で生活することへの移行、いわゆる地域移行が求められていますが、いまだに多くの障壁が残っています。精神障害者に対する地域社会の偏見、地域で生活することを支える精神保健サービスの絶対的不足、精神医療機関の患者の抱え込み、さらには地域生活を支えるための仕組みの未整備など、超えていかなければならない社会的課題は数多く残っているのが現状です。

Column

はじめに

2013年6月、障害者差別解消法（以下、「差別解消法」）が制定され、2016年4月に施行されました。この法律は、2010年から実質的に始まった政府による障がい者制度改革の一環として、障害者権利条約（以下、「条約」）の批准に先立ち、国内法を整備する目的で制定されました。

2013年12月、参議院本会議で条約の批准が承認され、2014年2月に同条約は日本において発効しました。日本では、条約は憲法の下だが法律より上に位置づけられるので、この条約が日本の法制度に組み込まれたことはとても重要です。

条約の基本理念 ── 障害の「個人モデル」から「社会モデル」への転換

従来、障害者が困難に直面するのは「その人に障害があるから」で、克服するのはその人（と家族）の責任だとする考え方（障害の「個人モデル」。「医学モデル」とも呼ばれる。）が主流でした。しかし条約はこの考え方を排し、障害を持つ人びとが日常生活や社会生活で受ける制約は社会のあり方との関係で生ずるので、「障害（障壁）」をつくっている社会の側にこれを取り除く責務があるという考え方（障害の「社会モデル」）に発想を転換しました。条約や差別解消法はこの「社会モデル」の考え方を採用しています。

条約の概要

条約は、2006年12月の第61回国連総会で採択され、2008年5月に国際的に発効しました。条約は障害者に特化したはじめての人権条約で、障害者の権利を包括的に規定しています。2020年5月末現在の締約国数は182か国・機関（EUを含む）です。世界中の障害当事者・障害者団体は条約の起草過程に積極的に参画し、条約の成立に大いに貢献しました。なお、日本は、個人通報制度を可能とする同条約選択議定書（97締約国）には署名もしていません。

差別解消法の概要
（1）目的

民主党政権下で進められた「障がい者制度改革」によって、障害者基本法が改正され、差別解消法が制定されました。差別解消法は、障害者基本法の基本理念にのっとり、「全ての障害者が、障害者でない者と等しく、基本的人権を享有する個人としてその尊厳が重んぜられ、その尊厳にふさわしい生活を保障される権利を有することを踏まえ」（1条）制定されました。このため、この法律は、①障害を理由とする差別等の権利侵害行為の禁止、②社会的障壁（障害がある者にとって日常生活又は社会生活を営む上で障壁となるような社会における事物〔通行、利用しにくい施設、設備など〕、制度〔利用しにくい制度など〕、慣行〔障害者の存在を意識していない慣習、文化など〕、観念〔障害者への偏見など〕その他一切のものをいう）の除去を怠ることによって権利侵害行為をすることがないよう、合理的配慮の義務づけ、③国による啓発・知識の普及を図るための取り組み（4条1～3項）を定めました。

（2）障害者差別の禁止

この法律で障害を理由とする差別とされるのは、「不当な差別的取扱い」と「合理的配慮を行わないこと」です。

差別的取扱いの禁止

行政機関も民間事業者も、障害を理由として障害者でない者と不当な差別的取扱いをすることにより、障害者の権利利益を侵害してはならない（7条1項〔8条1項〕）こととされています。「不当な差別的取扱い」とは、たとえば、障害があるというだけで、雇用を拒否しましたり、公共交通機関の利用を断ったりする行為で、これらは禁止されます。行政機関と民間事業者にとって、これは法的義務です。

合理的配慮の不提供

行政機関は、障害者などから何らかの配慮を求める意思表明があった場合には、負担になり過ぎない範囲で、社会的障壁を取り除くために必要で合理的な配慮を行うことが求められます。こうした配慮を行わないことで、障害者の権利利益が侵害される場合には、差別に当たる（7条2項）とされています。国や自治体等にとってこれは法的義務ですが、民間事業者については努力義務です（8条2項）。

なお、この法律は、国の行政機関や自治体、民間事業者などを対象にしており、一般の方が個人的な関係で障害者と接するような場合や、個人の思想・言論は対象にしていません。

ただし、障害者差別のない社会を実現するため、市民の理解が重要な鍵となります。この法律は、障害者差別の解消について国民の関心と理解を深

め、障害者差別の解消を妨げている諸要因の解消を図るため、国と自治体は必要な啓発活動を行うものとしています（15条）。

（3）「合理的配慮」をしないことの典型例

合理的配慮は、障害者が日常生活や社会生活で受けるさまざまな制限の原因となる社会的障壁を取り除くため、障害者に対し個別の状況に応じて行われる配慮です。窓口で聴覚障害のある人に声だけで話すこと、視覚障害のある人に書類を渡すだけで読み上げないこと、知的障害のある人にわかりやすく説明しないこと、車イス利用者が電車などに乗車する際に手助けしないことなどは、合理的配慮をしていない実例です。。

（4）障害者差別解消のための支援方法

差別解消法に基づき、政府は障害を理由とする差別の解消の推進に関する基本方針を定めなければなりません（6条1項）。基本方針では、障害を理由とする差別の解消に向けた施策の基本的な方向、行政機関等が策定する対応要領や民間事業者が策定する対応指針に盛り込むべき事項や作成に当たって留意するべき点、相談、紛争の防止・解決の仕組みや地域協議会などについての基本的な考え方などが示されます。

（5）障害者差別に関する相談・救済機関

障がい者制度改革推進会議・差別禁止部会意見では、簡易迅速な実効性ある裁判外紛争解決の仕組みを早急に用意すべきであるとの見解が示されました。しかし、差別解消法ではこうした独立救済機関の設置は盛り込まれませんでした。

（6）地域協議会

障害を理由とする差別に関する相談や紛争の防止、解決の取組を進めるためのネットワークづくりの仕組みとして、国や自治体の機関は、それぞれの地域で、障害者差別解消支援地域協議会を組織できます（17条）。地域協議会が組織され、関係する機関などのネットワークが構成されることによって、いわゆる「制度の谷間」や「たらい回し」が生じることなく、地域全体として、差別の解消に向けた主体的な取り組みが行われることを狙いとしています。

山崎公士（神奈川大学名誉教授）

差別解消法と複合差別の解消

「締約国は、障害のある女性が複合的な差別を受けていることを認識するものとし、この点に関し、障害のある女性が全ての人権及び基本的自由を完全かつ平等に享有することを確保するための措置をとる。」条約6条1項は障害のある女性にとっての複合差別について正面から規定しました。これに対し、差別解消法は、行政機関等〔事業者〕は「・・・障害者から現に社会的障壁の除去を必要としている旨の意思の表明があった場合において、その実施に伴う負担が過重でないときは、障害者の権利利益を侵害することとならないよう、当該障害者の性別、年齢及び障害の状態に応じて、社会的障壁の除去の実施について必要かつ合理的な配慮をするように努めなければならない。」（7条〔8条〕2項）と規定するに過ぎません（下線部、引用者）。ただし、同法案に対する附帯決議（参議院）1項で、「条約の趣旨に沿うよう、障害女性や障害児に対する複合的な差別の現状を認識し、障害女性や障害児の人権の擁護を図ること。」が明記されました。

差別解消法の見直し

2019年2月から、国の障害者政策委員会で差別解消法の見直しが検討されており、同年11月には次のような「障害者差別解消法の見直しに関する特に議論が必要な論点（修正案）」が同委員会に示されました。差別解消法は施行後早くも4年が経過しました。この間の経験と障害当事者の意見を踏まえ、差別解消法の実のある改正を望みたいものです。

1　差別の定義・概念（差別の定義・概念の明確化）

2　事業者による合理的配慮（努力義務を法的義務とするか）

3　相談・紛争解決体制（障害者差別解消を効果的に推進する相談・紛争解決体制のあり方）

4　障害者差別解消支援地域協議会（同協議会の設置促進および活性化）

7. ともに生きる社会のために

ここでは、障害のある方もない方もともに生きる社会をつくるためのキーワードをいくつか紹介します。

1. 障害者の自立生活運動
（Independent Living Movement）

障害者の自立生活運動は、もともとは1950年頃にアメリカのイリノイ大学ではじまったとされますが、有名なのは、1970年代前半のアメリカ・カリフォルニア大学バークレイ校で、重度の障害のある学生、エド・ロバーツによって設立された自立生活センターです。ロバーツは、車イスを利用する学生のために、ロープやエレベーターの設置、出入り口の整備、障害のある学生が他の学生と一緒に授業に出席できるようにすることなどを大学に対し要求しました。

ロバーツらは、障害者が自らリハビリテーションを進めていくために、次のような原則を掲げました。
① 障害者のニーズは何か、そのニーズにどのように対処したらよいか、最もよく知っているのは障害者自身である。
② 障害者のニーズは、さまざまなサービスの存在と、総合的なプログラムによって最も効果的に充足することができる。
③ 障害者は、できるだけ住んでいる地域の中に統合されるべきである。

ロバーツらのこうした活動は、1973年のリハビリテーション法、1990年の障害のあるアメリカ人法の成立に大きな影響を与えました。

日本でも、1960年代から障害者の自立した生活の獲得に向けての取り組みが始まります。

1964年、茨城県に障害者解放コロニーである「マハ・ラバ村」がスタートします。「マハ・ラバ村」は1969年まで続きましたが、この村で共同生活をした障害者の何人かが、神奈川県へ移り住み「青い芝の会神奈川県連合」の中心メン

障害者が安心してくらせる社会を！

バーとして、1970年代以降、日本における障害者運動の中核を担います。（「マハ・ラバ村」に関しては、横田弘『ころび草』、岡村清『脳性マヒ者と生きる　大仏空の生涯』、小山正義『マイトレァ・カルナ』に詳しく、1970年代以降の「青い芝の会」の活動に関しては、横田弘『否定されるいのちからの問い　脳性マヒ者として生きて』、横塚晃一『母よ！殺すな』などに詳しい。）

「青い芝の会」のメンバーは、家族に保護される存在であった重度の障害者が親元を離れ共同生活をするだけでも大変であった時代に、大勢の介助者を活用しながら自らの生活を組み立てていくことに取り組みました。障害者年金と生活保護を組み合わせて生活の維持に必要な収入を確保する方法を活用し、有給の介助者、ボランティアの介助者を活用して、生きていく上での基本的なニーズや社会的活動を行なうためのニーズを充足させながら、障害者の立場から社会に対し様々な課題提起を行いました。

彼らの活動は、ドキュメント映画『さよならCP』として記録され、この映画の上映会を通して全国の多くの障害者が勇気づけられ、親の保護のもとから自立していきました。

2. ノーマリゼーション(Normalization)

　ノーマリゼーションは、1950年代にデンマークのバンク－ミケルセンによって提唱された考え方です。バンク－ミケルセンは、第2次世界大戦後、デンマークの社会省に勤務し、1959年から1970年まで知的障害者福祉の責任者を務めました。1959年、彼は知的障害者の福祉に関する基本的な考え方として、ノーマリゼーションという言葉を世界で初めて法律の中で使います。

　それまでのデンマークの知的障害者施設は、隔離的、保護的で大規模な施設が多く、優生手術も行なわれるといった状況でした。これに対し、バンク－ミケルセンは知的障害者であってもできる限り普通の生活ができるようにすべきであると考えます。バンク－ミケルセンは1984年に開催された「知的障害者の社会福祉に関する国際会議」で次のように述べています。

　「ノーマリゼーションとは、全ての人が当然もっている通常の生活を送る権利をできる限り保障する、という目標を一言で表したものです。

　ノーマライズするというのは、生活条件のことを言っているのです。障害そのものをノーマルにすることではありません。・・・(中略)・・・

　ノーマリゼーションとは、たとえ障害があっても、その人を平等な人として受け入れ、同時に、その人たちの生活条件を普通の生活条件と同じものとするよう努めるという考え方です」（花村春樹『「ノーマリゼーションの父」N.E.バンク－ミケルセン　その生涯と思想』）

　このようにして誕生したノーマリゼーションという考え方は、バンク－ミケルセンとスウェーデンのニイリエによって北欧に広められ、その後、アメリカに渡るなど世界的な障害者福祉の理念となります。

　ここで二つだけ留意しておきたいことがあります。第一に、アメリカでは障害者福祉においてノーマリゼーションという言葉はあまり用いません。代わりにメインストリームという言葉を用いるようです。これは、多民族国家であるアメリカにあって、何がノーマルな生活なのかをきちんと述べるのが難しいということを意味しています。障害者を含むアメリカ国内の様々なマイノリティを社会の主流の一つとして扱うべきであるということから、メインストリームという言葉が用いられます。

　もう一つは、誰がノーマリゼーションを主張するのか、ノーマリゼーションのもとになる「社会の中での普通の生活」を誰に合わせて考えるのか、によって言葉の持つ意味が変わってくるということです。気をつけないと、同化思想と同じになる危険をはらんでいることを覚えていてください。

3. ソーシャル・インクルージョン(Social Inclusion)

　日本の社会福祉は、長い間、公的な責任のもとで営まれてきました。それは、第2次世界大戦で苦しんだ国民に対する国の責任のあり方から来るものでした。2000年になって、こうした社会福祉のあり方を大きく見直す中で、ソーシャル・インクルージョン（社会的包摂）という理念が用いられるようになってきました。

　このソーシャル・インクルージョンという理念は、もともとは、フランスやイギリスでの社会福祉の議論の中で出てきたもので、高齢者や障害者、ホームレスが社会的に孤立することを防ごうとする考え方です。

　フランスやイギリスは、様々な社会階層を抱えた国であるとともに、多くの植民地を有した国です。同じ国の中に裕福な人もいれば、貧しい人の住む地域もあり、さらに世界の様々な地域から肌の色、文化、宗教の違う人々が加わり今のフランスやイギリスがあります。

　そうした国々で、失業したり、ホームレス状態に苦しんだり、アルコール依存、薬物依存から社会的つながりを失う人が増えてきたことを踏まえ、「全ての人々を孤独や孤立、排除や摩擦から援護し、健康で文化的な生活の実現につなげるよう社会の構成員として包み支え合う」ソーシャル・インクルージョンということが考えられるようになってきました。

　「社会の中での普通の生活」を実現しようとす

るノーマリゼーションと比べ、ソーシャル・インクルージョンは、全ての人が社会の中に包み込まれ、支え合うことを目指しているという意味で、より普遍的な福祉理念であるといえます。

ソーシャル・インクルージョンの考え方では、障害者も社会的な意思決定に積極的に参加・参画していくことが求められます。障害者自立生活運動の中で述べた「障害者のニーズを最もよく知っているのは、障害者自身である」という考え方と、ソーシャル・インクルージョンという理念のもとで、より多くの障害のある方が社会的な意思決定へ積極的に関わっていける社会づくりが求められます。

8. 障害者の権利を守るために

1. 相模原障害者施設殺傷事件と優生思想

2016年7月26日の未明、神奈川県相模原市緑区にある障害者福祉施設、津久井やまゆり園で施設入所者19名が殺害され、入所者・職員26名が重軽傷を負うという事件が起きました。この事件を起こした加害者は、意思疎通のできない重度障害者について、衆議院議長あての手紙の中で、「・・・障害者は人間としてではなく動物として生活を過ごしており、・・・障害者は不幸を作ることしかできません」と述べて、社会が障害者を支援することを否定しています。この加害者の考え方に対し、ネット上で賛同する書き込みが見られ、20世紀前半にあったナチス・ドイツによる優生思想に基づく障害者の殺害（T4作戦）との類似性が論じられたところです。

この事件に関し、三つの論点を指摘しておきたいと思います。

第一に、事件の加害者は裁判の中でも自分は悪いことをしていないと主張していましたが、はじめから自分が罪を問われないと考えて事件を起こしたと思われます。しかしながら、自首した後の取り調べや裁判の流れの中で、罪を問われないのは自らが適切な判断能力がない場合だけであることに気付かされます。それは、加害者が殺傷した障害者と自分が同列にあるということです。こうした矛盾を抱えた存在であった加害者は、裁判の中で弁護士の方針とは異なり、自らに判断能力があった点にこだわり、結果として死刑の判決を受け入れざるを得なくなります。

二つ目は、死刑という判決の結果に対する人々の反応についてです。19名もの命を奪った加害者に対し、多くの人々は死刑の判決が当然だと考えたのではないでしょうか。しかし、死刑という判決は、犯した罪に対する刑罰であるだけではなく、生きていくことが適当ではないという判決でもあります。そしてそのことは、加害者が障害者を殺傷した動機と同じであると考えることができます。社会が加害者に対し死刑が当然と考えることは、実は加害者が障害者に対して抱いた判断と同じではないかということに、私たちはどのように向き合えばよいのでしょうか。（ちなみにこのことは、東大の市野川容孝教授が指摘している問題です。）

最後にもう一つ、考えておかなければいけない課題があります。この事件の加害者は、「障害者は生きている価値がない」と考えたことになりますが、これを一つの命題として考えて論理学的な対偶を考えると、「生きる価値があるのは健常者だ」ということになります。この命題は、「価値があるのは優れた者だ」と概ね等しいことにならないでしょうか。

私たちは、美しいものや力強いものを優れたものと考えます。音楽を聴き、絵画を眺めるとき、美しい旋律、心動かされる色合いや構図に

感動します。オリンピックなどでスポーツ選手の活躍を見て心躍る思いが沸き上がります。これは、極めて自然な感情ではあるのですが、一方でこれは「価値があるのは優れたものだ」という命題と極めて近い関係にあると考えられます。

私たちの社会が持っている価値観は、構造的に障害者を差別する優生思想を内在しているといってよいのかもしれません。このことを、私たちはどのように乗り越えていけばいいのでしょうか。

津久井やまゆり園事件

山崎公士（神奈川大学名誉教授）

「生きる意味のない命」はあるのか? 津久井やまゆり園（以下、「やまゆり園」）事件が世に問うた大問題です。

2016年7月、相模原市のやまゆり園で障害のある利用者19名が殺害され、利用者と職員26名が傷つけられました。横浜地方裁判所は殺人罪などに問われた元職員植松聖被告に死刑判決を下しましたが、被告が控訴を取り下げたため、2020年3月31日に死刑が確定しました。裁判では被告の刑事責任能力が主に争われ、凶行に至った原因や背景は十分に解明されませんでした。裁判では被害者は1名を除き記号で呼ばれ、その後も被害者の名前は匿名のままです。重い障害のある人やその家族が社会で厳しい状況にあるとはいえ、生きた証として被害者の名前が語られてもいいのではないでしょうか。

判決は被告の責任能力を認め、結果の重大性を考慮し極刑と判断しました。被告はやまゆり園での勤務体験などから、「生産性がない障害者は生きる価値がない」ので、「意思疎通ができない重度障害者は周囲を不幸にする不要な存在」であり、「自分が殺害すれば不幸が減る」と考えていたと判決は指摘しています。

人の命に生きて良い命とそうでない命の区別はありません。人の"生産性"を基準に、これを選別することは断じて許されません。日本国憲法13条は生命権の最大尊重を謳い、自由権規約6条はすべての人間の生命に対する固有の権利を規定しています。障害者権利条約17条は、「全ての障害者は、他の者との平等を基礎として、その心身がそのままの状態で尊重される権利を有する。」としています。これらの規定は国家権力に向けられていますが、すべての個人もこの規定内容を守ることが大前提です。人は生きていることに絶対的な価値があり、人の命を超える価値などはありません。社会に貢献できるかを基準に人の命を選別するという考え方は、受け入れがたい発想です。

しかし、身体的、精神的に秀でた能力を有する者の遺伝子を保護し、逆にこれらの能力が劣っている者の遺伝子を排除して、優秀な人類を後世に遺そうというかつての優生思想が現在も生き残っています。この思想は、コミュニケーション力、運動能力や経済力が不十分で"生産性"がない人は「生きる価値がない」という極端な考え方に結びつきやすいものです。7万人以上の精神・知的障害者と600万人以上のユダヤ人をガス室に送ったナチス政権は、この優生思想にもとづきホロコーストを実施しました。

しかし残念ながら、優生思想は過去のものではありません。2016年6月、麻生太郎副総理兼財務相は、北海道小樽市での講演で「90歳になって老後が心配とか、わけの分かんないこと言っている人がこないだテレビに出てた。オイいつまで生きてるつもりだよと思いながら見てました」と語っています。高齢者には"生産性"がないと考えているのでしょうか。新型コロナウイルスの蔓延で医療崩壊に直面した欧米では、障害者や高齢者への治療が後回しにされる事例が報告されており、「命の選別」に向かうのではないかと警戒されています。日本でも、2020年4月に政府の専門家会議が「限られた医療資源の活用について、市民にも認識の共有を求めることが必要」と提言し、人工呼吸器の配分などで優先順位をつける局面がありうることを示唆しました。こうした動きが一人ひとりの「内なる優生思想」と共鳴しないよう、個人としても社会としても毅然と立ちむかう必要があります。強制不妊手術や出生前診断の問題にどう向き合うのかもこの点と深く関わっています。

「生きる意味のない命」はなく、「命の選別」をしてはならないことを社会的に確認し、個人の尊厳が実現される制度や政策を確立する必要があります。やまゆり園事件はこのことを問い続けています。

2 障害者の権利について

　最後に、改めて障害者の権利、人権について考えたいと思います。

　まずは18世紀後半に誕生した基本的人権について振り返ってみましょう。アメリカでは独立宣言に先立ち1776年にバージニア権利章典が、またフランス革命を受けて1791年にフランス人権宣言がまとめられます。

　バージニア権利章典の第1条では、「すべて人は、生来ひとしく自由かつ独立しており、一定の生来の自由の権利を有するものである。これらの権利は、人民が社会を組織するに当たり、いかなる契約によってもその子孫からこれを奪うことのできないものである。かかる権利とは、すなわち財産を取得所有し、幸福と安全を追求獲得する手段を伴って、生命と自由とを享受する権利である。」としています。また、フランス人権宣言の第1条、第2条では、「人は、自由かつ権利において平等なものとして出生し、かつ存在する。社会的差別は、共同の利益に基づいてのみ設けることができる（第1条）。政治的団結（国家）の目的は、人の自然の、時効に係ることのない権利を保全することにある。これらの権利とは、自由、所有権、安全および圧政への抵抗である（第2条）。」としています。

　二つとも大変に格調高く基本的人権をうたっています。ここから、基本的人権について、人が生まれながらに有している人としての基本的な権利として考えるようになってきました。しかし、基本的人権が考えられるようになった背景として、当時のアメリカやフランスが、基本的人権が守られておらず、このように宣言することで、広くこれを守るよう訴えることが必要な社会であったことを示しています。バージニア権利章典とフランス人権宣言を引用しましたが、このような有名な人権に関する宣言を読むとき、私たちは守るべき人権が初めから与えられているように考えます。でも、当時のアメリカやフランスでは、まだ人権が十分守られていなかったからこそ、このような宣言がなされたと考えることができます。守られるべき人権が、初めからあるものとしてこれを求めていくのが正しいのか、それとも十分守られていないからこそ人権として提起していくことが必要なのか、人権の議論をする時、このあたりのことがいつも曖昧になっていると思います。

　有名な経済学者であるアマルティア・センは、『人間の安全保障』の中で、人権について次のように述べています。

　「人権を宣言するということはどういうことか、それは『倫理的な要求』の表明とみなすべきである。人権の宣言は本質的には倫理上の表明であって、一般に考えられているような法的な主張ではない」

　障害者の人権、あるいは生まれもった人間の権利というとき、具体的に立法化された法的権利を意識することが多いのですが、アマルティア・センはそうではないと言っています。そうではなく、ある事柄を人の生まれもった権利として考えるべきである、あるいは、障害があっても普通の生活ができるよう可能な限り支援を受けることができるべきである、と倫理的に宣言することを、アマルティア・センは人権の宣言と呼んでいます。

　この考え方を用いると、障害者の人権は、障害者が主体となって、必要に応じて支援する者が代弁することをとおして、不断の努力で獲得していくべきものであると言い換えることができます。その際、権利という言葉を用いる必要はないと思います。権利という言葉を用いたとき、そこから先では障害当事者と周囲の人々の間で対等な議論が難しくなってしまいます。はじめから権利としてあるものを守るのではなく、「私たちには、・・・が必要だ」という障害当事者の発言を基に、それを倫理的に考えることで障害者とその周りにいる人々が権利を形成していく、そうした過程が大切であるといえます。

　誰かが権利として提起したことを社会が受け止めこれを実現していく上で、社会の構成員に負担が生じる場合があります。重度の障害者が生きていくために必要なコストを社会が負担すること、車イスのまま電車やバスに乗れるよう

に整備すること、点字誘導ブロックを敷設することなど、障害者の権利を守るということの多くは、社会的なコストを必要としています。このように社会的コストを必要とする場合は、障害者による権利の倫理的な表明を受けて、社会の構成員がそのコストを負担することに一定程度同意することで、権利が実体化していくことになります。

　障害のある人の声に耳を傾け、社会としてできることを一つひとつ考え解決を目指していくことをとおして、社会に内在される優生思想を乗り越ええていくことが私たちに求められています。

臼井正樹（神奈川県立保健福祉大学名誉教授）

【参考文献・引用文献】
アマルティア・セン（東郷えりか訳）2006「人権を定義づける理論」『人間の安全保障』集英社文庫
花村春樹 1994 『「ノーマリゼーションの父」N．E．バンク－ミケルセン　その生涯と思想』ミネルヴァ書房
星加良司 2007 『障害とは何か　ディスアビリティの社会理論にむけて』生活書院
神奈川県立保健福祉大学 2008 『ヒューマンサービス用語集』神奈川県
木村晴美 1995 「ろう文化宣言」『現代思想　23(3)』青土社
小山正義 2005 『マイトレァ・カルナ』千書房
ミケーレ・ザネッティ、フランチェスコ・パルメジャーニ 2016 『精神障害のない社会をめざしてバザーリア伝』岩波書店
岡村清 1988『脳性マヒ者と生きる　大仏空の障害』三一書房
篠崎英夫 2017 『精神保健学/序説』へるす出版
杉山登志郎 2007 『発達障害の子どもたち』講談社現代新書
山崎美貴子監訳 2009 『ヒューマンサービス　現代における課題と潮流』第一出版
横田弘 1975 『ころび草』仮面社
横田弘 2004『否定されるいのちからの問い　脳性マヒ者として生きて』現代書館
横塚晃一 2007『母よ！殺すな』生活書院
『厚生の指標　増刊　vol.66　No.10』
『国民の福祉と介護の動向―2019/2020』
　　　　　　（一般財団法人　厚生労働統計協会）

非正規差別撤廃！メトロコマース事件最高裁判決に抗議（2020年10月13日）
（写真提供：メトロコマース非正規差別裁判原告団／撮影者：鈴木景子）

第7章

男女平等
と人権

1．ジェンダー視点から読み解く差別

ジェンダーとは

　性差別や性的マイノリティの問題等を論じるとき、よく「ジェンダーの視点」とか「ジェンダー平等」等、ジェンダーという言葉が使用されます。ではジェンダーとは、どのような意味を持つ言葉なのでしょうか？

　ジェンダーとは一般には、社会的文化的性別、すなわち当該社会において社会的に共有された性別についての考え方を意味します。例えば、現在でも日本社会では、「男は仕事、女は家庭」などの役割分業観が根強いですが、これもジェンダーの一つです。社会的だけでなく文化的という言葉を用いるのは、ジェンダーは言語や宗教などにも広く浸透しており、そうした文化による影響も大きいからです。

　ジェンダーという言葉は、英語ではもともと文法上の性を意味する言葉でしたが、1950年代、性分化疾患（「第8章　性的少数者と人権」参照）の医療的措置などを研究していた心理学の領域で、自分自身による性別認知や役割取得等、性別の心理学的社会的側面を記述する概念として使用され始めました。その後、1970年代には社会学領域で、各社会において異なる男女の生き方や性役割等を記述する概念として使用されるようになり、今日では女性運動や国際社会においても、広く使用される概念となりました。以下では、なぜこの概念が必要とされたのかというその背景と、使用範囲の拡大に伴う意味の微妙な変化などについて、述べていきたいと思います。

　ジェンダーという概念の定義においては、「社会的文化的性別」というように、「社会的文化的」という側面が強調されています。それは、近代社会においては多くの場合、性差別や性的マイノリティ差別が、「身体的自然的性別からの逸脱」という理由で、行われてきた歴史があるからです。西欧のキリスト教的世界観におい

ては、性に関する規範も、男女の生き方や性役割も、教義に明確に規定されていました。しかし近代において宗教的世界観が弱まると、近代において急速に発達した科学が、宗教の代わりを果たすことになりました。科学自体の中には、生物学的身体的差異にも大きな個人差があることを示す研究や、後天的影響の大きさを示す研究など多様な研究がありましたが、結果的に、科学は、性別によって男女の生き方が全く異なっていた時代の価値観を、正当化する役割を果たしました。すべての社会成員は男/女のいずれかであり（性別二元論）、男/女という身体的性別によって、生き方や役割が明確に異なるのがあたり前だと、説明されたのです。生物学などの科学には、高等教育も職業選択も許容されていなかった当時の女性たちの生き方を、女性の身体や脳のつくりがそうなっているからだと説明するものもありましたので、女性の職業参加・社会参加を否定したい人々は、そうした科学を根拠として利用しました。また、身体的性別に基づいて決められている生き方からはずれた生き方をする人々を、「異常者」として定義しました。それゆえ、固定的な性役割を否定したり、身体的性別によって決められた生き方と異なる生き方を求める人々は、性別を、「身体的自然的」に決定されるものとしてしまうのではない性別観を必要としていたのです。

　ジェンダーという概念は、こうした人々に有効な概念として、利用されるようになりました。つまりそれは、これまで「身体的自然的」に当たり前だとされてきた男女の生き方を、当たり前のものとしてしまうのではなく、「社会的文化的」に作られた可能性があるものとして見ることを可能にしました。「性別」という現象を権力関係や利害関係によって形づけられた社会的現象としてみる視点、つまり「ジェンダーの視点」を、可能にしたのです。以下では特に、男

女平等にかかわる問題に即して、ジェンダーという概念が何をもたらしたかを論じていきたいと思います。

近代社会の性差別 ── 「男らしさ、女らしさ」という固定的性別役割意識

　近代社会における性差別は、市民革命時における、女性市民権の否定から始まります。身分による差別を否定し、「法の前における万人の平等」を求めたはずの市民革命は、男性市民に対しては市民権を認めましたが、女性に対してはそうではありませんでした。女性は、感情的で理性がないので、（子どもと同じように）男性の保護下に置かなければならない存在とされたのです。その是正には、およそ1世紀から2世紀にわたる第一波フェミニズム運動の、長い闘いが必要でした。

　しかし、女性参政権が成立して女性市民権が認められても、男女平等は達成されませんでした。固定的性役割が維持されていたからです。「男は仕事、女は家庭」という近代家族において一般的な性役割は、近代社会における最も根深いジェンダーであり、個人の意識を強く規定していました。女性参政権獲得とともに女性は、財産権や自由権も獲得しましたが、家庭内の家事分担や育児は「個人の自由」の領域とされていたので、女性に偏った家事育児負担の見直しは全く行われませんでした。その結果女性参政権獲得後数十年たっても、社会的地位の点でも、経済的状況においても、男女間の格差は開いたままでした。女性は教育を受けて職業に就くようになりましたが、女性に偏った家事育児負担や職場の男性中心的評価基準等によって、十分な活躍ができませんでした。何かがおかしいと感じ始めた先進国の女性たちは、1960年代、男女の実質的な平等を求める第二波フェミニズム運動を起こしました。

　けれども、男女の実質的平等の実現のためには、固定的性役割の変革が必要でしたが、そのためには、女性参政権獲得とは異なり法律の改正だけでは困難でした。多くの人々が当たり前

だと思っていた「男らしさ、女らしさ」などの固定的性別役割意識そのものの変革が必要になったのです。この時ジェンダー概念は、男女の意識の中に深く入り込んでいる「男らしさや女らしさ」、「理想の男性、理想の女性」等を、社会的文化的につくられた性別観としてみることを可能にしました。今ある固定的な性別役割が、「身体的自然的」なものなのか「社会的文化的」なものなのかと問うことが、ジェンダー概念によって正当化されたのです。そこから、私たちを取り巻く様々な環境を見直すことが可能になりました。家庭や学校での教育のあり方、親の子どもへの接し方などに子どもの性別による差異はないかどうか、子どもが遊ぶおもちゃに男女の違いがないか等が検討されました。さらには、小説や映画、絵本や漫画等の文化を見直したり、話し方や語彙における差異が検討されたり、スポーツ競技のありかたなども、問題化されました。このような検討の結果、私たちの社会には、子どもたちを固定的性別役割観に追い込むさまざまなものがあふれていることが、見えてきました。このようにジェンダー概念は、固定的性役割観を作り出している社会的文化的環境をあぶりだすことを可能にしたのです。

ジェンダー概念であらゆる領域の見直しを

　その後、ジェンダー概念は、直接的には性別や性別役割にかかわらない概念や考え方にまで適用されるようになりました。近代社会には、直接的には性別や性役割にかかわらなくても、暗黙にジェンダー観を含んでいる概念や考え方があふれているからです。例えば、一日どの程度働くのが普通の労働時間なのかということを決めるときに、暗黙に家事や育児の負担がない男性労働者を想定して決めていたり、学校の保護者会の開催時刻設定が、専業主婦を前提としていたりすることなどです。社会制度の多くは、明示的には男女の生き方について規定していなくても、男女の固定的な生き方を前提として制度設計されている場合が多いのです。特に影響力が大きいのは、雇用制度です。男女労働者の

雇用区分や賃金体系や昇進機会は、「男性は妻子を養うために安定した雇用と高い賃金が必要だが、女性は誰かに扶養される立場なのだから安定した雇用も高い賃金も必要ない」というようなジェンダーに基づく考え方によって設計されている場合が多いのです。つまり、ジェンダーは、明示的に男女の役割観や性別観にかかわらない領域においても、制度の中に取り入れられているのです。これらの見直しなしには、固定的な性別役割をなくすことは、困難です。

またジェンダー概念は、既存の文学や学問、芸術、社会思想等の見直しももたらしました。近年まで女性たちは、高等教育を受けることも、文化的活動に従事することも制限されてきました。それゆえ、人間の文化活動のほとんどは、近年まで、男性によって独占されてきました。女性の中にも、作家や学者、芸術家、思想家などもいたはずなのですが、その多くは、後世に作品を残すことができませんでした。次世代の作家・学者などもほとんど男性で占められていたので、女性の作品は評価されにくかったのです。そのことは、人間の文化的活動の中での女性の活動の影が薄くなる結果を、もたらしました。

このことは、男女平等にかかわる問題にも、大きな影響を与えていることが、わかっています。例えば、近代社会は、自由や平等等人権にかかわるさまざまな思想を生み出しましたが、その中で「性」にかかわる問題は近年まで問題化されませんでした。また、女性が主に行っている家事や育児などの活動も、長い間「労働」とは認められませんでした。さらには「公私分離」という近代の社会規範は、家庭内における支配関係・権力関係を「正義」の問題から外し、ドメスティック・バイオレンスを放置するという結果をもたらしました。

ジェンダー概念は、社会思想や社会理論に含む暗黙のジェンダーを洗い出すことも、可能にしているのです。

江原由美子
（一般社団法人 神奈川人権センター理事長）

2. 女性の労働権—実効性のある男女平等を求めて

21世紀を20年近く経た現在でも雇用の場における女性に対する差別が続いており、女性の労働権が侵害されています。

賃金では、正社員男性の平均賃金を100とした場合の正社員女性の平均賃金は、76.6（2018年厚労省）と大きな格差があります。また、正社員以外で働く割合は男性が22.2％に対して女性が56％と多くなっている所から、実質的な賃金格差はより大きくなっています。これを欧米先進国と比較すると、表のように最も格差が大きいことが判ります（表参照）。

さらに、現在でも出産前にいた会社で出産後も就労を継続できた女性は60％に満たず、復職

表　男女間賃金・勤続年数格差（2016年）

	賃金格差
	（男＝100）
日本	73.0
アメリカ	81.9
イギリス	85.9
ドイツ	84.3
フランス	84.2
スウェーデン	88.0
韓国	68.6

時には非正規の場合が多く、賃金格差が大きい要因になっています。

雇用の場に憲法を生かすために ── 差別撤廃へ向けた運動

　第2次世界大戦後の1946年、新しく制定された憲法の中で基本的人権が柱となり、両性の平等（憲法14条）が定められました。女性の参政権や家族生活における平等（憲法24条：婚姻のの維持は相互の協力）とともに、経済上（財産権や相続）も女性の権利が保障されるようになりました。これらはそれまでの明治憲法の下では全く認められなかったものです。

　しかし、法律があるからといって男女平等がすぐ現実のものになるわけではありません。いくつもの闘いを経て少しずつ勝ち取られていったのです。

　憲法制定後も労働の場においては憲法が生かされず、女性差別がまかり通る現実が多くありました。働く者の基本法である労働基準法においては、性による差別の禁止は賃金差別禁止が第4条に規定されているのみで、募集採用から定年退職に至るまでほとんどのステージで差別はまかり通っていました。女性たちはまず働き続ける権利を獲得しようと、妊娠・出産時の権利を行使し、結婚退職（寿退社）や出産退職の慣行（強要）と闘い、女性だけ若い定年という差別定年制の廃止やコース別賃金差別と闘いました（事例1、2）。

………………………………………………

事例1）定年差別・日産自動車事件；男子55歳・女子50歳定年制は、労働力の需要の不均衡に乗じて女子労働者の定年年齢について合理的理由もなく差別するもので、〜中略〜公序良俗に違反する　と原告労働者勝訴（1979年東京高裁、1981年最高裁確定）

事例2）賃金差別・昭和シエル石油事件；格付けと賃金の著しい格差は、職能資格等級の昇格管理を男女別に実施していた結果だとして月齢賃金・賞与・退職金・年金の損害賠償を認容。職能資格制度における賃金の男女差別を初めて

図　女性の年令階級別労働力率の推移（内閣府男女共同参画局）

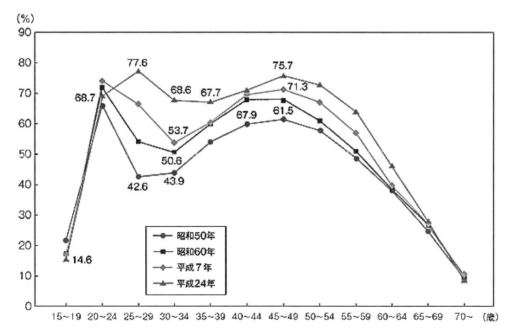

（備考）1. 総務省「労働力調査（基本集計）」より作成。
　　　　2.「労働力率」は、15歳以上人口に占める労働力人口（就業者＋完全失業者）の割合。

───────────────────────────────

1）条約の批准；国家が条約に従うことに同意する手続き。通常は議会の同意を得て公布を行う。

認めた判決。（2003年東京地裁、2008年東京高裁、2009年最高裁確定）

....

　職場における差別と闘うには、労働組合が男性中心になっている所ではなかなか闘いは進まず、女性たちは独自に婦人部（女性部）などを組織して頑張りました。また、憲法を基礎にして裁判に訴え、世論を味方にしながら運動を続けていきました。しかし、多くの女性は結婚や出産を機に退職をしていき、日本女性の年齢別労働力率はM字型と言われるように、30歳前後でぐっと低くなる状態が続きました。（図参照）

女性差別撤廃条約批准運動の中で生まれた均等法

　職場における女性差別が是正される判例が少しずつ積み重なり、世界の女性たちの運動と連動する国際婦人年（1975年）の盛り上がりの中で女性差別撤廃条約批准[1]運動が高まり、条約の批准と男女雇用機会均等法（以下均等法と略）の成立（1985年）へと結びついていきました。

　この条約には、第11条に女性の労働権はすべての人間の奪い得ない権利すなわち基本的人権として明記されています。そして、女性に対するあらゆる形態の差別を撤廃するため、締約国に立法その他の措置をとることを義務付けています。日本では、雇用の分野での差別規制法がなく、男女雇用機会均等法が制定されました。

　制定当時の均等法は、定年解雇と一部の教育訓練・福利厚生による差別が禁止されただけで、募集採用や研修等他のステージにおける差別禁止は努力義務という不充分な内容でした。その後の運動の中で法改正（1997年、2006年、2018年）が行われ、対象を女性のみから男女とし、雇用の全ステージにおける性差別禁止や妊娠・

男性も育児を!!

出産を理由とした不利益取り扱いの禁止やセクシュアルハラスメント対策が義務付けられたのです。しかし、違反に対しての罰則がなく、ポジティブアクションは事業主の取り組みに対する援助にとどまるなど、性差別を是正するには不充分な点が多くあります。

　これらの不充分さを克服するため、現在も具体的な差別に対する闘いや、差別撤廃条約選択議定書[2]の批准運動が取り組まれています。

性別役割分業肯定では性差別はなくならない

　女子差別撤廃条約には、それまでの「家庭責任を担う女性に対する保護」という考え方から、妊娠・出産に関する母性保護を大事にしながら「家事・育児などの家族に関する責任は男女と社会の共同責任」とし、また、性に基づく区別は差別につながることも明記しています。つまり「男は仕事、女は家事・育児」という性別役割分業をはっきり否定したのです。その上で家族的責任を持つ男女に共通の保護が必要であるとしたのです。

　ILO（国際労働機関）[3]はこの理念を保障するものとして、1981年にILO156号条約（家族的

2）女性差別撤廃条約選択議定書；条約締結国の個人または集団が条約に定められた権利の侵害を女性差別撤廃委員会に直接通報する権限を認め、国連が通報に基づく調査を行って、通報のあった当事者・政府に「意見」「勧告」を送付し、条約の実効性を高めるもの。

3）ILO；1919年創立された。世界の労働者の労働条件と生活水準の改善を目的とする国連最初の専門機関。世界178ヶ国が加盟し、各国に適正な雇用促進を指導・勧告する。総会で採択された条約・勧告が各国に送付され、批准を求められる。

責任条約）を採択し、日本は1995年に批准しました。同条約では、第1に家族的責任を有する男性労働者と女性労働者との実効的な平等、第2に家族的責任を有する労働者と他の労働者間の実効的な均等の実現を目的としています。このためには、家族的責任を有する労働者の特別なニーズに応じた措置（男女ともにとれる育児休業や看護・介護休業、転勤配慮、パートタイム保護）と、労働者全体の状況を改善する措置（1日の労働時間の短縮、時間外労働の短縮）が必要であると明記されています。

しかし、日本における現状（2018年厚労省「雇用均等基本調査」）は、育児休業が男女ともに取得できるにもかかわらず、女性の取得率が82%に対して男性は6.2%に過ぎず、また女性の取得期間は9割近くが6か月以上であるのに対して、男性は5日未満が半数以上で1か月未満が8割を超えています。

また、家事・育児分担の不公平も大きく、6歳未満の子どもを持つ夫婦で、女性の家事育児関連時間が週454分（2016年内閣府男女共同参画局）に対して男性は83分にすぎません。これは先進国中女性は最長、男性は最短の時間です。（例えばドイツでは女性371分、男性180分）

社会制度の不備が雇用の性差別を温存

保育園・学童保育・介護施設等の不備により、働くことが困難になっている場合も多くあります。家族責任を持つ労働者の労働権を保障するには、家族に対する社会的ケアーが絶対必要なのです。

さらに、世帯単位の税制や社会保険制度により、一定の賃金以下（年収130万円程度）では、世帯主に扶養されていた方が税金面でも社会保険料負担（健康保険・年金も扶養配偶者は無料で加入する）でも有利であり、企業の配偶者手当も考えて短時間でしか働かない既婚女性が多くいます。まさに国の制度が女性の労働現場での活躍を阻害していると言えます。

実効性ある男女平等を求めて

少子高齢化の中では女性の労働力を活かさなければ経済が回っていきません。重い腰を上げた政府は、女性活躍推進法（女性の職業生活における活躍の推進に関する法律）を2015年8月に制定し、国や地方公共団体、301人以上の民間企業（2022年からは101人以上に拡大）に女性活躍に関する情報や数値目標の公開を義務付けました。

まだ情報公開にとどまり、実質的な効果は見えてきませんが、一定の企業が女性の労働の場での活躍を援助する一助にはなっています。しかし、残念ながら制度だけ整え、実際の利用は困難な場合も多くみられ、一部のエリート正社員女性の活躍だけで終わらせてしまう傾向も見えています。

このように、日本では雇用における性差別を禁止する法律が少しずつ整備されてきているとは言え、まだまだ不充分な点が多くあります。一般労働者全体の状況改善を大きく進めると共に、女性に対する差別を許さない職場づくりが求められています。

贄川由美子（女のユニオンかながわ執行委員）

3. ハラスメントのない職場で安心して働くために

セクシュアルハラスメント対策

1985年に法制化された男女雇用機会均等法（以下均等法）にはセクシュアルハラスメント（以下セクハラ）の規定はありませんでした。1989年にセクハラという言葉が拡がり、働く女性にとって職場での上司や同僚男性から受ける

モヤモヤした不快感・違和感がこのセクハラ＝性的嫌がらせという言葉によって腑に落ちることとなり、この年の新語・流行語大賞の新語部門の金賞となりました。

1990年には静岡地裁沼津支部でのセクハラ裁判で、初の原告勝訴の判決がでました。この事件は同乗した車内で、体を触ったり、キスをしたりすることは不法行為にあたるとして、上司である加害者に損害賠償を命じました。

1992年には福岡地裁において、男性上司による女性社員への性的中傷は言葉による環境型セクハラであることを認め、加害上司だけでなく会社に対しても責任があるとして損害賠償を命じました。セクハラ事件にについて企業責任を認める初の判決でした。

このように、セクハラに泣き寝入りせず裁判に訴える女性が増え、99年ようやく均等法に事業主に対するセクハラ防止のための配慮義務が規定されました。

配慮義務の内容は①方針の明確化及びその周知・啓発②相談・苦情に応じ、適切に対応するために必要な体制の整備③セクハラに係わる事後の迅速かつ適切な対応④①〜③の措置と併せて相談者・行為者のプライバシーの保護、相談者及び事実関係の確認協力したことを理由とする不利益取り扱いを行ってはならないことを周知・啓発する等となっています。

2006年には配慮義務から措置義務となり、セクハラの対象者を男女労働者とする、公的な調停機関等による是正指導に応じない場合は、企業名公表の対象とすると規定が強化されました。

2014年には同性によるものもセクハラに含むと指針を改定しました。

2020年には自社の労働者が他社の労働者にセクハラを行なった場合、他社が実施する事実確認への協力を求められたら応じるよう努めることと改められました。

1999年に均等法に規定されて以降、セクハラについて徐々に改定が重ねられてきましたが、現在に至るも、防止措置義務のままで、禁止規定にはなっていません。

2019年6月のILO総会において、職場での暴力やハラスメントをなくすための条約をつくる方針が採択されました。

背景にある性別役割分業意識

セクハラ行為とは、相手の意向にかかわらず性的・私的なことに関して詮索する・関心を示す、そして自分の立場を誇示するための言動といえます。意図的に「オバサン」と言ったり、ファッションに反応したり、注文をつけたり、或いは「昨日デートだった？」「彼氏いるの？」等、私生活の領域にまで立ち入る「言葉」がセクハラにあたります。カレンダーやパソコンの待受画面にヌード写真を用いるのは「視覚」によるセクハラです。執拗にデートに誘う、実技指導と称して不自然に身体に触れたり、逆に筋肉を誇って触らせたりする「行動」もセクハラです。

同じ言葉でも発言した相手によりセクハラと感じたり感じなかったりします。その言葉を発した人の中に相手に対する尊重があるか、或いは相手の尊厳を軽んじているかによって、受取り方がちがうものになるのです。

セクハラが起きる背景には次のことが考えられます。セクハラの被害者の多くは女性です。

1947年憲法が公布され男女平等がうたわれたにもかかわらず、男性が主導権を持ち、男は仕事、女は家事・育児という性別役割分業が固定化し、職場においても女性は結婚するまでの職場の花、或いは夫婦共働きでも女性の収入は「家計補助」との扱いを受けてきました。男性

主導の職場では、常に女性の「上」の立場に立つことが当然と考えられてきたことがセクハラを産む土壌だったといえます。1970〜80年代の高度経済成長期に「モーレツ」に働いた男性労働者の意識は変わることなくそのまま現在に至っているといえます。男女の性別役割分業意識を変えることが、セクハラをなくす効果を生むのです。

セクハラからパワハラ、そしてマタハラ被害を乗り越えて

セクハラにより、被害者は沢山の痛手を受けます。執拗にデートに誘っても相手が応じないと「どうして俺のいうことをきけない」と怒りにかられ、セクハラからパワハラに連動する例が多くみられます。セクハラ被害者は人としての尊厳が傷つけられ、自律神経失調症・ＰＴＳＤ・不安障害等、心身にダメージを受け、立ち直るまで時間がかかることもあります。

そして、加害者のいる職場に行けなくなり、中小企業では配置転換で被害者と加害者を切り離すことができず、結果として多くの場合、被害者は職を失うことにもなります。

セクハラと感じた時には、自分だけで囲いこまないで、まずは周囲の人に相談することが被害を最小化することにつながります。

2017年、企業に職場での妊娠・出産・育児休業等を理由とした嫌がらせを防止するために必要な措置を講じることが均等法等に義務付けら

れました。マタハラ（マタニティー・ハラスメントの略語）が働く女性にとって深刻な問題となっています。「経済的に困っていないのなら、無理して働く必要はない」「仕事を辞めて家で子育てするのが女の幸せだろう」等の言動で退職を勧めます。これはセクハラと同様、性別役割分業意識に基づくハラスメントです。妊娠・出産で休むことにより業務を担わされ「勝手に妊娠しておいて休むなんて迷惑」と同僚が言うのもマタハラにあたります。妊娠・出産による同僚へのしわよせを解消するのは本来、企業の役割のはずです。妊娠中のつわりがひどい女性に対し「働く気があるのか」「妊娠は自己責任だ」「育休明けには戻る場所はない」等もマタハラです。特に、派遣労働者等、非正規で働く女性がマタハラの被害を多く受けているといえます。

妊娠・出産を理由とする不利益扱いは、解雇・雇止め、正社員から非正規への転換強要、不利益な配転、賞与の不利益査定等が起きており、これらのマタハラを裁判で争う女性も増えてきています。本来、子どもの養育は社会全体が担うもの、それを個人、とりわけ女性労働者へ嫌がらせするのは筋違いというものです。妊娠・出産は女性だけが持つ能力であり、その能力を活かすことにより社会の維持が可能になります。その能力を活かしつつ不利益を受けることなく働き続けることは権利なのです。

大須賀啓子（女のユニオンかながわ執行委員）

４.性犯罪・性暴力対策—刑法改正

人が、性的にどのような存在であるか、性的関係を誰と持つかなどの性的自由ないし性的自己決定権は、生命や精神的自由と並び最も尊重されるべき基本的人権のひとつです。しかし、現在、性的自由ないし性的自己決定権の侵害である性暴力一般を禁止する法律はありません。

そのため、セクシュアルハラスメントが犯罪とされていないとの理由から、その被害を軽視する人もいます。そこで、性的自由ないし性的自己決定権が重要な人権であることを明確にし、その侵害から個人を守るため、あらゆる性暴力を禁止する性暴力禁止法の制定が求められます。

刑法の性犯罪規定について —— 2017年に大幅改正

（1）現行刑法では、一定の要件を満たす性暴力は、後記のとおり、刑法第176条強制わいせつ罪、同第177条強制性交等罪、同第178条準強制わいせつ及び準強制性交等罪、同第179条監護者わいせつ及び監護者性交等罪として処罰されます。

（2）性犯罪規定については、2017年の刑法改正により、同第177条が大幅に改正され、同第179条が新設されました。性犯罪規定は、明治時代に刑法が制定されてから、初めて抜本的な見直しがなされたことから、110年ぶりの刑法改正と話題になりました。

改正前の同第177条は、男性が女性を姦淫することが強姦罪として処罰の対象でしたが、改正により、強制性交等罪となり、「姦淫」以外の「肛門性交、口腔性交」も処罰の対象となり、加害者及び被害者の性別を問わないよう改正されました。

また、強姦罪の処罰は「3年以上の有期懲役」でしたが、強盗罪の「5年以上の有期懲役」より軽いことから、女性の性的自由よりも、財産の方が保護されているという強い批判を受けていました。そのため、強制性交等罪は「5年以上の有期懲役」に改正されました。

（3）強制わいせつ罪及び強制性交等罪が成立するには、「暴行又は脅迫」によって被害者の反抗が著しく困難な状態となったことが必要とされる点は、改正されていません。

加害者の暴行又は脅迫がなくても、加害者との関係により抵抗できない場合や、加害者への恐怖心により心身ともに麻痺して動かなくなってしまい、抵抗できないことがしばしばあります。

2017年の改正で同第179条が新設され、加害者との関係により抵抗できない場合を想定して、18歳未満の者に対して監護者がわいせつ行為や性交等を行った場合には、「暴行又は脅迫」を用いなくても処罰されることになりました。しかし、加害者との関係で、18歳以上であっても抵抗することができない場合や、恐怖心から被害者が心身ともに麻痺して動かなくなり抵抗できない場合があるにもかかわらず、そのような場合には相変わらず犯罪が成立しないことになり、被害者保護として不十分と言わざるを得ません。

今後の改正に向けた課題

2017年の刑法改正により、性犯罪規定が大きく変わりましたが、その内容については3年を目途に見直しを検討することとされています。現状では被害者保護の観点からはまだまだ不十分であることから、以下に述べるような適切な改正が求められます。

（1）人には性的自由ないし性的自己決定権がありますので、性的行為は双方の意思に基づくものであること、すなわち相手の「同意」のもとに行われるべきです。したがって、「暴行又は脅迫」がなくても、相手の「同意」のない性的行為は性犯罪として処罰されるように改正されるべきです。

（2）強制わいせつ罪及び強制性交等罪は、13歳以上であれば性交等の同意能力があるとしています。しかし、13歳では性的行為について適切な判断を行うにはあまりに未熟であるといえ、15歳あるいは16歳に引き上げるべきです。

（3）性犯罪には、公訴時効が定められており、犯罪行為が行われてから強制わいせつ罪は7年、強制性交等罪は10年経過すると加害者を罪に問うことはできません。これらの犯罪は「魂の殺人」といわれるように、その精神的被害の重大性から、被害を申告できるまで長い年月を要することもまれではないことから、公訴時効の廃止が必要です。なお、殺人罪については、以前は25年の公訴時効が定められていましたが、2010年に公訴時効が廃止されています。

被害者支援についての制度

これまで、性犯罪の被害者が被害を申告した場合、医療機関、捜査機関や裁判手続において、被害者の経歴や落ち度が取り沙汰されるなど、被害者は二次被害を受けることがありました

（いわゆる「セカンドレイプ」）。そのため、被害者は被害の申告を躊躇し、あるいは被害を申告したことにより、多大な精神的被害を受けることがありました。

そこで、被害者を支援するため、各都道府県にワンストップ支援センターが設置されました。被害にあった場合に連絡をすると、妊娠や性感染症に関する相談や警察への同行など被害者に寄り添った支援を受けることができます。ただ、支援の内容は自治体によって差があることから、格差をなくすよう支援内容の充実が求められます。

なお、性暴力は男性から女性に行われるものという先入観から、男性被害者や同性間の性暴力被害者が被害を訴えにくい状況がありますので、あらゆる被害者が支援を求めやすい環境を作る必要があります。

声を上げることの重要性について

2017年の刑法改正は、刑法の性犯罪規定が個人の性的自由や性的自己決定権を保護するには不十分であるということを指摘し、法改正をもとめてきた女性たちの活動の成果ということができます。

セクシュアルハラスメントは、社会的強者がその力を濫用して行われるものであるため、被害者が沈黙を強いられてきましたが、アメリカでは2007年に「＃MeToo運動」が始まり、2017年には多数のセクシュアルハラスメントを告発する大きな成果が生まれ、日本でも被害者が声を上げる契機になりました。

日本では、2019年3月に性犯罪事件に無罪判決が続いたことから、判決に対する抗議と被害者支援のため、人々が花をもって集まる「フラワーデモ」が各地で開かれました。フラワーデモに多くの人が参加し、判決の不当性を訴えたことにより、「被害者に落ち度がある」とか、「必死に抵抗すれば防げたはずだ」などという誤った認識（いわゆる「強姦神話」）を改めさせる契機となりました。

性犯罪、性暴力被害は、誰でもが被害者になりうるものであることを認識し、不当なことに対しては声を上げることが必要であるといえます。

〔参照〕

第176条　13歳以上の者に対し、暴行又は脅迫を用いてわいせつな行為をした者は、6月以上10年以下の懲役に処する。13歳未満の者に対し、わいせつな行為をした者も、同様とする。

第177条　13歳以上の者に対し、暴行又は脅迫を用いて性交、肛門性交又は口腔性交（以下「性交等」という。）をした者は、強制性交等の罪とし、5年以上の有期懲役に処する。13歳未満の者に対し、性交等をした者も、同様とする。

第178条　人の心神喪失若しくは抗拒不能に乗じ、又は心神を喪失させ、若しくは抗拒不能にさせて、わいせつな行為をした者は、第176条の例による。

2　人の心神喪失若しくは抗拒不能に乗じ、又は心神を喪失させ、若しくは抗拒不能にさせて、性交等をした者は、前条の例による。

第179条　18歳未満の者に対し、その者を現に監護する者であることによる影響力があることに乗じてわいせつな行為をした者は、第176条の例による。

2　18歳未満の者に対し、その者を現に監護する者であることによる影響力があることに乗じて性交等をした者は、第177条の例による。

高岡　香（弁護士）

5. 誰もが暴力(DV)を受けることなく安全に暮らせるために

DV防止対策
DV防止法の成立とその後の改正

　1993年の国連総会で「女性に対する暴力の撤廃に関する宣言」が採択され、1995年の世界女性会議でも女性に対するあらゆる暴力を防止し、根絶する総合的な対策を講じる必要性が世界共通の課題として確認されました。

　こうした動きを受けて国内では女性団体やDV被害者支援団体の声を反映して2001年に「配偶者からの暴力の防止及び被害者の保護に関する法律（DV防止法）」が成立し、配偶者からの暴力は犯罪となる行為を含む重大な人権侵害であり、被害者の多くは女性である、と明記されたのです。その後、被害者保護の充実を含む改正が3回ありました。4)

増加する被害者の実態

　2020年に警察庁は、昨年1年間の警察によるDVの相談件数は82,207で最多を更新し、15年連続で増加しており、家庭内暴力は深刻な状態が続いていると発表しました。内閣府の報告書では、女性の3人に1人がDV被害を経験しており、7人に1人が何度も暴力を受け、命の危険を感じたと答えています5)。

　被害を受けた女性は、自信がなくなった、眠れない日が続き、心身の不調を訴えると同時に死にたくなったと心理的にも深く傷ついていることがわかります。一方、別れたいが妊娠している、子どもに不安や心配をかけたくない、経済的に不安がある等の理由で別れずに我慢している被害者も多いのです。

警察庁による配偶者からの暴力事案等の相談状況（2021年3月4日警察庁発表）

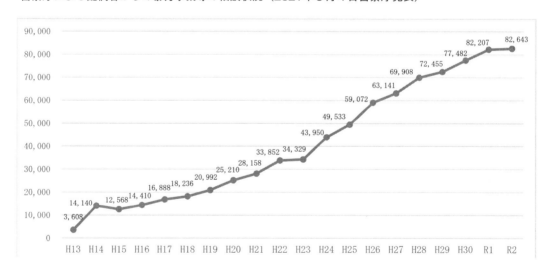

4）DV防止法と3回の改正
　　○暴力の定義は、身体的暴力・精神的（心理的暴力）、性的暴力・経済的暴力・社会的暴力等
　　○配偶者の範囲は、法律婚・事実婚・元配偶者・生活の本拠を共にする交際相手（同棲相手）
　　○国・地方公共団体の責務は、配偶者からの暴力の防止と被害者の保護であり、DVセンターを設置し、相談から自立支援を助言。
　　○身体的暴力または生命・身体に重大な危害を被る怖れがある場合には地方裁判所への申し立てにより「保護命令」が発令される。
　　　接近禁止の保護命令は6ヶ月、退去命令は2か月。
5）男女間における暴力に関する調査報告書（2018年3月内閣府男女共同参画局）

切れ目のない支援

・被害者が安心して相談できる ── あなたは悪くない

　暴力は犯罪であり、どのような理由があっても認めることはできません。誰もが暴力のない安全な生活を送る権利があり、被害者に「あなたは悪くない」というメッセージを伝えて相談・支援に取り組む必要があります。例えば神奈川県では県を中心に横浜、川崎、相模原にDV防止センターが、市と区にはDVに係る女性相談員が配置されて被害者の相談には安全と秘密を守る体制をとっています。警察でも被害の相談を受けて暴力の制止、被害者の保護、必要な援助を行い、土・日・祝日・夜間でも相談対応をしています。

・被害者の安全のための一時保護と自立に向けた支援

　加害者によるさらなる暴力や追及の可能性が高い場合には被害者とその同伴児や同伴者を安全のためにシェルターに一時保護をして匿います。高齢者や障がい者、性的少数者、外国人等の被害者にはそれぞれ配慮した支援を行います。弁護士による保護命令の申立や離婚に向けた法律的な支援、経済的には生活保護の運用で住まいの確保や生活支援、同伴児へのサポートや就労支援、PTSDや精神的な不安等にも継続したメンタルケアの支援があります。

DV防止法の限界

・一時保護を利用しない傾向

　最近は20代のDV被害者による一時保護が減少傾向にあります。具体的な理由は、持っている携帯電話やスマホ等を預けなければならないことに拒否感が大きい、子どもが私立学校に通っている場合には転校をためらい一時保護そのものを諦める、近所にある実家の親の介護に通っている場合にもシェルターに身を寄せることができない等です。被害者の安全を第1に考慮してきた支援者側にとっては想定外の反応で、一部の被害者のニーズに対応できなくなってい

ます。DV被害者が逃げ切る決心をして一時保護に繋がった場合には概ね、支援のレールに乗って加害者から逃れることができると言えますが、経過を振り返ってもわかるように、DV被害者にとって解決策は「逃げ切る」という1つしかないことが問題です。加害者が家を出て別居する選択肢も検討すべき時期に来ているのだと思います。

・保護命令の申立は減少傾向

　保護命令は2016年から減少しています。保護命令の申立には身体的暴力と生命等に対する脅迫を要件としているために暴力によるケガやあざ、打撲等の写真や動画、医師の診断書等が必要です。命の危険を感じて必死で逃げ出し、警察に駆け込み、一時保護を受ける、いつ見つかるかもしれないと恐怖に怯える被害者にとって保護命令の要件はハードルが高く、保護命令の申立をするより、逃げ切った方がいいという選択肢が働いているとも考えられます。また、被害者にとって使いにくい保護命令に対して改正の声が上がっています。

・野放しの加害者（多くの場合男性）と更生プログラム

　被害者にとって解決とは、加害者から逃げ切ることです。身体的暴力によってケガや打撲、骨折等の傷害を受けたとしても、子どもにとって実の父親であるとか、初犯ならすぐに釈放されて逆恨みをされるかもしれないという不安感から傷害罪で訴えることはためらわれます。事実上、加害者は野放し状態にあるのです。

　一方で加害者から逃げず、離婚せず、同居しながら加害者の変化を期待する被害者も増えています。パートナーに暴力をやめてもらいたい、暴力がなくなるのであれば、必ずしも離婚を望まない、といった関係性の修復を求めるニーズへの対応と、被害者支援の一環としての加害者更生プログラムが求められるようになってきました。

デートDV防止に向けて

交際相手からの暴力をデートDVといいます。中学生、高校生、大学生を対象に民間団体が行った実態調査6）による男女の被害経験では、返信が遅いと怒る、他の異性と話をしないと約束、バカ・死ねなどと傷つく言葉をいう、友人関係を制限、体型や容姿について嫌なことをいう、理由も言わずに無視、別れたら死ぬという等でした。深刻な被害として、首を絞める、嫌がっているのにセックスをする、避妊に協力しない、裸や性行為の写真や動画を撮る、などがありました。暴力をなくすための啓発は小学生高学年から教育の中でも積極的に取り組むことが効果的であると言えます。

・ストーカー防止に向けて

特定の人に対する恋愛感情その他の好意の感情またはそれが満たされなかったことへの怨念の感情から、特定の人またはその家族にたいするつきまとい7）を繰り返すことで「ストーカー行為」といいます。被害を受けた場合には速やかに警察に相談することによって、警察から加害者にストーカー被害をやめさせるために警告や禁止命令を出すことができます。

社会全体の課題

DVもデートDVもストーカー行為も被害者の多くは女性であり、加害者は男性に多いということです。経済的・社会的・身体的に有利な男性がパワーを活用して女性をコントロールし、支配下においており、日本社会のジェンダーの問題として男女の経済格差や社会的地位の差が背景にあるといえます。国際的にみても日本の女性の地位は低く、ジェンダーギャップ指数2021（世界経済フォーラム）では156か国中120位と先進国では最下位です。女性の役割や地位を向上し、男女が相互に尊重し合う社会的な関係をどう構築するか、課題は多様であり、実効性のある計画つくりが被害を減らしていくことにも繋がります。

阿部裕子（かながわ女のスペースみずら理事）

6. 困難を抱える若年女性の支援

1．AV問題と「JKビジネス」

アダルトビデオ出演強要（以下、AV問題）や「JKビジネス」など10代を含む若年層の女性に対する性的な暴力は深刻な社会問題です。AV問題とは、「モデルやアイドルの仕事で仕事が選べる」とか「業界大手で安心、安全」などと甘い言葉に騙されて、業務の契約をしてしまうと、アダルトビデオへの出演を命じられ、拒否すると巨額のキャンセル料を請求されたり「親や学校にばらす」などと脅迫され、撮影を強要されるという問題です。また、「JKビジネス」のJKとは女子高校生（Joshi Kokosei）の略で、「JKビジネス」は主に15歳から17歳の女性従業員に行わせる営業内容の総称で、具体的にはマッサージなどを行わせる「リフレ」、会話の相手をさせる「コミュ」、学校の制服や水着、コスプレをさせて客に「見学」や「撮影」をさせる、客の性的好奇心をそそる水着等で客の応対をす

6）2016年「エンパワメントかながわ」による全国デートDV実態調査
7）ストーカー行為とは
　　ストーカー行為とは、待伏せし、進路に立ちふさがり、住居等の付近で見張り、押しかけ、うろつくこと。監視していると告げ、面会や交際を要求したり、著しく粗野・乱暴な言動や拒否されても電話、ファクシミリ、メール等の送信を繰り返すこと。

る「ガールズバー」などがあります。こうした営業には、「オプション」として腕組みや添い寝など身体に接触する行為や、「裏オプション」と呼ばれる、店は関知しないとしながら客と従業員の合意という形態で推奨する性サービスが行われることがあります。

　また「JKビジネス」では、少女たちを絡めとり、自らが率先して働いているように感じさせる仕組みを構築している店が少なくありません。店側は、少女たちの話を聞き，励まし，褒めるという受容・賞賛という関係性と、少女たちが過ごしやすいルールを自分たちで作らせ、客が喜ぶオプションを少女たちが考えるなど少女たちの自発性やリーダーシップを引き出す機会を提供し、店によっては食事の提供や学習支援、金銭管理が難しい少女の貯金代行もします。店側の究極の目的は少女たちを搾取することですが、店が少女たちにとって居場所になってしまうと、店側の搾取性や加害性を見極めることが難しくなります。

　こうした「JKビジネス」やAV問題で性的な被害に遭った若年層の女性たちが、彼女たちの人権が尊重されて自らが望む人生を築きあげるため、また被害を防止し、性被害や性暴力に遭った時に適切に対応できる支援は、日本社会ではまだまだ貧弱です。

　なぜ、問題が深刻であるにも関わらず、若年層の女性に対する支援が難しいのでしょうか。そこには困難な状況を生きる若年層の女性たちの現状認識の不足、支援のニーズと提供できる支援の限界、そして女性支援事業の再考の必要性という3つの要因が考えられます。

2．困難な状況を生きる若年層の女性たちの現状認識の不足

　「JKビジネス」やAV問題で被害に逢う若年女性に対する一般社会の見方には、こうした被害に遭う女性はほんの一部で、大多数の思慮ある家庭の娘はこのような被害に遭わない、また「お小遣い稼ぎ」や「自業自得」など被害者の女性側の自己責任を問われることが多いです。

しかし、内閣府の調査によれば10代から30代の女性で「モデル・アイドル等の勧誘を受けたことがあるか」の質問には24.2%、ほぼ5人に1人の割合、募集広告を見たことがある人は47.5%で回答者のほぼ半分でした。募集広告に応募した人は5%と少ないですが、年代別には10代、20代が多いのです。現代の芸能界で流行している若年層の女性アイドルグループの影響が、モデル・アイドルの勧誘に対して、自分もアイドルになれるかも、との好奇心が警戒心を上回る可能性も否定できません。

　若年層の女性たちは社会的経験が少なく、メディアに惑わされやすく、法律の効力を知らない、困窮に付け込まれるなどの傾向があります。また相談や支援を民間団体に求める若年層女性たちの中には、幼少時からネグレクトを含む児童虐待傾向、親の病気や失業などによる経済的困難などの家庭の問題や、いじめや排除など学校の問題、また発達障害など心身の障害があるなど、心身の健康、社会的、経済的な複合的な困難を抱えていることが報告されています。さらにコロナ禍が広がった2020年は家庭における虐待や排除が世界的にも日本でも増加したと伝えられています。困難な問題を抱える女性たちは居場所を求め、刹那的であっても誰かとつながりを求めてSNS上でつぶやかれます。こうしたつぶやきにつけ込み身勝手な自身の性欲や支配欲などの欲望を満たすための殺人事件も発生しています。2017年に神奈川県座間市で発生した、9人の連続殺人事件や、2015年に大阪寝屋川市で中学1年の少女と少年が殺された事件は本当に痛ましい事件でした。

3．支援のニーズと提供できる支援の限界

　困難な状態に遭ったら誰かに相談して適切な支援を求められれば良いのですが、特に性的な被害は、なかなか誰かに相談することが難しいのです。恥ずかしさや後ろめたさ、周囲からの誤解を恐れて誰にも話すことができなかったり、加害者の方は家族や学校などから引き離し、時にはブラックメールを送るなどして被害者を孤

立させます。また、誰に相談していいのかわからないなど情報のアクセスの問題もあります。さらに親やかつて助けを求めた大人たちが子どもの言い分を信じてもらえなかった経験から、大人を信頼していないことも多々あります。

　また警察はインターネットに関連する被害が多発していることから、ネット上のパトロールとも言えるサイバー補導を実施しています。しかし、サイバー補導される対象は若年層の女性で、買う側を摘発する目的ではないこと、「補導」という行為が若年層の女性に社会規範から逸脱した非行少女とのレッテルを貼ってしまう危険性があります。

　また15歳から17歳という18歳未満の若年女性が性的な被害に遭った場合、児童福祉と女性保護事業の法律の狭間に置かれてしまいます。そのため現行の婦人相談所や婦人相談員の資源やスキルでは対応が困難となることもしばしば起こります。婦人保護事業では18歳未満を含む性的な被害に遭った若年女性の支援事業に対する適切な支援の専門性が不足しているため、適切な支援が提供されることが難しいのです。

4．女性支援事業の再考の必要性

　現在、性的被害を受けた若年層の女性の公的な支援は婦人保護事業と呼ばれていますが、この事業は昭和31年（1956年）に制定された売春防止法に基づき、「淫行または環境に照らして売春を行う恐れのある女子」（要保護女子）の「保護更生」を目的としています。ところが、制定以来65年間一度も改正されていない売春防止法は、社会経済状況の変化によって支援ニーズが複雑化・多様化、複合化し、法律が実態にそぐわなくなっています。若年層の女性支援は、「要保護女子」の「保護更生」ではなく、侵害された人権被害である性被害からの回復や自立支援が可能となるような包括的な支援が求められているのです。

　現在、日本政府は女性支援として「女性が輝く社会」を提唱しています。外務省の「女性が輝く社会」の英語サイトでは「Women's Empower-ment and Gender Equality（女性のエンパワーメントとジェンダー平等）」と訳されています。若年層を始めすべての年齢層の女性に対する暴力を排除し、安心と安全を土台としながら女性のエンパワーメントとジェンダー平等を推進するためにも、若年層の女性支援を含めた法律や制度の再考が強く求められます。

　制度の狭間に在る若年層の女性たちに対する暴力である「JKビジネス」やAV問題への対応は、現代社会に適切な女性支援のあり方を照射しているのです。

齋藤百合子
（大東文化大学国際関係学部特任教授）

LGBT差別に反対し、抗議活動をする人たち（東京新聞2021年5月3日付朝刊より）

第8章

性的少数者
と人権

1. 性的少数者と人権

地球上には女性と男性がいます。しかし女性と男性しかいないわけではありません。また、すべての人が異性愛者であるわけでもありません。

にもかかわらず、現在の多くの社会は「男女二分主義（性別二分主義）」[1]と「異性愛主義」[2]によって成り立ってしまっているため、存在に気づいてもらえなかったり、いないものとされたり、あるいは排除されて隅に追いやられている人が少なくありません。そのことによっていじめを受けたり、生きることが困難になったりしている人たちがいることを、私たちはもっと知っていなければならないのです。

LGBTと性的マイノリティ（性的少数者）

LGBTという言葉は、レズビアン（Lesbian女性同性愛者）、ゲイ（Gay男性同性愛者）[3]、バイセクシュアル（Bisexual両性愛者）、トランスジェンダー（Transgender）の4つのセクシュアリティの頭文字を並べたものです。この言葉は「4つの種類の性的マイノリティ」という意味ではなく、それ以外の性的マイノリティをも含めた性的マイノリティの総称として用いられます。ただし、LGBTという言葉を「LとGとBとT」（すなわち4つのセクシュアリティ）という狭い意味で用いてしまう危険性を避けるために、最近では「クイア（Queer）」[4]や「クエスチョニング（Questioning模索中）」を加えてLGBTQという言葉を用いたり、4つ以外にも性的マイノリティが存在することを意識化させるためにLGBT+を用いたりすることも増えてきました。また、L.G.B.Tと言っても、それぞれでかなり異なる課題がある（例えば、LとGの生きづらさの違いや、Bの困難が理解されにくいという現実、あるいはL.G.Bは性的指向だがTは性自認であるという全く異なる理由による生きづらさがある）にも関わらず一緒くたにされてしまう問題があるため、LGBTという言葉よりも「性的マイノリティ」[5]という言葉を好んで使う人もいます。

一方で、「マイノリティ（少数者・社会的弱者）であることが私たちのアイデンティティというわけではない」という主張から、性的マイノリティという語を避ける当事者もいます。LGBTと性的マイノリティを使い分けるのはとても困難です。使う人によっても少しずつニュアンスが違うのですから、「正しい使い方」というのはないのかもしれません。ここでは、上記の説明を踏まえた上で、LGBTという用語を用いさせていただきます。

（なお、「あなたはLGBTですか」という問いかけは、「あなたは老若男女ですか」と尋ねている

1）性別には雄と雌の二種類しかないという考え方。「男性はこういうもの」「女性はこうあるべき」という価値観が伴いやすくなると同時に、従来の「男女」の枠にはまりにくい性的マイノリティの存在を認めなかったり排除したりする力が働く。

2）異性愛だけをよしとする考え方。

3）欧米で同性愛者が、自分たちのあり方を肯定的に表現するために使い出した言葉。もともとは「陽気な」という意味。日本では男性の同性愛者だけを指す言葉として使われているが、アメリカなどではストレート（異性愛の呼び名の一つ）の対義語として使われることがあるため、トランスジェンダーや女性の同性愛者を含むことも多い。

4）かつて「変態」という意味で差別的に使われていた言葉だったが、性的マイノリティたちがそれに積極的な意味を持たせ、当事者同士の連帯を生む言葉として肯定的に使い出した語。さらに脱二分法や脱アイデンティティ、脱「きれいごと」といった意味を持たせる人もいる。

5）セクシュアル・マイノリティ（sexual minority）性的少数者。マイノリティという言葉を「人数が少ない」というだけの意味で使う場合と、「社会的弱者」という意味で用いる場合がある。

のと同じぐらい滑稽だ、という声を聞いたことがあります。確かに「わたしは老若男女です」とは答えられないのと同様に、「わたしはLGBTです」と答えることには違和感があります。でも「性的マイノリティの総称としてのLGBT」という意味での質問なら、そこまでおかしくはない質問なのかもしれないと感じることもあります。かと言って、「LGBTの映画だと紹介されて観てみたらゲイしか出て来なかった」ということもしばしばあり、「"ゲイ"という直接的な言葉を避けたくて、LGBTという言葉でぼかそうとしているのだろうか」といぶかしく思ってしまうこともあります。いろいろなニュアンスを持っているLGBTという言葉がこれからどういう意味で定着していくのか、もう少し見守りたいとも思っています。）

男女二分主義から生まれる差別「性自認」

　性自認とは、生物学的な「性」と関係なく、自分で自分の「性」をどのように認識しているか、その認識の仕方を言います。生まれた時に認定された体の性と自分の性自認が同じである場合はシスジェンダー6）と言いますが、一方で、生まれた時に認定された体の性と、性自認が異

なる人たちはトランスジェンダーと呼ばれています。7）

　日本では、トランスジェンダーの存在は、医師による「性同一性障害」8）という診断名によって以前より理解は広がりましたが、その一方で「性同一性障害の人はすべて幼児期のころから性の違和感に苦しんできており、性別適合手術をもとめている」9）という誤解が根付いてしまい、成人してから違和感に苦しみ始めた人や、手術までは求めていない人に対しての無理解も生じました。また、FTM10）やMTF11）に対し、「女性（男性）の身体を持って生まれたが、女性（男性）であることに違和感がある。しかし男性（女性）として生きたいというわけではない」と言ってFTXやMTXを名乗るXジェンダー12）の人たちも少なくありません。あるトランスジェンダー女性は、「わたしは女になりたかったのではなく、男でいることが苦痛だったので、男をやめるためには女になるしかなかった」と語ってくれました。長い間「男でも女でもない生き方」が認められなかった社会の中で、生まれた時に認定されてしまった性別への違和感の解消は、反対側の性別を選び取るしかなかった、という人は多いのかもしれません。男女二分主

6）「トランスジェンダー」という言葉が「普通ではない」という意味で生まれた呼称であることに気づき、「普通とは何か」という問いから対等な対義語として生まれた言葉。

7）生まれた時に認定された自分の性別と異なる性を生きたいと感じている人の総称。「肉体（特に性器）に対する違和感が強く、肉体的な改変を求めていく人たち」のことを、トランスセクシュアルと言うこともある。なお、自分の身体の性と性自認が異ならない場合はシスジェンダー（cisgender）と言う。

8）GID（gender identity disorder）「反対の性に対する強く持続的な同一感」「自分の性に対する持続的な不快感、またはその性の役割についての不適切感」「それによって臨床的に著しい苦痛または、社会的、職業的または他の重要な領域における機能の障害を引き起こしている。」などの診断基準によってなされる診断名。必ずしも性別適合手術を必要としているとは限らない。2019年5月25日、WHO（世界保健機関）は国際疾病分類の精神疾患からGIDを外した。「性別違和・性別不合/gender dysphoria」などの言葉への言い換えも始まっている。

9）内性器・外性器の形状を、自分の性自認に即したものに変える手術。手術によって完全に「性」が「転換」できるわけではないため、誤解を招きやすい「性転換手術」という語は用いない。

10）female to male　生物学的な性は「女性」であるが、性自認が男性の人。生物学的性が強調されるのを避けてトランス男性（transman）と言う人もいる。

11）male to female　生物学的な性は「男性」であるが、性自認が女性の人。生物学的性が強調されるのを避けてトランス女性（transwoman）と言う人もいる。

12）日本で生まれた語。英語ではノンバイナリー（non-binary）性自認が男女どちらにも固定されてない人、または状態。「男女どちらでもない」「どちらでもある」「中間である」「ゆらぎのなかにある」など、さまざまな人がいる。生物学的な性は「男性」で性自認がXの場合をMTX（male to X）、生物学的な性は「女性」で性自認がXの場合をFTX（female to X）、と言う。性自認が男女両方を行き来している場合、ジェンダーフルイド（genderfluid）という語を用いる人もいる。

義の中で生まれる「女性じゃないなら男性である」という二分化は、さらにFTXやMTXの人たちを生き難くしているのです。

なお、日本では行政が出したパンフレットでさえ、性自認のことを「心の性」と説明していることが多いのですが、「心そのものに性別はないのだから、心の性という表現を避けてほしい」「心は男でも女でもなく私である。心の中にまで性別二分主義を持ち込んで欲しくない」と訴えている人もいます。「心の性」という表記をするならば、せめて「性自認（心の性）」といった丁寧さが必要です。

トランスジェンダーの生きづらさについては、また後で述べます。

異性愛主義から生まれる差別「性的指向」

性的指向とは、自分の性的関心の向く方向です。異性に向いている人が多いのは事実ですが、同性に向く人[13]や両性に向く人[14]、どちらにも向いていない人[15]などもいます。人によっては「恋愛指向は両性に向くが、性的指向は異性にのみ向く」といった人（もちろんその逆も）や、「恋愛指向は異性に向くが、性的指向はどちらにも向かない」といった人もいます。

しかし「子どもができることがあたりまえ」としている異性愛主義社会の中で、それ以外の性的指向を持つ人は、さまざまなマイナスのレッテルを貼られ、もしくは「異性愛者のふり」をして生きざるを得ませんでした。現在でも自分の性的指向を隠して生きている人たちは少なくありませんし、異性と結婚し、子や孫がいる同性愛者もたくさんいるのです。また、同性

パートナーと共に生活しながらも周りから理解を得られず、嫌がらせを受けたり、制度が整っていないためにさまざまな困難を抱えている人たちもいます。

同性同士の婚姻が認められていない日本では、何万円も出して公正証書を作ったり養子縁組をしたりしない限り、財産を共有することができません。（一部の自治体の同性パートナーシップ条例では公正証書の提出も要件としています）。パートナーが死亡すれば相手の財産はすべて相手の親族にわたってしまいますし、下手をすると同居していた住まいにすらいられなくなるかもしれません。あるゲイカップルは、片方が手術を受ける際、パートナーのサインでOKと医師から言われたので、「理解のある病院だな」と思ったら、医師から「でも開腹したときに病巣が思ったより大きかったら、本当の家族のサインが必要になるので、一旦縫い合わせます」と言われたとのこと。これは法的云々ではなく、手術によって万が一亡くなってしまったりした場合に、病院を訴えない、というサインをもらっておきたい、ということらしいのですが、大変な歯がゆさを感じます。

日本国籍を持つ者のパートナーである外国人が、ビザが切れて本国に帰らねばならない、ということもあります。男女であれば、婚姻というシステムを利用して配偶者ビザがとれるにもかかわらず、同性同士はそれが基本的にできません。これを「不平等」と見るか、「そもそも異性同士の婚姻というものが、国に利益をもたらすことを前提としているいびつなものだ」と見るのかとで、意見は変わってくるかもしれませ

---

13) 同性愛者（Homosexual）性的指向が同性に向く人のこと。なお、「ホモ」という略称は男性の同性愛者に対する差別的な意味をもつことが多い。

14) 性的指向が「女・男」のどちらにも向く人。あるいは相手の「性別」が重要な要因にならない人（後者の場合は「パンセクシュアル」という言葉を使う人もいる）。「性的指向は自分で選べないのだから同性愛は仕方がない」と説明した場合、「選べるなら異性を選ぶべき」というニュアンスが残り、両性愛者の存在を否定してしまう危険性がある。また、本人ではなくその人が付き合う相手の性別によって、その人に対する見方が変わってしまうことが起こりやすい（異性と付き合っているときはマイノリティとして認めてもらえない）。「趣味」「ふしだら」「逃げ道がある」といった誤ったイメージを付けられることも多い。

15) アセクシュアル、（エーセクシュアル）／a-sexual。
性別に関わりなく、他者に対して性的な欲求を持たない人または状態。ace（エース）と呼ぶ人もいる。

んが、きちんと議論しなければならないテーマであることは確かです。16)

もう一つ考えておかねばならないのは、性暴力やDV（ドメスティックバイオレンス）の問題です。異性間で起こる性暴力やDVは当然同性間にも起きることがあります。しかし長い間日本では、それらは異性間で起こるものだという思い込みが強く、同性間の性被害やDV被害についてはなかなか相談できる場がありませんでした。同性愛が「趣味」「好きで一緒にいるだけ」という浅い理解しかないため、警察に被害の届け出を出しても「同性間は性暴力ではない」と言われたり、「一緒にいなければいいではないか」という対応しかされなかった（異性間のDVではまずそんな回答はしないのに！）ということもあります。これは被害を止められないだけでなく、二次被害を生み出すことにつながりかねません。また最近まではLGBT被害者が入れるシェルターがなかなか無かったりということがありました。現在では少しずつ改善されていますが、DVや性暴力が異性間だけの問題ではないということは覚えておいていただきたいと思います。17)

少し話は変わりますが、「MTFトランスジェンダーの人の性的指向は男性に向いている」というのも異性愛主義から来る偏見です。MTFの人の中にも女性や両性に性的指向が向いている人たちは少なくありません。異性愛主義の強い社会で、「女性になるのなら男性が好きであるに違いない」という思い込みが当事者を苦しめていることもあるのです。もちろんその逆もあるのは当然です。一人ひとりの性のあり方を理解するのは容易なことではないかもしれませんが、「一人ひとりが違っていていい」ということ

をきちんと認識する必要があります。

現場の声から

ある高校の先生から「うちの女性生徒で男性になりたいと言っている子がいる。でもその生徒には彼氏がいる。おかしいと思いませんか」という相談を受けました。女性から男性になりたいのなら、恋愛対象は当然女性である、という「異性愛（主義）」から、先生はどうしても逃れられなかったようです。しかし性自認と性的指向はまったく別の要素なのです。ある男性が女性を恋愛対象としているのは、「自分が男性だから女性が好き」なのではなく、「自分は男性であるという性自認」と、「自分は女性が好きであるという性的指向」という二つの要素が自分の中にある、ということに他ならないのです。性自認と性的指向を別要素として剥がして考えなければ、生きづらさを感じている当事者を理解したり、寄り添ったりすることはなかなかできないでしょう。

「ホモセクシュアル」と「ホモ」の違い

ホモセクシュアルhomosexual（同性愛）というのは19世紀半ばに生まれた医学用語で、「ホモ」は「同じ」を意味するギリシャ語です。（ちなみに対義語であるヘテロセクシュアルheterosexual（異性愛）はずっと後になって生まれた言葉です）。

ところが、「ホモセクシュアル」と「ホモ」はかなりニュアンスが異なります。ただの略称ではないのです。略称には、「長いから略する」「親しいから愛称を使う」のほかに、「相手を罵るためにあえて崩して蔑称にする」があります。第2次世界大戦中アメリカで日本人がジャップ

16）約25年間日本人男性の同性パートナーとして日本で暮らしていたにも関わらず不法在留として強制退去処分を命じられた台湾人のGさんが、処分の取り消しを求めていた裁判では、同性婚による在留資格の選択肢が与えられていないことや、すでに家族であるにも関わらず同性であることで在留特別許可への考慮がなされないことを不服とするGさんに、2019年3月22日、入国管理当局から在留特別許可が与えられた。

17）2001年に施行されたDV防止法（配偶者からの暴力の防止及び被害者の保護に関する法律）は、配偶者を「婚姻の届け出をしていないが事実上婚姻関係と同様の事情にある者」を含むと規定されており、2007年に初めて同性カップルにも適用された。

と呼ばれて罵倒されていました。日本人も戦時中アジアの人々を「略称」で呼んで蔑んだ負の歴史があります。実は「ホモ」というのもそれと同じで、同性愛者たちが「ホモ」と略称で罵倒されていたという歴史があるのです。略称というのは、対等なところでは問題にならないかもしれませんが、強者（多数者）が弱者（少数者）を略して呼んだ時に、まったく意図していなかったとしても、「丁寧さが失われる」ということが起こる危険性があります。略称の使用については、絶えず注意が必要だと感じています。

差別というのは、「差別する意図の有無」ではなく、歴史の中でその言葉がどのように用いられたか、ということにも大きく関わってきます。

その呼称で傷つくグループがいるかもしれない、ということにもっと敏感にならねばなりません。

差別を受けている当事者があえて使うこともありますが、「当事者が使っているからみんなも無批判に使っていい」とは言えないことは、様々な人権や差別の問題に関わる中で感じることです。

なお、病名として広がったホモセクシュアルですが、1990年5月に、WHO（世界保健機関）はICD（国際疾病分類）-10からhomosexualityの項目を削除することが決議されました。（出版・発表は1993年）

バイセクシュアルの生きづらさ

バイセクシュアル（両性愛）の人の存在は、実はLGBTの中でさらに隠される傾向があるかもしれません。異性をも愛せる、という「誤解」の中で、異性愛主義社会の中で紛れ込んでしまいやすいのです。実際に異性をパートナーとしているバイセクシュアルの人は「LGBT」ではあっても、「性的マイノリティ」とは認識されることはほとんどありません。あるバイセクシュアルの人は、自分のセクシュアリティをカミングアウトした際、相手から「今は男女のどちらと付き合っているのか」と尋ねられ、「今付き合っているのは異性です」と答えたところ、

「じゃあ、いいじゃん」と言われたと話してくれました。バイセクシュアルの人は、その人自身のセクシュアリティではなく、どちらの性別の人と付き合っているのかで見られ方が変わってしまう、ということが起こりやすいのです。

また、両性に性的指向が向くということから、「異性愛や同性愛の人より2倍恋愛をしている」「誰かれ構わず性的な対象としている」といった性的に放縦であるかのような不本意なレッテルを貼られた、という体験を話してくれた人もいました。さらに、同性愛者たちから、「いざとなったら異性愛者として生きることを選べる、こうもりのような存在」として見られ、バッシングを受けた経験のある人もいます。同性愛者として生きるのが命がけだと感じているゲイ・レズビアンから見ると、バイセクシュアルの人は「逃げ道を持っている」と見えることがあるようなのです。しかしそれは間違いです。それぞれのセクシュアリティを尊重する、ということはLGBT自身にとっても学ばないといけないことなのです。

トランスジェンダーの多様性

先ほども述べましたが、日本で「性同一性障害」という名称が認知されてきたことで、「そういう人たちもいるのだ」という「理解」は広まったように思われます。しかし、同時にさまざまな誤解まで広がったのを感じています。「トランスジェンダー、性同一性障害の人はすべて幼児期のころから性の違和感に苦しんできており、性別適合手術を望んでいる」という、必ずしも正しいとは言えない誤解です。実際に「そういう人は多い」とは言えても、「すべてのトランスジェンダーがそうである」とは言えないのです。

子どものころはさほど違和感はなかった、あるいは何となくやり過ごしていたが、成人してから苦しみ始めた、という人もいます。中には、「異性と結婚し、子どもをもうけたら"治る"のではないか」と思っていたが、そうはならなかった、と言って苦しんでいる人もいます。

また、「生まれた時に認定された性別に違和

感がある」ということは、「性同一性障害」という診断名には付きまとう条件ですが、トランスジェンダーの中には、「自分で生きたい性を選び取っているのであって、違和感の有無は絶対条件にする必要はない」ということを言う人もいます。その人と本気で向き合おうとする際に、「違和感がないなら性別変更を認めない」というのはやはりおかしなことになってしまいます。

私たちが相手と向き合うときに何らかの条件を付けてしまうとしたら、そのままの相手を認めているということとは言えなくなるからです。

性別適合手術については、トランスジェンダーでも様々な人たちがいます。内性器を含めて手術をする人、表から見える部分のみ形を変える人、手術を選ばない人。その中にも、「本当は手術を受けたいが、自分の身体がそれに持ちこたえることができない」と言って断念している人もいれば、「MTFとして生きるのに、外科的手術をして体の形まで変えようとは思わない。ペニスと呼ぶものを仮に私が持っていたとしても、私にとっては『男性器』ではなく、私の身体の一部である」といった話をしてくれた人もいました。

ところが、「私はトランスジェンダーです」とカミングアウトをすると、「手術はしたんですか」と尋ねられることがとても多い、と何人かのトランスジェンダーから聞きました。もちろん、「ええ、手術はしましたよ」と胸を張って答える人もいるでしょうが、むしろそういうことを尋ねられたくない人のほうが多いのではないでしょうか。ある当事者は、「私の性器の形は私と私のパートナーとの問題であって、他者から『あなたの性器の形はどうなっていますか』と尋ねられる筋合いはない。『トランスジェンダーである』ということをカミングアウトすることは、『私は性器の形を尋ねられればいくらでも答えてあげます』ということではないのに、そう勘違いされている感じがする」と憤慨して

話してくれました。まったく失礼な話です。

さて、世界中で法的に性別変更ができる国は増えてきました。日本もその一つです。[18] ところが、性別変更のできる国の中でほとんどの国が条件から外している「性別適合手術が終わっていること」という項目を日本はまだ外していません。そのため、「法的に性別を変えたい」という理由で、本当は望んでいない性別適合手術を受ける人たちもいます。ある人は、自分の望む性別で入社したが、戸籍上は異なる性別であるため、会社にバレることを恐れて「戸籍上の性別を社員証の性別に合わせるために」性別適合手術を受けました。またある人は、愛する人と「異性同士の婚姻」をするために、性別適合手術を受けて戸籍上の性別を変更しました。どちらも嫌々手術を受けたというわけではないでしょうが、受けなくてもいいと思っていたものを受けざるを得ない、というシステムが日本にあるため、本末転倒なことが起きていると感じてなりません。

なお、トランスジェンダーの中には、「性別適合手術を終え、法的性別を変更した者こそ、『本当の』トランスジェンダーであり、そこに至っていないのは、不完全なトランスジェンダーである。性別適合手術を望まない人に至ってはトランスジェンダーとは認めない」ということを言う人もいる、と聞いたことがあります。性の多様性というのは、性的マジョリティー（多数者）だけが知っていなければならない問題ではなく、LGBT当事者の中でも共有しなければならない課題である、ということを強く感じさせられます。

トランスジェンダーの生きづらさ

あるMTF（男性と認定させる体を持って生まれ、女性としての性自認がある）トランスジェンダーの人がこんな話をしてくれました。

「これまで病院に行くのが辛かった。健康保

18）性同一性障害者の性別の取扱いの特例に関する法律（略取：性同一性障害特例法）（2003年7月10日成立）

険証には"男性"と記載されており、病院に行くと『これ、あなたのじゃないでしょ』といつも言われていた。その都度説明するのも大変だったが、それ以上に、自分が"男性"であることを不本意に意識させられた。やがて健康保険証の性別欄に"裏面記載"という表記ができるようになり、裏には"戸籍上は男性"と書かれていた。これで病院の窓口でもすぐに理解してくれるようになって、ようやく病院にも歯医者さんにも行けるようになった。ところがその後、就職して国民健康保険から社会保険に替わったら、表の性別欄は再び"男性"になっていた。いくら『国民健康保険証では裏面記載としてもらっていたのでそれでお願いしたい』と説明しても変えてもらえず、再び病院に行けなくなった」。

最近はようやく、社会保険でも「性別の裏面記載」ができるところも現れ始めたのですが、彼女が言うように、多くのカードに「法的な（戸籍上の）」性別が記載されているために使えないということがよくあります。レンタルDVDショップの会員証も、カラオケ屋さんの会員証も性別欄があります。お店としては、年代や性別ごとのお客さんの情報が欲しいのかもしれませんが、カードを提出するたびに辛い思いをする、という人もいますし、そもそも性別を書きたくない人はいるのです。「性別を書くのは当たり前だ」と思い込んでいる社会の中で、苦しんでいる人がいる。そのことにまず気づきたいものです。（近年、企業に就職するために提出する履歴書には性別欄がないものも増えてきました。とても嬉しいことです。）

MTF（男性と認定される体をもって生まれ、女性としての性自認のあるトランスジェンダー）と、FTM（女性と認定される体をもって生まれ、男性としての性自認のあるトランスジェンダー）の生きづらさはかなり違うと言えます。どちらがより生きづらいか、と比べることはできませんが、異なる生きづらさがあるのです。

男性が女装するときと、女性が男装するとき

の周りの評価が異なることはお気づきでしょうか。明らかに男性が女装するときのほうが、嘲笑されることが多く、例えば女児が男の子の恰好をしても、せいぜい「女らしくしなさい」とたしなめられて済む（それ自体問題なのですが）のが、男児が女子の恰好をすると「ヘンなことはやめなさい」と叱られるのです。ここには明らかに「女性差別」というジェンダー差別があるのを感じます。男性と女性が対等ではなく、明らかに女性が男性より低い位置にあると刷り込まれているため、男性が女性のようになることを「転落する」「落ちぶれる」と見なされるきらいがある。だからこそ強く否定されたり嫌悪されたり嘲笑されたりするのです。テレビのお笑いなどで女装する男性がたくさん登場していたのは、それだけで「笑い」となっていたからです。女性が男装しても「笑い」は生まれません。そういう意味では、MTFは「男という『特権』から『落ちた』残念な存在」といわんばかりのジェンダー差別とも闘わないといけなくなるのです。

ジェンダー差別に苦しみ、闘っている女性たちの中にも、MTFを「女になろうとしている男性」であるかのように警戒している発言を見ることもあります。大変残念なことですが、MTFトランスジェンダー（既述したように、性別適合手術を受けていない当事者もいます）による女性に対する性暴力が全くないわけではありません。そういったことからMTFの人を「やっぱり性暴力の加害者性を持つ男性なのだ」と警戒するのですが、それでは男性はすべて性暴力の加害者性を持っている、ということになってしまうのだろうか、という疑問が生じます。決して性暴力を受けた被害者の痛みを矮小化してはなりませんが、加害者をグループとして断罪、排除してしまうことの危険性も感じるのです。

一方で、FTMトランスジェンダーがMTFトランスジェンダーに比べて生きやすいかと問われると、そうとも言えません。男性ホルモンの投与で髭が生えてきたり、声が低くなったりす

るということで、「かつて『女性』として生きていた（ことがある）」ということは隠しやすくなるかもしれません。しかし、あるFTMの人は、「そもそも筋力が平均的な男性よりは低いのに、男性と同じ仕事量を求められるのが大変」と語ってくれました。かと言って、「女みたいだ」と思われたくない、女だと見られたら対等に扱ってもらえなくなる、という不安から、いっそう「男らしく」なることを自分に課してしまう、そういう傾向も話してくれました。自分らしくあるために新たな性を生き始めたのに、バレることを恐れて必要以上に「男らしさ」「女らしさ」をまとわないといけない、というトランスジェンダーの人たちがいるのです。

カミングアウトとは

カミングアウトはLGBTの人が自分のセクシュアリティを誰かに話すことを言います。クローゼット（洋服ダンス）から出てくることに例えられ、coming out of the closetという言葉が語源になっています。カミングアウトは、自分の面白い話を語ることではありません。自分がどう生きようとしているか、ということの命がけの告白です。失敗したり受け入れてもらえなかったりしたら死ぬかもしれないというギリギリの選択の中で行っているのです。もしかしたら本人がヘラヘラ笑っていることもあるかもしれませんが、それは「そうでもしないと緊張に耐えられない」ということの裏返しであることも少なくありません。しっかりと受け止めていただきたいと思います。「カミングアウトされたらどう対応したらいいですか」という質問を受けることがありますが、「これが正解」というものはありません。ただ、カミングアウトは「アドバイスが欲しい」のではなく、「受け止めてほしい」のです。そして、当事者は「受け止めてくれる人」を真剣に探し、選び、決断してカミングアウトをするのです。選んでもらえたことを「ありがとう」と思えるといいな、と思うのです。

カミングアウトにはそのほかに、「新しい関係性を作る」という目的があります。もしかしたらこれまでの関係が壊れてしまうかもしれない、というほどのことを語るのですから、「この人とは新しい関係性を生み出したい」という思いが根底にはあるのです。「カミングアウトされたらどうすればいいか」以上に、「カミングアウトしてもらえる人間になるにはどうしたらいいか」ということを考えてほしいと思います。

なお、障害者や出自による差別を受ける多くのマイノリティとLGBTの大きな違いは、「家族がそのことを知らない」ということ、そして「家族、特に親へのカミングアウトが最もハードルが高い」ということです。子どものころから一緒にいても、なかなか気づいてもらえず、むしろ家族によって傷つけられている当事者がほとんどなのです。ですから「家族にはカミングアウトできない」と言う人は実にたくさんいます。カミングアウトをしても関係が近いからこそ拒絶されるというケースや、受け入れてもらえなくても関係を切ることができない、という困難を抱えている当事者はたくさんいるのです。

LGBTと災害

東日本大震災のときに、余震が続く中、化粧を落としに家に帰ったというMTFトランスジェンダーの方がいます。家が倒壊するかもしれないのに、津波が来るかもしれないのに、彼女は、自分の命が脅かされることよりも、そのまま避難所に行ってセクシュアリティがバレることのほうが怖かったのです。瓦礫の中にゲイ雑誌を残してしまい、誰かに見られるのではないかという不安で途方に暮れたという人もいます。また、避難所にたどり着いても、カミングアウトできぬまま我慢を強いられるということも起こります。被災したらすべての人が苦しみますが、普段苦しんでいるグループの人たちは一層苦しむことが多いのです。（逆に、非常時だからこそ地域の人と支え合えることができた、という経験をしているLGBT当事者もいます。）

アウティング

　本人の了解を得ずに、その人のセクシュアリティなどを第三者に暴露することをアウティングと言います。本人のプライバシーの侵害になるだけでなく、居場所や生きるすべを失う危険性にもつながりかねません。仮にカミングアウトされて自分が負い切れなくなったとしても、本人に無断で誰かに相談することはアウティングになります。医師や専門家にも、個人が特定されるような話をしてはいけませんし、家族に話すのも言語道断です。きちんと本人の承諾を得てください。

さまざまなSOGI差別

　性的指向(sexual orientation)と性自認(gender identity)による差別やハラスメントを説明するために、両方の頭文字をならべてSOGI（ソジ）ということもあります。「気持ち悪い」「差別されるのが嫌だったらやめればいい」といった差別は書き出せばキリがないのですが、そのほかにもいくつか起きやすい差別について記してみます。

● 「おまえ、ホモなんじゃない？」「んなわけねえだろ！」。これはとてもよく聞く会話です。実は「んなわけねえだろ！」はただの否定の言葉ではなく、強い嫌悪を示している言葉です。同性愛者はそういった嫌悪を横で聞きながら生きています。

● 「LGBTの人のために専用のトイレや更衣室を作ろう」。これは差別とは言い切れませんが、気を付けないと当事者をかえって困惑させます。そもそもカミングアウトしていない当事者は「LGBT専用」のものは使えないのですから。学校や会社などにトランスジェンダー当事者が入学・入社した場合は、「どうしてほしいか」という相談窓口をきちんと用意しておくことが重要です。その場合も「あなたがこれを望んだから準備したのであって、あとは自己責任です」ではなく、絶えず相談できる窓口を備えてください。これはLGBTに限らずすべての人の相談窓口になるはずで

す。

● 「生徒からカミングアウトされた。大きな悩みのはずだからさまざまな困難はセクシュアリティに起因しているに違いない」。確かにセクシュアリティによる悩みは小さなものではありませんが、本人にとっては別の悩みがある場合もあります。悩みを「セクシュアリティに起因するもの」と決めつけず、まずその人と向き合うことが大切です。

● 「同性愛のことを子どもたちに教えるのは早すぎる」。そうでしょうか。子どもの中にも同性愛者がいます。当事者である子どもたちが必要以上に苦しまないために、そして非当事者である子どもたちが加害者にならないために、早いうちから「異性を好きになる子もいるし、同性を好きになる子もいる」ということを教育することの大切さを強く感じています。LGBT差別をなくすための教育が十分になされていないこともSOGI差別だと言えるかもしれません。

　そもそも、カミングアウトが困難なのは、社会の中にSOGI差別が蔓延しているからです。

　まずそのことに気づけるアンテナを鍛えたいものです。

性分化疾患と「性の自己決定権」

　性染色体の構成、生殖腺、解剖学的な性の発達などが、生物学的に非定形型の状況の人を性分化疾患／disorder of sex development (DSDs) と言います。海外では「インターセックス」という言葉も使われていますが、日本では、当事者の多くが男性もしくは女性としてのアイデンティティを大切にして生きているため、「男性でも女性でもないかのような誤解を与える"インターセックス"ではなく、"性分化疾患"を用いてほしい。LGBT性的少数者の中に含めないでほしい」と主張をしている人たちも少なくありません。しかし、その中にも、「自分の生物学的性を無理やり男性か女性かに当てはめる必要もないと考えている」という人たちもいます。安易に「性的少数者であるか否か」で判断

したりレッテルを貼ったりしたりするのではなく、本人が自分の性を含めてどうありたいのか、ということが大切です。「性の自己決定権」がキーワードになってくると言えるのかもしれません。性は他者によって決めつけられるものではなく、自分で時間をかけて生きる中で見出し、ときには選びとっていくものでしょう。どんなセクシュアリティの人も、「性の自己決定権」を他人に脅かされてはならないのです。

啓発パンフレットや講演会のチラシ

LGBTを理解しましょう、という文章、呼びかけを見ることがよくあるのですが、よく読むと、「このパンフレットは当事者が読むことを想定していないなあ」「この講演会に当事者が来ることは想定していない文章だなあ」というものがかなり多いのが気になります。言うまでもありませんが、LGBTはどこにでもいます。啓発に力を入れることに集中するあまり、当事者が不在になってしまわないよう、気をつけてください。

パンフレットに「LGBTは〇人に一人います」といった記載がされていることもあります。間違いではないと思うのですが、そればかり強調されると違和感を覚えるのです。まるで「こんなにたくさんいるのだから、差別してはいけませんよ」と言わんばかりの文章、言い換えると「少なければ差別されても仕方がないけど」と読めてしまうのです。〇人に一人という表記は、「近くにもいるはずですよ」と気づいてもらうための「分かりやすい」数字である反面、当事者を数字だけで表しているように感じることがあります。表記する場合は最大限の配慮が必要です。

最後に

性的マイノリティというと、男性同性愛者を思い浮かべる人が圧倒的に多いようです。それは男性以上に女性が声を上げにくい女性差別の状況があるということでもあります。時には、男性同性愛者が女性（同性愛者・異性愛者を含めて）を差別していることもあります。性的少数者の人権を訴えつつ、また当事者自身も差別者にならないよう意識しなければなりません。また介護を必要としている人や障がいのある性的マイノリティの中には、自分の望むセクシュアリティを生きることを許されない状況で苦しんでいる人も少なくありません。民族や出生にマイノリティ性を持っているため、そうでない人以上にセクシュアリティを隠して生きざるを得ないと言うダブルマイノリティの人たちもいます。

一人ひとりが生きやすい社会になるために、性は多様なものであるという認識と同時に、性的マイノリティはどこにでもいる、ということに気づいてもらいたいということを強く感じます。

平良愛香（日本キリスト教団川和教会牧師）

小学校の屋外授業でシャボン玉をつくる児童たち（写真提供：かながわ教職員組合連合）

第9章

子ども
と人権

1. 子どもたちの人権状況

経済格差と子どもたち

　1980年代からの長引く不況の結果、日本社会の経済格差は一時的ではなく構造的なものとなりました。日本の子どもの相対的貧困率は、1985年の10.9％から2012年には16.3％と大幅に悪化しました。この数値はOECD加盟国の中で9番目に高い数値であり、ひとり親世帯の貧困率は54.6％となり、加盟国の中でもっとも高いものでした。子どもの相対的貧困とは、子どもの社会生活の中で、社会の「通常」のレベルから一定距離以内の生活レベルを逸脱している状況であることを示す指標であり、保護者の収入状況により子どもは、学習塾や各種習い事に通わせてもらえず、希望する高校や大学、専門学校に進学することが非常に困難な状況になっていることを示しています。この結果を受け、超党派の議員立法として、子どもの貧困対策を総合的に進めることを目的に、2013年に「子どもの貧困対策の推進に関する法律」が成立し、翌2014年1月から施行されました。この法律により、政府は支援の指針となる子どもの貧困対策に関する大綱の作成と、実施状況の公表が義務づけられました。さらに都道府県は、子どもの貧困対策計画を定めることを努力義務としました。この法律の制定を受け、2014年8月に最初の大綱が「全ての子供たちが夢と希望を持って成長していける社会の実現を目指し、子供たちの成育環境を整備するとともに、教育を受ける機会の均等を図り、生活の支援、保護者への就労支援等と併せて子供の貧困対策を総合的に推進することが重要」とする方針が掲げられました。

　2018年には、OECDが可処分所得の算出に自動車税及び企業年金を追加した新基準を提唱しています。旧基準では前回調査より0.4ポイント改善した結果、約7人に1人の子どもが貧困状態であることがわかりました。

　その後、2019年6月に議員提出により、法律が一部改正されました。新たに「児童の権利に関する条約の精神にのっとり、子供の「将来」

○貧困率の年次推移

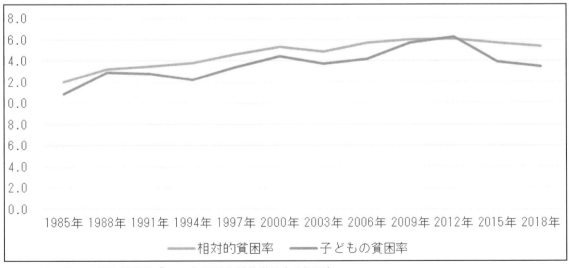

凡例: ─── 相対的貧困率　─── 子どもの貧困率

※2020年7月17日厚生労働省「2019年国民生活基礎調査の概況」

だけでなく「現在」の生活等に向けても子供の貧困対策を総合的に推進する」ことが明記され、11月には新大綱が制定されました。

　しかし、2019年に世界的流行となった新型コロナウイルス感染症の拡大により、経済状況は深刻な状況となり、子どもの貧困率に大きな影響を与えることが懸念されています。今後の動向に注視するとともに、抜本的な解決にむけた施策の実行が求められています。さらに、子どものウェルビーイング指標（よりよいくらし指標）にも注視する必要があります。

いじめ

　2011年、滋賀県大津市内の中学校2年の男子生徒が、いじめを苦に自殺するに至った事件が発生しました。当初学校側は、いじめはなかったと主張した後、第3者委員会の調査により、いじめに関する実態が解明され、隠蔽や責任逃れであることが大きな社会問題となりました。

　この事件が契機となり、2013年に超党派の議員により、「いじめ防止対策推進法」が成立し、施行されました。この法律では、いじめを「児童生徒に対して、当該児童生徒が在籍する学校に在籍している等当該児童生徒と一定の人的関係にある他の児童生徒が行う心理的又は物理的な影響を与える行為（インターネットを通じて行われるものを含む。）であって、当該行為の対象となった児童生徒が心身の苦痛を感じているもの」と定義し、国、地方公共団体及び学校において、「いじめの防止等のための対策に関する基本的な方針」の策定及び、学校、教育委員会、児童相談所、法務局、警察その他の関係者により構成されるいじめ問題対策連絡協議会を置くことができることが規定されました。また、「重大事態」が定義され、生命、心身又は財産に（対する）重大な被害（生命等被害）、相当の期間学校を欠席することを余儀なくされている状態（不登校）が生じている場合に該当し、学校の設置者又は学校の対処、同種の事態の発生の防止に資するため、速やかに、適切な方法により事実関係を明確にするための調査を行うものとされました。成立時の附則において、施行後3年を目処に、検討を加え、必要な措置を講ずることが決定していたことから、2017年には、「いじめの防止等のための基本方針」の改定及び、「いじめの重大事態の調査に関するガイドライン」が策定されました。

　文部科学省は、毎年「児童生徒の問題行動・

○いじめの認知（発生）件数の推移

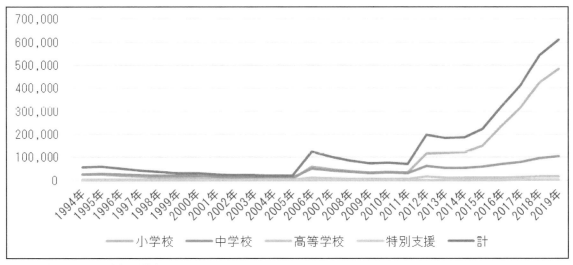

※2021年11月13日文部科学省
「令和元年度児童生徒の問題行動・不登校等生徒指導上の諸問題に関する調査結果について」

○不登校児童生徒数の推移

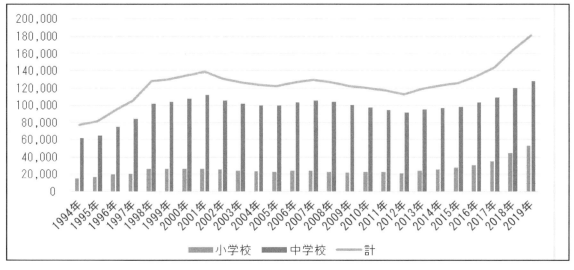

※2021年11月13日文部科学省
「令和元年度児童生徒の問題行動・不登校等生徒指導上の諸問題に関する調査結果について」

不登校等生徒指導上の諸課題に関する調査」を公表し2019年度の調査では、認知されたいじめの件数が61万2,496件、「重大事態」も723件と、いずれも過去最多を示しています。この数値の増加については、初期段階での対応強化により、学校による積極的把握や調査が増加している傾向とする分析があり、今後の初期対応及び的確な事後対応の充実が求められています。

2. 子どもの権利条約

子どもの権利条約とは

（1）条約の成立過程

　「児童の権利に関する条約」は、「児童」（18歳未満の者）の権利について定められた国際条約で前文と本文54条からなっています。

　1959年の「児童の権利に関する宣言」から、30年を期して、1989年11月の国連総会で満場一致で採択され、その翌年発効しました。現在（2020年1月）、締約国・地域は196か国です。日本は、5年後の1994年3月に批准、5月22日発効しました。

　「児童の権利に関する条約」は国による正式な和訳の名称ですが、学校などでは「児童」とは小学生の呼称であり、文科省が「児童のみなら

ず子どもという語を適宜使用してもよい」ということもあって、ここでは幼児から中高校生までを指す「子ども」を使い、略して「子どもの権利条約」の名称を用います。

（2）条約の内容と基本理念

　この条約は、その前文に見られるように、特に困難な条件の中で生活している子どもが全ての国に存在していること、このような子どもは特別な考慮が必要であり、全ての国、特に発展途上国における子どもの生活条件改善のための国際協力の重要性を認め、協定するとしています。条約締結以来、子どもの死亡率の低下や、危険な労働からの解放など多くの成果が上がっ

ていますが、これらの成果から取り残されている子どもも多く存在します。また、途上国のみならず、多くの国で、経済格差による貧困や性別・出生・障害の有無などによる差別もなくなっていません。条約を批准した各国政府は国内法の整備など、具体的な方策を進めていかなくてはなりません。

「子どもの権利条約」の普及事業を委託されたユニセフは、差別の禁止と、「子どもの最善の利益」などを基本に、次の4つの理念を柱と位置づけています。

①生きる権利
②守られる権利
③育つ権利
④参加する権利

また、子どもの権利条約には2つの「選択議定書」が作られています。これは条約の内容を、追加・補強するもので、国連で採択されました。それらは、「子どもの売春、子どもの買春及び子どものポルノに関する選択議定書」（2002年1月発効）と「武力紛争への子どもの関与に関する選択議定書」（2002年2月発効）で、日本政府はそれぞれ、2005年1月、2004年8月に批准しています。

日本国内の取り組み

「子どもの権利条約」は国際人権条約であり、批准した国では国内法を整備するなどして、全ての権利について子どもたちに知らせ、保障しなければなりません。

しかしながら、日本では、条約の批准の際にいくつかの留保や解釈宣言を付していますが、これら国内法との整合性の進展や、一部の反対勢力の動きによって具体化が遅れています。反対意見の主な理由は「子どもが権利ばかりを主張すると、わがままになり大人の意見に従わなくなる」「旧来の親子関係（子が親に従うなど）が壊れる」などがあります。

そこでいくつかの自治体では、「地方分権」の具体化として、条約の理念をそれぞれの地域で生かすため「子どもの権利条例」などを策定し

ています。現在、数十の自治体で子どもに関する条例ができていますが、その内容については、総合的な条例や、個別課題に特化したもの、施策の推進を目指す原則的な条例などがあり、それぞれその地域に即したものとなっています。しかしながら、いくつかの自治体で策定の提案はなされたものの議会の反対などによって実現していない例も見られます。

神奈川県では川崎市が2001年、「子どもの権利に関する条例」を政令都市として初めて総合条例を施行しています。既に第6次川崎市子どもの権利に関する行動計画（2020～2022）が実施されており、子ども会議、子ども運営会議などの直接子どもが参加する場の取り組みや、子ども夢パークなどの活動拠点作りとともに、子どもあんしんダイヤルなどの救済窓口が設置されています。

また、相模原市では2015年に「相模原市子どもの権利条例」が制定されました。子どもの権利に関する相談・救済に対応するため、子どもの権利救済委員、子どもの権利相談員による相談・救済の窓口が開設されています。

条例ができたからといって、すぐに子どもの権利が保障されるわけではありません。地域には「子どもの権利」ということに反対する人たちも現実に暮らしています。しかし子どもたちが実際に生活している場は地域社会であり、自治体はその意味で、子どもたちと毎日向き合っているといえます。

子どもの生活の場に即して、子どもの目線に立って、保障されるべき権利を十分に理解し、現実生活の中で生かしていくことは、地域社会の中でのみ実現できるものです。今後の自治体における条例化のさらなる進展が強く求められます。

島﨑直人（かながわ教職員組合連合事務局長）

3. 児童買春

1980年代に「援助交際」という言葉がマスコミに登場し、1990年代になると女子中・高生が数万円の代価を受け取り、性的な行為やデートを行う事を指すようになりました。その後、デートクラブ、テレクラなどと多様化しますが、男性客のほとんどは性的関係を期待し、これらは売買春目的に利用されていました。このように売買春が「援助交際」といった言葉によって、児童売春を正当化し、合理化する流れは形を変えて今も続いています。例えば、SNS上で飛び交うハッシュタグの「＃デート援」「＃p活」「＃サポ」「＃泊めて」等です。経済的な困窮や誰かに共感してほしい、助けてほしいという気持ちにつけ込む形で売買春が行われています。1996年、日本はストックホルムで開催された「児童の商業的性的搾取に反対する世界会議」で東南アジアにおける児童買春の加害者として強い非難を浴びました。これを契機に、1999年になると議員立法で「児童買春、児童ポルノに関わる行為等の処罰及び児童の保護等に関する法律（以下、「児ポ法」と表記）が制定されました。2002年には「子どもの権利条約」の選択議定書である「子どもの売買、子どもの買春、子どもの買春及び子どものポルノに関する児童の権利に関する選択議定書」に日本政府は署名することとなります。これを受けて、2004年には「児ポ法」が改正され、「ビデオテープ」が「電磁的記録に関わる記録媒体」に変更され、法的刑が引き上げられました。同法は、18歳未満の全ての子どもを対象とすることに加え、国外での日本人による児童買春も処罰の対象としました。また、児童買春は被害者からの訴えがなくても処罰されるとしました。しかし、児童売春は大きく減少していません。（図1参照）

（図1）

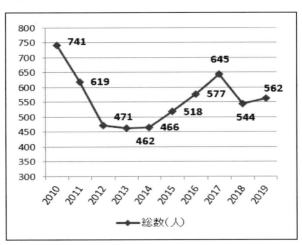

図1：児童買春・児童ポルノ禁止法違反の被害児童数の推移（児ポ法）：「令和元年中における少年の補導及び保護の概況　警察庁安全局少年課」より作成

4. 自撮り画像

　スマートフォン、SNSの利用拡大によってインターネットを通して匿名性の高いやりとりができる時代となりました。そのことによって、個人情報を明かさない気楽さから自撮り被害が中・高生を中心に年々拡大しています。（図2-1、図2-2）しかし、その匿名性により加害者の特定が難しい事態も生まれています。また、自ら写真を送ってしまったという負い目から、警察への相談を躊躇うケースも多いといいます。例えば、典型的な自撮り被害は次のようなものです。「SNSで知り合った人から裸の写真を要求される。SNSのフォロワーを増やしたい気持ちから迷いつつも写真を送ってしまう。その後、写真をネット上に公開され、削除を要求すると、その見返りにさまざまな要求をされる。」といった具合です。この場合、写真を相手方が保存しているので児ポ法違反となるが、写真の要求だけでは違反となりません。（児ポ法の2014年改正で、自己の性的好奇心を満たす目的で児童ポルノ、それに関わる電磁記録を所持、保管することが処罰の対象となりました。）そのため、近年では自治体が自画撮り被害未然防止のために青少年育成条例を改正しています。例えば神奈川県は2019年に次のように改正しました。児童ポルノを所持しているだけでなく、「①青少年に拒まれたにもかかわらず、当該提供を行うように求めた者。②青少年を威迫し、欺き、若しくは困惑させ、又は当該青少年に対し、対償を供与し、若しくはその供与の約束をする方法により、当該提供を行うように求めた者」は処罰の対象としました。また、ネット上の交流はリスクを伴うと注意するだけでなく、自画撮りに限らずデジタル足跡の危険性を教育で取り扱う必要もあるでしょう。デジタルで作成したものは生涯残る可能性が高いのです。情報モラル教育だけではなく、より良いデジタル・アイデンティティを作っていく方法や考え方を教育の中に取り入れていく必要性があります。

金澤信之（神奈川高等学校教育会館
教育研究所特別研究員）

（図2-1）

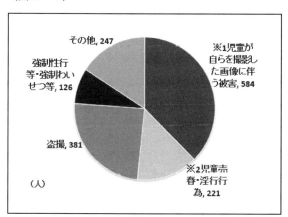

（図2-2）

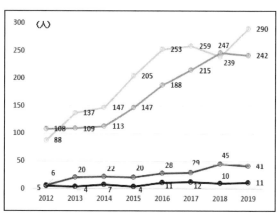

図2-1は、警察庁ＨＰ「なくそう、子どもの性被害関係統計／統計データより作成、図2-2も図1に同じ。図2-1は自撮り画像被害児童数の推移。
図2-2は2019年児童ポルノ禁止法違反の被害児童の内訳。
※1「児童が自らを撮影した画像に伴う被害」は、だまされたり、脅かされたりして児童が自分の裸体を撮影させられた上、メール等で送らされる形態の被害をいう。
※2「淫行行為」は「青少年保護育成条例（淫行行為）」をいう。

5. 若者と「性」

1. JKビジネス

2016年、アメリカ国務省の人身取引報告書は、「さまざまな形態の〝JK（女子高生）ビジネス〟が、日本人児童の性的搾取を目的とする人身取引を依然として助長しています。巧妙かつ組織的な買春ネットワークが、地下鉄、若者のたまり場、学校、インターネット上などの公共の場で、脆弱な日本人女性及び少女を標的とする。」と厳しく指摘しました。JKビジネスは、2000年代にメイド喫茶、リフレ等の開業が始まりと言われています。これらの中には女子高生に性的な行為をさせる業者が存在し、2012年以降、労働基準法の危険有害業務の就業やその他の法律によって、警視庁は2016年末までに都内32店舗55人を検挙しました。

しかし、摘発を逃れるために危険有害業務に該当しない非接触型の業態等（表1参照）が生み出され、従業員への性的被害や裏オプションと呼ばれる性的サービスは続きました。こうしたことから、2015年になると、18歳未満に加え、18歳以上20歳未満の高校生等が補導対象となり、2013年から2016年までの間で90人の女子高生が補導されました（警視庁）。2016年にはJKビジネスは174店舗が都内に存在し、さらにどのようなサービスが行われているのか把握が困難な

無店舗型まで出現しています。つまり、表面的には労働基準法などの現行法令に抵触しない営業形態に変化し、また、募集案内等に女子高校生は応募できないことを表示し、表向きには適法な労働であるとしています。

こうしたいたちごっこの中、各自治体では条例による規制を強めています。例えば東京都では、2017年に「特定異性接客業等の規制に関する条例」が施行されました。しかし、こうした取り締まりの強化に加えて利用者への取り締まりや、JKビジネスに入る女子高生や若者の背景（本人や家庭環境の困難）を可視化し、本人と家族を含めた包括的な支援付きの補導が行われることが必要です。

参考文献
・特定異性接客営業等の規制に関する条例　佐藤良一、自治体法務研究、2017
・居場所を求める若者たち　齋藤百合子、明治学院大学国際学研究、2017
・「JKビジネス」の現状に見る「JK」のブランド・マネジメントの特質と社会政策への示唆　田中謙他、日本大学文理学部研究紀要100号、2020

（表1）

サービス	主な営業内容	危険性
リフレ（接触型）	マッサージ、添い寝、肩もみ	裏オプション、個室における性的サービス、従業員の性的被害
散歩（同伴型）	観光案内、デート、カラオケ	ホテル等へ同伴して性的サービス、強制わいせつの被害
見学・撮影（鑑賞型）	制服や水着のコスプレ	下着が見えるような姿勢を撮影、派遣型の性的サービス
コミュニケーション（接待型）	会話やゲーム	客からのストーカー行為、児童売春等 個室における裏オプション、性的サービス、性的被害
喫茶（飲食遊興型）	接客サービス	客のストーカー行為、反倫理的性交等
ガールズバー ガールズ居酒屋	一部店舗で水着、下着の見える衣服等	報告書は健全育成上の問題があると指摘

表1　JKビジネスの形態・営業内容・危険性
　　　「警視庁　いわゆるJKビジネスにおける犯罪防止対策のあり方に関する報告書　2016年」より作成

２．AV強制出演

アダルトビデオ業界の中で、少なくない女性が過酷な性暴力や性被害を受けていることが顕在化することは、長い間ありませんでした。しかし2012年ごろから民間支援団体1）にアダルトビデオに無理やり出演させられたといった相談が寄せられるようになり、2015年９月に、アダルトビデオへの出演を拒否した女性に対し、所属プロダクションが2,460万円の損害賠償を求めた訴えをおこし敗訴したころから、「アダルトビデオ出演強要問題」として報道の頻度も増え、ほかにも出演を強要される女性がいることが、徐々に明らかになってきました。

2016年３月、国際人権NGOヒューマンライツ・ナウ2）は「ポルノ・アダルトビデオ産業が生み出す、女性・少女に対する人権侵害調査報告書」を発表しました。路上で「タレントにならないか」「すごく稼げるバイトがある」などと声をかけられ、断ってもなかなか解放してもらえず、内容も理解できないままに契約を締結してしまいます。アダルトビデオに出演することがわかり断ろうとすると、「契約した以上、拒否すれば違約金が必要」「親にばらす」などと脅され、本人の意に反して出演を余儀なくされます。「若い女性の無知や困窮に乗じて、衆人環視のもとでの意に反する性行為を強要し、その一部始終が半永久的に公にさらされる被害は著しい人権侵害であり、違約金の脅しによりこうした奴隷的な立場に置かれる「債務奴隷」ともいえる深刻な事態であり、女性に対する深刻な暴力」と同団体はこの報告書で断じています。

本人の意に反して性行為を強要されれば、強姦です。それではなぜ警察に助けを求めないのでしょうか。内容を理解していなかったとはいえ契約したのは自分であり、一方的には破棄できないと思い込んでしまう。一度撮影をすればそのことを「親にばらす」などと脅され、撮影は繰り返され、その都度「出演料」は振り込まれます。そうした事実が積み重ねられると、ようやく意を決して警察に駆け込んでも、合意があったと判断され、犯罪として立件されないのです。一方、撮影を強要した側にとっては、仕事として契約を履行したにすぎず、犯罪としての認識は薄いのです。

2016年６月、アダルトビデオの大手プロダクションの元社長ら３人が労働者派遣法違反（有害業務就労目的派遣）で逮捕されました。これまで多くのAVプロダクションが女性との契約を「委託」等にして法の適用を免れてきた中、一歩前進といえます。今後、現在の監督官庁もない状態を改善するための法整備が必要であるとともに、意に反するAV強要事案について、警察・検察は積極的に立件していくことが求められています。

参考文献
・「AV出演を強要された彼女たち」宮本節子（ちくま新書）
・「ポルノ・アダルトビデオ産業が生み出す、女性・少女に対する人権侵害　調査報告書」　国際人権NGOヒューマンライツ・ナウ
・「若年層を対象とした性的な暴力の現状と課題」男女共同参画会議　女性に対する暴力に関する専門調査会

３．性教育

警察庁によると2018年にSNSを通じて児童買春や児童ポルノなどの被害にあった児童・生徒は1811人、そのうち高校生は991人、5割強を占

１）PAPS　任意団体ポルノ被害と性暴力を考える会（2009年結成　2017年よりNPO法人化）。
　　LH　NPO法人人身取引被害者サポートセンター　ライトハウス（2004年設立）。
　　2015年から2017年にかけてPAPSとLHが提携し「AV被害者相談支援事業」を開始し、2017年6月までに相談累計380件となっている。
２）日本を本拠とする国際人権NGO（2006年発足）。法律家・研究者・ジャーナリストなどを中心に国際的に確立された人権基準に基づき公正な世界をめざし活動。

めています3）。また、厚生労働省によると2018年の10代の出産は8,777件、人工妊娠中絶は13,588件となっています。スマホやパソコンで性的内容にアクセスしようと思えば簡単にでき、その内容が正確な知識とは言い難い今、性教育はますます重要となっています。

1975年の国際女性年とそれに続く国連「女性の10年」、1985年の「女性差別撤廃条約」批准といった流れの中で、1992年は「性教育元年」ともいわれ、小学校5年で月経や射精、生命の誕生なども扱うようになりました。国も手引書を発行するなど、性教育に積極的な姿勢を打ち出していました。しかし、1996年ごろに始まるバックラッシュは「日本軍慰安婦」、夫婦別姓、ジェンダーフリーへの攻撃と続き、2001年には性教育に対する攻撃が始まります。

2003年には人形や歌を使って性教育を熱心に行っていた東京都・日野市にある七生養護学校の授業内容が不適切であるとして、東京都教委が校長・教職員に対し厳重注意処分を行うという事件が起きました（七生養護学校側は、教育への不当介入にあたるとして都教委及び都議会議員3人に対して損害賠償を求める訴訟と、元校長の降格処分の取り消しを求める訴訟を起こし、いずれも勝訴）。

性教育は、個人の尊厳と性の主体性の確立をめざしています。これは、心身を国家と家族に捧げる人間づくりをめざす教育の対局にあります。性教育への攻撃は当然のなりゆきであったのです。

2019年、性教育バッシングの先駆的役割を担ってきた東京都で、14年ぶりに「性教育の手引き」が改訂されました。旧版（高等学校編2005年刊行）の、冒頭から踏み出したことを教えないことを求めたこの手引きと七生事件が、教育現場を委縮・混乱させてきたのに対し、新版では「性交」の記載もない（都教委は教科書の範囲を超える指導も禁止されていないとしている）ものの、「性同一障害」「性的志向・性自認」「いろいろな生き方の尊重」などもとりいれられています。

参考文献
・「ジェンダー・フリー・トラブル」鈴木涼子編
　（現代書館）
・「ジェンダー視点から戦後史を読む」米田佐代子、大日方純夫、山科三郎編著（大月書店）

畠山幸子（神奈川県高等学校教育会館専務理事・事務局長）

6. 子ども虐待

1. 子ども虐待とは

1. 子ども虐待というと、幼い子どもが親から暴力を受けたり、放置されたりして命を落とした事件報道を思い浮かべ、深刻な事案をイメージするかもしれません。しかし、児童相談所での児童虐待相談対応件数は、2018（平成30）年度は全国でおよそ16万件もありました（現時点での速報値です。）。事件報道されるような深刻な事案ばかりではないことがわかります。

それでは、子ども虐待とはどのようなものでしょうか。

2. 子ども虐待については、「児童虐待の防止等に関する法律」に定義規定（第2条）があり、

3）警察庁生活安全局少年課「平成30年度SNSにおける被害生徒・児童の現状」

「保護者」が養育している子ども（18歳未満）に対し、次の（1）から（4）にあてはまる行為をすることとされています。「保護者」とは、親権者（父、母）だけでなく、子どもを現に養育している人（たとえば子どもの親の内縁パートナー等）も含みます。

（1）身体的虐待　子どもの体に外傷が生じ、又は生じるおそれのある暴行を加えることです。たとえば殴る、蹴る等のほか、激しく揺さぶる、異物を飲ませる等の行為です。

（2）性的虐待　子どもにわいせつな行為をすること、又は子どもにわいせつな行為をさせることです。性的な行為をしたりさせたりすることだけでなく、子どもに性器や性交を見せる、子どもをポルノグラフィの被写体にすることなども性的虐待です。

（3）ネグレクト　保護者として、子どもの監護（養育）を著しく怠ることです。たとえば心身の正常な発達を妨げるほどに食べ物を与えないこと、長時間の放置をすることなどです。同居人による子どもへの虐待を保護者が放置する、対応しないこともネグレクトにあたります。

（4）心理的虐待　子どもに対する著しい暴言又は著しく拒絶的な対応をすること、子どもが同居する家庭における家庭内暴力（DV）などです。たとえば、大声での罵倒や罵声、自尊心を傷つける言葉、無視、きょうだいの差別的扱いなどです。

　家庭内暴力（DV）は、子どもに対する直接の加害行為はありませんが、子どもの目の前で暴力が起きることは、子どもに強い恐怖感を与えます。また、幼い子どもはいろいろなできごとを自分に原因があるかのように考える傾向があるため、自分が悪い子だから暴力が起きているとの間違った自責の念を抱いてしまうため、子どもを心理的に脅かすものと考えられています。

3．子ども虐待であるかどうかの判断は、法律の定義に照らして検討しますが、子どもの立場に立って判断する必要があります。たとえ保護者にとってやむを得ない事情や理由があっても、子どものためを思っていても、子どもの立場からみて有害かどうかで判断をします。たとえば、保護者が病気になってどうしても子どもに食事を用意できない場合などは、保護者にとってはやむを得ない事情があるといえますが、子どもの立場からみると「食事をもらえない」ということになり、ネグレクトになります。

　「児童虐待」という言葉には保護者を非難するニュアンスがあるため、保護者にとっては指摘を受け止めることが難しいので、子どもの立場からの視点を重視して、「マルトリートメント」（不適切な養育）という言葉を使うことも多くあります。

2．子ども虐待が起きてしまう要因

　子ども虐待は、家庭内のさまざまな要因が複雑に絡み合って起こります。多くの場合、保護者自身が困っていたり、ストレスを抱えたりしています。たとえば、①夫婦の不仲、経済的困窮、失業や借金などのストレス、②保護者に相談できる人がなく孤独感を抱えている、③まだ若い時期に親になったため、育児をする準備がいろいろな意味で不足している、等がリスク要因であると言われています。

　保護者に注意をしたり、反省させたりすることによって、短期的には改善することもあります。しかし、注意や反省は子ども虐待の根本的な解決策ではありません。その家庭ごとに、子ども虐待が起きてしまう要因を具体的に明らかにし、理解して、子どもと保護者と一緒に改善の方法を考えることが必要です。

3．子ども虐待の影響

　虐待を受けた子どもは、本来は自分を守ってくれるべき保護者から「ダメな子」、「いらない子」と思われているように感じ、本来安心できるべき家庭で緊張を強いられているので、自己肯定感や人や社会への信頼感をもつことができなかったり、無力感に苛まれたりします。する

と、他人との関係の作り方や保ち方が分からなくなったり、将来への夢を持てなくなったりします。頭痛、腹痛、疲労感などの身体症状が現れたり、その他の精神的な症状に苦しんだりすることもあります。

　虐待を受けたことの影響は、このようにさまざまな形で現れます。また、思春期、結婚、親になる時期という長い経過の中で、形を変えた苦しさを新しく感じることもあります。

　被害を受けた子どもは、暖かく受け入れられ、安心と安全を感じられる環境で回復する必要があり、里親宅や施設での生活を選択することもあります。症状によっては、心理療法や精神科治療を受けることもあります。

４．子ども虐待の予防と防止について

　以上のとおり、子ども虐待は、子どもの体や心の発達にとって長期的に深刻な影響を起こす危険があるものです。

　報道される子ども虐待事件は深刻なものばかりですので、世論の後押しもあり、児童虐待が起きている家庭に対する児童相談所の介入機能は法律改正のたびに強化されています。しかし、子どもが深刻な虐待被害を受ける前に、早期に虐待の徴候に気づいて対応すること、何よりも子ども虐待が起こる前に予防することがとても重要です。

　児童福祉法は、親だけに子育ての責任を押し付けるのではなく、「すべて国民は児童が良好な環境において生まれ、かつ、社会のあらゆる分野において児童の年齢及び発達の程度に応じてその意見が尊重され、その最善の利益が優先して考慮され、心身ともに健やかに育成されるよう努めなければならない。」（２条１項）、「国及び地方公共団体は、児童の保護者とともに児童を心身共に健やかに育成する責任を負う。」（２条３項）と規定し、社会全体が子どもの健やかな育ちを支え、親と共に子育てをするものとしています。

　そのために、地方自治体と民間団体が協力して、さまざまな子育て支援策や相談窓口を設置

し、子どもに関係する機関相互の連携の取組みが行われています。子育て支援策を通じての子ども虐待の早期発見と防止は、数値化が難しく、成果が目に見えにくいのですがとても大切なことです。

５．体罰の禁止

　児童福祉法と児童虐待防止法の改正（2020年４月施行）により、体罰禁止が法律に明記されました。「しつけのため」であっても、程度の軽いものであっても、子どもの身体に苦痛や不快感を意図的にもたらす行為は体罰であり、禁止です。体罰を受けた子どもは、恐怖心から一時的には親の言うことを聞きますが、自分で考えて学んで行動しているわけではないので、自分で考える力は育ちません。むしろ、暴力によるコミュニケーションを身に付けてしまう等の悪影響が懸念されます。

６．性的虐待

1．発見と事実確認の難しさ

　性的虐待を受けたとき、特に幼い子どもは「性的」な意味がまだわからないので混乱します。意味がわかる子どもはこんなことが起きるなんて信じられないと混乱します。嫌な気持ちと同時にいい気持ちを感じることがあり、また、何かを買ってくれるなどの「うれしいこと」と同時に性的虐待をされることもあるので、このような場合には自分の気持ちが分からなくなります。性的虐待をする人の多くは、「秘密だよ、誰かに言ったら大変なことになるよ」などと口止めをするので、誰かに相談することもできません。恥ずかしい、悲しい、許せない、こわい、心配、などのいろいろな感情に心を揺さぶられます。このようなことが起きているので、性的虐待を受けた子どもにとって、そのことを誰かに相談するのはとても難しいことです。

　性的虐待をした保護者が事実を認めることはほとんどありません。性的虐待をしていない保護者は、家庭内で、自分のパートナーがそのようなことをした事実を受け止めるのが難しく、

見て見ぬふりをしたり、子どもの告白を信じな
かったりすることがあります。

2. 子どもへの影響

　性的虐待の影響は子どもの成長に長期間にわ
たり、さまざまな形で現れます。
さまざまな精神科的な問題（PTSDや抑うつなな
ど）や行動上の問題（年齢にふさわしくない性
的発言など）や、自己イメージの低下をもたら
します。

　被害が明らかになった時点では問題や症状が
なくても、数年後に性被害体験に基づく影響が
起きてくることもありますので、長期的に見守
りを続けるケアが必要になります。

　以上のような性的虐待の特殊性を考えると、
子ども達が性について正しい知識をもち、被害
を恥ずかしがらずに、信頼できるおとなに打ち
明けられるように予防教育をすること、相談窓
口を子ども達に伝えておくことがたいへん重要
です。

3. 監護者性交等罪の新設（2017年7月改正刑法施行）

　従来、被害者が13歳以上の場合は暴行や脅迫
があった場合のみ刑法の強制わいせつ・強制性
交等の犯罪が成立していました。しかし、性的
虐待は家庭内での抵抗できない関係性のなかで
生じるので、行為のときに暴行や脅迫が伴わな
い形態が多いため、被害者が18歳未満の場合は
「監護者であることによる影響力に乗じ」た場
合には、暴行や脅迫がなくても、強制わいせつ・
強制性交等の犯罪が成立することとなりました
（刑法179条）。

東　玲子（弁護士）

横浜・寿地区で介護サービスを利用している女性とヘルパー（写真提供：特定非営利活動法人ことぶき介護）

第10章

高齢者
と人権

1. 高齢者のイメージと人権

高齢者の実像

　第2次大戦直後の1947年の日本人の平均寿命は男性50.06歳、女性53.96歳、65歳以上の高齢者の人口（高齢化率）は4.8%でした。一方、2019年における平均寿命は男性81.41歳、女性87.45歳、高齢化率は28.7%となっています1)。誰もが高齢者になる時代になり、高齢者は少数の特別な人ではなくなっているのです。

　従来の高齢者のイメージは、完全に社会生活から引退して、収入がなく、健康状態が悪く知的能力も低下し、無能・虚弱でもっぱら保護すべき存在といったものではなかったでしょうか。しかし、実際の高齢者は、健康で、資産をもち、社会に参加し続けています2)。現在では、従来の高齢者のイメージが通用しなくなっているのです。現行の制度などでは65歳以上の人を高齢者としてとらえることが多いですが、平均寿命の伸びを考えて、要介護の比率が高くなる75歳以上を新たな高齢者の定義とするべきという考え方も出てきています3)。

　ただし、個々の高齢者には大きな格差があることに注意をする必要があります。高齢者は、それまで経てきた長い人生が異なるために、資産、健康、家族状況などの多くの面に格差があるため、高齢者を一律に見ることには注意が必要です。

高齢者の人権を見る視点

　こうした高齢者の現状を踏まえると、高齢者は、自立した人格と蓄積をもち、長い人生において蓄積してきた身体的・精神的・社会的・経済的能力の多くがなお残存しているとともに、経時的にその能力が少しづつ減退的に変化していく存在であると見ることができます。すなわち、高齢者が自立していて強い部分と、支援が必要な弱い部分の両方に着目することが必要です。

　このように考えると、高齢者の人権を見る場合には、一人の自立した人間として尊重し能力を発揮できるようにすることと、避けられない能力低下に対して支援することの双方が重要になります。とくに、意思決定支援と虐待防止の側面に着目することが必要です。

2. 高齢者の意思決定支援

意思決定支援の重要性

　高齢者が生活をしていくためには、医療や介護サービスの利用、日常生活における契約、財産の運用や処分、住まいの決定など、さまざま

1）厚生労働省「簡易生命表」、総務省「人口推計」。
2）世帯主が60歳以上の世帯の貯蓄現在高の中央値は全世帯の1.5倍(1,639万円)となっている（総務省「家計調査」2017年）。また、高齢者の就業率は、男性が33.2%、女性が17.4%となっている（総務省「労働力調査」2018年）。さらに、60歳〜69歳の約7割、70歳以上の約5割弱が働いているか、またはボランティア活動、地域社会活動（町内会、地域行事など）、趣味やおけいこ事を行っている（厚生労働省「平成28年国民健康・栄養調査」）。
3）日本老年学会・日本老年医学会「高齢者に関する定義検討ワーキンググループ　報告書」〔2017（平成29）年3月〕。

な場面での意思決定を避けることはできません。

　一方で、認知科学や老年科学の知見によれば、高齢者は必ずしも合理的な選択行動をとるのではなく、直感や過去の経験に依存した意思決定をしやすいという特徴を持っていることが知られています。また、認知症などによる認知能力の低下により、意思決定能力が低下する場合も多いとされています4)。

　高齢者の人権を尊重するためには、高齢者の自立的な意思決定を尊重するとともに、能力が低下しても意思決定ができるよう支援することが必要です。これまでも、意思能力のない高齢者のおこなった契約は意思無能力として無効とされる制度や、能力の低下した高齢者を保護するための行為能力制限（成年後見）の制度で対応されてきました。このような意思決定能力が低下した後の支援の仕組みとともに、能力が低下する前にあらかじめの高齢者が意思表示をしておく仕組みを活用することで、高齢者の意思が実現できるように支援していく必要があります。

成年後見制度

　認知症などにより判断能力が不十分な人の判断能力の不足を補うため、裁判所に選任された成年後見人等が、生活、療養看護及び財産の管理に関する事務を行うものが、成年後見制度です。利用者としては、認知症高齢者が最も多くなっています（63％）5)。こうした人は、不動産や預貯金などの財産を管理したり、身のまわりの世話のために介護などのサービスや施設への入所に関する契約を結んだり、遺産分割の協議をしたりする必要があっても、自分でするのが難しい場合があります。また、自分に不利益な契約であってもよく判断ができずに契約を結んでしまい、悪徳商法の被害にあうおそれもあります。このような判断能力の不十分な高齢者を保護し、意思決定を支援するのが成年後見制度です。

　民法に定められた法定後見制度には、判断能力の程度など本人の事情に応じて、後見・補佐・補助の3種類があります。後見人等は、本人の利益を考えながら、本人を代理して契約などの法律行為をしたり、本人または成年後見人が本人がした不利益な法律行為を後から取り消すことができます。後見人等は、申立権者による審判の開始の申し立てに基づき、裁判所が後見開始の審判を行って選任します。成年後見人には、家族が選任されるほか、弁護士や司法書士、社会福祉士といった専門職が選任されることも多くなっており、社会福祉協議会などの法人後見も認められています。

　このほか、本人が十分な判断能力のあるうちに、将来、判断能力が不十分な状態になった場合に備えて、あらかじめ自らが選んだ任意後見人に、自分の生活、療養看護や財産管理に関する事務について代理権を与える契約を結んでおく任意後見制度があります。

　成年後見制度の利用状況を見ると、2017年末で約21万件で、利用者数は少しづつ増加しているという状況です6)。男性では70.0％を、女性では86.3％を65歳以上の高齢者が占めています。

　申立人については、本人の子が最も多く全体の27.2％を占めますが、身寄りのない人を中心に市区町村長の申し立てが多くなっています（19.8％）。

　主な申し立ての動機としては、預貯金等の管理・解約が最も多く、次いで介護契約などの身上監護となっています。成年後見人等と本人の関係については、親族が成年後見人等に選任されたものが全体の26.2％、司法書士・弁護士・社会福祉士など親族以外の第三者が選任されたものが全体の73.8％となっています。

　成年後見制度は徐々に普及し、高齢者の認知能力の低下に対応してその意思決定を支援する

4）駒村康平編『エッセンシャル金融ジェロントロジー』（慶応義塾大学出版会、2019年）など参照。
5）「成年後見制度の現状」（厚生労働省、2018年5月）。
6）前掲注5）参照。

ものとして普及してきましたが、課題も多くあります。その第一は、自己決定支援のためであれば原則として本人が意思決定を行う補助類型が中心であるのが望ましいところ、わが国では代理人がほとんどの行為を代理できる後見類型が中心であり（約8割）、高齢者から意思決定をする権限を奪う形になってしまっていることです。このほかに、虐待など親族との関係が不適正であったり、一人暮らしなどの場合の市町村長申立が増えていないこと、人材確保と不正防止が求められていること、低所得者の利用を支援する成年後見制度利用支援事業の普及が不十分であること、医療同意権が後見人等になく医療現場において問題が生じていることなどの課題があります。

その他の意思決定支援

　成年後見制度は、高齢者本人に代わって後見人等が意思決定を行うことを基本とする仕組みであり、あくまで本人の意思決定が難しい場合の最後の手段であると言えます。認知能力が低下する前にあらかじめ備える任意後見などの制度の活用を進めるとともに、そこまで行く前の段階でのさまざまな支援が必要です。

　その1つが日常生活自立支援事業の活用です。日常生活自立支援事業は、判断能力が不十分な高齢者などとの契約に基づき、福祉サービスの利用援助等を行うもので、都道府県社会福祉協議会が実施しているものです。援助の内容としては、福祉サービスの利用援助、日常生活上の消費契約及び住民票の届出等の行政手続に関する援助、預金の払い戻し、預金の解約、預金の預け入れの手続等利用者の日常生活費の管理などがあげられます。

　また、認知症高齢者の数が増加し、2025年には700万人、高齢者の5人に1人に達すると見込まれています。認知症の人がその能力を最大限活かして、日常生活や社会生活に関して自らの意思に基づいた生活を送ることができるよう、周囲の人がどのように日常生活・社会生活における意思決定支援を行うかについてのガイドラインが示されています[7]。

　高齢者の抱える問題は、介護、家族との関係などの問題と密接に絡まっており、地域包括支援センターを中核とした成年後見にとどまらない関連機関の広範な連携や、地域住民による見守りや支援によるネットワークづくりが求められていると言えます。

3. 高齢者の虐待の防止

高齢者虐待とは何か

　高齢者虐待とは、高齢者と介護等をおこなう身近な人（家族や介護従事者）との密接な関係が破綻したものであると言えます。高齢者虐待の種類には、次のようなものがあります[8]。
①身体的虐待　高齢者の身体に外傷が生じ、又は生じるおそれのある暴行を加えること。例としては、平手打ちをする、つねる、殴る、

蹴るなどの暴力的行為、本人に向けて物を壊したり、投げつけたりする危険な行為、無理やり食事を口に入れるなどの乱暴な行為、ベッドに縛り付けるなど身体を拘束する行為などがあげられます。
②介護・世話の放棄・放任（ネグレクト）　高齢者を衰弱させるような著しい減食又は長時間の放置その他の高齢者を養護すべき職務上の

---

7) 厚生労働省「認知症の人の日常生活・社会生活における意思決定支援ガイドライン」（2018年）。
8) 厚生労働省「市町村・都道府県における高齢者虐待への対応と養護者支援について」（2018年3月改訂）。

義務を著しく怠ること。具体例としては、意図的であるかどうかを問わず、水分や食事を十分に与えない、入浴させない、徘徊や病気の状態を放置するなどがあげられます。

③心理的虐待　高齢者に対する著しい暴言又は著しく拒絶的な対応その他の高齢者に著しい心理的外傷を与える言動を行うこと。例としては、排泄の失敗など嘲笑して恥をかかせること、怒鳴る・ののしる、トイレに行けるのにおむつをあてる、家族との団らんから排除するなどがあげられます。

④性的虐待　高齢者にわいせつな行為をすること又は高齢者をしてわいせつな行為をさせること。例としては、排泄や着替えの介助がしやすいという目的で、下半身を裸にしたり、下着のままで放置する、人前で排泄行為をさせる、性器を写真に撮るなどがあげられます。

⑤経済的虐待　高齢者の財産を不当に処分することその他当該高齢者から不当に財産上の利益を得ること。例としては、日常生活に必要な金銭を渡さない、本人の自宅等を本人に無断で売却する。年金や預貯金を無断で使用する、医療や介護サービスなどに必要な費用を支払わない、などがあげられます。

高齢者虐待の実態

2018年度に高齢者虐待と認められた件数は、家族等の養護者によるものが17,249件、施設従事者等によるものが621件であり、増加しています[9]。

養護者による虐待について見ると、虐待の種別では「身体的虐待」が67.8％で最も多く、次いで「心理的虐待」（39.5％）、「介護等放棄」（19.9％）、「経済的虐待」（17.6％）でした（複数回答）。虐待の発生要因としては、「虐待者の介護疲れ・介護ストレス」が25.4％で最も多く、次いで「虐待者の障害・疾病」（18.2％）でした

（複数回答）。

施設従事者等による虐待について見ると、虐待の種別では、「身体的虐待」が57.5％で最も多く、次いで「心理的虐待」（27.1％）、「介護等放棄」（19.2％）でした。虐待の発生原因としては、「教育・知識・介護技術等に関する問題」が58.0％で最も多く、次いで「職員のストレスや感情コントロールの問題」（24.6％）、「倫理観や理念の欠如」「人員不足や人員配置の問題及び関連する多忙さ」（それぞれ10.7％）でした（複数回答）。

高齢者虐待防止の仕組み

「高齢者虐待の防止、高齢者の養護者に対する支援等に関する法律」（高齢者虐待防止法）では、高齢者に対する養護者（家族、親族など）と養介護施設従事者等（老人福祉施設や居宅サービス事業の従事者）による虐待を取り扱っています。養護者または施設従事者等による高齢者虐待を受けたと思われる高齢者を発見した場合などは、市町村に通報しなければならないことなどが定められています。

通報を受けた市町村は、速やかに、安全の確認その他事実の確認のための措置を講ずるとともに、地域包括支援センターなど関係機関と対応について協議を行い、必要に応じて施設への入所措置や成年後見の審判請求をおこないます。

この際、立入検査や警察署長への援助要請をすることができます。

高齢者虐待防止の基本的視点

高齢者虐待等の防止に向けた基本的視点としては、次のようなことが重要です[10]。

第一に、発生予防から虐待を受けた高齢者の生活の安定まで、継続的な支援をおこなっていくことです。

第二に、高齢者自身の意思を尊重することです。高齢者が安心して自由な意思表示ができる

9）厚生労働省「平成30年度「高齢者虐待の防止、高齢者の養護者に対する支援等に関する法律」に基づく対応状況等に関する調査結果」。

10）前掲注8）のマニュアル参照。

ような支援を行うことが大切です。

第三に、虐待を未然に防ぐための積極的なアプローチをおこなうことです。家庭内における権利意識の啓発、認知症に対する正しい理解や介護知識の周知、介護サービスの利用促進などによる養護者の負担軽減、孤立している世帯に対する関係者による働きかけ、施設従事者等に対する研修の実施などが求められます。

第四に、虐待の早期発見と早期対応です。そのためには、民生委員など地域組織との協力連携、地域住民への啓発普及、関係機関等との連携体制の構築などが必要です。

第五に、高齢者本人とともに養護者を支援することです。高齢者と養護者の利害対立への配慮、虐待の発生要因と関連する課題への支援、支援機関へのつなぎなどが必要です。

第六に、関係機関の連携・協力によるチーム対応です。虐待している養護者は一概に加害者であるとは言えず、介護疲れや養護者自身が何らかの支援（経済的な問題、障害・疾病など）を必要としている場合も少なくありません。家庭全体の状況からその家庭が抱えている問題を理解し、高齢者や養護者・家族に対する支援を行うことが必要です。複数の関係者が連携を取りながら高齢者や養護者の生活を支援できる体制を構築することが必要とされています。

以下では、介護と財産管理という具体的場面を例にあげて、高齢者の人権を論じていきます。

4. 具体的場面①—介護を受ける権利

介護を受ける必要性と権利

高齢者の多くは健康で自立していますが、特に後期高齢者（75歳以上）になると食事、排せつ、入浴などの介護の必要のある人が多くなり、要支援の認定を受けた人は8.8%、要介護の認定を受けた人は23.3%となっています[11]。

65歳以上の介護を必要とする人は、公的介護保険制度により、居宅や施設において介護サービスを受けることができます。利用にあたっては、市町村により要介護認定を受けたうえで、介護事業者とサービス利用契約を結ぶことが原則となっています。契約を結ぶのは高齢者本人ですが、認知能力の低下や情報弱者であることから、高齢者が介護サービスを受ける権利を守るためには、適切な利用契約を結ぶことができるようにするための支援が不可欠です。

まずは、サービス利用の過程全体を通して、相談援助を受けられる必要があります。介護保険でサービスを受けるためには、事業所の居宅介護支援員（ケアマネジャー）や地域包括支援センターで、要介護者のニーズに最も対応したサービスの組合せについてケアプランの作成を受けられることになっています。また、サービスのありかや内容についての情報提供、契約時にサービスの内容について十分な説明を受けて納得してサービスを受けられるようにするための文書提供義務などの契約規制、サービスの質の評価などの仕組みも整備されています。さらに、成年後見や虐待防止などの権利擁護の仕組みや、都道府県社会福祉協議会における福祉サービス運営適正化委員会など介護サービスに対する苦情解決の仕組みも重要です。

このような要介護高齢者個人に対する支援とは別に、地域において適切な介護サービスが受けられるように、地域資源の確保・連携や担い手の育成などの条件整備が不可欠です。自治体の介護保険事業計画（高齢者保健福祉計画）や地域福祉計画に基づく計画的整備、医療・介護・

11）厚生労働省「介護保険事業状況報告（年報）」〔2016（平成28）年度〕。

生活支援が日常生活の場で適切に提供できるような地域包括ケアシステムづくりが重要です。

また、こうした地域の制度・政策の策定にあたって住民が参加するための審議会参加・パブリックコメントなどの仕組みや、個人に不服がある場合の審査請求の仕組みも整備されています。

高齢者の介護を受ける権利を守るためには、こうした仕組みの運用により、適切な介護サービスを利用しやすくすることが求められています。

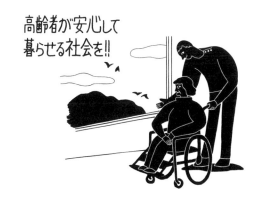

施設サービスなどの利用者の権利

施設などで介護サービスを受ける高齢者には、適切な水準・質のサービスを受ける権利があります。まずは、適切な介護サービスを請求する権利があります。施設基準や利用契約にしたがって、適切な人員と設備により、適切なサービスを受ける権利があります。この中には、転倒や誤嚥などの介護事故にあわないようにサービスを受ける権利も含まれます。不当な身体拘束や虐待を受けない権利も重要です。

また、サービスを受けている間の個人情報保護などのプライバシーの権利や、個人の人格を軽視する呼びかけをされないなどの個人の尊厳にかかわる権利も重要です[12]。

介護者の人権

要介護高齢者の数の増加に伴い、家族介護者も2016（平成28）年には約700万人と、この15年間で1.5倍近く増加しています。このうち60代以上が約半数を占め、高齢化しています。こうした家族介護者の多くは、精神的・身体的・経済的負担を感じています（いずれも4～6割強）[13]。こうしたことを背景に、介護離職（年間約10万人）や、子育てと介護を同時に担うダブルケア（約25万人）が問題になっています。

こうした家族介護者は、仕事との両立、自分や家族の現状や将来、地域や専門職との関係、相談先などの問題を抱えています。介護者の人権も問題になっているのです。要介護者本人のみならず、家族介護者の支援を一層進めていく必要があり、介護者自身のアセスメント、多様な専門職の支援ネットワークづくり、地域づくり、協議の場づくりなどが求められています。

また、介護現場では、利用者や家族による介護職員への身体的暴力や精神的暴力、セクシュアルハラスメントなどが少なからず発生しています[14]。これは、利用者宅への単身の訪問や利用者の身体への接触も多いこと、職員の女性の割合が高いこと、サービスを安易に中止できないことと関連があると考えられます。利用者や家族の性格又は生活歴、利用者や家族がサービスの範囲を理解していないことなどが原因ですが、ハラスメントを行っている利用者・家族等の中には、著しい迷惑行為を行っていると認識していない人もいると考えられます。ハラスメント対策は介護職員を守るだけでなく、利用者にとっても介護サービスの継続的で円滑な利用にも繋がる重要な対策です。事業者は、客観的に発生の有無を捉え、再発防止策を講じることが必要です。

12）河野正輝「福祉サービス利用者の権利と権利擁護」河野正輝ほか編『社会福祉法入門（第3版）』（2015年、有斐閣）。
13）厚生労働省「市町村・地域包括支援センターによる家族介護者支援マニュアル」（2018年3月）。
14）三菱総合研究所「介護現場におけるハラスメント対策マニュアル」（平成30　年度厚生労働省老人保健健康増進等事業、2019年3月）。利用者や家族等からハラスメントを受けた経験のある福祉職員は、利用者からは4～7割、家族等からでは1～3割になっている。

5. 具体的場面②—経済的問題に関する権利

高齢者の経済的問題

　高齢者の収入に占める年金の割合は大きいですが（約6割）、それだけではなく、資産を取り崩して生活しています（約8％）15)。そのためもあり、またそれまでの長い人生の蓄積の結果として、他の年齢階級に比べ、貯蓄や住宅などの資産を多く保有しています。

　高齢者の経済的問題には、資産の管理と生活資金の利用の双方が含まれます。資産を多く有する高齢者ですが、認知症の増加など認知能力の低下で資産管理能力が低下する場合も多いとされており、どのように支援するかが問題となります。また、年金・就労収入・資産のいずれにも格差があり、十分な老後所得や資産を持たない高齢者の経済的生活をどのように支援するかも問題になります。

　高齢者は、お金・健康に対する不安や孤独により、電話勧誘や家庭訪問販売による消費者被害や特殊詐欺にあいやすくなっています。まずは消費者被害や特殊詐欺からの防止や被害回復が必要です。振り込め詐欺救済法では犯罪被害者に対する犯罪利用口座からの返金による被害の回復、消費者契約法改正（2017年施行）では、加齢等による判断能力の低下の不当な利用を防ぐための消費者契約の取消事由の拡大などがおこなわれています。

資産管理

　高齢者の資産運用は安全な預貯金に偏っているわけではなく、若い世代よりも株式投資などのリスク資産が多くなっていますが、必ずしも、合理的な選択行動をとらないという特徴を持っ

ていることが知られています。認知能力の低下で資産管理能力が低下する場合も多いとされています。

　高齢者向け金融取引に関しては、金融機関は、顧客の投資経験、投資目的、資力等を十分に把握し、顧客の意向と実情に適合した投資勧誘を行うことを求められています（適合性原則）16)。

　認知機能の低下した高齢者にリスクが高く複雑な金融商品を勧誘し被害を与えたケースで、適合性原則違反と説明義務違反を認め不法行為となるとした判例があります。

　今後は、高齢者の自己決定を基本として、高齢者の意思決定を支援するような、適切な資産運用と事情に応じて円滑に資産を取り崩して資金利用できる仕組みを考えていく必要があります。高齢者の金融取引を制約する対応とは別に、能力減退前に本人が事前意思表示しておくことで自己決定を支援する仕組みとしての任意後見、財産管理委託契約、代理人届制度、信託契約などがあり、高齢者支援を目的とした金融商品としては、解約制限付き信託やリバースモーゲージ、家族が受託者となって高齢者のために財産管理を行う家族信託（民事信託）などが広がりを見せてきています17)。

　日常的な金融取引においても、認知症などの高齢者への対応として、キャッシュカードの紛失・再発行、長時間の来店や電話、近親者の関与など、金融機関の現場はたいへんな苦労をしています。しかし一方で、高齢者との生活のことを考えると、取引制限は限定的にせざるを得ません。

　高齢者の資産管理ニーズは、金融取引や代理

---

15) 厚生労働省「国民生活基礎調査」2017年。
16) 日本証券業協会は自主規制である「高齢顧客への勧誘による販売に係るガイドライン」を設けており、商品調査と顧客調査をおこなって適合性を判断することになる。
17) 日比野俊介「金融取引における高齢者対応の現状と課題」、上柳敏郎「金融商品取引における高齢者保護と支援」金融法務事情No.2119（2019年）。

Column

高齢者の貧困

高齢者は長い人生の結果として格差が大きく、貧困率も高くなっています。

高齢者の貧困の理由としては、長い人生の中で何らかの理由で就労収入が低く、十分な年金額を受給できるほどの保険料の支払いができない場合があるほかに、単身になると世帯をモデルにして設定されている年金額では足りなくなること、医療や介護のニーズが生じるとそのための支出がかさむこと、持ち家でない場合の家賃が家計を圧迫することなどがあります。とくに女性の場合は就労期間や収入が少なく、単身による老後期間が長いことから、貧困が深刻になっています。

貧困問題に対しては、こうした要因のそれぞれに対応する必要があり、若いころからの年金加入の徹底・拡大、単身高齢者の地域住民による見守りや支えの仕組みづくり、女性の就労のための家庭との両立や男女の賃金格差の是正、高齢者の就労支援、医療介護の自己負担の適正化、家賃手当や最低保障制度の検討などが総合的に行われる必要があります。

西村　淳（神奈川県立保健福祉大学教授）

権に限りません。地域における権利擁護のためには、関連の機関との連携の上で、見守りを行っていく仕組みが不可欠です。

生活資金

高齢者の収入の多くは年金が占めていますが、長く異なる人生による格差があり、年金額は人によって大きく異なっています。年金制度は社会保険方式であり、就労収入の中から保険料を支払い、それに応じて年金受給の権利を得ますが、非正規雇用や失業で収入が低かった時期が長いと老後に受け取る年金額も低くなってしまいます。2019年度から年金額が低い人に対しては税によって補填がおこなわれる年金生活者支援給付金の制度ができましたが、今後若年世代の雇用が不安定になり、保険料の支払いができなくなる人が増えることが予想され、その場合の老後の就労支援や所得補填の制度を考えておく必要があります。生活保護の受給者の半分はすでに高齢者となっていますが、現在は自立支援のための制度であるにもかかわらず65歳以上の高齢者には就労努力を求めないという、制度の趣旨と違った運用が行われています。

また、高齢者の生活資金のうち大きな部分を占めるのが、医療費です。高齢者の医療費の自己負担は70歳以上が原則2割、75歳以上が1割となっていますが、単に年齢でなく所得に応じて負担額が変わるようになっており、今後この方向が進められるものと考えられます。一方で、高額療養費の制度によって上限が抑えられているものの病気になった時の負担は大きいものがあります18)。高齢者の医療・介護の利用者負担は、病気や要介護といった危機的状況において大きな負担となりかねず、社会保障制度体系の中での、平時の保障である年金と、危機的状況での保障である医療・介護の優先関係を考えるべき時が来ていると言えます。

※2021年6月4日、75歳以上の医療費の窓口負担を2割に引き上げる「改正」法が成立。単身世帯で200万円以上、複数世帯で320万円以上の年収の人が対象となります。
導入時期は2022年度後半の予定です。

西村　淳（神奈川県立保健福祉大学教授）

---

18) 70歳以上高齢者の入院時では月57,600円が基準で、多数回該当は44,000円となっている（2020年度）。

官憲によって強制収容される本妙寺（熊本県熊本市）のハンセン病患者（写真提供：国立ハンセン病資料館）

第11章

疾病・患者
と人権

1. 患者の人権

患者の権利とは

わが国の医療に関する指標を見ると、平均寿命や乳児死亡率などの健康指標は世界一、医療費は先進国中で低い方で、病床数・医療従事者数・医療機器数も多く、国民皆保険でアクセスも良いなど、世界的にも優れたものになっています。一方で、日本人の医療制度への満足度は低く、とくに治療、医師への信頼、医師との話し合いについての満足度が低くなっています1）。

従来わが国では、患者は治療の対象であって、医師の指示に従うものであると考えられてきたため、患者の選択・自己決定や権利ということが意識されることが少なかったと言えます。しかしながら、疾病の中心が社会防衛を重視する感染症から自ら療養を選ぶ慢性疾患に移ってきていることや、医療の進歩により新しい治療や検査が生まれ、その利益と危険を患者が知ったうえで判断する必要性が多くなってきたことなどから、患者の権利を確立することが求められるようになってきています。

歴史的には、患者の同意のない手術を障害や暴行にあたるとするドイツ（1894年）やアメリカ（1905年）の判決で、患者の同意のない医療が人権侵害であることが認識されるようになりました。戦時下のナチスの人体実験に対するニュールンベルク裁判での断罪などもありました。1960〜70年代のアメリカでの患者の権利運動では、患者と医師との対等な関係、患者の意思の尊重、医療事故防止などが訴えられました。その結果、「患者の権利章典」（アメリカ病院協会、1973年）や「患者の権利に関するリスボン宣言」（世界医師会総会、1981年）などで患者の権利が世界標準になってきました。

わが国でも、1984年に患者の権利宣言全国起草委員会が「患者の権利宣言案」を採択し、その後も患者の権利の法制化を目指す動きがあります。実定法では、1997年の医療法改正で、「医療の担い手は、医療を提供するに当たり、適切な説明を行い、医療を受ける者の理解を得るよう努めなければならない」として医療従事者にインフォームド・コンセントの義務を課したことは大きな転機となりました。

患者の権利の内容としては、患者の個人の尊厳を基礎において、患者の自己決定権、個人情報が保護される権利と知る権利、最善・安全・平等な医療を受ける権利が含まれると言えます。近時では、終末期医療、遺伝子治療、生殖医療、クローン、移植医療など新しい医療技術に伴う問題も論じられるようになってきました。

患者の自己決定権

医療行為を受けるのは患者ですから、どのような医療行為を受けるかについては、患者自身に決定する権利があります。医師や医療機関が勝手に決めるのではなく、患者が選択し、あるいは拒否することができます。宗教的理由により輸血を拒否する「エホバの証人」の信者に対し、医療機関が本人の同意なく輸血を実施した事例では、輸血拒否の意思決定をする権利は人格権の内容として尊重されるべきとされた判例があります（最高裁2000（平成12）年2月29日判決）。

患者が治療について自己決定するためには、医療行為について医師による十分な説明を受けたうえで、患者が理解して同意・選択・拒否することができるようにすることが不可欠です。患者の症状と原因、医療行為を採用する理由、

1）村田ひろ子・荒牧央「日本人はなぜ医療に満足できないのか— ISSP国際比較調査「健康」から」放送研究と調査64（11）（2011年）。

医療行為の内容、危険性の程度、改善の見込み、医療行為を行わない場合の予後などについて説明し、患者と相談しながら進めていくことが求められています。これをインフォームド・コンセントといいます。「説明と同意」といわれることがありますが、医師の患者に対する一方的な説明に対し患者が同意をするだけの手続きのように聞こえてしまいかねないことから、訳さずに使われています。患者が医師に「お任せします」というのではなく、医師と患者のコミュニケーションが重要ですが、現場では、医師が治療や検査の必要性を一方的に説明して患者に同意を迫ったり、十分な情報提供がされず患者が理解しないままであったり、患者本人でなく家族だけに説明したりという事例も見られるようです。

患者が医師の説明に納得できない場合には、他の医師の意見を得ることができます。これをセカンドオピニオンといい、それを受ける権利は患者の自己決定権に含まれていると考えられています。

自己決定できない場合

患者が意識不明であったり、意思能力を失っている場合には、患者の直接の意思を確認することはできませんが、患者の意思を推定するなどしてできるだけ患者の意思を尊重することが必要です。安楽死（死期が目前に迫っている病者が激烈な肉体的苦痛に襲われている場合に、その依頼に基づいて苦痛を緩和・除去することにより安らかに死に至らしめる行為）や尊厳死（疾病等を有する者に対し、延命のための治療的介入を行わず死を迎えさせること）が問題になったケースでは、認められるためには少なくとも本人の(推定的)意思が不可欠であるとされています2)。

そのような場合のために、あらかじめ本人の意思を確認しておくことが望ましいとされるようになってきています。これは事前に準備ができる人生の最終段階において特に顕著です。以前は、事前に本人意思を表示しておくリビングウィルや事前指示書が推奨されていましたが、実行は自己決定できない、過去の決定が将来を拘束し変化への対応ができない、指示内容が曖昧な場合がある、いざというときにどこにあるかわからない、強制される危機感があるなどの批判があります。

そのため近時は、自らが望む人生の最終段階における医療とケアについて、前もって考え、医療・ケアチーム等と繰り返し話し合い共有する取り組みとして、アドバンス・ケア・プランニング3)（人生会議）が注目されています。ガイドライン4)では、人生の最終段階における医療・ケアの方針決定は、医療従事者から適切な情報の提供と説明がなされ、それに基づいて本人が多専門職種の医療・介護従事者から構成される医療・ケアチームと十分な話し合いを行い、本人による意思決定を基本としたうえで、おこなわれるべきである、また、本人の意思は変化しうるものであることを踏まえ、本人が自らの意思をその都度示し、医療・ケアチームと本人との話し合いが繰り返し行われることが重要である、とされています。

医療情報に対する権利

医療行為についての自己決定権は患者にありますが、患者個人の医療情報を自らコントロールする権利も患者にあります。医療情報は患者についての個人情報ですから、医療機関によって正当な理由なく公にされたり、第三者に漏らされたりすることがないようにしなければなりません。個人情報保護法が医療機関にも適用さ

2）安楽死について東海大学病院安楽死事件判決（横浜地裁　1995（平成7）年3月28日）、尊厳死について川崎協同病院事件判決（最高裁　2009（平成21）年12月7日）参照。
3）厚生労働省は人生会議と名付けた。
4）厚生労働省「人生の最終段階における医療・ケアの決定プロセスに関するガイドライン」（2018年3月改訂）。

れており、個人情報の第三者への提供は、感染症予防法や児童虐待防止法による届出・通告義務など法令に基づく場合などのほかは、本人の同意を得ないで行ってはならないこととされています。ただし、他の機関との連携や家族への病状説明など、医療・介護関係の通常の業務で想定される利用目的による情報提供は、患者の黙示の承諾があったものとされています。また、患者は自己の個人情報の開示・訂正・利用停止を請求することができることとなっています。

この中では、診療録（カルテ）の開示が長い間問題になってきました。わが国では医療機関は患者に診療録を見せてはいけないものとされ、患者の開示請求権は認められてきませんでしたが、患者の自己決定権や医療事故の救済に関する意識の高まりなどを背景に、1990年代から議論がおこなわれるようになりました。現在は、個人情報保護法とそれに基づくガイダンス5)に基づき、原則として患者の求めに応じて診療録を開示されなければならないものとなっていますが、現場では開示が行われない例などが散見されるようです。

医療安全の権利

医療行為には不確実性や副作用もあり、危険性を伴うものです。こうした危険性がコント

感染症と人権

西村　淳（神奈川県立保健福祉大学教授）

Column

感染症対策は社会防衛的観点で行われるので、自由の制限をどこまで行うのか、補償はどこまで必要なのか、自由の制限と感染症予防措置の優先順位をどこに置くかなど、人権への配慮が重要になります。感染症予防法では、感染症の種類によっては健診命令、就業制限、入院勧告及び強制入院などの強い措置が取られることになっています。また、新型インフルエンザ等対策特別措置法では、緊急事態宣言下で、知事が、外出しないことの要請、学校・社会福祉施設・興行場等の施設の使用制限の要請及び指示をすることができることは、最近（2020年）の新型コロナウイルスの蔓延の際の記憶が新しいところです。

こうした自由の制限や強制措置は人権侵害に当たるので、「最小限度の措置の原則」が守られる必要があります。また、国民に十分な説明を行うコミュニケーションが必要です。わが国では戦時中の人権侵害や、ハンセン病患者、HIV／エイズ感染者・患者に対し偏見や差別が行われたことの反省から、社会防衛と人権擁護とのバランスに留意した制度になっています。緊急時には焦って最大限の人権制約が求められがちですが、合理性と正当性に基づく対応が求められるのです。

また、2020年の新型コロナウイルス感染症の流行の際には、感染者や濃厚接触者、その家族、あるいは感染リスクが高いと考えられる業種の従事者に対する偏見や差別が問題になりました。感染者の存在やクラスター発生を公表した学校、事業所、保育所、医療機関や介護施設などの関係者への差別的な言動や、感染症の流行が拡大した地域の住民、そこからの帰省者や来訪者への差別的な言動も見られました。自治体やマスメディアによって感染症に対する情報が公開された結果、蔓延防止の範囲を超えて個人のプライバシーの侵害となる例も見られました。

感染症による感染は、誰にでも起こり得るものであり、感染の事実のみをとらえて何か落ち度があったかのように感染者やその家族などを非難中傷することは、決して許されるべきものではありません。こうした言動は、非難を恐れての受診や検査の忌避を招き、感染の拡大につながりかねません。また、他人の立場に立って思いやりをもつべきということにとどまらず、人格とその尊厳を侵害する人権問題であると考える必要があります。

さらに、わが国の感染症への対応は、個々人が感染防止のための行動を自主的におこなうことを柱としていますが、「自粛」をしない個人や事業者に対し、正義感に基づいて行き過ぎた非難や暴行をする行為（「自粛警察」）などが見られました。公的機関によるものではないこのような社会における行為も、人権侵害としてとらえることができます。

5）「医療・介護関係事業者における個人情報の適切な取り扱いのガイダンス」。

Column

伝統的に人の死は3兆候（心拍停止・呼吸停止・瞳孔散大）によるものとされてきましたが、技術の発展で、回復不可能な脳死の時点で生命維持装置を取り外すべきかという問題が生じるようになりました。脳死を死と認めるかどうかは、生命を奪う行為にあたるかどうかであり、ドナー（臓器提供者）の人権という観点から論じられます。

わが国では臓器移植の場合のみに脳死判定が行われることになっているので、脳死による臓器移植が認められる場合とそれ以外の場合で死の定義が2つになってしまうことを問題視する意見もあります。また、脳死判定と臓器移植について、当初法（1997年）は臓器提供の生前の意思表示を条件としていたものが、2009年の改正で本人意思が不明の場合は家族の意思でできるようになりました。それ以降移植件数が増加しましたが、レシピエント（臓器提供を受ける人）の人権をドナーの人権に優先するものではないかという批判もあります。

最も重要なことは、脳死判定及び臓器移植について、医療機関から十分な説明が行われて、本人及び家族が合意して行われるかどうかです。脳死・臓器移植の問題は、医療に対する信頼の問題であるといえるのです。

西村　淳（神奈川県立保健福祉大学教授）

ロールされ、安全な医療を受ける権利が患者にはあります。医療事故を未然に防ぎ、安全に医療が提供される体制を確保するため、医療機関における取り組みを支援するほか、患者・家族等の苦情・相談への対応や、医療機関への情報提供を行うため、医療安全支援センター（神奈川県内では6か所）が設置されています。

医療安全を理由に、ベッドに四肢をひもで縛るなどの身体拘束が、人手不足などを背景に多く行われている問題があります。身体拘束は、人間としての尊厳を傷つけ、高齢者の身体機能を低下させるなど、大きな問題があります。本当にやむを得ないものなのかどうかを検証し、身体拘束は違法行為であることを前提に、どうしたら身体拘束をしないケアができるかを考える現場の努力が必要です。

医療事故が起こらないようにするためには、事故原因が解明される必要があります。日本医療機能評価機構が医療事故情報やヒヤリ・ハット事例の収集・分析をおこなっているほか、2015年に医療事故調査制度が始まり、医療機関の医療事故調査・支援センターへの報告に基づき、調査・調査結果の遺族への説明などをおこなうようになりました。

医療事故が起こってしまった場合には、患者の救済が行われる必要があります。現在の裁判制度では、患者が医療機関の過失を立証するのは難しいこと、訴訟によって医療現場に悪影響を与えかねないことなどの問題も指摘されています。そのため、弁護士会の斡旋・仲裁センターによる裁判外紛争処理や、出産事故に対する無過失補償制度（産科医療補償制度）の運用も行われています。なお、薬害については、医薬品副作用被害救済制度が設けられています。

医療従事者の人権

ここまで患者の人権を中心に論じてきましたが、医療従事者の人権を確保することも重要です。医療従事者は、感染や事故のリスクにさらされており、医療事故防止や感染予防の措置が取られる必要があるとともに、労働災害としての補償が必要です。また、患者からの暴力や暴言などのハラスメントにより、医療従事者が人格を傷つけられ、仕事への意欲や自信を喪失してしまう例も見られています。医療従事者に対するハラスメントについては、事業主である医療機関の対応が必要であるとともに、医療を受けるにあたっての患者の責務も意識する必要があります。また、医療従事者が安全で適切な医療を提供できるためには、必要な人員の確保などの労働環境の整備が不可欠です。

2020年における新型コロナウイルス感染症の

流行の際には、最前線で感染者の治療に当たってきた医療従事者やその家族などに対する患者以外からの差別的な言動が多く見られました。感染症が派生した医療機関に対する周辺地域からの誹謗中傷、暴言や苦情、感染した医療従事者やその家族の勤務先名や実名、事実と異なる情報のSNS上の拡散などのほか、医療従事者一般に対する誹謗中傷や子どもに対するいじめや一部の保育所などでの登園拒否、家族に対する勤務先による出勤拒否なども見られました。こうした言動は、人権を脅かす重大な違法行為となりうるのみならず、最前線で感染症対応に当たっている医療従事者の士気を削ぎ、また保育所を利用できないなどの理由で職場から離れざるを得なくなる人を増加させ、医療現場の厳しい状況をさらに悪化させることになります。このような言動は決して許されるものではなく、感染症に対する正しい知識を持つほか、差別的な言動の防止を心掛け、平時からその啓発を進める必要があります。

2．HIV／エイズと人権

HIV／エイズの現状

エイズ（後天性免疫不全症候群）とその原因ウイルス（HIV）については、患者数・感染者数が一定数まで増加した後、近時横ばい状態になっており、最近話題になることが少なくなりましたが、患者・感染者に対する偏見・差別は依然として存在するとの報告があります。

わが国の2016年の新規HIV感染者／エイズ患者報告数は1,448件で、2008年以降、横ばいであり、年間1,500件程度の報告が続いています。そのうち、エイズを発症した状態でHIVに感染していると診断される者が約3割を占めており、これは多くの人がHIVに感染していることを早期に発見するための検査の受診機会を逸していることをあらわしています。このことの背景には、HIV／エイズに対する偏見の存在もあるものと考えられます。

HIV／エイズの感染者・患者への偏見・差別

わが国のHIV／エイズ感染は、1980年代に使われた非加熱性血液凝固製剤にHIVが混入していたため、血友病患者の多くが感染したという特異な歴史を持っています。その後の偏見・差別を血友病患者の多くが受けることになりました。

1985年の最初のエイズ患者は男性同性愛者と報道され、エイズは男性同性愛者に特有の病気との誤解を招くこととなりました。同性愛に対する偏見とともに、同性愛者でなければ感染しないとの誤解を抱かせました。1986年には同性愛者でない女性の感染者が確認されましたが、患者に対する差別報道がおこなわれたり、エイズは感染しやすい病気であるという偏見が強調されたりしました。

HIV感染については、解雇や就職拒否、入学拒否、近所での嫌がらせなどの差別が報告されています。会社の健康診断で無断検査され、HIV感染を理由に解雇された事例について、解雇を無効とした判例もあります。HIV感染症の診療を拒む医療機関が出るなど、医療関係者の差別や偏見も見られました。医療機関が患者の同意なしに検査をした事例もあったのです。

HIV／エイズ予防対策

その後、HIV／エイズに関する対策が進み、保健所における匿名検査や、医療機関における感染対策が進められました。また、エイズ医療拠点病院の整備や、HIV感染者を障害者の定義に含めることによる福祉対策の推進も行われています。

1999年には、従来のエイズ予防法に代わり、各種感染症関係を統合した感染症予防法が施行されました。この法律では、エイズがインフルエンザと同じ分類の感染症とされ特別扱いをせず対応が行われるとともに、感染防止に加えて、適切な医療の提供と差別偏見の排除を基本理念としたものでした。前文には、「過去にハンセン病、後天性免疫不全症候群等の感染症の患者等に対するいわれのない差別や偏見が存在したという事実を重く受け止め、これを教訓として今後に生かすことが必要である」と明記されています。

患者の同意を得て検査をしたり、十分な説明をして同意を得るインフォームド・コンセントの考え方の普及は、エイズ患者に対する差別問題への反省が後押ししたという見方もあります。

しかしながら、HIV／エイズに関する偏見・差別はなくなったわけではなく、引き続き患者・感染者の人権を守っていかなければなりません。

HIV／エイズに関する啓発と教育

HIVは感染症ですが、日常生活における接触で感染することはほとんどありません。また、治療方法は大きく進歩し、感染を早期発見し、早期治療することでエイズの発症を抑えることができます。エイズはもはや「死の病」ではな

くなりました。HIV感染者に対する偏見や差別をなくすためには、このような正しい知識を普及することが重要です。

行動を変えればかなり予防できるので、感染経路や性行為・コンドームの使い方などについての教育が必要です。また、差別や偏見をなくするための教育も必要です。このような教育は普及するようになりましたが、性教育に関する学校教育への抵抗はなお強いものがあります。

HIV検査普及週間（6月1日〜7日）や世界エイズデー（12月1日）には、さまざまな啓発活動が行われています。

その中で、赤いリボン（レッドリボン）運動があります。この運動はアメリカで始まったもので、エイズで死亡したアーティストたちが仲間たちに対する追悼の気持ちとエイズに苦しむ人々への理解と支援の意思を示すため、赤いリボンをシンボルにした運動が始まったものです。この運動は、その考えに共感した人々によって国境を越えた世界的な運動として発展し、UNAIDS（国連合同エイズ計画）のシンボルマークにも採用されています。レッドリボンは、エイズに関して偏見をもっていない、エイズと共に生きる人々を差別しないというメッセージになっています。

西村　淳（神奈川県立保健福祉大学教授）

3. ハンセン病

ハンセン病について

ハンセン病は「らい菌」という細菌によって引き起こされる慢性の感染症です。かつては「癩」と呼ばれていました。発症すると末梢神経が麻痺したり、手足や顔面が変形したりするなどの症状があらわれます。しかし、らい菌に感染したとしても発病するのは稀なケースです。

ハンセン病の新発患者数は、衛生環境や栄養

状態に大きく左右され、それらが劣悪な条件にあると患者数が増える傾向にあります。現在の日本のような環境においては、ハンセン病を発病するリスクはほぼありません。日本では現在、外国人が年に数人発病する程度です。しかし、海外では衛生環境や栄養状態が悪い地域を中心に、毎年20万人以上の新発患者が確認されています。

ハンセン病はかつて不治の病であったものの（自然治癒のケースはありました）、1943年にアメリカでプロミンという薬が開発されて以降、治る病気となりました。1960年頃には化学療法が確立され、現在では早期に発見できれば、薬による治療のみで入院もせずに後遺症を残すことなく治すことができます。

日本には国立13か所、私立１か所のハンセン病療養所があり、2020年５月現在で1094人の入所者が暮らしています（平均年齢は約86歳）。

前近代のハンセン病患者

外見が変形する症状や、キリスト教や仏教などがハンセン病に対してネガティブな意味づけを付与したことなどのために、ハンセン病患者（以下、患者）は世界各地で古くから差別の対象となっていました。

日本では、とりわけ中世に患者に対する差別が強まります。患者は穢れた存在とみなされ、非人集団に組み込まれます。さらに、神仏の罰としてうける病という認識が定着し、業病、天刑病と呼ばれるようになります。近世になると、家意識の成立を背景として、ハンセン病は特定の家から発生する血筋、家筋の病、つまり遺伝病とみなされ、患者のみならずその家も差別の対象となっていきます6)。

前近代の時期、患者は家を出て放浪したり非人集団に組み込まれ物乞いをしたりしながら生活するか、屋敷のなかの小屋などに幽閉されてそこで一生を送りました。近代になると非人集団は解体されますが、そのような患者の生活は続いていきます。

近現代日本のハンセン病対策

日本が明治時代に入って間もなくの1873年、アルマウル・ハンセン7) がらい菌を発見し、ハンセン病は感染症であることが科学的に明らかになります。

明治初期の日本では、コレラをはじめとした急性の感染症対策に主眼が置かれており、政府による本格的な対策は着手されませんでした。

そのような状況で、明治の半ばから宗教者による患者救済の取り組みが本格化します。とりわけ、外国から来たキリスト教の宣教師たちのなかから、日本の患者が置かれた状態に衝撃を受け、療養施設の設立に取り組む動きがあらわれてきます。フランスの宣教師ジェルマン・テストウィド（1849〜1891）によって1889年に設立された神山復生病院（現静岡県御殿場市）は、私立のハンセン病療養所として唯一現存しているものであると同時に、現存する全てのハンセン病療養所のなかで最も古いものです。また、フランスの宣教師ジャン・マリー・コール（1850〜1911）は熊本の本妙寺に集まっている患者の救済に着手し、1901年に待労院8)（現熊本県熊本市）という療養施設を設立しました。

一方で、政府がハンセン病対策に着手するのは明治末期になります。1907年に明治40年法律第11号（通称「癩予防ニ関スル件」）が成立し、療養の方法がなく屋外で生活している患者（放浪患者）を療養所に隔離することが定められます。この時、全国で５か所の公立の療養所9) がつくられ、1909年から患者の隔離が始まりました。その背景としては、日本が日露戦争に勝利し「一等国」を自認するようになりながらも、患者が屋外で生活している状況は続いており、

---

6) 藤野豊編『歴史のなかの「癩者」』（ゆみる書房、1996年）。
7) アルマウル・ハンセン（1841〜1912）。ノルウェーの医学者。1873年にらい菌を発見。第１回国際癩会議（1897年）において、ハンセン病予防のための患者の隔離を主張した。
8) 待労院はハンセン病療養所としての役割を終えているが、「こうのとりのゆりかご」で知られる慈恵病院が待労院がそのルーツになる。
9) 北部保養院（松丘保養園、青森県青森市）、多磨全生病院（多磨全生園、東京都東村山市）、外島保養院（大阪府大阪市）、第四区療養所（大島青松園、香川県高松市）、九州癩療養所（菊池恵楓園、熊本県合志市）。（　）は現在の名称と所在地。外島保養院は1939年の室戸台風で壊滅し、1938年に邑久光明園（岡山県瀬戸内市）として再建された。

「患者作業」の様子

それが「国辱」とみなされたことがあります。と同時に、この時期が社会的弱者に対する救済事業が本格化する時期に重なり、患者が政策的な救済の対象として認識されたという背景もあります。

その後、「ハンセン病から国を守るためには放浪患者を隔離するだけでは不十分」という議論が高まり、1931年に「癩予防ニ関スル件」が改正され、感染源になる恐れがあるとみなされた全ての患者を本人の意思にかかわりなく強制的に隔離できるようになります。療養所の拡張や増設も進められ、より多くの患者を隔離できる態勢が整えられていきます。1930年に長島愛生園（岡山）、1932年に栗生楽泉園（群馬）、1935年に星塚敬愛園（鹿児島）など国立の療養所も設立され、1945年までに現在の国立13か所の療養所が整備されます。

強制隔離の方針のもとで患者の隔離を推し進めるために取り組まれたのが、「無癩県運動」というものになります。これは、都道府県ごとに患者のあぶり出しと隔離を行い、患者がいない状態を実現することを目的として官民合同で取り組まれたものです。戦後も1960年代前半ごろ

までは続けられます。無癩県運動のなかでは「癩の根絶」というスローガンが用いられました。これは「癩予防法」のもとでのハンセン病対策が、患者を隔離することで社会から感染源をなくし患者には療養所で死んでもらう、つまりは患者を根絶やしにすることを目指すものであったことを物語っています。患者の発見を容易にするために密告が奨励され、強制力をともなった官憲による連行も行われました。

また、無癩県運動のなかで特に強調されたのが、ハンセン病は「恐ろしい伝染病」であるというメッセージです。実際にはハンセン病を発病することは稀であるにもかかわらず、隔離を進めるためにハンセン病の危険性を過度に強調して恐怖心をあおり、それがハンセン病に対する偏見を国民に植え付けることになりました。

患者が出た家は、患者が隔離された後に真っ白になるほど消毒されました。それは、ハンセン病に対する人々の恐怖心を増幅させるとともに、その家から患者が出たことを周囲に知らしめるものでありました。そのため、患者が出た家は差別と排除の対象となり、時には一家離散や一家心中に追い込まれることもありました。

療養所のなかでは、医療や食事も不十分で、労働をさせられたり10)、監禁室に閉じこめられたり11)、患者は囚人のような扱いをうけていました。さらには、子どもを産ませないための断種手術や中絶手術がほとんど強制的に行われていました。この時代のハンセン病療養所は、患者が病気を治して社会に戻っていくための施設ではなく、囚人同様あるいはそれ以下の待遇のもとで患者に死んでもらうための場所だったのです。とりわけ太平洋戦争中と戦後直後の環境は劣悪で、医療環境と食料事情の悪化およびそれにともなう栄養失調などで、多くの患者の命

---

10) 療養所では資金と職員が不足していたため、療養所の運営に必要な様々な仕事を患者に行わせた。これは「患者作業」と呼ばれていた。

11) 1916年、療養所の所長に「懲戒検束権」という権限が与えられ、所長の権限で患者を処罰することができるようになった。秩序維持を目的として、療養所の決まりを守らない患者に対し、減食、謹慎などのほか監禁室への監禁が科せられることがあった。1938年に栗生楽泉園に設置された「特別病室」（通称「重監房」）は、特に反抗的とみなされた患者が送り込まれた特別に厳重な監禁室で、ここで23人の患者が命を落とした。

重監房跡地（栗生楽泉園）。多くの患者の命が失われた

が失われました[12]。

　戦後まもなく、プロミンという薬が日本で使われるようになり、ハンセン病は治る病気になります。それをうけて、療養所の入所者たちは強制隔離をやめるよう国に要求しますが（らい予防法闘争）、1953年、新たに「らい予防法」という法律が成立し強制隔離は続けられます。その背景には、光田健輔[13]をはじめとしたプロミンの効果に懐疑的で強制隔離に固執する療養所の医師の意向が影響したと言われています。海外ではすでに、1920年代から隔離の対象を重症患者に限るなど、隔離政策を縮小する方針が主流となっていましたが、プロミンの登場とその後の化学療法の確立により隔離政策の廃止が加速していきます。戦後の日本では、入所者の運動[14]の成果もあって療養所内部の環境は徐々に改善されていきましたが、強制隔離は1996年に「らい予防法」が廃止されるまで続きました。

国賠訴訟とその後のハンセン病問題

　1998年、らい予防法は日本国憲法に違反する

ものであるとして、ハンセン病回復者が国家賠償を求める裁判を起こし（らい予防法違憲国家賠償請求訴訟）、2001年5月11日に原告の訴えを認める判決が熊本地裁から出されました。判決は、遅くとも1960年以降は隔離の必要性が失われており、らい予防法の隔離規定は憲法が保障する居住・移転の自由（第22条）および人格権（第13条）を侵害するもので、その「違憲性は明白」であったと指摘しました。さらに、そのような状態を放置したとして厚生大臣と国会議員の国家賠償上の違法性を認定しました[15]。当時の小泉純一郎首相は控訴を断念し、熊本地裁の判決が確定しました。直後の6月22日に「ハンセン病療養所入所者等に対する補償金の支給等に関する法律」が施行され、療養所への入所経験のある者に対して最大1400万円の補償金を支給すること、名誉の回復、福祉の増進、死没者の追悼を行うことが定められました。日本が植民地支配を行っていた戦前の韓国や台湾などで、日本が設立した療養所に入っていた人たちは補償金の支給対象から除外されました。しかし、裁判をへて2006年に法律が改正され、支給対象となりました。

　2008年には「ハンセン病問題の解決の促進に関する法律」が成立し（施行は2009年）、この法律が現在のハンセン病問題対策の基本法となっています。この法律はその前文で、「ハンセン病の患者であった者等が、地域社会から孤立することなく、良好かつ平穏な生活を営むことができるようにする」こと、「偏見と差別のない社会の実現」等に取り組む必要があると指摘し、「ハンセン病の患者であった者等の福祉の増進、名誉の回復等のための措置」を通してハンセン

12）清水寛『太平洋戦争下の国立ハンセン病療養所—多磨全生園を中心に—』（新日本出版社、2019年）62〜70頁。

13）光田健輔（1876〜1964）。1898年に東京市養育院の医師となり、ハンセン病患者の隔離病室「回春病室」を設置。1909年に全生病院の医長となり、同院院長、長島愛生園園長を歴任。不治を前提とした患者の絶対隔離を主張し、国のハンセン病対策に大きな影響を与えた。

14）1951年、「全国国立癩療養所患者協議会」（後の「全国ハンセン病患者協議会」）が結成され、「らい予防法闘争」や療養環境の改善に取り組んだ。現在の名称は「全国ハンセン病療養所入所者協議会」（全療協）。

15）「「らい予防法」違憲国家賠償請求事件判決要旨」。

病問題の解決を図るとしています。具体的には、療養所における療養と生活の保障、社会復帰の支援、日常生活や社会生活の援助、名誉の回復、死没者の追悼などが定められています。

以上のように、らい予防法廃止以降は日本のハンセン病問題は大きく転換します。しかしそのようななかでも、2004年には黒川温泉（熊本県南小国町）のホテルが菊池恵楓園（同県合志市）の入所者の宿泊を拒否するという事件が起きています。この時、ホテルの対応を批判する入所者に対して誹謗中傷のハガキが大量に送られました。この事件はマスコミでも大きく取り上げられ、ハンセン病に対する差別が根強く残っていることが明るみになりました。

菊池事件再審請求と「特別法廷」問題

国賠訴訟では、過去のハンセン病対策をめぐる立法と行政の責任が明らかになりましたが、司法の責任は問われませんでした。それが問われたのが、「特別法廷」問題です。特別法廷とは裁判所ではない場所で開かれる法廷のことで、開廷には最高裁の許可が必要になります。本来は、災害等の理由により裁判所が使えない場合を想定した制度ですが、1948年から1977年までに開かれた特別法廷113件のうち、95件が患者の出廷を理由とするものでした。

2013年11月、全国ハンセン病療養所入所者協議会などの3団体が特別法廷は裁判の公開を定めた憲法16)に違反するものであるとして、最高裁に検証を求めました。これをうけ、最高裁は2014年5月に調査委員会を設置して検証作業に乗り出しました。3団体が検証を求めた背景には、菊池事件の再審を求める運動と関係があります。菊池事件とは1952年に熊本で起こった殺人事件で、容疑者として患者が逮捕され、本人が無実を主張しつづけるなか特別法廷で死刑判決が下され、1962年に死刑が執行されました。

当時から冤罪を指摘する声が強く、何度も再審請求が行われました。2012年11月再審の実現に取り組む弁護団は、憲法違反の裁判であったとして、再審請求の権限を持つ検察に対して再審請求を行うよう要請しました。特別法廷の検証の要請は、裁判の違法性を明らかにすることで再審への道を開こうとするものでした。

2016年4月、最高裁は調査報告書を公表し、裁判所外での開廷は患者の場合のみに定型的に行われたとして、裁判所法第69条第2項17)に違反するものであったと認め、偏見・差別を助長し患者の人格と尊厳を傷つけるものであったと謝罪しました。一方で、「裁判の公開」についての憲法判断には触れませんでした18)。さらに2017年3月、最高検察庁は差別的な裁判の運用に関わったことを謝罪しつつも、菊池事件についての再審請求を行わないことを発表しました。

これをうけ、2017年6月菊池恵楓園入所者らが、検察の対応は被害を回復する機会を奪う人権侵害などとして、国家賠償請求訴訟を起こしました。一審の判決は2020年2月熊本地裁で出され、ハンセン病を理由とした特別法廷を違憲と認めつつも、検察が再審請求を行わないことは違法ではないとし、原告らが求めていた賠償についても棄却しました。

原告と弁護団は、検察による再審請求についての主張が認められなかったものの、特別法廷を違憲とした判決を実質的勝利として控訴を行わず、判決が確定しました。現在もこの判決を足がかりとして、菊池事件の再審を求める運動が続けられています。

---

16) 日本国憲法第37第1項は「すべて刑事事件においては、被告人は、公平な裁判所の迅速な公開裁判を受ける権利を有する。」、第82条第1項は「裁判の対審及び判決は、公開法廷でこれを行ふ。」と定めている。
17) 裁判所法第69項第2条は「最高裁判所は、必要と認めるときは、前項の規定にかかわらず、他の場所で法廷を開き、又はその指定する他の場所で下級裁判所に法廷を開かせることができる。」と定めている。
18) 最高裁判所事務総局『ハンセン病を理由とする開廷場所指定に関する調査報告書』（2016年）56〜59頁。

家族裁判

　国の間違ったハンセン病対策と社会の偏見・差別により被害を受けたのは患者・回復者だけではなく、その家族たちも大きな被害を受けました。例えば8歳の時に父親が強制隔離された原田信子さんは、地域で差別され、学校でいじめられ、母親は家族から患者が出たために仕事がクビになりました。その後生活が苦しくなり、原田さんは母親から何度も「死のう、死のう」と言われ続けました[19]。父親の病気という自分ではどうしようもない理由で、原田さんはとてもつらい人生を強いられることになりました。

　そのような経験を共有する、患者を肉親にもった人たちが2016年に起こした裁判が、ハンセン病家族訴訟です。原田さんもその原告の一人です。2019年6月28日、患者・回復者の家族たちが受けた差別についても国に責任があるとする判決が熊本地裁で出され、国は控訴せずにその判決が確定し、国から最大180万円の補償金が支払われることになりました。

ハンセン病問題は終わっていない

　ハンセン病家族訴訟と菊池事件再審請求を通して改めて明らかになったのは、ハンセン病問題は終わっていないという現実です。ハンセン病家族訴訟の原告はほとんどが実名を公表していません。すなわち、差別を恐れて家族から患者が出たことをひた隠しにして生活している人がほとんどであるということです。さらに、菊池事件の再審請求は死刑となった患者の遺族であれば行うことができます。しかし、患者の家族であることが周囲に知られてしまうことを恐れ、遺族には再審請求を行う意向はありません。

　そのために、検察に対して再審請求を行うことを要求するという手段を余儀なくされたわけです。

　ハンセン病に対する差別が続いていることを端的に示すものに、「納骨堂」の存在があります。

納骨堂は療養所で亡くなった引き取り手のない遺骨が納められる場所です。入所者の家族は差別を恐れて遺骨の引き取りを拒み、入所者は死んでも家族のもとに帰ることができず納骨堂で眠るという状況が今も続いています。このように、ハンセン病に対する差別の残酷さは、死後も隔離と差別が続いていく点にあり、国が行った強制隔離の爪痕は未だに癒えていないと言えるでしょう。

　ハンセン病家族訴訟原告の原田信子さんは、判決後の会見で「今後やりたいことは何か」と聞かれ、お父さんとお母さんと同じお墓に入り「親子3人で仲よく暮らしたい」と答えています[20]。原田さんは8歳の時にハンセン病を患ったお父さんが強制隔離されてから、とてもつらい思いを抱えて生きてきました。両親はすでに亡くなっているので、原田さんが望む親子の仲睦まじい生活は、8歳の時に奪われたままこの世では取り戻すことはできません。だからせめて、自分の死後に両親と同じお墓に入ることでその願いを叶えたいという思いを、こみあげる涙とともに原田さんは訴えました。原田さんのこの言葉は、家族と同じお墓に入るというごく当たり前のことが、今もってハンセン病回復者とその家族の方たちにとっていかに難しいことであるのか、そしてハンセン病問題が今も続いている現実を私たちに突き付けています。

ハンセン病問題に学ぶ

　以上、日本におけるハンセン病問題の歴史と現状についてみてきましたが、私たちがそこから学ぶべき教訓はどこにあるのでしょうか。ハンセン病問題はさまざまな観点から取り上げることができますが、次の2点が重要だと思います。

　第一は、国によるハンセン病対策が憲法に違反する人権侵害であるとする司法判断が確定しているという点です。この点は日本の人権問題

19）黒坂愛衣『ハンセン病家族たちの物語』（世織書房、2015年）148〜149頁。
20）『新潟日報』2019年7月10日。

のなかでもハンセン病問題の大きな特徴です。すなわち、憲法を無視した国による権力の運用がどれだけ深刻な人権侵害を引き起こしてしまうのか、そしてその惨害を防ぐために国家権力をコントロールすることがいかに大切なのかを学ぶことができます。

　第二は、感染症とりわけ未知の感染症に直面したときに、国や社会がハンセン病問題と同じ過ちを繰り返さないようにするための教訓とすべきという点です。そしてこの点は、新型コロナウイルス問題のなかで感染者とその家族らに対する差別が起こっている今こそ、生かされるべき教訓です。そのように考えると、その教訓を社会で共有できているのかという観点から、これまで国や社会がハンセン病問題にどのように向き合ってきたのかが試されていると言えるのではないでしょうか。

　上記の2つの教訓には、人類全体が共有すべき普遍性があります。したがって、たとえハンセン病問題自体が過去のものとなったとしても、ハンセン病問題の歴史とその教訓を次の世代に伝えていくことが大切だと思います。

大髙俊一郎
（国立ハンセン病資料館社会啓発課長）

原子力空母レーガンが米海軍横須賀基地に入港。手前は海上自衛隊護衛艦（2020年6月5日）（写真提供：新倉裕史）

第12章

平和
と人権

1. 戦争・武力行使が生み出す人権侵害

平和のイメージと戦争

　人権や平和に関する講演会、授業等で、「平和と聞くと、何をイメージしますか」と尋ねることがあります。そうすると、非常に多くの人々が「戦争がないこと」と回答します。とりわけ、第2次世界大戦中に生まれた高齢者になると、自らの経験に基づいて、①恐怖や痛み、苦しみをともなう戦争の記憶—ひもじさ、空襲の恐怖、家族の喪失等—に加え、②戦争の終結により一定の安心感を得たときの記憶を思い出すようです。戦争の終結により、攻撃される恐怖心はなくなったものの、しばらくは厳しい食糧事情が続いたことから、戦後もひもじかったと語る高齢者に会うこともあります。

　実際のところ、平和の対義語は必ずしも戦争とは限りません。なぜなら、人々が求める平和には多様な形態が考えられ、各人の経験や置かれている状況により異なるからです。例えば、学校でのいじめや上司からのパワーハラスメント、親からの虐待、夫からのDVを受けている人にとっては、これらから解放されることが切実に求める平和の姿でしょう。同様に、貧困に苦しんでいる家族であれば、生活を維持できるだけの十分な収入を得て、日々案じることなく生活できることが平和の姿と思えるでしょう。

　このように、平和のイメージはけっして一つではないとはいえ、それでもなお多くの人々が平和の対義語として戦争を思い浮かべるのは、生命を簡単に奪い取る武力が用いられるからでしょう。生命は一度失ったら、どんなことがあっても戻ることはありません。それゆえに、戦争や紛争をリアルに経験したことがある人々、あるいは現在、現実にそれらが起きている地域

に住んでいる人々は、代替不可の貴重な生命を奪う戦争は、平和と表裏一体の関係にあると感じるのです。

戦争・武力行使のリアリティの衝撃

　戦争や武力行使[1]の＜リアリティ＞とは、いかなるものでしょうか。一口でリアリティといっても、それもまた、人々の多様な経験が折り重なってできあがっています。ここでは、その層を形成する一例として、筆者の経験を紹介します。

　筆者は大学院生時代の2002年7月から11月まで、ヨルダン川西岸地区（パレスチナ）にあるバラータ難民キャンプ（ナーブルス近郊にあるパレスチナ難民キャンプ）に滞在していました。

　パレスチナは長年にわたりイスラエルの占領下に置かれており、筆者はそこでパレスチナ人が率いる非暴力による占領への抵抗運動に参加していたのです。バラータ難民キャンプでは、あるパレスチナ人一家が住む住居で寝食をともにしながら、日々の活動に従事していました。なお、難民キャンプと聞くと、テント暮らしをする難民の姿を想像する読者もいるでしょう。パレスチナ難民は、1948年のイスラエルの建国の過程でシオニスト[2]軍が、パレスチナ人を故郷の町や村から追放したことから発生しました。現在にいたるまで、イスラエルが難民の故郷への帰還を認めないため、これらの難民は70年以上、難民生活を強いられています。当初、難民はテント暮らしをしていましたが、国連パレスチナ難民救済事業機関からの支援およびその後の自らの稼ぎによる住居の建て直し等により、現在ではコンクリート製の住居に住んでいます。

1）武力行使とは、宣戦布告等の国家間の戦争手続を経ずに、武力を行使する「事実上の戦争」のことをいう。
2）ユダヤ人国家「イスラエル」の建国をめざす思想である「シオニズム」を支持する人々のことをシオニストという。

2002年当時のヨルダン川西岸地区は、連日にわたり、占領に抗するパレスチナ人を一方的に「テロリスト」とみなし、その一掃作戦を敢行するイスラエル軍の苛酷な軍事攻撃にさらされていました。バラータ難民キャンプもターゲットの一つであり、昼間だけでなく、二晩に一度の割合で夜中に同軍がキャンプを急襲していました。数えきれないほど多くの銃撃音や砲撃音を聞き続けてきたため、筆者は時間の経過とともに、それらの音に対する一定の慣れが生じ、恐怖心が軽減されるような感覚すら覚えるようになりました。しかし、ある深夜の出来事により、それが危うい「まやかし」に過ぎなかったことを思い知らされました。

　いつもであればイスラエル軍がジープ等でできる限り音を静めて入ってきても、すぐに目が覚めるのに、その日に限っては日頃の活動の疲労が蓄積していたためか、深い眠りに陥ってしまっていました。表通り沿いにある自室の壁際で寝ていた筆者の眠りを直撃したのが、壁に当たった銃弾が発した、耳をつんざくような音でした。起きた直後に、窓枠をかすった銃弾が発した赤い火花が目に入りました。「家の目の前で兵士たちが銃撃をしている。この部屋から逃げなければ危険すぎる」。そう思い一度は立ち上がりましたが、これまで聞いたことがないような連射音から生じた恐怖心で腰を抜かし、壁に寄りかかる形で座り込んでしまいました。窓から床を微かに照らす月明かりが目に入ったとき、瞬時に「大雨なのに月が照っている」と思ったことを覚えています。大雨とは銃弾の連射音のことです。大雨というよりは、むしろ集中豪雨と表現すべき音でした。その音が響きわたり、ときおり壁に当たる銃弾の振動を背中に感じる中で、生と死に対する相反する感情が湧きあがってきました。「生きのびたい」「死ぬのであれば、楽に死にたい」と。そして、生身の人間であるのに、生をあきらめなければならないことの残酷さを心の底から呪いました。

　幸いにも筆者は生き残ることができました。滞在先のパレスチナ人一家の息子の一人が救出してくれたからです。彼は壁伝いに歩いて、金縛りにあったかのように動けなくなっていた筆者のところにやってくると、おぶってその部屋から出してくれました。あれから20年近く経ったいまも、この出来事を筆舌に尽くしがたい「地獄の経験」として鮮明に記憶しています。

　今後も、身体全体に刻まれたあのときの恐怖心は、消えることがないでしょう。

　以上は、戦火の紛争地パレスチナにおける筆者の経験の一部にすぎません。数時間前まで隣で元気にしゃべっていた男児がイスラエル兵に射殺され、霊安室で悲しい再会をしたこともあります。戦車が下校中の子どもたちを追いかけまわす姿を目撃したときには、身体が怒りで打ち震えたこともあります。

継続する戦争・武力行使の被害

　ここまでは、武力により生命が奪われるという観点から、戦争・武力行使の被害の問題について描いてきましたが、実のところ、その被害の形態は多種多様です。例えば、①命の損失、②負傷、③家屋の破壊とそれにともなう避難生活（国内での避難生活または他国での難民生活）、④失業とそれにともなう貧困、⑤健康への影響（とりわけ、子どもや妊産婦、障害者その他健康面で脆弱な立場にある者）、⑥爆撃や避難等による教育へのアクセスの阻害とそれにともなう子どもの教育の機会の喪失、⑦兵士による性暴力（戦時性暴力）等をあげることができるでしょう。

　これらの被害はすべて、人が人として生きることを保障するための基本的人権を大きく脅かすものです。また、一つひとつが相互に連関しています。複数の被害が同時に発生することで、その影響は複合的になると同時に拡大化します。そうであるからこそ、何層にも膨れ上がった被害からの回復には、長い時間がかかることが多々あります。

　戦争や武力行使、大規模な自然災害等、生と死が隣り合わせにある状況を生き延びた者の中には、強いられた恐怖心や衝撃の大きさゆえに、

それらから解放された後も精神的な苦しみ（トラウマ）を抱き続ける人々がいます。心に大きな傷を負っているからです。何かしらの出来事やきっかけが恐怖の記憶を呼び覚ますトリガーとなり、過去の辛い経験が何度もフラッシュバックすることで、生活に支障が出ることがあります。これをPTSD（心的外傷後ストレス障害）といいます。PTSDの症状には、記憶の再体験だけでなく、不眠、精神的な緊張や不安定、それらに起因するイラつき、無力感、記憶の呼び覚ましにつながる出来事の回避等、さまざまなものがあります。

戦争や武力行使が公的に終結しようとも、それらを通してPTSDを負った当事者にとっては、終わりを意味するわけではありません。当事者は戦場の中に居続けるのです。戦争・武力行使に起因するPTSDは、必ずしも武力にさらされた一般民衆だけが負うものではありません。戦場に送られた兵士の中にも、苛酷な作戦に従事させられたときに強い恐怖心を抱いたり、戦場での自らの残虐な行為に罪責感を感じたりすることで心が大きく傷つき、帰還後にPTSDに苦しむ者もいます。

戦争・武力行使等を放棄する日本国憲法

「自分は空襲で殺されそうになったんだ。だから、憲法9条は、二度とあんな怖い思いをしなくてもいいためにあるんだ」

北海道の理系大学で長年教鞭をとっていた高齢の男性研究者と話をしていたときに、話題が近年の憲法改正の動きに及びました。それまで穏やかに話していた男性の顔つきが急に変わり、幼い頃からずっと心の中にあり続けたと推測される切実な思いが、上記の言葉となって発せられました。1937年生まれの彼は、敗戦日の1日前である1945年8月14日に、群馬県高崎市で米軍による空襲を受け、逃げまどったといいます。小学校2年生（8歳）のときでした。その経験から、一般に戦争放棄規定として知られている憲法9条が存在することの現実的なありがたみを心から感受してきたのです。それゆえに、日本国憲法（1946年11月3日公布、1947年5月3日施行）の中でも、特に9条の改正を唱える主張に対して違和感を持ち、警戒してきたのでしょう。

この研究者の言葉から、筆者は9条の核心の重みの一つがどこにあるのかを瞬時に学びました。実際の経験から形成された主張に、強い説得力を感じたからです。では、同条は上述のように戦争放棄規定ですが、具体的にはそれをどのように規定しているのでしょうか。

> 憲法9条　日本国民は、正義と秩序を基調とする国際平和を誠実に希求し、国権の発動たる戦争と、武力による威嚇又は武力の行使は、国際紛争を解決する手段としては、永久にこれを放棄する。
> （2）前項の目的を達するため、陸海空軍その他の戦力は、これを保持しない。国の交戦権は、これを認めない。

文言の解釈をめぐり、たびたび議論の焦点となってきたのが、①戦争や武力行使という場合に自衛目的も含まれるか否か、言い換えると、自国が攻撃されたときに反撃をする自衛権までも放棄しているか否か、また②1954年に設立された自衛隊が戦力に含まれるのか否かという点でしょう。

これらについて、憲法学界には主に4学説（または5学説）が存在しています。通説は、独立国家である以上、国際法上は自衛の戦争や武力行使まで放棄しているとはいえませんが、2項で戦力保持の全面的禁止と交戦権の否認を規定しているため、結果的に自衛を含むあらゆる戦争や武力行使を放棄しているという解釈です（1項限定放棄・2項全面禁止説）。現行憲法制定時の政府見解もこれと同じ立場でした。しかし、自衛隊の設立以降（1954年）の政府見解は、1項の解釈は従前と同じですが、2項については自衛力（自衛目的の最小限度の実力）の保持までは禁じていないとして、自衛隊を戦力ではなく自衛力と位置づけることでその存在を

合憲化する解釈に変わりました（1項部分放棄・2項自衛力容認説）。

筆者は、1項ですべての戦争と武力行使を放棄し、2項の戦力保持の全面的禁止と交戦権の否認により、この点を確認しているとする解釈を支持しています（1項全面放棄・2項全面禁止説）。その理由は、上述のパレスチナでの平和活動等を通して、侵略的な戦争・武力行使が「自衛」の名の下で行われ、また自衛を主張することで、人命を奪い、生活を徹底的に破壊するさまざまな形態の武力攻撃（あからさまな人権侵害）が正当化される様を見てきたからです。人権に基づく平和を確立する際には、自衛の主張が出てくる余地を認めないようにするために、1項全面放棄・2項全面禁止説を唱えることが極めて重要であるといまなお確信しています。

平和をつくるために求められること

憲法前文は、（日本国民は）「全世界の国民が、ひとしく恐怖と欠乏から免かれ、平和のうちに生存する権利を有することを確認する」（2段後半）とうたっています。自衛であろうとなかろうと、戦争や武力行使は、戦火にさらされた者に強い恐怖心を与えるだけでなく、貧困等の欠乏をもたらす要因になりうるのです。前文は、各条文の解釈基準となる重要なものです。その中で、あえて全世界の人々の「平和のうちに生存する権利」を主張しているのは、①帝国主義国家であった大日本帝国がおかした植民地支配や侵略戦争を反省し、同じことを二度と繰り返さないという決意とともに、②全世界のすべての人々が恐怖や欠乏から解放された非暴力的な世界に住むことができるように努力する意思を示すためです。

このような憲法の下にありながらも、近年の日本の外交・安全保障政策は、軍事に依拠する方向に動いています。それを象徴する出来事が、海外での武力行使を可能とし、外国軍への後方支援の拡大を可能とした一連の安全保障関連法制（2015年9月制定、2016年3月施行）でした。

同法制に関しては現在、日本各地で違憲訴訟が起きています。軍事では平和をつくることはできません。平和が人権と表裏一体の関係にあることを再考し、非暴力的な社会を築く努力をすることが、私たち一人ひとりに求められているのではないでしょうか。

清末愛砂
（室蘭工業大学大学院工学研究科教授）

2．自衛官と人権

家族は笑顔で送り出したのか

2020年3月22日、防衛大学校（横須賀市）の卒業式で安倍首相（当時）は、護衛艦「たかなみ」の中東派遣に関して、次のように訓示しました。

「2月2日、私は、護衛艦『たかなみ』に乗艦し、中東の地に向かう隊員たちを直接激励する機会を得ました。使命感に燃え、整然と乗り込む隊員の姿を、大変誇らしく思いました。半年にもわたる長い任務です。それでも、御家族の

護衛艦「たかなみ」（110）

中東派遣が決まった「たかなみ」乗員に、平和船団から放送

皆様が、笑顔で隊員たちを送り出して下さったことに、心より御礼を申し上げます」

乗組員の家族は、ほんとうに「笑顔で隊員たちを送り出した」のでしょうか。「たかなみ」の出港を報じる翌日の朝刊、読売、毎日、朝日、東京、神奈川の各紙を読みましたが、家族の「笑顔」を伝える記事はどこにもありませんでした。

「娘婿を見送った女性は『軍艦マーチはいやで涙が出た』と顔を曇らせた」3)／「場所が場所だけに、何が起きるか不安。無事に戻ってきてほしい」4)／「（海外派遣は）極力ない方がいい」と吐露」5)／「夫を見送った女性は『中東情勢が不安定で心配。難しい状況にならなければいいけど』と話した」6)「中東情勢のニュースを見ているので不安もある」7)

不安なのは私だけではない

護衛艦の海外派遣は2001年11月、インド洋での対米支援の「戦時派遣」が最初です。「たかなみ」と同じ、防衛省設置法の「調査・研究」を根拠とした派遣で、2隻の護衛艦と1隻の輸送艦が佐世保から出港しました。揺れ動く家族の気持ちを西日本新聞が伝えています。

「とりあえず出港することが決まった。そのままインド洋に派遣されるかどうか分からない」。今月一日、勤務から戻った夫はそう私に告げました。「自衛官として給料をもらっているのだから、出動するのは当然」と思われる方もいるでしょう。でも万が一……。家族としてはどうしても最悪のことを考えてしまいます。／「自衛隊を辞めて。家族と一緒に田舎でゆっくり暮らそうよ」。そんな言葉が口をつきそうになります。／「案外、行ったら暇かもしれないよ」。夫はそう言って私たちを気遣ってくれます。ただ、本音は違う。「クリスマスや正月

を家族一緒に過ごせないのは嫌だなあ」「骨を折ったら、行かなくていいかも」。いつもは気丈な夫がこんな言葉を漏らすようになりました。夫は夫なりに不安と闘っているのでしょう。／自衛隊官舎の奥さんたちと不安を打ち明けあっています。不安なのは私だけではない、と分かって少しは気が楽になりました。桟橋は米軍基地内にあり、見送りはできそうもありません。佐世保港が一望できる丘から子供たちと一緒に「いってらっしゃい」と、手を振るつもりです」8)

不安は現実に

家族たちの心配は、すでに現実のものとなっています。護衛艦の海外派遣では、幸いなことに戦闘や戦闘に繋がる緊急事態は起きてはいません。しかし自衛官の犠牲は、私たちの想像をはるかに超える規模で、現実のものとなっています。

2015年6月に防衛省が公表した「インド洋・イラク派遣に関わる自衛官の死者数」によれば、上記海外派遣の9年間で死亡した陸・海・空の自衛官は124名。内訳は自殺56名、病死45名、事故死21名、不明2名。死亡原因の第1位は自殺

図1　自衛隊の自殺者数

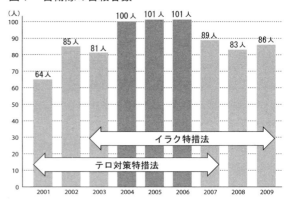

3）東京新聞（2020年2月3日）。
4）神奈川新聞（2020年2月3日）。
5）神奈川新聞（2020年2月3日）。
6）朝日新聞（2020年2月3日）。
7）読売新聞（2020年2月3日）。
8）西日本新聞（2001年11月6日）。

です。

　元自衛隊中央病院精神科部長の福間洋さんは、派遣された自衛官は「精神的に健全であると確認した上で選ばれた精鋭たち。（精鋭たちの自殺は）数字以上の深刻さ」[9]と語っています。

　別のデータからも、海外派遣が自衛官にとって深刻な任務なことが分かります。

　図1は、2001年から2009年までの自衛隊員の自殺者数の推移です。年間100人を超える自殺のピークが続いたのは、テロ対策特措法とイラク特措法による自衛隊の海外派遣が重なる、2004年から2006年の3年間でした。

　政府は「自殺は様々な要因が複合的に影響し合って発生します。海外派遣との因果関係を特定するのは困難」（2015年6月5日）と阿部知子衆議院議員が提出した質問趣意書に答えますが、特措法による海外派遣が、自殺急増の「要因」の一つであることは明らかです。

　深刻さは、2015年4月に防衛省が公表した「インド洋・イラク派遣に関わる自衛官の休職、退職者数」にも現れています。この期間に精神疾患で休職した自衛官は67名、依願退職者数は791名という多さです。海外派遣という、本来自衛隊にはなかった任務が、自衛官にとってどれほど苛酷なものであるのかを、これらデータが示しています。

自殺は自然淘汰

　防衛省は、自衛官の自殺をどのように考えているのでしょうか。陸上自衛隊のイラク派遣が始まった2004年1月に開催された、自殺問題も含めた不祥事防止のための防衛省の有識者会議で、こんなことが話されています。

　「自殺の原因を究明することも大事ですが、精強な自衛隊をつくるためには、質の確保が重要であり、自殺は自然淘汰として対処する発想も必要と思われます」。

　強い自衛隊のためには、自殺は自然淘汰、と

いう驚くべき意見は、出席した委員個人の意見で防衛省の見解そのものではありません。しかし防衛省はこのとんでもない意見をホームページに掲載し続けました。自殺した自衛官の家族はどんな思いで、この意見を読むだろうかと、なぜ防衛省は考えないのでしょうか。そこに防衛省の人権意識の希薄さが現れているのではないでしょうか。

危険は承知の上？

　「事に臨んでは危険を顧みず、身をもって責務の完遂に務め、もって国民の負託にこたえる」。入隊時に行われる自衛官の「服務の宣誓」の一節です。だから、危険な任務は承知の上で自衛隊に入隊したのでは、と思われるでしょうか。

　「服務の宣誓」はこう始まります。「我が国の平和と安全と独立を守る自衛隊の使命を自覚し、日本国憲法及び法令を遵守し……」。

　「危険を顧みず」に行われる任務は、あくまでも日本国憲法の枠内のものです。専守防衛を掲げる自衛隊にとって、海外派遣は本来あり得ない任務だったのです。しかし、湾岸戦争後の掃海艇のペルシャ湾派遣を最初に、9.11報復戦争支援等、実際の戦争の直接的な対米支援活動として、自衛隊は海外に兵を送り出すようになりました。

同意も合意もないまま

　憲法の枠をも踏み越えようとする自衛隊の任務の拡大について、政府が自衛官に同意を求めたことがあったでしょうか。

　「今回の派遣を巡り、国内では様々な議論が繰り返し行われたのは諸君承知のとおりである。また、派遣決定前後の状況は、諸君やご家族を少なからず惑わせるものであったことも事実である。しかしながら、その過程や経過がどうであれ、決定されたことに対しては、常に即応す

9）朝日新聞（2015年7月17日）。

るということもまた我々の本分である」。

2002年12月16日、護衛艦「きりしま」がインド洋にむけ、横須賀を出港していくときの自衛艦隊司令勝山拓海将の訓示の一節です。

当初インド洋への派遣は、護衛艦「しらね」が予定されていました。しかし直前に「修理に不性があった」という内部投書があり、「航行の安全にも関わる」[10]として、「きりしま」が急遽派遣されることになりました。海自は「派遣を嫌がる隊員が投書した可能性がある」[11]と判断し、「しらね」の派遣を中止しました。

「経過がどうであれ、決定されたことに対しては、常に即応する」のが「我々の本分」と自衛艦隊司令は言います。自衛官は黙って命令に従え、ということなのでしょう。

自衛隊がどんなに任務を拡大しても、それが「服務の宣誓」を踏みにじる任務だとしても、自衛官は異を唱えることは許されないのです。

自衛隊法75条は上官の命令に服従する義務を次のように定めています。「隊員は、その職務に当っては、上官の職務上の命令に忠実に従わなければならない」。

自衛隊法には服従義務があるだけで、拒否権など自衛官が命令に従わない余地については明示されていないのです。

無断欠勤の意味は

命令を拒否する手段を奪われている自衛官に残された、最後の選択肢のひとつが「辞職」です。しかし、ここにも大きな困難が横たわっています。

図2は、防衛省が毎年秋に公表している、自衛官の懲戒処分者数です。安保関連法が成立した翌年2016年、2017年、処分者数が急増しています。なぜ処分者は急増したのでしょうか。

2008年、海上幕僚監部は当時連続した不祥事

図2　自衛隊員懲戒処分者数の推移（2008年度〜2017年度）

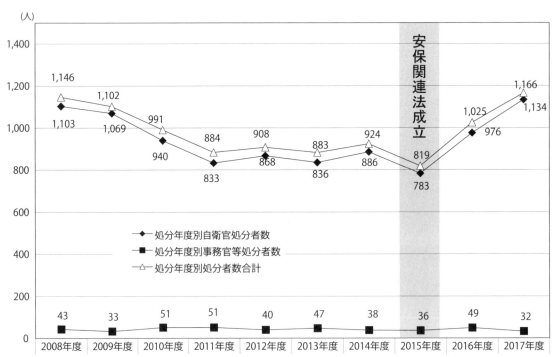

2018.10.19、防衛省公表資料より

10）神奈川新聞（2003年6月30日）
11）神奈川新聞（2003年6月30日）

に関して「海上自衛隊抜本的改革の実行上の指針」をまとめ、一連の不祥事等の底流にある要因は次の３点だと分析しています。

①任務が増大、多様化し、護衛艦隊部隊等の人員不足による問題の顕在化。

②我国防衛の任務に加え、任務の多様化により隊員の目的意識が分散・希薄化。

③長期にわたる航海で一般社会から離れるなどの厳しい勤務環境。

2008年当時すでにあった「任務の増大、多様化」は、2015年「安保関連法」の成立でさらに「増大、多様化」しました。「安保関連法」の成立と、懲戒処分の急増は明らかにリンクしています。

業務に関係する処分で最も多かったのは「正当な理由のない欠勤」です。横須賀の自衛隊の動向に詳しいある記者の方は、「やめたい」という自衛官を、上官がすぐにはやめさせない事情があると指摘します。それでなくとも入隊希望者が減り、慢性的な定員割れが続く海上自衛隊。部下がやめていくことは上司の評価にも直結します。だから退職希望を握りつぶす。その結果が「無断欠勤」というわけです。

自衛隊の任務が拡大してく中、そのことに疑問を感じても、命令を拒否できない自衛官。しかし、最後に残された選択肢である「辞職」もままならないのです。「正当な理由のない欠勤」は、私たちに何を伝えようとしているのでしょうか。

戦死の合法化

海外派遣等、自衛隊の任務の拡大に伴う自衛官の「非戦闘死」の現実を見てきましたが、自衛官の「戦闘死」についても、すでに周到な準備が進められています。2003年に成立した「有事３法」のひとつ「改正自衛隊法」に、「準備」は埋め込まれました。

「墓地埋葬等に関する法律」は、自衛官が戦死した場合でも、私たちの身内が死亡したときと同じように、役所へ届けを出し、許可を得てから火葬し、埋葬することを課します。その手続きをしないで自衛官の遺体を処理すれば、それは「死体遺棄」という犯罪です。しかし戦時に、そうした手続きをとっていたら戦闘の継続はおぼつきません。だから戦死した自衛官を、自衛隊が勝手に処理できるように、「墓地埋葬法」の適用除外条項を自衛隊法の中に埋め込む、というのが準備の中身です。

「安保法制の制定により、自衛隊の任務が"軍隊化"することにもなれば、危険は偶発的なものから必然的なものに代わる」[12] と、福間洋さんは懸念します。自衛隊の〝軍隊化〟が「非戦闘死」の先にある「戦闘死」を引き寄せようとする今、すでに自衛官の「戦闘死」を合法化する法整備は完了しています。

指導といじめ

いじめの問題も深刻です。なぜ、こうも多くのいじめ事件が発生するのでしょうか。

いじめ問題について、私たちと話し合った幕僚幹部は、暴力行為が指導だという体質は、自衛隊にはないと断言します。しかし実際には「任務遂行上、危険な状態においても、個々の任務が遂行できるよう体で学ばせること」（「うみぎり調査報告書」）があたりまえに行われています。

「指導は、部下が立派な自衛官になってほしいという純粋な気持ちで行うもの」。「自衛隊は変わっていない、変わったのは自衛官の方で、指導をいじめと受け取る人が増えた」という幕僚幹部の説明からも、行き過ぎが生まれる構造的な問題が、自衛隊の現場には存在することが見えてきます。

自衛官の人権裁判に携わってきた佐藤博文弁護士のまとめによれば、いじめやパワハラ等の自衛官人権裁判は判明しただけでも19件[13]あります。この中には、横須賀で発生した「たちか

---

12) Journalism（2015年11月）。
13) POSSE（2015年12月）。

ぜ」裁判も含まれています。

輸送艦「ときわ」艦長によるパワハラを苦にした自殺（3等海尉）のように、いじめ防止に率先して行動すべき立場の人物が、事件を起こした例も発生しています。

なぜ自衛官の人権か

与えられたテーマは「平和と人権」でしたが、「自衛官と人権」に置き換えての原稿になりました。それだけ、自衛官を巡る人権問題が深刻だと思うからですが、それだけではありません。

自衛官のことを「税金泥棒」という人は、最近はいなくなったように思います。しかし、それでも、一人の人格を持った人間としての自衛官と、正面から向合うことはまだまだ少ないように思えます。自衛隊を違憲と考える立場からは、自衛官の処遇や人権問題を考えることは、結果として自衛隊を容認することにつながりかねない、という警戒心があるのかも知れません。

しかし、自衛隊の認知と、自衛官個人の人権は別問題です。自衛官が置かれている困難な状況に対して、私たち市民が無関心でいていい理由はどこにもないのです。

新倉裕史（非核市民宣言運動・ヨコスカ）

生活困窮者への支援と交流（横浜・寿町）

第13章

労働

と人権

1.はじめに──労働権とは何か

人間は働いた対価で生活を支えています。その意味で労働は、人間の生存を支える基礎ともいえる営みです。そうした世界で人権侵害が横行すれば、人は生きるために人権侵害の苦痛に耐えなくてはならない深刻な事態に陥ります。これを防ぎ、奴隷のように強制されるのでなく、人が自由意志で働けるよう保障されているのが、「労働権」です。

日本での労働権は、憲法27条で、「すべて国民は、勤労の権利を有し、義務を負う」として規定されています。この条文では、「賃金、就業時間、休息その他の勤労条件に関する基準は、法律でこれを定める」とされ、さらに「児童は、これを酷使してはならない」として、立場の弱い子どもが強制労働などで将来を損なわれないよう求めています。

ここでの「勤労の権利」は、国民が勝手に行使しろ、という意味ではありません。働く権利を行使できるようにする義務が、国にあるとするものです。つまり、私たちには、「安心して働ける場をつくれ」と国に求める権利があるということになります。そのために、人が人らしく働ける最低限の労働条件を規定しているのが

「労働基準法」です。

「勤労の義務」は、こうして保障された働く機会を生かし、私たちがそれぞれの力を発揮して社会に有用なものを生産し、社会を維持していかねばならないとするものです。

こうした権利を行使するための手段として、憲法28条で労働基本権が保障されています。ここでは、「勤労者の団結する権利及び団体交渉その他の団体行動をする権利は、これを保障する」として、働き手が労働組合（労組）をつくって立場を強めるための「団結権」、そうしてできた労組を通じて雇い主と労働条件の改善を交渉する「団体交渉権」、働き手が一斉に業務を休止するストライキを通じて雇い主の譲歩を引き出す争議権や、ビラ貼りなどの労組活動を含む「団体行動権」の三つが規定され、これらは「労働三権」とも呼ばれます。

これらの権利は、労働者が19世紀以来の粘り強い働きかけで、長い時間をかけて獲得してきたものです。にもかかわらず、職場ではいま、人権侵害が深刻化する傾向が強まっています。

それはなぜなのか、その解決には何が必要かを考えていきましょう。

2.労働に人権保障が必要なわけ

人権侵害が起きやすい構造

職場の人権侵害、というと、「それは労働法に反して人を使い捨てる『ブラック企業』など、特殊な一部の会社のことではないのか」と言い返されることも少なくありません。ただ、労働の場は、実は、きわめて人権侵害が起きやすい構造を持っています。働く側は、時間や労働力を雇い主に提供し、その対価で自らの生存を維

持します。このため、人間としての尊厳より、効率的に生産するための道具としての面が優先されがちになるからです。

しかも、生産するためのさまざまな手段を所有しているのは雇う側です。そのため、雇ってもらえないと働くことができません。働けないと日々の収入が入って来ないため、餓死する恐れも出て来ます。そこで、十分な貯蓄や資産を

持てない多くの働き手は条件が悪い仕事でも飛びつかざるを得ず、安い時間給を極端な長時間労働でカバーせざるを得なくなったりします。

それでは、趣味や友人との付き合いはおろか、育児などの家族生活をする時間もなくなるなど、人間としての基本的な生活が営めません。最悪の場合は過労死したりします。生きるための労働が死をもたらすという悲惨な事態がそこに生まれます。

このように、働き手が子どもを産んで育てることが難しくなれば雇う側も労働力不足に悩む結果になり、社会全体が持続可能性を失います。

しかし、そこにたどり着くまでにはかなりの時間がかかります。その間に多数の労働者が死んだり健康を害したりすることになります。

このように、労働者と雇う側の間には大きな力関係の差があり、それが人権侵害の温床となります。その落差を埋めるために、図1のように、労働法の下駄を履かせ、対等な交渉ができるようにするのが、労働の世界での人権保障の仕組みです。

こうした考え方は19世紀、産業革命の中で過酷化した工場労働への批判から始まりました。こうした仕組みへの批判者として知られる思想家、カール・マルクスの『資本論』には、男性はもちろん、女性や子どもも極端に長時間働かされ、病気や過労死が蔓延し、子どもが学校にさえ行けずに発達を阻害されていく状況が、克

図1　労働法の支えで対称の関係をつくる

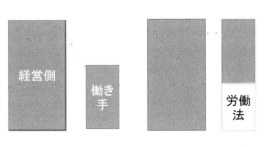

（竹信作成）

明に描かれています。

「労働は商品ではない」の意味

このような労働者たちの運動の成果ともいえるのが、第1次大戦後の1919年に定められた「国際労働憲章」（旧憲章）、これを引き継いで第二次大戦後に採択された「国際労働機関（ILO）憲章」（新憲章）です。その前文では、「世界の永続する平和は、社会正義を基礎としてのみ確立することができる」「世界の平和及び協調が危くされるほど大きな社会不安を起こすような不正、困苦及び窮乏を多数の人民にもたらす労働条件」の改善が急務、とされています[1]。ここには、労働者の人権が尊重されず、窮乏したことが悲惨な大戦につながったという認識と、平和の実現のためこれを繰り返さないという痛切な決意が示されています。

これに続き、その実現のために挙げられているのが、次のような措置です。

1日及び1週の最長労働時間の設定を含む労働時間の規制、労働力供給の調整、失業の防止、妥当な生活賃金の支給、雇用から生ずる疾病・疾患・負傷に対する労働者の保護、児童・若年者・婦人の保護、老年及び廃疾に対する給付、自国以外の国において使用される場合における労働者の利益の保護、同一価値の労働に対する同一報酬の原則の承認、結社の自由の原則の承認、職業的及び技術的教育の組織並びに他の措置による改善。

そして、「いずれかの国が人道的な労働条件を採用しないことは、自国における労働条件の改善を希望する他の国の障害となる」として、各国が労働条件の引き下げ合戦で底辺への競争に陥ることにもクギをさしています。

また、第2次大戦終結前夜の1944年にはILO憲章の目的をうたった付属文書「フィラデルフィア宣言」が発表され、次の4つの根本原則が挙げられます。

(a) 労働は、商品ではない。

1）国際労働機関駐日事務所ホームページから

(b) 表現及び結社の自由は、不断の進歩のために欠くことができない。

(c) 一部の貧困は、全体の繁栄にとって危険である。

(d) 欠乏に対する戦は、各国内における不屈の勇気をもって、且つ、労働者及び使用者の代表者が、政府の代表者と同等の地位において、一般の福祉を増進するために自由な討議及び民主的な決定にともに参加する継続的且つ協調的な国際的努力によって、遂行することを要する。

これについて、生活のために労働力を売っているのだから労働は商品では、という疑問も出るかもしれません。

ですが、先に述べたように、労働者は仕事を打ち切られると、餓死しかねない存在です。モノであれば供給過剰になって値下がりすれば、売り惜しみなどで供給を抑制することで値段は回復します。一方、労働力は売り惜しみしていると賃金が入ってこず、人は死んでしまいます。

つまり、他の商品のように売り惜しみできないのが労働力であり、だから、「商品」としてでなく「人権」の観点から生存を維持するためのさまざまな仕組みが用意されなければならない、ということになります。

こうした考え方から、安易な解雇には歯止めがかけられ、突然の解雇には「解雇手当」という当座の生活を支える資金の支払いも義務付けられています。失業した時には、生活に追われて劣悪な仕事に飛びついて貧困を悪化させないよう失業手当が支え、極端な安売りで貧困を作り出すような事態に陥らないよう最低賃金という労働の最低価格も決められています。「労働三権」も、実質的に弱い立場に立つ労働者の権利を法律で後押し、社会的弱者の人権を守るために考案されたものです。

3. ワーキングプアの増大

グローバル化と労働規制の緩和

ところが、こうした労働をめぐる規制は、1980年代以降、先進各国で緩和されていきます。まず、1970年代以降、グローバル化を背景に、先進国の主要産業だった製造業などの国外流出が起き、これらの産業を中心に広がってきた労組の組織率は低下していきます。その結果、働き手を守るルールを支えてきた労組の圧力が弱まっていったことが、大きく影響したと考えられます。

こうした大きな動きの中で、日本でも、バブル崩壊後の不況の中、1990年代後半から人間らしい生活ができる働き方を目指して設けられていたルールが相次いで緩和・空洞化されいきます。また1980年代、公的機関の労組が民営化の中で力を削がれ、非正規化の進展によって、労組の組織率は2020年に17％台に落ちこんでいます。それにつれて、働く場での人権侵害と思われる事態も顕著になっていきました。

その一つが、「ワーキングプア」（働く貧困層）の急増です。

1995年、経営者の集まりである日本経営者連盟（日経連）[2]は、「新時代の日本的経営」という文書を発表しました。ここでは、安定した無期雇用の正規労働者を原則とする経営から、パートやアルバイト、契約社員、派遣労働者などの不安定で低賃金の非正規労働者と、個人事業主などの働き手を組み合わせた多様な労務管理への転換が提唱されました。人件費の安い非正規を増やすことによって、総人件費を切り下

2）2002年に日本経済団体連合（経団連）と統合。

げ国際競争に勝つ、とする策でした。

　1997年、バブル経済の崩壊やアジア通貨危機の中で、四大証券の一角だった「山一證券」が破綻するなど、それまで盤石と考えられてきた多くの大手金融機関が相次いで倒産しました。

　こうした中で正社員のリストラが相次ぎ、失業率は2002年、戦後最高水準の5.4％になりました。

　「終身雇用」などの長期雇用の保障に自信を失った日本の企業は、日経連のモデルに飛びつく形で非正規労働者を増やしていきました。そうした経営側の要望に応えると同時に、質は悪くても雇いやすい働き方を増やしてとりあえず失業率を抑えるという政策的な狙いもあって、政府は非正規労働者についての規制を大幅に緩和しました。代表例が、1999年の労働者派遣法の改定です。

　1985年まで、日本では、派遣労働は禁止されていました。戦前の建設現場や炭鉱で、業者が低賃金労働者を集めて必要なときだけ現場へ派遣する不安定で劣悪な働かせ方が横行したことへの反省があったからです。

　派遣という働かせ方は、労働者と派遣会社が労働契約を結び、派遣会社がさまざまな企業にこれを提供し、その賃金から派遣料を取って利益とする「間接雇用」です。そのため、働き手は実際に働いている会社と直接交渉して労働条件を改善させることが難しくなります。「あなたは派遣会社の社員であって、うちの社員ではないから責任はない」とされてしまいがちだからです。

　そうした懸念から、1985年に労働者派遣法が制定され、派遣が解禁されたときは「専門的だから交渉力が強い」とされた一部の業務などに限定されていました。

　それが1999年には、原則、あらゆる業務で派遣が解禁され、危険性が高いことなどから働く先の企業の直接雇用に限定されてきた製造業派遣も2004年から解禁になりました。

　契約社員も契約期間が延長され、短期契約で何年も使えることが容易になりました。こちらは勤め先の会社と契約する直接雇用ではありますが、労組に入って労働権を行使しようとすると、「次の契約は更新しない」という雇い止めに遭う恐れがあり、労働条件の引き上げが難しくなりました。

　こうした変化の結果、働き手に保障されているはずの労働三権を行使した条件を引き上げる力が大幅に弱められ、賃金が最低賃金すれすれの水準に張りつく例が目立つようになりました。

差別は最悪で最強の賃下げ装置

　こうして、1990年代半ばに5人に1人程度だった非正規労働者は2004年には3人に1人を超え、2019年には5人に2人近くに迫っています。その結果、年間給与200万円以下の働き手は1000万人を超え（2019年「民間給与実態調査」）、購買力が下がって経済が低迷するデフレの大きな要因ともなりました。

　特に標的になったのは、「夫がいるから生活に困らない」「親がいるから困らない」という世間の思い込みを利用された形の女性と若者でした。たとえば、労働者派遣法制定の推進者として知られる故高梨昌・信州大名誉教授は2009年、筆者の取材に答え、「均等法によって、男性並みに働かないと正社員になれない女性が増えた。そのために、育児や家事の合間に好きな時に正社員に似た業務ができる働き方として、派遣が必要と考えた」と答えています。

　これは、「業務は同じでも、夫がいたり、家事や育児で長時間働けなかったりすれば安くても構わない人たち」を認めるということにつながります。特定の集団に所属することを理由に不合理な不利益を与えることを差別といいますが、その意味で、戦後の非正規労働は性差別をテコに拡大されたともいえます。「差別は最強で最悪の賃下げ装置」[3] なのです。

　こうして、働く女性のうち非正規は2019年段

３）竹信三恵子『ルポ賃金差別』2012年、ちくま新書参照。

階で5割を超え、レギュラー（正規）とイレギュラー（非正規）が逆転する状態になっています。そうした状況に直撃されたのが、シングルマザーなど一人親でした。子どもがいて残業できないことを理由に最低賃金水準の非正規労働者として働き、その収入で、子どもを扶養しなければなりません。2020年からのコロナ災害では、一斉休校などによる休業で生活費が足りなくなり「自分は1日1食で子どもに食べさせている」といったぎりぎりの状態が当事者たちへのアンケートから浮かんでいます。4)

若者も、学費の高騰と奨学金の返済への不安から学生バイトで生活と学業を支える例が目立ちます。最低賃金すれすれの賃金で職場の基幹的な仕事をバイトが担い、休むと職場が回らないために授業に出られない、試験を受けられな

いといった状態も聞かれています。

このような非正規の増加は、正規労働者の賃金にも影響を及ぼすことになります。5人に3人にまで減った正規労働者の多くは、非正規の上に置かれた管理職のような位置づけを与えられるようになりました。

その下にはいつも、代わりとなる非正規労働者が大量に控えており、「非正規は同じ仕事を半分の賃金でこなす」と言われて賃上げ要求がしにくいという声もあります。そんな中で、非正規並みの賃金水準と、正規並みの「貢献」「拘束」を求められる「名ばかり正社員」も増え、成果主義の浸透によって、「成果が上がらないから」と簡単に契約を打ち切られる正規労働者の不安定化も目立っています。

4. 過労死とハラスメントの続発

緩和され続けた労働時間規制

いくら働いても貧困、という非正規労働者が増える一方で、1980年代後半から1990年代にかけ、正規労働者を中心に長時間労働による死亡、「過労死」も社会問題として浮上します。非正規労働者の増加によって、正規労働者の負担が高まったことが大きいのですが、その背景にも、働くルールの緩和がありました。

先に紹介したILO憲章前文では、「1日及び1週の最長労働時間の設定を含む労働時間の規制」がうたわれています。これを受け、ILO1号条約は1日8時間または週48時間労働を規定しています。1日8時間労働は、19世紀以来、労働運動の主要課題となってきた最も基本的な規定です。1日24時間のうち労働時間を8時間に制限することで、睡眠に8時間、家庭生活や

地域生活、趣味などに8時間を保障し、人間らしい生活を目指したものでした。

日本でこうした8時間労働のパターンが崩れ始めたのは、1980年代の「柔軟な労働時間」へ向けた労働時間規制の緩和からでした。

1947年にできた労働基準法では、1日8時間が規定されていました。

ところが、1985年に男女雇用機会均等法が制定され、労働基準法の女性の労働時間規制が段階的に撤廃されました。

1987年には、米国からの「日本は長時間労働による時間当たり賃金の引き下げによって不当に安い輸出を行っている」という批判などに対応するため、法定労働時間の短縮（週48時間労働制だった規定を、40時間労働制として労働基準法に規定）を導入したものの、同時に、変形

4）NPO法人「しんぐるまざぁずふぉーらむ」の2020年5月実施アンケート（https://www.singlemama.com/topics/0525covid19-enq/）

労働時間制の導入（フレックスタイム制、1か月単位・3か月単位の変形労働時間制等の導入）、事業場外及び裁量労働についての労働時間の算定に関する規定の整備、といった労働時間の規制緩和が行われました。

忙しい時期は残業が続いても、一定期間内の平均で週40時間に収めればいいとしたり、事業外労働や裁量労働制など労働時間を把握しにくい仕組みによって長時間労働を見えにくくしたりする規制緩和はその後も進みました。

このような中で、1970年代までは1日8時間前後に集中していた働き方が、1980年代以降、長時間労働へと横広がりになっていきました。

その様子は、黒田祥子の研究（図2）5）から見て取れます。1日の労働時間規制の空洞化です。

非正規から女性まで

こうして1日の労働時間が長時間化する中で、1980年代後半以降、「過労死」が続発していきました。1978年、過労による労働者の死亡について上畑鉄之丞医師が「過労死」と名付け、1988年に始まった「過労死110番全国ネットワーク」や遺族の活動によって、その認定基準は実態に合ったものに改定されていきました。過労や強いストレスによって精神疾患に陥り、「過労自殺」する労働者も増える中で、1999年、これも労災として認定されるようになりました6）。

厚生労働省の「過労死等防止対策白書」（2019年版）によると、2000年以降、過労による労働災害請求件数も過労死の労災申請も、ほぼ横ばい傾向をたどり、過労死認定は2018年に82件となっています。一方、過労による精神疾患の労災申請件数は2000年の212件から増加傾向をたどり続け、2018年には1820件にも及びます。うち、過労自殺（未遂も含む）とされたのは2018年で76件（図3）となっています。

1999年には、製造業派遣の23歳の男性が過重労働の末自殺し、2011年、最高裁で労災として派遣先と派遣元両者の責任が認定されました。

図2

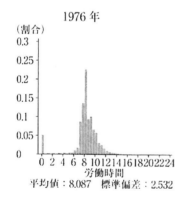
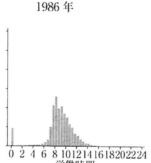

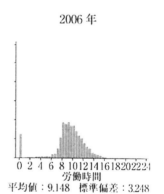

出所：黒田洋子「日本人の働き方と労働時間に関する現状」（内閣府規制改革会議　雇用ワーキンググループ資料、2013年10月31日）

フルタイム男性雇用者の平日1日当たりの労働時間の変化（月〜金曜日）

5）黒田祥子「日本人の労働時間と働き方に関する現状と課題」内閣府規制改革会議雇用ワーキンググループ資料（2013年10月31日）、竹信『企業ファースト化する日本〜虚妄の「働き方改革」を問う』（2019年、岩波書店）から引用。
6）「過労死110番全国ネットワーク」のサイト（https://karoshi.jp/learning/whatiskaroshi.html）から。

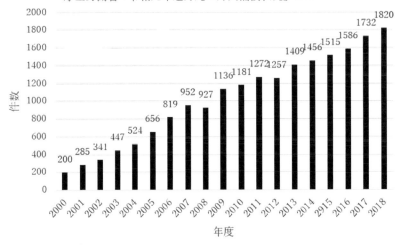

図3

精神障害にかかわる労災請求件数の推移

厚生労働省「令和元年過労死の労災補償状況」から

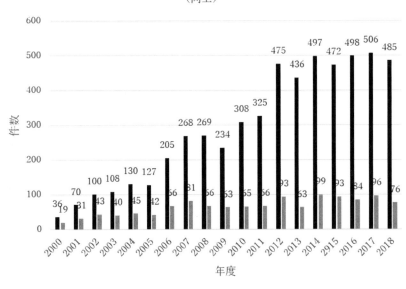

精神障害にかかわる労災支給決定件数の推移

（同上）

■支給決定件数　■うち自殺(未遂を含む)

2007年には、ファミリーレストランの契約社員の店長が長時間労働の末に亡くなり、過労死として認定されています。この事例は「非正規の貧困、正規の過労死」と言われてきましたが、非正規にも過重労働と過労死が押し寄せていることを見せつけた事件でした。

最近では、「女性活躍」がスローガンとなる中で、若い女性正社員の過労死、過労自殺も目立ちます。

2013年、選挙取材による長時間労働の末、自宅で亡くなり、過労死として認定されたNHKの佐戸未和記者についてジャーナリストの尾崎孝史氏は、同社が労働時間を把握しにくい「みなし労働時間」制を敷いていたことを指摘して

7）尾崎孝史『未和～　NHK記者はなぜ過労死したのか』（2019年、岩波書店）参照。

います[7]）。

「みなし労働時間」は、労使交渉で決められた一定の労働時間だけ働いたとみなして賃金を払う方式で、実際の労働時間がこれを超えていても把握が難しいのです。そのため、過労死の温床になりやすいと言われてきました。労働時間の規制緩和の動きの中でメディアなど長時間労働の職場で残業代を抑制するためなどに多用されてきた仕組みです。

厚労省の過労死基準は、発症前の残業時間がおおむね単月100時間、2～6カ月間の平均が月80時間を超える場合とされていますが、尾崎によると、佐戸の発症1カ月前の残業時間は、209時間37分にも達していました。

佐戸の職場には労組があり、会社側と労働時間協定も交わしており、佐戸が亡くなった年の協定書では、「延長できる時間は1日7時間、2か月で100時間、1年間で600時間」とされていました。過労死ラインすれすれの1か月間100時間の残業を引き受けても、次の月の残業がなければ協定違反ではないことになります。

2015年春、電通の総合職に採用された高橋まつりさんの場合は、エンドレスな業務になりがちなネット媒体を扱う部署に配属され、入社から8か月の12月25日に、都内の社宅から投身自死しました。

労災認定した労働基準監督署は、発症前1カ月の残業時間は、労使協定の70時間を超える過労死基準の月約105時間に達し、2か月前の約40時間から倍増していたと認定しています。このような状況でも、女性が使用できるような特段の仮眠室はありませんでした。このため、徹夜に近い状態で働いても、机にうつぶせになって休息をとるのが精いっぱいという働き方を強いられることになったと言います[8]。

職場がいじめの舞台に

見過ごせないのは、高橋さんの過労自殺の背景に、パワーハラスメント（パワハラ＝職権な

どを利用した職場での嫌がらせ）やセクシュアルハラスメント（セクハラ＝性別を理由にした嫌がらせ）が垣間見えることです。高橋さんが遺したツイッターには「働きたくない、一日の睡眠時間2時間はレベル高すぎる」と発信し、睡眠時間が足りないまま出社した際、男性上司が「髪ボサボサ、目が充血したまま出勤するな」といった発言を浴びせています。また、ツイッターには、「男性上司から女子力がないだのなんだのと言われるの、笑いを取るためのいじりだとしても我慢の限界である」と書き込まれています。

このようなハラスメントも、非正規が5人に2人近くに増えたことと無関係ではありません。短期雇用の非正規が基本形となったことで、働き手は正規も含め、一段と取り替え可能な資源として見られるようになり、また、出し入れ可能な雇用形態の増加によって職場内の意思疎通が悪化していったからです。

厚労省の「令和元年度個別労働紛争解決制度の施行状況」からは、その変化ぶりが見えてき

図4　個別労働紛争相談内容の推移
（厚労省「令和元年度個別労働紛争解決制度の施行状況」から筆者作成)）

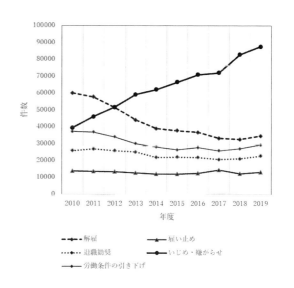

8）高橋美幸・川人博『過労死ゼロの社会を～高橋まつりさんはなぜ亡くなったのか』（2017年、連合出版）参照。

ます（図4）。

　ここでは、「解雇」が、2011年度を境にハラスメントなどの「いじめ・嫌がらせ」に一位の座を譲り、以後もその件数は増え続けています。

　いじめは代表的な人権侵害です。件数の増加はハラスメントに対する意識の高まりも一因と思われますが、このような人権侵害が生計費を得るために逃れることが難しい職場という場でこれほど横行しているのは、きわめて深刻です。

5. 働き手の声が人権を守る

　こうした事態を改善するためのヒントになるのが、ハラスメントをめぐる、この間の働き手たちの動きです。

　セクハラについては、女性たちの粘り強い要求の末、1997年の均等法改正で女性労働者に対し、「事業主に対するセクシュアルハラスメント防止措置の配慮義務」として、雇用主が防止のための措置をとるよう配慮することが義務づけられました。さらに2006年、男性労働者に対しても範囲が広がり「防止措置をとるよう配慮する義務」ではなく、「防止措置の義務づけ」として強化されましたが、セクハラの加害者への罰則はないなど、不備が指摘されてきました。2013年には均等法の指針の改定によって、同性へのセクハラも措置の対象になり、2017年には性的マイノリティも対象になりました。

　また、職場での嫌がらせとして問題になってきたパワハラについては2017年、厚労省の「職場のパワーハラスメント防止対策についての検討会」などを通じ、定義づけなどをめぐる検討が進んできました。

　2019年には、ILO190号条約として「仕事の世界における暴力及びハラスメントの撤廃に関する条約」（暴力及びハラスメント防止条約）がILO総会で採択され、国内でも条約はいまだ批准されていないものの、セクハラとパワハラの防止策が強化されました。

　セクハラは同年5月の均等法改正で、新しい規定が追加されました。まず、セクハラに関する国、事業主、労働者の責務が明確化され、従来の「企業の防止義務」だけでなく、経営トップも含む上司、部下、同僚のほか、取引先の社員などの企業外の関係者にも「他の労働者に対する言動に注意を払うことなどの責務」が規定されました。

　次に、相談した労働者への不利益取り扱いが禁止されました。不利益な取り扱いをした場合は措置義務違反として都道府県労働局から助言、指導、勧告を受け、それでも従わない場合は企業名が公表されます。さらに、営業などで他社と取引する際の被害を考慮し、自社の労働者が他社の労働者からセクハラを受けた場合は事実確認などの協力を要請できるとされ、「被害者の企業から事実確認などの協力の要請があれば、それに応じることに努めなければならない」とする努力義務が課せられました。

　加えて、紛争調停への職場の同僚の出頭・聴取対象者の拡大があります。セクハラ被害者が相談しても会社側が無視したり、意に反する対応をしたりした場合、都道府県労働局長による紛争解決援助や紛争調停委員会の調停を受けられ、ここに同僚などを参考人として出頭してもらえるようになりました。ILO条約が求めているセクハラ自体を禁止する規定は相変わらず入っていないなど、不十分さは目立つものの、一歩前進したと言えます。

　パワハラについても「労働施策総合推進法」が改正され、職場でのハラスメント対策の強化を企業に義務付ける「パワハラ防止法」として大手企業では2020年6月から、中小企業では

2022年4月から施行されることになりました。

　ここでは、パワハラを、「優越的な関係を背景とし、業務上必要かつ相当な範囲を超えて、労働者の就業環境を害するもの」と定義づけ、防止措置を企業に義務づけました。

　その実施方法を具体的に示した厚労省の「職場におけるハラスメント関係指針」では、パワハラの防止措置として、①企業の「職場におけるパワハラに関する方針」を明確化し、労働者への周知、啓発を行うこと、②労働者からの苦情を含む相談に応じ、適切な対策を講じるために必要な体制を整備すること、③職場におけるパワハラの相談を受けた場合、事実関係の迅速かつ正確な確認と適正な対処を行うこととされ、このほか、プライバシーの保護のために必要な措置を講じることや、パワハラの申告を理由に労働者の解雇や不利益な取り扱いをしないことなども企業に義務化されました。

　ただ、指針では、抜け穴となりうる問題点も労働側から指摘されています。たとえば「優越的な関係」については、「抵抗又は拒絶することができない蓋然性が高い関係」とされたため、「抵抗したことを証明しないと認定されない恐れがある」との懸念が出ています。

　また、「該当しないと考えられる例」を列挙したため、企業側がこれを弁解に使う恐れがあるという批判も相次ぎました。たとえば、パワハラの中の「精神的な攻撃」に「該当しない例」として、「遅刻や服装の乱れなど社会的ルール

やマナーを欠いた言動・行動が見られ、再三注意してもそれが改善されない労働者に対して強く注意をすること」が例示されました。これだと、上司が「マナー違反」として執拗に嫌がらせを行っても、「パワハラではない」として弁解に使われかねないという指摘です。

　このような問題点をはらんでいるものの、一連のハラスメント防止策の強化は、まず、各国の働き手たちの粘り強い訴訟や抗議がILOでの条約採択の背中を押し、この条約が各国の国内法の強化をもたらすという働き手たちの声の成果といえます。

　労働の場の人権は、黙っていて守られるものではありません。19〜20世紀の労働者たちが、時には逮捕も覚悟して過酷な工場労働を是正する仕組みづくりを求め、それが労働法として国際共通基準になったことを忘れてはなりません。

　そうした成果の末に、働き手を守るルールとその順守の監視装置としての労組の役割を再評価すること、そうした組織を通じて、ハラスメントの防止強化に見られたような働き手同士の国際的な連携が生まれました。

　いま改めて問われているのは、企業のグローバル化に対応した、働き手の人権を守る動きのグローバル化です。そうした視点からの働く人たちの活動が問われています。（文中敬称略）

竹信三恵子（ジャーナリスト）

6. 貧困問題

蔓延する貧困問題

　日本社会の中で貧困が身近な問題として取りざたされるようになったのは、ここ10年ぐらいのことです。

　もちろん、以前から日本社会に貧困は存在していました。ただ高度経済成長以降の日本にお

いては貧困は一部の人たちの問題だと思われがちでした。多くの人は、貧困という言葉から、ホームレスと呼ばれる路上生活者や、生活保護で生活している人たちをイメージしていました。

　2008年にリーマンショックがおこり、「派遣切り」などで困窮する人たちの増加は、困窮や

貧困という問題がじわじわと日本社会に広がっていることを感じさせました。その後、「老後破綻」「子どもの貧困」「8050問題」といった言葉が示すように、さまざまな階層における貧困が社会問題化してきました。働いても貧困から抜け出せないという「ワーキングプア」はもはや特別なことではなく、多くの人たちが置かれている状況になってきたのです。

貧困の諸相

厚生労働省の国民生活基礎調査では、2015年の相対的貧困率が15.7％です。7世帯のうち1世帯が相対的貧困の状況にあるということになります。

今日の貧困のリスクを負っているのは全世代です。年金が少なく生活費をギリギリにおさえたり、アルバイトで収入を補填して生計を立てている高齢世帯。子どもの貧困の背景には世帯の貧困があります。親が低賃金の非正規雇用だったり、病気や障がいで働くことが難しかったり、ひとり親世帯だったりします。単身女性や母子世帯の貧困も深刻です。そして最近注目されているのが中高年のひきこもりです。高齢の親とひきこもりの中高年の子が親の年金で生活していることも多く、親の年代と子の年代にかけて8050問題と呼ばれているこの現象は、世帯の貧困、あるいは、高齢の親が亡くなった後の子の貧困リスクの問題ともなっています。

貧困と複合的な困難

貧困の背景には様々な課題があり、また、貧困状態にあることが様々な課題を引き起こすことも多くあります。

解雇や雇止めという労働問題、人となじめず退職を繰り返すという就労の困難性、離婚やDV、債務、家族間のトラブルなど、貧困に陥ってしまうのにはさまざまな要因があります。そして経済的に困窮すると、家賃の滞納や住まいの喪失、税金の滞納による差し押さえ、病気になっても病院にかかれなかったり、要介護状態にあっても介護サービスを利用するお金がない、

精神的に追い詰められてしまうなど、社会生活や健康面などでさまざまな課題につながっています。

貧困は、経済的な問題にとどまらず、さまざまな困難を複合的に抱えている状態だと言ってもいいのです。さらに社会的孤立も貧困に拍車をかけています。身近に相談できる親族や知人がいなければ、活用できる制度も知らないままに、状況はますます悪化していきます。

新たなセーフティネットとしての生活困窮者自立支援制度

2010年度から全国で、内閣府のモデル事業としてパーソナル・サポート・サービスモデル事業が始まりました。リーマンショック時に、炊き出しやワンストップの相談を行う年越し派遣村の開設に中心的に関わった湯浅誠氏（当時NPO法人自立生活サポートセンター・もやい事務局長）が、内閣府参与となり提唱したモデル事業です。生活困窮者に対する「包括的な支援」「伴走型の支援」の制度化（継続的実施）を構想したモデル事業でした。

3年間のモデル事業を経て、2013年には生活困窮者自立支援法が成立し、2015年に施行されました。これにより、生活困窮者自立支援制度が全国で開始されることとなりました。各自治体（町村部は県が実施）は、必須事業として生

図1

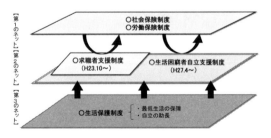

令和元年度生活困窮者自立支援制度　人材養成研修【前期】共通プログラム講義資料「生活困窮者自立支援法の今後の展望」

図2

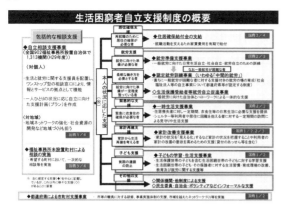

生活困窮者自立支援制度に係わる自治体事務マニュアル（令和2年7月3日第7版）

活困窮者自立相談支援事業を実施し、任意事業として、家計改善支援事業、就労準備支援事業、子どもの学習・生活支援事業などを行います。

対象は、「就労の状況、心身の状況、地域社会との関係性その他の事情により、現に経済的に困窮し、最低限度の生活を維持することができなくなるおそれのある者」と定義されています。

それまで、社会のセーフティネットとしては、社会保険制度・労働保険制度と生活保護制度がありました。しかしどちらの制度にも該当せず貧困状態で生活している人は多くいました。非正規労働で社会保険や雇用保険に加入していない場合は、生活保護に至るまでは何らセーフティネットはありませんでした。生活困窮者自立支援制度は、この間を埋めるセーフティネットとして、また、困窮のおそれのある方に早期対応できる制度でした。

生活困窮者支援における官民の横断的連携

生活困窮者自立支援制度には、労働保険・社会保険、生活保護のような現金給付はありません。困窮している、または、そのおそれのある人たちに対して、既存の制度や支援機関を活用したり、困窮の背景にある課題を解決することで、困窮からの脱却を支援する制度です。債務整理や住まいの確保、地域のインフォーマルな支援などとつなげる支援も行います。さまざま

な制度を横断的に活用したり、公的な支援とNPOや専門家の支援を組み合わせることで、一人ひとりが抱える課題に対してオーダーメイドの支援を行うことが鍵となる制度でもあります。

一般社団法人インクルージョンネットかながわは、パーソナル・サポート・サービスモデル事業で集まった団体によって2011年に設立された組織です。ホームレス支援、女性支援、外国人支援、高齢者支援、障がい者支援、若者の就労支援、ひきこもり者支援、など対人支援を実施してきた団体、弁護士や司法書士、働く場づくりをしてきたワーカーズコレクティブやワーカーズコープなどが、包括的支援を実施するために集まったのです。2015年の生活困窮者自立支援制度開始後は、鎌倉市の生活困窮者自立相談支援事業等を受託してきました。2017年からは、かながわ生活困窮者自立支援ネットワークの代表団体・事務局団体として、神奈川県とも協力し、県内の困窮者支援の官民連携を進めてきました。

貧困と分断と社会的包摂

貧困の問題は、一人ひとり、背景や抱える課題も異なりますが、決して個人的な問題ではありません。社会的な問題であり、構造的な問題です。

そのひとつはセーフティネットの不備です。

労働や福祉といった個々の領域では、それなりに支援策もあるが、細分化されていて、それぞれ窓口も違います。ほとんど申請主義で、知らない人にとっては利用もできません。社会保険や雇用保険は、パート労働や登録制の派遣労働（いわゆる日雇い）には十分に対応できていません。穴だらけのネットです。

もっと根本的な問題は、格差と分断です。経済的格差が広がると同時に社会的流動性も失われていきました。貧困の連鎖も社会的流動性の喪失です。格差は、経済的な分断だけでなく、さまざまな分断と関係しています。正規雇用か非正規雇用か、年金があるかないか、家族がいるかいないか、疾病や障がいの有無、国籍、性

別など、さまざまな属性が、生きていく上での不利益や差別を生み出してきています。

生活困窮者一人ひとりへの包括的な支援の先に、社会的包摂が存在しなければ、支援は対処療法にしかなりません。地域における支え合える関係づくり、様々な困難を抱える方を受け入れる職場環境、高齢者や母子世帯などへの住まいの提供、家族が抱えがちになる介護やひきこもりを地域や社会で支える相談支援体制などが必要です。

新型コロナウイルス感染拡大で露呈した貧困社会

2020年4月、新型コロナウィルス感染拡大をうけて、政府は緊急事態宣言を発令し、多くの業種で休業や営業自粛が余儀なくされた。これにより働く人たちも休業による減収や解雇など大きな打撃を受けました。

インクルージョンネットかながわが受託している鎌倉市生活困窮者自立相談支援事業「インクル相談室鎌倉」には、4月以降、月に200件近い相談が持ち込まれています。その多くが、自立相談支援機関が申請窓口となっている住居確保給付金（離職や減収した方を対象とした家賃額の一部給付）申請の相談です。人口規模が鎌倉市より大きな自治体では、4月以降、月に数百件から千件をこえる相談が寄せられていると言います。

相談に来る方の多くが、パート、アルバイト、派遣、請負（個人事業主扱い）などの不安定な働き方をしている人たちです。あらゆる業種で非正規雇用や請負が定着し、何かあったら切り捨てられるという構造が一般化していることがわかります。

今回の経済的ダメージはリーマンショックより深刻だと言われます。感染防止と経済のどちらを優先するべきかという議論がされていますが、ここで言われている経済を優先するということが、貧困状態に陥った人たちの生活を立て直すことになるのでしょうか。むしろそうした人たちの犠牲の上に経済再建が進むのではないかということが懸念されます。

新しい生活様式、新しい働き方として、リモートワークや時差通勤などが提唱されています。リモートワークもいいのですが、今回のような非常時にいとも簡単に貧困に陥ってしまう働き方を推し進めてきた貧困社会そのものを見直す必要があるのではないでしょうか。貧困や分断を内包した脆い社会に戻すのではなく、貧困リスクから人々を守ることのできる社会を考え直す好機でもあるのではないでしょうか。

川崎あや
（インクルージョンネットかながわ代表理事）

7.「ホームレス」の人権

バブル崩壊と「ホームレス」問題の発生

1990年代バブル経済の崩壊に直面した日本において、企業の多くが生き残りをかけなりふりかまわない企業防衛に打って出ました。日本型雇用の特徴ともいわれた終身雇用制はこの時を期して大きくゆらぎ今日に続く非正規雇用の増大をも生み出しています。この時期に行われた

リストラ—企業再構築は労働者にとって極めて過酷なものであり、実質大量の労働者の首切りをもたらした人員整理でした。企業というものは利益確保が最優先であり、その存立基盤がゆらげば容赦なく人員整理に手を付けることなど躊躇しないもので、企業にとってはそれが「適正」であっても一方の労働者とその家族にとっ

ては生活の破壊でしかないということは冷厳な事実なのです。希望退職によって少々退職金を積み増すようなことがあっても、その後の生活が保障される訳ではく、すぐに次の仕事を探さなければ家のローンや子どもの学費なども払う余裕を失ってしまうことになるのです。

しかし、この時の不況は長期化し経済活動の低迷も続くことになりました。運良く再就職がかなった人もその前職時の収入を下回ることが多かったのですが、残念なことに次の仕事に就くことができなかった人々のうち万策尽きて（というのもマイホームを持ちたいと考えた人が現金でポンと買えるほど家というものは安くなく30年、35年という長期ローンを組まなければならない買い物なので、ローンを支払い続けることができなくなれば）選択ならざる選択として家を出、公園や河川敷などを寝場所とせざるを得なくなったのです。この時期以降2万人以上の人々が路上生活を強いられるようになったという日本社会における「ホームレス」問題の顕在化が進行していくこととなったのです。

ここで、「ホームレス」という言葉に注意を促したいと思います。日本においてはこの言葉は路上生活者を指すものと理解されることが多いのですが、もともとは「安定的居住状態にない」ことを意味し、そのような状態で日々を過ごさざるを得ない人々をあらわしています。1977年制定のイギリスホームレス法ではこの言葉を次のように定めています。

① 占有する権利のある宿泊施設を持たない者
② 家はあるが、そこに住む者から暴力の恐怖にさらされている者
③ 緊急事態のための施設に住んでいる者
④ 一緒に住むところがないために別々に暮らさざるを得ない者

つまり、①は路上生活や車上生活をする人を、②は虐待を受けている人などが、③はシェルターや無料低額宿泊所、ネットカフェや漫画喫茶などで寝泊まりする人が、④は劣悪な家庭環境しかなく家族と離れ離れに暮らす人や何らかの事情で難民になった人などが該当するのではないでしょうか。つまり、路上で暮らす人のみが「ホームレス」といわれる訳ではないのです。

ということは、この「ホームレス」問題を考える時に常に注意しておかなくてはならないこととして国や地方自治体が発表する公園や河川敷で夜を過ごす人の数とその対策のみがこの問題の全てではないということです。この点の矛盾はのちにあらわれることになります。それは2008年リーマンショックを前後する時期に若者を中心に層としてあらわれた「ネットカフェ難民」とマスコミによって呼ばれるようになった人々の存在です。イギリスホームレス法の③に相当する存在で、明らかに「ホームレス」状態です。ところがこれらの人々に対して政府は2007年8月に「住居喪失不安定就労者」と呼ぶことを発表しました。毎年1月に厚生労働省が全国の市区町村に要請して路上生活者の調査を行っているのですが、この時発表されるのが「ホームレス」の数で、それ以外に「住居喪失不安定就労者」がいるという訳で、同じような境遇にある人をわざわざ分けて発表するというのは何か思惑があるのではないかとも感じられます。この両者にはどのような違いがあるというのでしょうか。

厚生労働省「ホームレスの実態に関する全国調査」における近年の推移

バブル景気の崩壊後全国で「どこの公園にもどこの河川敷にも人が寝ている」といわれた状況が出現しつつあったのが1993年頃のことでした。そのような人々への支援活動が全国で活発に取り組まれるようになっていった頃、日本政府はようやく重い腰を上げて2002年「ホームレスの自立の支援等に関する特別措置法」9) を制定しました。しかし、その対象を「都市公園、河川、道路、駅舎その他の施設を故なく起居の場所とし、日常生活を営んでいる者」と限定したため、無料低額宿泊所やネットカフェなどを宿泊居住の場所としている人が行政支援の網からこぼれ落ちることとなりました。この点は現

在もあまり変わらず、例えば東京都内にはネットカフェのような施設を利用する人が約４千人いるといわれているにもかかわらずその調査や対策がほとんど進まないという現状があるといわれています。

ともあれ、この翌年から国や地方自治体の施策の前提となる全国調査が行われることになったのですが、この調査自体が実態調査とはほど遠いものでした。全国の市区町村が実際の調査にあたる訳ですが、その方式は「目視による概数調査」。考えてみるべきことは行政職員による同調査には大きな限界があるということです。

勤務中の行政職員が出会える「ホームレス」はほぼ昼間に限られるということで、何故なら路上生活者の夜の過ごし方には大きく分けて二つあって、公園や河川敷に小屋掛けしたりテントを設置したりして半ば定住に近い生活をする人（従って、昼間もそこにいる、あるいは生活の実態が見える）と、夜間シャッターの閉まった商店街や公共の建物の前でダンボールを敷いて身を横たえる人（従って、シャッターの上がっている時間帯にはそこにはいられず生活の実態どころか存在すら確認できない）がいるということです。後者は当然のように出会う機会がなかなか得られないのであって、つまり実態をつかむためには夜間の調査が不可欠なのです。もちろん、各地の自治体の中には例えば横浜市のように自立支援施設はまかぜの運営委託先である社会福祉法人の夜間巡回相談での確認数を報告しているところもあり、この場合は路上生活者の数としては比較的実態に近いものと思われます。なお、「はまかぜ」とは社会福祉法人神奈川県匡済会が運営にあたっている生活自立支援施設で「ホームレスの自立の支援に関する法律」に基づいて設置されたものであり、同法と2015年施行の「生活困窮者自立支援法」[10] を根

拠として運営されているものです。

その上で、この数年の調査の推移にあたってみる訳ですが、第１回目の調査である2003年調査では全国で2万5296人が確認されていました。

これ以降毎年１月に全国調査が行われ2010年調査では全国に１万3124人、そのうち神奈川県では1,814人、横浜710人、川崎666人となっています。続いて、各年毎の県内の調査数は2015年1,204人、2016年1,117人、2017年1,061人となり、2018年には934人とはじめて千人を下回りました。その後は2019年899人となり、この10年で県内の路上生活者は半減となったことが数字上表れています。

この現象の原因としては、就労支援や生活保護受給が進んだことも大きいと思われますが、他方路上生活年数の長期化と高齢化が進行しているともいわれており、支援施策の中にもハードルが高いものがあるのも事実です。例えば、生活保護制度は憲法25条を根拠として「健康で文化的な最低限度」の生活を誰にでも保障するものですが、この制度の中に保護申請者の親族への「扶養照会」という制度が織り込まれており、これがネックとなって行政窓口で相談することをためらう人が結構いることは事実です。

確かにこの「扶養照会」が生活保護受給の要件ではないことは確認されているものの、実際には役所で「親兄弟の経済的な支援を受けるために家族親族に照会してもよいか」と言われ、自分の窮状を知られることを恐れる人の中には申請をあきらめて帰る人がいることも事実です。

日本において、生活保護水準以下の収入で生活している人のうちどの程度の割合でこの制度適用を受けているか（捕捉率といいます）については、20％以下ではないかといわれており（ただし、県や市などの行政機関にこの点を問いただしても明確な回答を受けた経験はありま

９）2002年８月に施行され、以後2009年、2014年と5年ごとに改定。神奈川県では2004年度から5か年間の「神奈川県ホームレスの自立の支援等による実施計画」を策定。以後、2009年、2014年と5年ごとに改定。

10）2015年4月施行。これまでのホームレス対策のうち、アウトリーチ（巡回相談）などの自立支援事業等をこの法に基づく事業として実施。

生活を支える相談活動

せん）、その理由として〝生活保護を受けるのは恥ずかしいこと〟という意識が困窮者本人を含め広範に存在しているからではないかと思われます。だから、生活保護費（国が４分の３、実施機関が４分の１という負担割合）は税金なのだからつつましく生活すべきで、飲酒やましてやパチンコなどとんでもないと行動を監視したり役所に通報したりする「市民」すらあらわれるのです。

生活保護制度は困窮者の自立の助長を目的として国民一人ひとりの権利として確認されています。この制度の趣旨をしっかり理解し、それを妨げることがないよう、合わせて不十分な点について不断に改善（例えば扶養照会の廃止など）する努力を惜しまないようにしなければならず、「最後のセーフティーネット」といわれるこの制度の充実を図っていくことが重要です。

不安定就労 ── 非正規雇用の拡大

政府などによって「働き方改革」が声高に叫ばれ、近年非正規雇用の労働者が増えてきており、その割合は雇用労働者の４割に達しようとしています。この政策が失敗であったのは明らかで、2008年リーマンショック下の大不況では「日比谷派遣村」が開設されるなど全国で政府の無策を糾弾する怒りが渦巻いたのは記憶に新しい事態でした。

企業の勝手な都合で使い捨てにされ、次の就労がかなわず手持ちのカネが尽きると路上に寝

場所を求めるしかなくなる……。そうなった人に世間は極めて冷たく、あげく「怠け者」と呼んで警察に通報したり地域から排除したりなどということを行う人も存在します。しかし、その一方で路上生活を余儀なくされた人に対して地域社会で支援に取り組み、夜間に路上訪問をしたり炊き出しをしたりという活動を行っている人々も少なくありません。神奈川県下では川崎から小田原までの間に至る地域で10以上の団体がこのような活動に取り組んでいます。長く活動している団体もあり、中にはバブル景気崩壊直後から現在に至るまで活動を継続している団体もあります。

路上生活者とは「働く意欲を持ち、その能力もあるがその場が提供されていない」という状況下で、収入がほとんどないかあるいはわずかしかない中、やむなく公園や河川敷、地下道などを生活の場所としている人々です。この人々はいつ追い出しや襲撃を受けるか分からない状況の中、絶えることのない緊張を強いられながら一日を、そして夜を過ごしています。そのほかにいつ病気になるか分からないという恐怖にさいなまれています。何しろほとんどの人が健康保険とは縁がなく手持ちの現金も乏しいという状況なのですから。

そのような状況にあっても彼らはよく働いています。時折、自転車の後にアルミ缶を山ほど積んで走っている人を見かけることがありますが、あれが路上生活をする人が行っている仕事のひとつです。収集したアルミ缶を金属取扱業者に売却して生活費を得ていますが、その引取り単価はそれほど高いものではなく１kg当たり百円に届くことはまずないのが現状です。仮に、10kg、20kg集めても１日の収入が千円を超えるか否かというところが現状でしょう。これらの額は生活保護費より低いのが実態ですが、彼らは何故そのような仕事をしているのでしょうか。それは、一言で言って就労意欲ではないでしょうか。〝自分の体が動く間は自分で働いてメシを食う〟ということです。

このような仕事は一般に都市雑業と呼ばれま

すが（そのほかに以前は読み捨ての週刊誌を集めきれいにして１冊百円程度で路上販売するようなことも多く行われていました）、このアルミ缶収集が近年は厳しい状況に置かれることが多くなってきています。それは各地の自治体がそれぞれ条例を改定し、このことを条例違反とする例が増えているからです（横浜市では公共のゴミ集積所からの持ち去り行為を条例違反としており、そのためにゴミ収集を行う資源循環局内に専門の取り締まり部門をつくり、そこに神奈川県警OBを雇用するなど取り締まりの強化を行っています）。この条例は最大20万円の罰金を簡易裁判によって科すことができるようになっています。〝アルミ缶を持ち去る者は泥棒だ〟という訳です。

また、これら以外にも大きな駅や街頭で「ビッグイシュー」というホームレス支援雑誌の販売に従事している人たちもいます。この雑誌は現在１冊450円で販売されていますが、その売上げの一部が本人の収入となるシステムで就労自立の訓練になっている面もあるようです。

街頭で販売しているため時には心ない言葉を投げつけられることがある一方定期的に買い続けてくれる人も少なくないので励みになることもあるようです。

あとを絶たない路上生活者襲撃

路上生活者はそのほとんどが公園、河川敷、道路上などを寝場所や生活の場としています。

それは個人の所有地に勝手に住みつく訳にはいかないからで、それをすればトラブルを招いてしまいます。そのため、生存の場として公共の場所をやむなく「利用」しているのが現状です。ところが困窮状態に陥り居所すら失った人に対して、その状態からの回復を支援・あと押しをするのではなく排除し、時には襲撃すら行う人々が繰り返し表れてきました。公共施設の管理者の中にもこのような行動を取る人がおり、そこを「利用」している路上生活者に対して「不法占拠」であるとして排除を行った例は枚挙にいとまがありません。あの2002年に路上生活者の「自立の助長」を目的として施行された「ホームレスの自立の支援に関する特別措置法」にすらその第11条で「公共の用に供する施設の適正な利用の確保」を管理者の責務としてうたっているほどです。

何故このような襲撃・排除が繰り返されてきたのでしょうか。それは、市民社会全般に根深く存在する（であろう）〝働かない怠け者は排除されてしかるべきで、そのような者が公共の場所を占拠するのを許すべきではない〟というような感情ではないでしょうか。いわゆる「自己責任論」で、その人にどのような事情があるのかなど考えもせずまるで正義のふるまいであるかのように行動する、それが襲撃や排除という行為なのではないでしょうか。

バブル景気の崩壊後２万５千人以上の人が路上へ追いやられてきました。支援活動上の経験からいえることは、働くべき場を奪われ、次の就労もできず家賃やローンの支払いもできなくなれば人は立ち往生するしかない、生活保護か路上生活しかないというのが現状です。我々が路上で出会った人々は、それ以前には渓流釣りの竿を作っていた人や、西陣織、益子焼などの工場につとめていた人、そしてヤクルト販売会社の部長をしていた人までいました。これらの人々がバブル景気の崩壊によって路上に「叩き出された」のです。この人たちはそのようなひどい目にあっても当然な人たちだったのでしょうか。またこれらの人々の中にはかなりの高齢者も珍しくなく、その最高齢は横浜駅で出会った90歳の女性でした。

このような不寛容による排除について過去の無惨な事件を思い起こし、その総括を共有し広めていくことがこのような事件の再発を防いでいくうえで大切だと思います。その際1983年の横浜「浮浪者」殺傷事件が極めて重要です。この事件は横浜市内において、当時の中学生たちが路上生活者を各地で襲った事件で、須藤泰蔵さんはじめ３人の方が命を奪われ、その他多数の人がケガを負わされた事件でした。事件後補導された中学生たちは何故そのようなことを

行ったのかを問われ、「ゴミを掃除した」と答えています。この言葉には極めて深刻な内容が含まれています。何故彼らは路上生活者を「ゴミ」ととらえていたのでしょうか。それは当時の市民社会において路上生活者がどのようにとらえられていたのかを反映したものであったのではないか、と。

須藤泰蔵さんは山下公園のくずかごに体を二つ折りにされて投げ込まれていました。

この直後、抗議行動に起ち上がった横浜寿町の人たちが10人逮捕されるという事件も起こっています。彼らは「俺たちは怒っている」というチラシを作り、市内の複数の中学校の生徒たちに配りに行っただけでした（ちなみにこの時のチラシは直後に学校側によって回収されています）。

この事件は当時の教育界を震撼させます。この後一年間にわたって「騒然たる教育論議」と名付けられた論議が、一説によれば当時の県知事の発議によって行われたのですが、その結論は極めて理解しがたいピントのはずれたものでしかありませんでした。いわく「生命を大切にする教育が足りなかった」ので「犬を飼いましょう」と。これが教育上の結論でしょうか。結局、この後この事件が公教育上の重大な問題をはらんでいるものとして教育カリキュラム上で取り上げられたことはあったのでしょうか。その点極めて懐疑的な思いを禁じ得ません。

このような事件は過去のものでそんなことはもう起こらない？いやそんなことはなく現在も起こり続けています。そのうちの一つが2020年3月25日岐阜市で起こっています。81歳の渡辺哲哉さんが19歳の少年5人に800メートルにわたり追いかけられ、投石を受けて脳挫傷・急性硬膜下血腫で死亡した事件です。これほどひどい事件ばかりではありませんが、小屋をこわされる、自転車のタイヤを切られるなどの事件は神奈川県下でも頻々と起こっています。

また、行政機関においても生活保護を受けねばならないほどの困窮者に対して敵意と悪罵を投げつけるような事態が起こっています。その

一つが2017年に起こった「小田原ジャンパー」問題です。これは、小田原市の生活保護担当職員が「HOGO NAMENNA」と記されたエンブレムの付いたジャンパーを着て生活保護受給者の訪問などの業務を行っていたという事件でした。

また、過去には北九州市で生活保護申請者を窓口で追い返す「水際作戦」が行われていたこともありました。この時には「おにぎりが食べたい」という言葉を残して亡くなった人がいたことが後に明らかになっています。

このように困窮状態に陥った人に対して、本来ならば寄り添い支援していかなければならない立場であるにもかかわらずその正反対の対応を行う自治体も過去にはいくつもありました。

今現在、そんな自治体など存在しないと思いたいのですが。

新型コロナ感染症の拡大と貧困

続いて、この間世界中を席巻している新型コロナウイルス肺炎が貧困層や不安定就労層にどのような影響を及ぼすかについて考えてみたいと思います。この感染症による患者は2021年7月13日現在世界中で1億8,700万人を超え死者も403万人に及んでいます。同様に日本においては約82万2千人と約1万4,900人となっています。アメリカ、ブラジル、インドや中国、ヨーロッパ諸国などで拡大が止まらない状況で今後は南米やアフリカ諸国での拡大も危惧されています。まさしくパンデミック（国境を越える大流行、感染爆発）です。ちなみにWHOはこの感染症に「COVID-19」という呼称を与えていますが、これはこの感染症が発生した国や地域の名を冠することにより特定の国や地域に対する差別や排除、攻撃が横行することを避けるためといわれています。

過去、スペイン風邪11）など歴史的にはいくつものパンデミックを引き起こすような感染症が発生していますが、そのうち人類が根絶に成功したのはたったひとつ天然痘のみです。これはウイルスが極めて変異しやすい性質を持っているので新しく発生した感染症への対応が後手に

回ることが多いからではないでしょうか。毎年冬になると流行するインフルエンザにもいくつもの型があり、例え予防注射をしたとしても絶対にかからないとは言えないことからも分かると思います。

新型コロナウイルス感染症は社会に深刻な打撃を与えています。「緊急事態宣言」下、全国の学校の一斉休校や商店などへの営業自粛要請が行われ、マスクが長期にわたって商店の店頭から消えるなど、一部の商品の極端な品不足も生じました。感染拡大を防ぐため多くの産業で生産が停止しました。当然それはそこで働く労働者への深刻な打撃＝首切りや雇い止めの大量発生という事態を引き起こしています。2020年6月9日の厚生労働省発表では、同月5日時点で解雇・雇い止めは累計2万9百33人（見込み含む）となり約2週間で倍増したとしています。日本の就業者数の約38％が非正規雇用といわれている現在、不安定就労者への打撃は極めて深刻です。

更に、2020年6月末に派遣労働者の契約満了日が集中するケースが多いこともありその影響は尽大です。これらの労働者は派遣契約を結んで会社の借り上げを含む宿舎やネットカフェなどに寝泊まりしており、契約を打ち切られれば直ちに困窮状態に陥り、やがては持ち金を使い果たして「選択ならざる選択」として路上へとやって来ることになるでしょう。これはバブル景気の崩壊やリーマンショックでも繰り返されたことで、このように常に不安定就労者は〝使い捨て〟にされるのです。

国や地方自治体の対応は常に後手後手でしかも不十分です。466億円もかけて、しかもまるで役に立たず「アベノマスク」とやゆされるような全戸マスク配布（しかもそれすら行きわたっていない！）や、「日本にお住いの、すべての方へ」支給する（総務省）とうたった10万円の特別定額給付金が、実は住民基本台帳に記載されていないと対象外（路上生活者やその他の事情で住民登録がなされていない居所すら失った最も困窮している人々）となることなど、困窮の底にあり、このたびのコロナウイルス感染症によってその生活が危機的状況を迎えるかもしれない人々に、まず第1番に取られなければならない対策が届いていない現状に心底から怒りを覚えます。非正規雇用の拡大は決して「自由な働き方」などではなく、ましてや働き方改革などでは決してありません。ただただ企業や資本にとって都合のよい首切り自由な制度でしかないのです。

また、コロナウイルス感染症が拡大している現在、見過してはならない事態が進行しています。それは、「自粛警察」と称されるまことにおぞましい一群の人々による行為です。公園で遊ぶ子どもをどなりつけ、営業を続ける店舗に貼り紙をし休業を強要する……。まるで自らが正義の体現者、執行者であるかのように行動する人々。また医療従事者の子どもを預からない保育園があらわれるなど、全社会的な連帯をもって励ましあい立ち向かわなければならない時に、まるで正反対の行動を取り、分断を持ち込んでよしとすることなど決して許されるものではありません。

野宿を強いられている人など、決して自ら望んで陥った訳ではない苦境の上に、更なる災厄＝コロナウイルス感染症が襲いかかる―「自己責任論」の横行する社会において、この今においてこそ私たちの連帯の真価が問われています。

近藤　昇（寿日雇労働者組合）

11）第一次世界大戦当時アメリカで発症し、世界中に広まった。当時の交戦国においては、軍の士気低下や崩壊を防ぐため報道管制が行われた。交戦国ではなかったスペインでは比較的自由な報道が行われたため、この感染症はこのような名前で呼ばれることとなった。

フィリピン・超大型台風被災直後の漁村（写真提供：NPO法人草の根援助運動）

第14章

環境

と人権

1. 開発・環境と人権

開発・環境と人権

　開発と環境は、現代の社会では切り離せない関係になっています。人類の行う開発は地球環境に大きな変化を与え、それがまた人々の人権に大きな影響を与えるということも起きてきました。それをコントロールするために世界共通の目標として定められたのが「持続可能な開発目標SDGs」ですが、こうした開発と人権との関係、そしてそれが引き起こす人権問題は、昔からあったものでは必ずしもありません。人類が地球環境に大きく影響を与えるようになったのは18世紀になってからで、長い地球の歴史の中ではごく短い期間でしかないのです。

「開発」の誕生

　開発という言葉そのものは古くからありましたが、その意味は現在とはかなり違っていました。日本語では、「開発」はもともとは「かいほつ」と読む仏教用語で、生きるものがもつ仏になる力を内から開花させることでした。英語のdevelopmentにつながる古代ギリシャ語の語も「自然」と同じ言葉で、やはり内にあるものがそとに出てくる、というような意味でした。

　現在の意味に近づいてくるのは18世紀から19世紀のことです。始めはヨーロッパで、やがて日本を含む世界の各地で封建制度が崩れて、それまで権力者の陰で生きていくのが精いっぱいだった人々が、社会の中央に出てくるようになりました。農業技術も発展して食べられるよう

になり、19世紀にはイギリスで起こった産業革命が世界に広がって経済も急成長、貧困状態の人の数も減ってきました。

　ドイツの哲学者ヘーゲルはこの変化を「歴史の進歩」と呼び、変わっていく姿を「開発」と呼びました[1]。いまの開発に近い言葉です。

　イギリスで産業革命が始まる1820年代から1913年までの一人当たり経済成長率[2]の世界平均は年0.9%ですが、これは西暦０年からそれまでの1800年間の平均0.05％に比べて、ひとケタ違う劇的な変化です。変化の少なかった人々の暮らしが、「開発」によって急激に変わり始めたのです。

　日本では、江戸時代になって社会が安定してきた時期に、各地で人々の食料をまかなうために新しい水田を拓くことが行われました。「新田開発」です。ここでも自然を切り拓く開発が生まれてきました。人口が増え、さらに江戸時代中期には商品生産なども増えて、人々の生活に余裕ができてきました。その後の明治維新を境に、さらに人々の生活は豊かになってきます。生活と社会がよくなる、その意味での開発という考え方が次第に根付いてきました。

　20世紀に入ると、日本では、急激に増えた人口対策の一環として、東アジアや南太平洋地域を日本の植民地として支配し、経済的に発展させながら人々を日本化させる、という意味の「満蒙開発」「南洋開発」という言葉が使われ、開拓団が続々と移民していきました[3]。ここで

1）封建社会の支配の下に押し込められていた市民社会が解き放たれて自己展開・自己発展する様相をEntwicklungとヘーゲルは呼んだ。

2）国内総生産額GDPを国民一人当たりで割ったもので、所得の1年あたりの増加率をあらわす。古い時代については資料も乏しいが、総人口とともにさまざまな推計が試みられてきた。2013年にベストセラーとなった『21世紀の資本』の著者トマ・ピケティはこの分野の第一人者。

3）満蒙開拓団は、1929年の世界恐慌後、日本の農業の危機を救うとともに「日本の進んだ農業技術を現地の満農に教え」「指導民族としての役割を担う」ために、1936年から45年までの間に32万人が移り住んだ。現地の人々と戦いながら開拓するため、当初は武装した若い軍隊経験のある農民で組織された。

開発という言葉は、自然を切り拓き変化をもたらす語として使われるようになりました。

世界の経済成長率は、現代まで、不況や恐慌はあっても平均としては順調に伸びて、現代世界の一人当たり経済成長率は1.4%にまで上がってきています[4]。

20世紀の開発

こうして前向きな変化をもたらす言葉となった「開発」ですが、20世紀半ばになって、もう一つ新しい意味が加わるようになりました。

1949年、世界の覇者となったアメリカのトルーマン大統領は、アメリカが「低開発国（underdeveloped country[5]）」を支援して、アメリカと同じ価値観と政治システムを持つような国にする、という開発支援策を打ち出しました。当時対立していた共産圏に世界を奪われないための支援策だったのですが、ここから開発と援助という言葉が強くつながるようになり、20世紀後半には、「開発」は外から・上から助けていくという他動詞的意味で使われるようになってきたのです。

この開発援助には人道的な意味もあったものの、「先進国」が自国の利益を広げる投資的な意味も付きまとっていました。それに加えて1970年代には、だぶついた産油国のオイルマネーの投資先という意味が加わってきました。先進国と金融機関はこぞって援助という名の金貸しを行い、1980年代に入るとその援助金という名の借金の返済のために、途上国では公的サービスを縮小したり無理な自然資源開発を行ったりと

いう人権侵害が繰り返されるという現象も引き起こしました。これは途上国債務問題と呼ばれ、1990年代半ばから2000年にはNGOが主導した取り消しを求める一大国際キャンペーン「ジュビリー2000」が展開されて一定の成果をあげました[6]。

こうして開発援助には批判の声も強くあがり、今日では開発援助はすべて途上国の害になっている、という主張も聞かれるようになっているほどです[7]。

持続可能な開発とSDGs

植民地は16世紀から始まったのですが、この植民地主義が頂点に達したのが19世紀です。

19世紀初めに起きた産業革命は、石炭をエネルギー源として、今までとは比べ物にならないほど早く大量に工業製品を作ることを可能にしました。西ヨーロッパ諸国、アメリカ、少し遅れて日本といった先発工業国家は、そのための石炭に加えて各種製品の原料となる鉄や銅といった資源を確保するために、そして爆発し始めた人口を養う食料の確保のために、アジア、アフリカ、そして中南米の国々に進出して支配し、人々を労働力として使うようになりました。これが帝国主義時代と呼ばれる時代です。

しかしこうした搾取の構造が明らかになり、批判が高まってきたこともあって、20世紀半ばには帝国主義時代も終わりを迎えます。第2次世界大戦後には植民地が次々と独立し、アフリカの国々も1960年代に大半が独立を果たしました。

4）トマ・ピケティ 2014『21世紀の資本』。
5）現在ではdeveloping countryという言葉が一般的。日本でも60年代までは後進国という言葉が使われていたが、現在では開発（発展）途上国と呼ばれる。Developing countryの中でも特に貧しい国はleast developed country LDCと分類され、2019年現在47か国(国連による)。日本語では「後発開発途上国」という訳語がつけられている。
6）債務帳消しキャンペーン「ジュビリー2000」はNGOの他、宗教界や労働界も加わった一大運動で、援助という名目で却って貧困層を苦しめてきた「汚れた債務」の帳消しを呼び掛けた。世界各地でデモや集会が開かれ、2000万を超える署名を集めた。日本でも外務省を人間の鎖で囲んだり渋谷でマーチをしたりと活発な活動を展開、債務削減に一定の成果を上げた。
7）ザンビア出身のエコノミストであるダンビサ・モヨは、3000億ドル以上の開発援助を受けたアフリカ諸国で、年平均経済成長率がマイナスとなり、貧困率も上昇しているという事実を挙げて援助の害を訴えている。

これでようやく支配の構造も終わると思われたのですが、帝国主義時代に作り上げられた仕組み、つまり「先進国」が「途上国」の資源と資金、そして人を奪う仕組みは形を変えただけで相変わらず続きました。鉱山開発や森林伐採による環境破壊と人権侵害、後述するパーム油やごみ輸出による被害が「途上国」に集中する状況は今もまだ続いています。

一方で、1970年代に入ると、次章に述べる公害の増大もあって、こうした環境破壊と人権侵害の開発から、それに配慮した開発へ、という動きが出てきました。「途上国」との関係の中だけでなく、「先進国」の国内でも環境や人権への配慮が求められるようになって、アメリカでは環境政策法が制定され、環境保護庁が設立されました。日本でも1971年には、議論の末に環境関係の行政を一手に引き受ける「環境庁」がつくられました。

1972年、スウェーデンのストックホルムで国連人間環境会議が開かれました。ここで経済成長から環境保護へという流れの元となる「人間環境宣言」が採択され、地球環境を守りつつ開発を進めるにはどうしたらよいかという議論がなされるようになりました。

1983年には、国連内にノルウェーのブルントラント元首相を委員長として「環境と開発に関する世界委員会」が設立されました。その委員会が1987年に発表したのが報告書「われら共通の未来」、通称ブルントラント報告です。その報告の中で、今のままの開発は続けられないとして提言された「将来の世代のニーズを満たす能力を損なうことなく、今日の世代のニーズを満たすような開発」、つまり「持続可能な開発」という考え方が、その後の開発についての考え方に大きな影響を与えるようになりました。

1992年にはブラジルのリオデジャネイロで国連環境開発会議、通称「地球サミット」が開かれました。これは多くのNGOも参加した画期的な会議で、最終日には「環境と開発に関するリオ宣言」が出され、世界中の国々が、これからはこの持続可能な開発を進める、と合意しました。これよりあと国連が主催する環境会議では、いつも「開発」という言葉が一緒に使われるようになります。つまり、環境と開発は分けられない、開発を考えるときには環境問題として考える必要がある、ということが世界的に合意されたということなのです。

こうして持続可能な開発が中心的な課題となり、2000年には世界の共通目標として「ミレニアム開発目標MDGs[8]」が掲げられ、それが終了した2015年には「持続可能な開発目標SDGs」が立てられて、環境を保護し、人権を守りながら進める開発という考え方が進んできています。

公害

開発・環境問題が人権を大規模に侵害してきた問題を一語でまとめる語が「公害」です。意味するところが広すぎるために最近はあまり使われなくなっていますが、開発の歴史は公害の歴史でもありました。

イギリスの産業革命は、公害第1号とも言える煤煙公害を引き起こしました。

産業革命の発端はワットによる蒸気機関の発明ですが、そのエネルギー源の石炭の排煙に含まれる二酸化硫黄や石炭粒子（煤塵）は人体に有害で、しばしば深刻な健康被害を引き起こします。

繊維産業や金属精錬・加工、鉱山業などで盛んに使われた石炭は、まず工業都市や鉱山地帯で被害を引き起こしました。町も植物も同じように煤塵に覆われたのですが、その中で特に健康被害を受けたのは貧困層でした。当時の公害

8）2000年に国連で採択された世界の目標で、主に発展途上国の貧困削減や乳幼児死亡率などを減らすことを目指す8つの目標、21のターゲットからなる。開発の成果が重視され過ぎている、ローカルレベルでの実現可能性が考えられていないなどの問題はあったものの、一定の成果を上げて2015年に終了した。これを受けて先進国も対象としたより幅広い目標として立てられたのがSDGs。

防止法制定の公聴会でも、「身を清める場を持たず、また過労でその気力もない貧民を煤煙は酷く不潔にする。清潔さは健康にとり根本的に重要だが、煤煙がそれを阻害している」と証言されています[9]。

安く大量に供給されるようになった石炭はやがて一般家庭の暖房にも普及して、19世紀後半から20世紀前半のロンドンはしばしば街全体が有害な煙（スモッグ[10]）に包まれるようになりました。1952年12月には、呼吸器障害が原因で数千人が亡くなるロンドンスモッグ事件[11]も起きています。日本でもこの頃のスモッグ被害は深刻で、1960年代後半から70年代にかけて、自動車の排気ガスや工場の煙突から出る煙が健康被害を引き起こす「光化学スモッグ」が大問題となりました。

日本の公害としては、明治期に起きた足尾鉱毒事件が、大きな被害を引き起こした最初の公害とされています。群馬県渡良瀬川流域での銅山開発によって発生した工場排煙と排水に含まれた有毒物質によって、地域の木や下流の稲が枯れ、人々の深刻な健康被害が相次ぎました。

地元出身の政治家・田中正造[12]をリーダーとする農民による反対運動は激しく、1900年には警官隊と農民が衝突して流血の惨事となったり、田中正造が明治天皇に直接訴えようとする直訴事件なども起きて大騒ぎになりましたが、最終的に工場側がその非を認めて賠償金が支払われたのは1970年代になってからのことでした。

こうした公害が、1960年代の高度成長期には日本全国で起きることになりました。その中でも特に激しく大きな被害を引き起こした公害が、のちに4大公害と呼ばれるようになっています。

それは、熊本県水俣市で起きた工場排水による水銀中毒である水俣病、新潟県阿賀野川流域で同じく排水中の水銀によって起きた新潟水俣病、富山県神通川流域のカドミウム廃棄物によるイタイイタイ病、そして愛知県四日市市の重化学コンビナート排煙による四日市ぜんそくです。

それらは長い期間にわたってたくさんの人を苦しめましたが、どれも住民の被害が出ても企業は無視または否定し、学者やジャーナリストらを巻き込んだ住民らの長い闘いの末に企業の過失が認められる、という経緯を経ています。これらの経験は、人権侵害に対して人々が声をあげ、団結して闘うことがいかに重要かを示しています。

「先進国」では人々の声によりあからさまな公害発生は少なくなりましたが、現在もまだ、世界各地で公害は起きています。「先進国」が自国とは違う基準で開発を進めた結果公害を引き起こしている例や、「途上国」が先進国に追いつこうと環境より開発を優先して工業化を進めた結果起きている公害など、そうした例は後を絶ちません。

世界全体で、人権と環境を守ることを大前提にした取り組みを進める必要があります。

ダム

2002年、インドネシア・スマトラ島の住民たちが、日本政府と国際協力銀行（JBIC）・国際協力機構（JICA）と、それに工事を請け負った東電設計を訴える裁判を日本で起こしました。

9）Sel,Ctee,1843,"on Smoke Prevention"　赤津正彦2005「19世紀中葉のイギリスにおける大気汚染問題」『The Journal of Political Economy and Economic History』2005 Volume 47 Issue 4 17-32。

10）1905年、イギリス議会の公衆衛生委員会でデ・ボー博士が煙smokeと霧fogを合わせた新語としてsmogと紹介、使われるようになった。

11）イギリスではThe Great Smog of 1952と呼ばれている。亡くなった4千人のほとんどは子どもと年配者で、呼吸器と心臓障害が多かった。12月5日に始まったこのスモッグは4日間続き、フェリーや列車、航空機が止まるなど都市機能も深刻な被害を受けた。

12）1841年栃木生まれ。1890年衆議院議員に当選。その年に起きた渡良瀬川洪水をきっかけに足尾銅山の鉱害事件に関わるようになった。たびたび国会で鉱毒問題を取り上げ、議員辞職後も71歳で亡くなるまで反対運動に取り組んだ。

これは1996年に日本の政府開発援助ODA[13]によって造られたコトパンジャン・ダムのせいで環境が破壊され、家や生活手段が奪われたということに対する裁判で、ODAの被害を訴えた裁判としては日本で初めてのケースになりました。約5千世帯、2万3千人が強制移住させられ伝統文化も破壊された、というもので、その原告団も8,396人という大がかりなものでした。インドネシアの環境NGOが支援し、日本にも支援グループができて再三にわたって日本の国会でも取り上げられました。

この訴訟は2015年の最高裁判決で住民側の敗訴が確定しましたが、その争点は日本政府の責任の有無で、ダムによって侵害された人権という根本的な問題については無視されたままです。

フィリピンでは、ルソン島北西部で、これも日本のODAに関わる融資によって建設されたサンロケ・ダムを巡る事件が続きました。2003年に完成したサンロケ・ダムは発電・灌漑・洪水対策などを目的とした大規模多目的ダムで、発電事業は丸紅や関西電力などが出資する現地合弁企業サンロケパワー社が請け負っています。

建設中から、生活状況が悪化するとして住民による反対運動が起きていましたが、反対する住民をテロリスト扱いして活動を制限するなどの人権侵害が続き、2006年には反対運動のリーダーが何者かに殺害されるという事件も起きました。

こうしたダム建設による人権侵害は日本でも各地で起きています。大規模インフラ整備のために土地の人たちの人権を侵害するという構図は、今もなくなっていません。

パーム油

21世紀に入ってよく聞くようになった原料のひとつにパーム油があります。アブラヤシというヤシ科の植物から作られる植物性油脂で、パンやマーガリン、チョコレートなどに使えば動物性油脂よりも体によく、洗剤を作れば合成洗剤のように体内や自然界で悪い影響を与えたりすることがない、「地球にやさしい」天然原料です。2005年ごろには大手洗剤会社が原料にパーム油を使っていることをアピールするテレビCMを大々的に流し、女性タレントが「環境へのおもいやり」と微笑んでみせました。

それに対して消費者団体やNGOは、パーム油を作るために「途上国」の熱帯雨林が切り開かれ、動物や人々が追い出されているとして批判を繰り広げました。環境系NGOが連合してつくっている組織「プランテーション・ウォッチ」によれば、世界1位、2位のパーム油生産国であるインドネシアとマレーシアでは、原料となるアブラヤシを作るために、過去20年で九州の総面積にあたる360万ヘクタールの森林が破壊されたとのことです[14]。そこを住みかとしてきたオランウータンや象の生息地の破壊も深刻で、生物多様性が失われつつあります。

インドネシアの大規模アブラヤシ農園での人権侵害については、人権NGOアムネスティが報告書をつくっています。そこで働く農民たちにはノルマが決められていて、それを下回ると給料が減らされたり、長時間働かされたりしているとのことです。家族を巻き込み、禁止されている18歳以下の子どもたちが農園で働いている例も紹介され、そのために学校をやめたり危険な仕事についたりという例もあって、地球にやさしい原料のために強制労働や児童労働が行われている、との報告がなされています[15]。

こうした問題に対処するために、2004年には環境NGOと大手企業が中心となって「持続可能

---

13) 政府による海外への援助をこう呼ぶ。植民地政策がなくなって成立した考え方で、欧州経済協力機構（OEEC）の下部組織DAGが1969年にこう呼んだのが最初である。日本では1954年、ビルマへの戦後賠償として経済協力協定を結び、その後フィリピン・インドネシア・ベトナムにも広げたところから始め、1990年代には一時期世界最高額の支援をしていたが、現在は大幅に減らしている。

14) https://plantation-watch.org/abunaiabura/library/

15) https://www.amnesty.or.jp/library/report/pdf/palm_oil_201702.pdf

なパーム油のための円卓会議（RSPO）」が設立されました[16]。RSPOは、法律を守ること、特定の農薬の使用をやめること、労働者の権利を守ることなどの８つの原則と39の基準を決めて、認証パーム油という制度を作りました。現在ではさらにこれを進めたものとしてのRSPO Nextという基準があり、他にも2013年に発足した「パーム油革新グループPOIG」の認証など、持続可能なパーム油を使う動きが進んでいます。

しかしながら、日本ではこの動きは弱く、RSPO認証を取り入れているのは2019年時点で２社にとどまり、それ以後2020年まで増えていないようです。パーム油をめぐる人権侵害は、まだ続いています。

気候変動

もっとも大規模で、人類全体に影響を及ぼす環境問題が、気候変動です。

1980年代後半、温室ガスの増加によって地球温暖化が起き始めているという研究結果が発表されると、原因を含めてその真偽が大きな論争となりました。データ解釈のむずかしさもあって、はじめの頃は政治家も含めて懐疑的な論調が多かったのですが、1992年の地球サミットが大きな転機となり、その後はより大きな変化を含む気候変動という言葉に置き換えられながら、だんだんとその対策の必要性を認める論調が増えてきました。

2008年、国連人権高等弁務官事務所（OHCHR）は、「気候変動はあらゆる人権に影響を与えるおそれがある[17]」と年次報告書で警告を発し、温暖化による海面の上昇、熱波の襲来、大量降雨や干害、そして超大型台風による被害を具体

的な脅威として挙げました。人々の権利がそれによって奪われていくとの警告です。

それ以来国連は繰り返し気候変動と人権について警告を出していて、グレタ・トゥーンベリ[18]さんが参加したことでも話題になった2019年の気候変動サミットの前には、女性差別撤廃委員会などの５つの委員会が共同で、「人権条約上、各国政府には気候危機に緊急に対処することにより、人権を保護する法的義務がある。

気候変動がもたらす予見可能な人権侵害を防止する措置を怠ることは、人権義務の違反となりうる。全ての国に対して、気候変動サミットで気候に関する取り組みを見直す際には人権義務を考慮するよう求める」という声明を発表しました[19]。気候変動阻止に取り組まないのは人権条約違反だ、と人権の観点から強く対処を求めたのです。

気候変動による大きな人権侵害は、すでに世界各地で起きています。2013年末にフィリピンを襲った台風30号（現地名台風ヨランダ）は、台風被害の多いフィリピンも過去に経験したことのないほどの超強力な台風で、死者・行方不明者８千人超、避難者400万人、被災者総数1600万人という甚大な被害をおよぼしました。

アメリカ合衆国では、近年起きた大規模森林火災10件のうち９件が2000年代、しかもそのうち６件は2017年から2019年に集中しています。

2018年に北カリフォルニアで起きた通称キャンプ・ファイアでは、パラダイスという町の建物のほとんどである１万８千軒の家屋が焼け落ち、85人が亡くなりました[20]。

オーストラリアでは2019年、観測史上最も少ない降水量と過去最高の平均気温を記録し、そ

16）パーム油調達ガイド（https://palmoilguide.info/）。
17）https://www.ohchr.org/Documents/Press/AnalyticalStudy.pdf
18）2018年、15歳のときに一人で始めた政府に気候変動対策を求める「気候のための学校ストライキ」が世界で同調者を生み、「未来のための金曜日(Fridays For Future)」運動に発展した。2019年にはTIME誌の表紙に取り上げられるなど、次世代のリーダーとして活躍している。
19）「人権高等弁務官　記者会見での発言」。
　　http://www.jinken.or.jp/wp-content/uploads/2019/10/unhchr_201909.pdf
20）Insurance Information Institute　（https://www.iii.org/fact-statistic/facts-statistics-wildfires）

れに伴う森林火災が頻発、特にニューサウスウェールズ州の火災は10万平方キロもの土地が焼かれ、10億匹以上の動物が命を落とす大惨事になりました。ブラジルのアマゾンにおける森林火災は今までにないほどの大規模なものになって、世界の気候にまで影響を与えています。

また、南太平洋の島国であるキリバス共和国では、海面上昇によって国土が侵食されて住める場所が減っているという深刻な問題を抱えています。平均海抜が2メートルに満たないサンゴ礁でできた島々は、高波や荒天に弱く、地下水に含まれる塩分が上がってきているため飲み水の確保にも苦労していて、すでに健康被害も出ています。世界銀行は最悪2050年には人が住めなくなるという予測を出しているほどです。

それらのどれも、直接の因果関係までは証明できないものの、気候変動が大きな原因となっているだろうことは容易に想像できます。そしてそれによる人権侵害も、計り知れないレベルで起きています。

プラスチック

近年人権問題としてクローズアップされ始めたのが、廃棄物、なかでも廃プラスチックによる汚染です。便利でしかも安価な素材プラスチックは、私たちの生活になくてはならないものですが、それによる環境汚染が大きな人権侵害を引き起こしているということが分かってきました。

日本は廃プラスチックのリサイクル率が86%と高く[21]、業界と日本政府はリサイクル優等生を自称しています。確かに1990年代、廃棄物汚染が世界的な問題になり始めたころの対応は悪くありませんでした。公害で苦しんだ経験もあって、1995年につくられた容器包装リサイクル法は当時としては進んだもので、現在もPETボトルの回収率は世界トップレベルです。しか

しそれで安心してしまった面もあって、たとえば世界各国で2000年代に始まったプラスチック買い物袋の規制などではかなり出遅れています。

しかも、日本が誇るリサイクル率86%には、大きなまやかしがあります。OECDの報告書によれば、日本の廃プラスチックリサイクル率は23%に過ぎません[22]。これは一体どういうことでしょうか。

2017年の例を見てみましょう。この年の廃プラスチック総量は903万トンで、775万トンがリサイクルされたのですから、それならば確かに86%です。しかしこのリサイクルの中身が問題なのです。

総量の68%にあたる524万トンは「サーマルリサイクル」されたことになっています。リサイクルと言われれば再びプラスチックになっていることを想像しますが、この「サーマルリサイクル」ではプラスチックは作られません。単に熱が取り出されるだけです。サーマルリサイクルというのは実は廃プラスチックを燃やすごみ発電のことで、英語ではthermal recovery（熱回収）と呼ばれ、リサイクルとは見なされていません。プラスチック製品化という段階を挟んではいるものの結局石油が燃やされたのですから、地球温暖化ガスも全量大気中に放出されています。

さらに27%の「マテリアルリサイクル」211万トンも大問題で、これが海外で大きな人権侵害を引き起こしています。

マテリアルリサイクルはいわゆる「材料再生」で、廃プラスチックを再びなんらかの材料に作り変えることなのですが、いろいろな種類があるプラスチックは、混ざっていると溶かして再生することはできません。同じ種類のプラスチックが一緒になっている必要があります。いい例はPETボトルで、家庭ごみの中でもそれだけ分別回収が進んでいるPETボトルなら同じ

21）「プラスチックリサイクルの基礎知識」（一社）プラスチック循環協会2019。
22）"Improving Plastics Management: Trends, policy responses, and the role of international co-operation and trade" OECD, 2018。

種類の樹脂なので再生が可能ですが、回収PETボトルは重量でいえば57万トンあまりで（2018年）[23]、全体の6％程度です。しかしネットで調べてみても、マテリアルリサイクル製品として紹介されているのはPETボトルによるものばかりで[24]、その他の混ざったプラスチックがどんな製品になっているのかはっきりしません。

それもそのはずで、マテリアルリサイクルされたことになっている211万トンのうちの半分以上、129万トンは海外に輸出されているのです。技術的にむずかしいマテリアルリサイクルが本当にされているのかは疑問で、実際、リサイクルどころか実は単に燃されているだけ、という報告が数多くなされています。

イギリスのBBCニュースは、2019年2月、マレーシアのある町で廃プラスチックが不法に焼却され、近隣の人々を苦しめている様子を報道しました[25]。ジェンジャロムという小さな町に、海外からエッフェル塔2つ分の重さの1万7千トンの廃プラスチックが運び込まれてあちこちで燃され、そこの住民たちはひどい咳や皮膚疾患に悩まされるようになったというのです。地元自治体が調査したところ、この地区だけで33の違法処理場が確認されたと言います。リサイクルされているはずの「先進国」の廃プラスチックは、実際には「途上国」で燃されてその土地の人々を苦しめているのです。

しかしこれも、事情が変わりつつあります。2000年代以降、「先進国」、特にアメリカ、イギリス、そして日本の廃プラスチックは中国に輸出されていました。しかし中国国内でその悪影響が明らかになり、2017年には中国政府は廃プラスチック輸入を全面的に禁止しました。行き場を失った廃プラスチックは、タイ、マレーシア、ベトナムといった国に送られるようになり

ましたが、もちろんそれらの国でもすぐに大きな問題となり、相次いで規制をかけたため、現在はまた、インドネシアなど別の国に送られています[26]。しかし全体として受け入れ先が激減しているのが現状で、今はマテリアルリサイクルされたはずの廃プラスチックが日本国内で山積みになりつつあります。これは国内の新しい環境問題になっていくおそれがあります。日本国内の廃プラスチック埋め立て処理量は全体の6％ということになっていますが、埋め立てもされない、行き場のない状態のものが刻々と増えているのです。

さらにはその埋め立て処理もまた、大きな問題を抱えています。

2002年、アメリカ・アラバマ州の貧しい人が多い地域の近くでプラスチック埋め立てが始まりました。土地の持ち主が許可したのですが、まもなく人々が頭痛やめまいを訴えるようになり、呼吸器の病気や癌を患う人が増え、水質汚染が深刻化しました。住民は訴訟を起こし、いったんは埋め立てが止まったもののほどなく再開。訴訟は2017年まで続きましたが埋め立ては続き、今では人々は、健康被害に怯えながら、庭で作っていた自家製の野菜をあきらめ、飲料水も買わざるを得なくなっています[27]。

いったん埋め立てられた廃プラスチックは、将来にわたって水や土を通して有害物質を出し続けます。家庭ごみとしての廃プラスチックには少なからず食物が含まれていますが、そこからはメタンガスが発生し、ときには火災を引き起こしたりもします。それが海岸沿いであれば、高波や洪水などで流出して最近大きな問題となっている海洋汚染の元にもなります。日本国内の埋め立て地でも、先々までそうした被害を引き起こさないという保証はありません。

23）http://www.petbottle-rec.gr.jp/data/transition.html
24）「マテリアルリサイクル」PETボトルリサイクル推進協議会。
　　http://www.petbottle-rec.gr.jp/more/material.html
25）https://www.bbc.com/news/world-asia-46518747
26）https://www.greenpeace.org/international/story/21792/plastic-waste-environmental-justice/
27）https://sites.uab.edu/humanrights/2018/09/05/the-plastic-problem/

こうして廃プラスチックは深刻な人権侵害を引き起こし続けています。これを止めるにはリユースやリサイクルだけでは不十分で、根本的にプラスチック量を減らすことが求められています。

（NPO法人草の根援助運動事務局長）

2.「原発」と人権

原発の歴史

原子力発電は核兵器開発の申し子

1938年ウランの核分裂がドイツのオットー・ハーンらによって発見され、核分裂連鎖反応によって発生する膨大なエネルギーを利用する原子爆弾の可能性が明らかになりました。アメリカは第2次世界大戦中、この核分裂エネルギーによる原爆開発・製造計画「マンハッタン計画（1941年9月）」[28] によって、1945年7月にはプルトニウム原爆の第1号を完成させ、8月6日にウラン原爆「リトルボーイ」を広島市に、8月9日にプルトニウム原爆「ファットマン」を長崎市に投下しました。

原子力発電は、原爆の原理と同様の核分裂のエネルギーを利用した発電装置です。広島上空で原爆が爆発（核分裂）した瞬間、強力な放射線、放射能が放出されました。猛烈な爆風によって真下にあった「広島県産業奨励館」（現・原爆ドーム）も大破し、人々は即死しました。爆心から遠くにいた人々は熱線を浴びて重いケロイド症状になったり、放射線や飛び散った放射能をあびて被爆し、さまざまな原爆症を発症しています[29]。 原子力発電では、核燃料（ウランペレット）の中でウランの核分裂を起こし、それにともなって発生する膨大な熱によって蒸気を作り、その蒸気が発電機のタービンを回して発電を行います。

「核の平和利用」としての原子力発電

第2次大戦後、ソ連など各国が核兵器開発を進めようとする中で、アメリカのアイゼンハワー大統領は国連総会において核開発競争の危険性を訴え、原子力発電による「核の平和利用（Atoms for Peace）」について演説しました（1953年12月）。実際には、アメリカが原子力発電という核技術と核燃料（濃縮ウラン）を供給することによって、世界的な核拡散をコントロールすることをねらったものです。このアメリカの政策によって、世界中へ「核の平和利用としての原子力発電」の拡散[30] [31] が始まりました。

日本で最初の原子力発電所は、イギリスから

---

28) ドイツ人物理学者アインシュタインがルーズベルト大統領に送った手紙を契機に開始され、膨大な資金（約20億ドル）と人材（延べ60万人）が投入された国家的大軍事プロジェクト。天然には0.07％しか存在しない「ウラン235の濃縮方法」と「プルトニウムの生産・分離技術」の研究開発が短期間で進められた。

29) 広島・長崎の原爆ヒバクシャー原爆という無差別破壊兵器の非人道的、非人権的、破壊的性格は、言葉では尽くせない。両都市に暮らした約10万6000人の死者と約11万人の負傷者が人類史上類を見ない悲惨な体験を強いられ、75年を経た今日いまだにその影響が続いている。

30) 核拡散防止条約：NPT条約ー「核の平和利用」は、インド（1974年）、パキスタン（1998年）などの核武装によって行き詰まり、1963年「核拡散防止条約：NPT条約」が国連で採択され、1970年3月に発効、締結時は191か国。1995年には無条件無期限延長された。NPT条約は、核兵器保有5か国の核保有を認め他国の保有等を禁じるもので、インド、パキスタン以外に北朝鮮、イスラエルの核保有が確実視され、イランにも核開発疑惑がある。「核の平和利用」と軍事利用を完全に分離することの困難性は明らかである。

輸入された東海原発（1966年稼働開始）です。以降アメリカから輸入された敦賀1号機、美浜1号機（1970年稼働開始）など、ほぼ1年に2基づつ建設が進められ、日本で建設された原子力発電所は全部で59基に達しています。全発電量に占める原発比率も2000年には最大で34.3％となり、アメリカ、フランス、についで世界第3位の原発大国でした。しかし、2011年3月の福島第一原発事故後、規制当局は「電力会社のとりこ（国会事故調）」といわれたそれまでの国の規制が批判され、苛酷事故に対応する新「規制基準」が策定されました。新基準に適合させるための設計変更に膨大な経費が必要となるなどで、老朽化した古い原発22基の廃炉が決定しています[32]（日本の原発33基　2021年5月末現在）。

原発をめぐる問題と人権について
被ばく労働者

発電施設である原子力発電所は、さまざまな機器類の点検・補修などの作業が日常不可欠ですが、これらの作業の多くは人手に頼っています。例え事故でなくても、そこで働く労働者は被ばくせずには作業できません。毎年原発の運転を止めて行われる定期検査や大きな機器類の点検・補修・交換、さらにひとたび事故がおこ

れば、高汚染した場所での長時間作業が強いられます。作業に実際に携わっているのは、原発の所有者である電力会社の社員は少なく（約10％）、原発メーカーや関連会社の社員、「下請け」・「孫請け」など多重下請け企業の労働者たちで（約90％）、この中に正規・非正規の違いもあり、複雑な労使関係になっています。原発は、このような「被ばく労働者」がいなければ運転できません。賃金や労働条件、被ばく線量にまで明らかな差別構造があり、労働基準法、職業安定法等違反なのは公然の秘密です[33]。このような実態は、労務管理、安全管理を蔑ろにし、原発労働者の貧困化、有能な労働者の離職等、ひいては原発の安全性にも重大な問題を生じさせます。

原発労働者など（放射線作業従事者）は、被ばく労働を前提に賃金を得ているため、放射線被ばく線量限度が一般人より高く規定され、法律（通常時）では、「5年で100ミリシーベルト、1年最大50ミリシーベルト」とされています。

5年平均で年間20ミリシーベルトとしても、一般人の基準（1ミリシーベルト）の20倍被ばくしても可とするもので、健康影響は計り知れません[34]。

---

31) 核兵器禁止条約−2017年9月7日、122ヶ国・地域の賛成多数により国際条約として国連で採択された。反対は日本、アメリカ、イギリス、フランス、ロシアなど38か国、棄権は中国など16か国。この条約の目的は、核兵器の全面廃止と根絶で、核兵器の開発、実験、製造、備蓄、移譲、使用及び威嚇としての使用の禁止ならびにその廃絶等を規定している。（同条約は86か国が署名、批准は54ヶ国：2021年2月現在）。平和目的での核エネルギーの研究と生産、使用（原子力発電など）は禁止していない。この条約採択の運動を進めた核兵器廃絶国際キャンペーン（ICAN）は、2017年ノーベル平和賞を受賞した。

32) 原発再稼働問題−日本政府は、福島原発事故によっても原子力発電推進政策を変更せず、原発の再稼働を進めようとしている。しかし、新基準の審査に合格し実際に再稼働した原発は計9基（九州電力4基、関西電力4基、四国電力1基）のみで、全発電量に占める割合も0.3％に過ぎず、原発の必要性を否定されないために無理矢理に稼働させようとしているのが現状である。

33) 賃金・手当ピンハネの実態（福島第一原発の例）−東京電力が元請け鹿島建設に支払った額は鹿島建設が公開せず不明だが、鹿島は1次下請けに43,000円、1次下請けは2次に25,000円、2次は3次に17,000円、3次は労働者に賃金分11,500円のみを支払った。1次下請けに支払われた43,000円の約4分の1しか労働者には支払われず、危険手当分は下請けの各企業にすべてピンハネされていた。

34) 事故時は100ミリシーベルト以上−事故などの緊急時の被ばく線量上限は100ミリシーベルト、福島第一原発事故時などの苛酷事故では復旧作業の必要性から特例で250ミリシーベルトに引き上げられた。実際には100ミリシーベルト以上174人、250ミリシーベルト以上が6人、最高は678ミリシーベルト被ばくした労働者がいる。今後も苛酷事故があれば、最後に人間が収束させる以外に手立てがないので、さらに高い線量が適用される可能性がある。

原発は放射能製造装置（高レベル放射性廃棄物）

　原爆は一瞬ですべてのウランを爆発的に核分裂させます。100万キロワット級原発では、広島型原爆約３発分を１日かけてゆっくりと核分裂させています（これを「制御」といい、失敗すればチェルノブイリ原発事故のように原子炉は暴走し爆発します）。原子炉の中にはウランの核分裂によってできた核分裂生成物（死の灰）が広島原爆３発分づつ蓄積され、１年間では約1000発分にもなります。これが高レベル放射性廃棄物で、プルトニウム、ストロンチウム、セシウム等雑多な放射能のかたまりです。数十万年以上管理しなくてはならない「核のゴミ」です。高レベル放射性廃棄物は、苛酷事故を始め、航空機の落下、大地震、火山の噴火など自然災害の要因による事故で環境中に放出される可能性があり、超長期間にわたって私たちの社会生活の安全を脅かします。

原発が地域、生活、社会を破壊する

　原発は、危険な施設です。一度事故を起こせば、人が住むことができない地域を作りだします。そのため電力会社は、原発の建設を秘密裏に一部地域の有力者（政治家）と強引に進め、まさに電力会社、政府・自治体、などが一体となった〝原子力村〟総掛かりです。敷地の買収のために、家族・親族が対立させられ、地域共同体がバラバラになり、正確な情報や安全問題などはないがしろにされ、住民が何も知らないうちに建設が決まった、という立地点が沢山あります。原発が運転していれば、事故や放射能漏えいの危険性は日常であり[35]、周辺住民にとって「安心して暮らす」、「健康的で文化的な生活」を送ることは期待できません。2019年に発覚した関西電力幹部の高浜町（福井県）元助役からの長年の億単位の金品受領疑惑は、電力会社と地元有力者との癒着、安全もカネで買うという原発業界の体質が露わになったものでした。[36]

脱原発社会へ向けて

　原子力発電という巨大技術は、国家や大企業があらゆる情報、強い権力や支配機構を保持する中央集権型の社会を要求します。これはおのずとエネルギー市場だけでなく、社会システム全体を歪めてきました。原子力発電所が過疎地域に押しつけられ、さらに巨大事故の被害によって人々の人権や生命、健康がないがしろにされます。福島事故の被害者には当然の補償もなく、高汚染した故郷への帰還が強制されています。これが原発依存社会の本質といえるでしょう。私たちは原発問題と関わる時、市民の自由や平等、人権、平和の問題、自然と社会の共生や持続可能性、気候変動問題など、巨大テクノロジーと民主主義が衝突する現実と向き合わざるを得ません。

　「脱原発」という言葉には、チェルノブイリ原発事故によって放射能汚染を身近に経験したドイツの人々が、Anti- Kernenergie（反原発）ではなく、自分たちが今乗っている原発依存社会からAusstieg（降りること）、新たな枠組みの社会を作りだそうという積極的な意味合いが込められています。メルケル首相の諮問委員会（「倫理委員会」）は、「脱原発は必要であり、可能で

35）被ばく労働者嶋橋伸之さん―29歳という若さで慢性骨髄性白血病で亡くなった嶋橋伸之さんは、神奈川県立横須賀工業高校卒業式の８日後、中部電力浜岡原子力発電所で勤務を始めた（1981年）。中部電力の孫請け会社（共立プラント）の社員で、仕事は、原子炉の真下のペデスタルという大変放射能汚染の高い場所での作業。約９年間で51ミリシーベルト被ばくし慢性骨髄性白血病を発症、1991年亡くなった。彼の死後ご両親が「真面目に働いた息子がなぜ白血病で死ななければならないのか。」という思いから労災を申し立て、1994年７月「被ばく労働によって慢性骨髄性白血病を発症した」と認定された。

36）国富とは―大飯原発運転差止請求事件判決要旨から。「被告（関西電力）は、本件大飯原発の稼働が電力供給の安定性、コストの削減につながると主張する。たとえ大飯原発の運転停止によって多額の貿易赤字が出るとしても、これを国富の流失や喪失というべきではなく、豊かな国土とそこに国民が根を下ろして生活していることが国富であり、これを取り戻すことができなくなることが国富の喪失である。」（2014年５月）

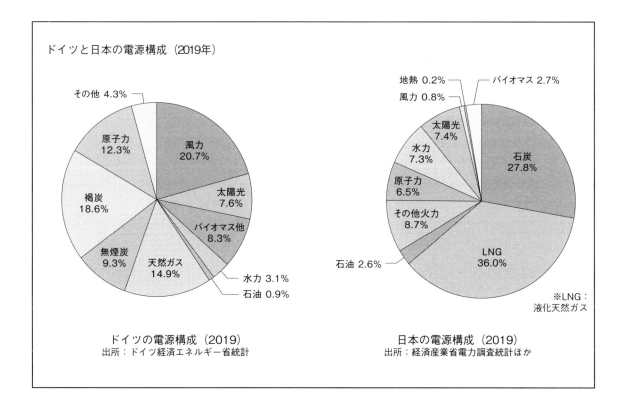

ドイツと日本の電源構成（2019年）

ドイツの電源構成（2019）
その他 4.3%
原子力 12.3%
風力 20.7%
太陽光 7.6%
褐炭 18.6%
バイオマス他 8.3%
無煙炭 9.3%
天然ガス 14.9%
水力 3.1%
石油 0.9%
出所：ドイツ経済エネルギー省統計

日本の電源構成（2019）
地熱 0.2%
バイオマス 2.7%
風力 0.8%
太陽光 7.4%
水力 7.3%
原子力 6.5%
その他火力 8.7%
石油 2.6%
石炭 27.8%
LNG 36.0%
※LNG：液化天然ガス
出所：経済産業省電力調査統計ほか

ある。エネルギー転換は、政治、経済及び社会のあらゆるレベルでの共同努力によってのみ達成される共同事業であり、同時にまたチャレンジでもある」と報告しています。ドイツでは2011年6月、福島第一原発事故を契機に法律によって2022年の脱原発を決定し、自然エネルギーの割合はすでに約40%に達しています（2019年度）[37]。

日本でも福島原発事故以後、国民の約7割が「原子力発電を減らすべきまたは廃止すべき」と考えています。この数値は今日までほぼ一定しており、国民多数の「脱原発」の意識は明らかといえます。それを裏付けるように、企業や市民団体が日本各地で、太陽光や風力、バイオマス発電による地域分散型エネルギーと取り組んでいます（自然エネルギーは全発電電力量に対し毎年約1%程度増加し、2019年度は18.5%）。

しかし「脱原発」は、原発の運転を止め、電源を変えることだけでは終わりません。社会と私たちのライフスタイルの根本的な再検討をせまります。気候変動やエコロジー、文化的、社会的、経済的、個人的な生活と社会制度まで、私たちが日本社会をどのように変えていくのか、原発依存社会からどのような方法で降りるのかが、問われているのです。さらに新型コロナウイルス感染症問題の今後は予断を許しませんが、この問題も、今日までの経済至上主義や「効率・集中・大規模」ではなく、「ゆとり・分散・小規模」な生活への転換を迫るものでしょう。

澤井正子（元原子力資料情報室スタッフ）

37）脱原発さらに脱化石燃料にむかうドイツ—2020年6月現在、ドイツで運転されている原発は6基で、2021年に3基、2022年に3基が停止される。またドイツ議会は2020年7月、すべての石炭火力発電所を2038年までに全廃する法案を可決した。ドイツ政府は再生可能エネルギーへの転換をさらに加速し、2030年までに65%までに引き上げる方針である。

3. 福島原発事故と人権

はじめに

　原発・核燃料サイクルは、通常運転時も多くの人々の人権を侵害し、差別と抑圧の社会構造なしには成り立たないシステムです。核燃料の原料であるウラン鉱の多くは、世界各地の先住民の土地で採掘され、先住民のウラン鉱夫は肺がんなどに罹患し、環境は汚染され、健康・生活・文化が脅かされています[38]。また、大都市で大量消費される電力を供給するために、過疎の進む地方で、金をばらまきながら次々と建設してきたのが日本の原発です。被ばく労働なしには原発は稼働しません。重層構造の下請け企業で働く労働者は、被ばくで健康を害しても、ほとんど補償されず「闇から闇に葬られて」いるのが現状です[39]。そして原発から出る放射性廃棄物もまた、過疎の地方に押し付けられようとしています。

東電福島第一原発事故は人災

　2011年3月11日、東日本大震災と津波に伴い、東京電力福島第一原発で重大事故（福島事故）が起こり、大量の放射能が大気と海に放出されました[40]。放出された放射能量は推定で広島型原爆の168発分[41] と報告されています。原発事故は自然災害ではなく人災です。東電と国が「加害者」であり、「被害者」は放射能汚染地域に住む人々と汚染地からの避難者、そして事故収束・廃炉や除染などの被ばく労働に携わる労働者です。事故を起こした東電の加害責任はも

ちろんのこと、日本政府にも以下の「三重の加害責任」があります。①国策として推進してきた原発が重大事故を招き、甚大な被害をもたらした責任。②汚染情報とリスクを住民に知らせず、被ばく回避の適切な対策を講じなかった責任。③事故から9年余経っても人々を被ばくさせ続け、さらなる被ばくと汚染を押し付けようとしている責任。

　事故によって、福島と周辺県の広大な地域が「放射線管理区域」[42] レベル以上に汚染されました。本来なら、法令で一般の人々の立ち入りが禁止される汚染レベルの地域に約400万人[43] の人々が暮らすことを強いられたのです。事故炉の廃炉作業は、30〜40年かかるとされています[44]。福島県民だけでも、事故後9年経てなお約3万人が県外で、7千人以上が県内での避難生活を余儀なくされています[45]。放射能汚染及び被ばくと向き合う生活は、事故後何十年も続き、被害は世代を越えた長期にわたります。

福島事故によるさまざまな人権侵害

　事故による被害は、健康、生活、労働、教育、文化、環境、等々、広範囲に及び、様々な形で人権が侵害されています[46]。

　放射能汚染のために避難指示が出された地域[47] では、コミュニティが崩壊し、元には戻りません。避難途上、あるいは避難先での生活環境の変化による心身のストレスで健康を害した人、命を落とした人、先の見えない不安等から自死した人もいます。そのことは他県と比べても、

38）参考文献：「蝕まれる星・地球：ひろがりゆく核汚染」（市民ライブラリー）豊崎博光, 1995年。

39）参考文献：「福島原発と被曝労働」石丸小四郎/建部/寺西清/村田三郎, 明石書店, 2013年。

40）4機の原発が大地震による損傷を受け、さらに津波による電源喪失のために1〜3号機の原子炉核燃料及び4号機の使用済み核燃料の冷却ができなくなった。炉内に核燃料のあった1〜3号機では、燃料が溶け落ちた。圧力容器・格納容器の損傷、水素爆発等により4つの原発の全てから放射性物質が環境中に放出された。東京電力ホームページ等、参照。< https://www.tepco.co.jp/nu/fukushima-np/outline/index-j.html >

41）2011年8月時点での経済産業省, 原子力安全・保安院の試算。セシウム137での比較。

福島県で「関連死」が震災・津波による直接死者数をかなり上回っていることからもうかがえます[48]。原発事故さえなければ、これだけ多くの人々が亡くなることはなかったのです。子どもたちは避難先の仮住まいでの生活に加え、各自治体が設けた仮校舎への通学や、あるいは避難先の地域の学校に転入するなど、それぞれに厳しい教育環境での学校生活を余儀なくされました。

避難指示区域では、国による「除染」が行われましたが、山林除染は事実上ほとんどできず、放射能を住環境から完全に取り除くことなどできません。2014年以降、避難指示が徐々に解除されてきましたが、帰還率は平均30%未満で[49]、放射線量の高い地域やホットスポットの残る故郷に、若い人々や子どもたちはほとんど戻ってきません。高齢者を中心に帰還した人々の生活に必要な医療や介護施設等も、十分ではありません。農業・酪農など、生業の再開もままならず、廃業を余儀なくされた生産者もいます[50]。

避難指示が出されなかった地域でも、人々は放射能汚染と向き合いながらの生活を強いられました。事故後、数か月から1年頃までは、被ばくを避けるために学校等での屋外活動を制限するなどの対策が講じられ、子どもたちの心身の成長への影響、体力低下・肥満傾向等も問題になりました[51]。また、被ばくや汚染について様々な異なる情報や見解が政府・行政、専門家、マスコミ等々から入ってくる中で、地域や家庭内でも被ばく防護に対する意見の違いから対立が生じることも度々ありました。

一方、避難指示区域外の地域から、被ばくを避けるために自らの判断で他県等に避難・移住した人々は「自主避難者」と呼ばれ、国が「被ばくから避難する権利」を認めない中で困難な生活を強いられました。福島県は住宅無償提供措置を2017年3月末で打ち切り[52]、精神的・経済的に追いつめられて自死に至った母親もいます[53]。また、避難先の学校で「いじめ」を受けた子どもたちもいます。

放射能汚染のために、被災地の農林水産業、観光業等は大きな打撃を受けました。農業者は、農地の除染、作物の放射能測定等の努力を積み重ね、他の産業関係者も「復興」に向けてそれ

42）日本の放射線防護に関する法令では、放射性セシウムのように、アルファー線以外の放射線（ガンマ線とベータ線）を放出する核種による表面汚染密度が4万ベクレル／平方メートル以上の汚染区域、または3か月に1.3ミリシーベルト以上の被ばくをする可能性のある区域を「放射線管理区域」と定めている。その区域内で作業する者は、政府に「放射線作業従事者」として届け出なければならず、個人線量のモニタリングや定期健康診断などが義務づけられている。また区域内での飲食などは禁止されている。
43）400万人は、2011年8月の推定人数。
44）資源エネルギー庁「中長期ロードマップ」<https://www.enecho.meti.go.jp/about/special/johoteikyo/debris_1.html>
45）福島県ホームページより。県外避難者数は2020年4月時点（2012年4月のピーク時には6万人を超えた）、県内避難者数は同年6月時点でのデータ。<https://www.pref.fukushima.lg.jp/uploaded/life/499357_1301415_misc.pdf>
46）日本国憲法に照らし、13条「生命権」「幸福追求権」、14条「法の下の平等」、25条「健康で文化的な最低限の生活を営む権利」（生存権）、26条「教育を受ける権利」、27条「勤労の権利」、29条「財産権」、等々。
47）「避難指示区域の概念図」参照<https://www.pref.fukushima.lg.jp/img/portal/template02/hinanshijikuiki20200310.pdf>
48）東日本大震災による福島県の［直接］死者1,614人・行方不明者196人（2020年3月1日現在, 警察庁発表）、関連死2,286人(2019年9月末, 復興庁発表)
49）NHK, WEB特集「原発事故9年 住民の帰還はどこまで進んでいるのか?」2020年3月11日<https://www3.nhk.or.jp/news/html/20200311/k10012320891000.html>
50）河北新報, 2020年2月17日「福島の被災農家、営農再開意向なし43%」<https://www.kahoku.co.jp/tohokunews/202002/20200217_62026.html>
51）福島民友, 2015年3月9日「子どもの肥満、体力低下 "深刻な問題" 運動不足が習慣化」<https://www.minyu-net.com/news/sinsai/serial/04/12/FM20150309-003460.php>
52）全国では、避難者の要望を受けとめて住宅支援を続けている自治体もある(18都道府県)。
「仮設住宅の無償提供の終了後における自主避難者の生活実態と意向」矢吹怜太, 川崎興太, 日本都市計画学会 都市計画報告集 No.17, 2018年5月, < https://www.cpij.or.jp/com/ac/reports/17_1.pdf>
53）「地図から消される街 3.11後の「言ってはいけない真実」」青木美希, 講談社現代新書, 2018年

ぞれに頑張ってきました。事故後、福島県沿岸全域で漁業が禁止され、漁業者は、海底の瓦礫撤去、試験操業と魚の放射能測定を繰り返し、やっと10年目に向けて本格操業をめざしていた矢先に、東電と国は事故原発の敷地内に溜まった放射能汚染水の海洋放出を決めようとしています[54]。

ヒバクによる健康影響への懸念

　事故による被害は、被害者の居住地、年齢、職業等々によってさまざまですが、程度の差はあれ、被ばくを強いられたことは共通しています。どんな低線量被ばくでも線量に応じた健康リスクがあります[55) 56]。健康への懸念は、生涯にわたります。事後直後に放射能汚染に関する情報が国や東電から人々に知らされず、後になって「子どもたちを被ばくさせてしまった」と自分を責め、子どもたちの健康を心配して悩んでいるお母さんたちもいます。「将来、子どもが生めなくなったらどうするのか」と、訴えた高校生もいました[57]。

　福島県は「県民の健康不安を解消するため」として、2011年10月から「県民健康調査」を始めました[58]。チェルノブイリ原発事故では小児甲状腺がんが増加したことから、福島県でも事故当時18歳以下だった子どもたちと事故後1年以内に生まれた子どもたち全員、約30万人を対象に「甲状腺検査」が進められてきました。検査では、2020年3月末までに241人が甲状腺がん・疑いと診断され、196人が手術を受けたことが報告されています[59]。県民健康調査検討委員会は、一巡目の検査結果についての「まとめ」として、「わが国の地域がん登録で把握されている甲状腺がんの罹患統計などから推定される有病数に比べて数十倍のオーダーで多い」としながらも、「過剰診断である可能性が高いとの意見があった」と報告し[60]、「事故による被ばくの影響とは考えにくい」との評価が強調され、繰返し報道されています。事故がなければ、子供たちはこのような甲状腺検査を受ける必要もなかったのですから、被ばくとの因果関係の証明を待つまでもなく「事故による被害」であることには違いありません。しかし、「事故被害である」と国や県が認めない中で、甲状腺がんで手術を受け治療を続けている若者が、職場で差別を受けるようなことも起きています。

---

54) 2020年2月、経産省の「トリチウム等を含むALPS処理水の処分に関する小委員会」は「水蒸気放出及び海洋放出が現実的な選択肢」とする報告書をまとめた。7月現在、福島県民の「総意」として反対署名が取り組まれている。<http://fukushima-kenmin311.jp/>

55) 参考文献：「子どもたちのいのちと未来のために学ぼう 放射能の危険と人権」福島県教職員組合 放射線教育対策委員会，科学技術問題研究会，明石書店，2012年

56) 参考文献：人々に被ばくを強要する「国際放射線防護委員会」（ICRP）の被ばく基準，振津かつみ，「原発震災と私たち」真宗ブックレット，東本願寺出版，2016年

57) 福島民報，東日本大震災アーカイブ，2011年5月1日「飯舘村での住民説明会」<https://www.minpo.jp/pub/topics/jishin2011/2011/05/post_1136.html>

58) 本来、国の責任において直轄で健康影響調査を行うべきであるが、「県民健康調査」は福島県の事業となっていて、国は財政的・技術的支援を行うのみである。同調査は、①事故による放射能汚染を被った周辺県では、同様の調査はされていない。②調査のみで健康管理や治療は「通常保険診療」となり、医療支援が全くなかった。（2015年、福島県と全国の運動を背景に、甲状腺検査の結果、引き続き治療や経過観察が必要になった場合に、診療情報の提供を条件に医療費支援を行う「サポート事業」が開始された。）③「健康診査」は始めから21万人のみに限定されている。④調査対象である県民の意志が調査に反映されるシステムがない。⑤検査結果が、本人や保護者に簡便かつ明瞭な形で開示されていない。⑥被ばく健康影響の過小評価をベースに「不安解消」を目的として開始した。⑦甲状腺検査については、受診率の低下、同調査では把握されていない甲状腺ガンの症例の存在等々の問題がある。

59) 2020年6月15日、県民健康調査検討委員会、第15回甲状腺検査評価部会での報告資料より< https://www.pref.fukushima.lg.jp/uploaded/attachment/389454.pdf>

60)「県民健康調査に関する中間取りまとめ」2015年3月，県民健康調査検討委員会甲状腺検査評価部会<https://www.pref.fukushima.lg.jp/uploaded/attachment/174220.pdf>

事故被害者の人権確立のために

　以上は、福島事故後の被災地でのさまざまな人権侵害のごく一端に過ぎず、限られた紙面で全てを記載することはできません。被害者の人権を確立するためには、国策で推進した原発における重大事故の責任を認めさせ、国の責任で被害者を支援し補償する施策を求めていく、被害者自身と全国の支援者の連帯した取り組みが重要です[61]。それは、「二度と自分たちのような苦しみを繰返してほしくない」という被害者の強い願いを実現すること、つまり原発推進政策をやめ、再生可能エネルギーへと転換する政策にも繋がるものです。

振津かつみ
（「チェルノブイリ・ヒバクシャ救援関西」事務局）

61）参考文献：「原爆被爆者施策を原発事故被災地に活かす」振津かつみ, 日本医事新報, No.4685, 2014.2.8.

神奈川人権センター発行　人権ブックレットNo.12「差別と差別表現Ⅲ　身近な問題から人権を考える」

第15章

表現の自由
と人権

1. 表現の自由

表現の自由はなぜ大切か

「表現の自由」は、人びとが自らの思想や信条を政府による制約を受けずに表明することができるという、もっとも重要とされる基本的人権のひとつです。日本では憲法21条1項に、「集会、結社及び言論、出版その他一切の表現の自由は、これを保障する」と定められ、人びとが自分の思想や信条をさまざまな手段で表明できることが憲法上の権利として保障されています。

では、なぜ表現の自由は重要なのでしょうか。この点については伝統的には次のように説明されてきました。第一に、それは私たち一人一人が自分自身の思想や信条を明確にし、それによって人格を発展させ、自律的な人生を歩むという広い意味での自己実現にとって重要であると考えられます。自分の考えを自由に表明することができなかったり、他者の多様な考えに接することができなかったりする社会では、そうした自己実現は困難なものとなってしまうでしょう。

第二に、表現の自由は民主主義にとって不可欠の条件だと考えられます。民主的な政治のためには、主権者である国民が自分の考えを表明し、また他者の考えに耳を傾け、よりよいと思われる政策を選択できなければなりません。このとき、時の政権によって都合のよい考えだけが表明を許され批判的な考えの表明が許されなければ、政治的意思を決定するために必要な情報が偏ってしまい、国民は主権者として意思表明することができなくなってしまいます。

第三に、第二点とも関連することですが、何が「善い」ことなのか、何が「正しい」ことなのかは、人びとの自由な議論によって決められるべきだという考え方があります。誰もが自由に自分の考えを表明することで、対立する考え方のどこに違いがあるのか、よりよい考え方はないのかといったことについて人びとが議論で

きるようにしておくこと、これが「真理」に至る最善の道だという考え方です。そのためには、どんな見解であれ、国家はその表明を禁じるべきではありません。「思想の自由市場」と呼ばれる考え方です。

このように、表現の自由は私たちの社会の成り立ちにとってきわめて重要なものだと考えられます。そのため、表現の自由には憲法上の権利の中でも特に強い保障が与えられており、それを制限する法については憲法違反ではないかどうかが厳しく審査されることになっているのです。

表現規制をめぐる問題

もちろん、表現の自由が大切だといってもあらゆる表現が法的な制約を受けないわけではありません。たとえば人の名誉を傷つけるような表現は「名誉毀損」として刑事罰の対象となり、また民事上も不法行為として損害賠償の対象となります。また、「わいせつ物」と呼ばれる、いたずらに性欲を刺激するために作られたような性的表現についても、それを不特定多数の人に見せるようなことはわいせつ物頒布罪により規制の対象となっています。

しかし、上で述べたような表現の自由の重要性に鑑みて、表現の規制が認められる場合にもそれは必要最小限度でなくてはならないとされています。たとえば政治家への批判を名誉毀損として取り締まることができてしまったら、市民は政治について論じることができなくなってしまうかもしれません。実際、公務員に対する批判はそれが真実であれば名誉毀損にはあたらないとされています。また性的な表現についても、「わいせつである」ということが果たして規制を正当化する理由になるのかという議論もあります。

このように表現の自由に手厚い保護が与えら

れているので、ある表現によって何かよくない
ことが起こっているように見える場合には、規
制が必要だという意見と規制を認めるべきでは
ないという意見のあいだで鋭い対立が起こるこ
とも珍しくありません。そうした場合には、表
現の自由というきわめて重要な価値と、ある表
現によって損なわれているかもしれない価値と
のあいだでどのようにバランスをとったらよい
のかという難しい問題を考えなくてはなりませ
ん。以下では、そうした問題のうち、現代的な
三つの問題——ヘイトスピーチ、サイバーハラ
スメント、芸術表現——を取り上げて考えてみ
たいと思います。

2. ヘイトスピーチ（差別扇動）

ヘイトスピーチと表現の自由

　「ヘイトスピーチ」とは、差別を受けているマ
イノリティに対して侮辱や中傷、脅迫をおこな
うような発言のことです。それによってマイノ
リティに対する偏見を広め、さらなる攻撃をか
きたてる効果を持つので、日本語では「差別扇
動」と訳されることもあります。

　日本で近年特に大きな問題となっているのは、
在日コリアンの人びとを対象にしたヘイトス
ピーチです。2009年から10年にかけて、排外主
義的な活動をおこなっている団体のメンバーが
京都朝鮮第一初級学校に押しかけてその周囲で
街宣活動をおこない、子どもたちに対して「ス
パイの子ども」「キムチくさい」のような酷い言
葉を投げかけるという事件がありました。また、
2010年代には東京の新大久保や大阪の鶴橋、川
崎の桜本といった多くの在日コリアンが居住す
る地域で差別的なデモや街頭宣伝がさかんにお
こなわれるようになり、デモの中では「朝鮮人
は日本から出て行け」「韓国人は殺せ」といった
激しい攻撃の言葉が何度も繰り返されました。

　こうした発言が、歴史的に差別の被害にあっ
てきたマイノリティを傷つけ、そのアイデン
ティティを貶め、自尊心を損ね、社会生活を送
ることを困難にし、場合によっては命すら奪い
かねない悪質なものであることはあきらかです。

　実際、京都朝鮮第一初級学校の事件について
は、刑事裁判で威力業務妨害罪、侮辱罪の成立
が認められています。また民事裁判でも損害賠
償の対象となる不法行為であることが認められ、
その中で上記のような発言が人種差別撤廃条約
上の人種差別にあたることも確認されています。

　しかし他方で、こうした発言を法的に規制す
ることについては、「表現の自由」の観点からの
反対論が根強くあることも事実です。特に問題
となるのは、上記のような発言が特定の個人に
向けられているわけではなく、不特定のマイノ
リティ集団全体に向けられているような場合で
す。その場合には、侮辱罪のような現行法に
よって対処することが困難であり、したがって
新たな立法の是非が鋭く表面化することになる
からです。

　前節で述べた表現の自由の重要性に照らして
考えるとき、ヘイトスピーチの規制には特に慎
重になるべき理由があると規制反対論は主張し
ます。それは、ヘイトスピーチの規制は「表現
内容」にもとづく規制になる、ということです。

　表現の自由に関する広く受け入れられた考え
方のもとでは、表現を規制しようとする法律に
対しては、表現の内容にかかわらない規制、す
なわち表現の時、場所、手段にかかわる規制（た
とえば広告を特定の場所に出すことを禁じるこ
と）よりも、表現の内容に注目した規制のほう
により厳しい目が向けられ、「憲法違反ではな
いか」という推定が強く働くことになります。

　なぜなら、規制が表現内容に対して中立的で

あれば、表現者は別の時間、場所、手段において表現することを妨げられませんが、表現内容規制は特定の内容をもつ表現そのものが規制の対象となるため規制の範囲が広く、表現の自由に対する制約が大きくなると考えられるからです。それゆえ、ヘイトスピーチがもたらす問題も、法的な規制によってではなく、「思想の自由市場」の中で市民がヘイトスピーチ反対の声をより大きくあげていくこと（対抗言論）によって対処されるべきだと言われることになります。こうした考え方はアメリカ憲法学の中で発展し、日本にも一定の影響を与えているものです。

ヘイトスピーチの法規制

他方でヨーロッパに目を向けてみると、表現の自由という観点からヘイトスピーチの規制に抑制的な考え方は決して世界的な標準ではないこともわかります。イギリスには1965年に人種関係法で脅迫的な言葉や侮辱的な言葉で人種的な差別を煽ることが禁じられて以降、関連する法の改正が重ねられ、現在では人種のみならず宗教や性的指向にもとづいて差別を煽ることも禁じられています。フランスでも1972年に成立した人種差別禁止法において、人種等を理由にした差別の扇動が処罰の対象となりました。こちらも現在では性別、性的指向、性自認などにもとづく差別の扇動にまで拡大されています。

ホロコーストの苦い記憶があるドイツでは、人種や宗教にもとづいて差別を扇動することのほかに、ホロコーストを否定することにも刑事罰が科せられます。このように、表現の自由の価値がヘイトスピーチからマイノリティを守る法規制よりも優越すると考えることは決して自明の結論ではありません[1]。

そもそも表現の自由が手厚く保護されるのは、すべての人が自分の信念や意見を表明すること

を妨げられないことが、民主主義や真理の発見にとって重要だと考えられるからでした。しかし、そもそもヘイトスピーチは特定のマイノリティに対して「対等な人間」としてその人格を尊重する必要を認めないものではないでしょうか。だとするならば、それは「人々の自由な議論」という表現の自由の基盤そのものを掘り崩してしまうものであると言えます。また、ヘイトスピーチによってマイノリティの人びとがその尊厳を傷つけられ、社会生活が困難になってしまうことは、人々が「自らの人格を発展させ、自律的な人生を歩む」ために表現の自由が大切だという考え方とも齟齬（そご）をきたすように思われます。ヘイトスピーチを規制しないことは、むしろ表現の自由という価値を損ねるものであるとすら言えるのではないでしょうか[2]。

日本では在日コリアンへのヘイトスピーチに対する反対運動の成果として、2016年に「本邦外出身者に対する不当な差別的言動の解消に向けた取組の推進に関する法律」、いわゆるヘイトスピーチ解消法が成立しました。この法律は、差別的言動が許されないものであることを宣言し、国や地方公共団体に対してその解消に向けて取り組むよう務めることを求めるものです。

しかしヘイトスピーチへの対処を求める側からはその不十分な点も指摘されています。「本邦外出身者」というのは在日コリアンを念頭においた対象設定ですが、国内出身のマイノリティ、たとえばアイヌの人々はそこから外れてしまうことになります。また本邦外出身者の中でも「適法」に居住している者のみが対象になっており、「不法」滞在となっている外国人も外れてしまうことになります。さらに、この法律はあくまで差別解消に取り組むよう国や地方公共団体に求める理念法であって、罰則による規制

1）ヘイトスピーチ規制と表現の自由の間で欧米各国がどのようなバランスを取ろうとしているかについては、エレミー.ブライシュ『ヘイトスピーチ—表現の自由はどこまで認められるか』（明戸隆浩ほか訳、明石書店、2012年）が参考になる。
2）ヘイトスピーチがもたらす害については、たとえばジェレミー・ウォルドロン『ヘイト・スピーチという危害』（谷澤正嗣・川岸令和訳、みすず書房、2015年）を参照。

を伴うものではありません。そのため、ヘイトスピーチを抑止する効果という点では弱いことが指摘されます。実際、国連人種差別撤廃委員会も、ヘイトスピーチ解消法ができたことは評価しつつ、加害者への制裁を含む対処をするよう日本に勧告しています（2018年総括所見）。こうした状況の中で、ヘイトスピーチの被害を減らすためのより実効的な法整備をどうおこなうかが大きな課題となっているのです。

3. インターネット上の言説と表現の自由

サイバーハラスメント

　インターネットと携帯端末の著しい発展によって、現在ではオンラインでのコミュニケーションは人々の生活の大きな部分を占めるようになっています。日々のニュースをウェブサイトから収集し、eメールで仕事の連絡をおこない、友人たちとメッセンジャーアプリで連絡を取り、SNSで自分の考えを発信する。こうしたサイバー空間での「生活」はもはや私たちの「現実の」生活の一部であると言えるでしょう。

　他方でこうした生活の変化にともなって、近年ではオンライン上でのハラスメント（サイバーハラスメント）が大きな問題として認識されるようになってきています3)。たとえば、自身の受けた性暴力被害を告発し、日本における#Me Too運動の火付け役ともなった伊藤詩織さんは、被害を訴えた当初からネット上で多量のバッシングに晒されました。加害者の人物と伊藤さんが事件当日一緒にお酒を飲んでいたことから「被害者にも落ち度がある」「枕営業だったのではないか」といった典型的な二次加害発言がSNSで繰り返しおこなわれ、伊藤さんは身の危険を感じて国外での生活を余儀なくされるようにまでなってしまいました。伊藤詩織さんのケースに限らず、サイバーハラスメントには女性をターゲットにしたものが少なくありません。たとえば、別れた恋人によって自身の裸の

インターネットによる誹謗・中傷・ヘイトデマで傷つく女性たち

画像などをインターネット上に拡散されてしまう「リベンジポルノ」や、芸能人などの著名人がデジタル加工によって作成された偽のヌード写真などを拡散される「フェイクポルノ」なども、多くの場合女性が被害者となります。

　女性が受ける被害とも関連して、サイバーハラスメントの問題は前節で述べたヘイトスピーチの問題とも深いつながりがあります。在日コリアンの人たちはしばしばその属性によって、SNSなどで多量のヘイトスピーチに晒されます。また、オンラインでのヘイトスピーチがオフラインでのハラスメントに繋がってしまうこともあります。2017年には、在日コリアンに対する差別的な記事を多数掲載していたブログに煽られて、朝鮮学校への補助金問題にかかわってい

---

3) アメリカでの事例の紹介と法的な考察について、ダニエル・キーツ・シトロン『サイバーハラスメント─現実へと溢れ出すヘイトクライム』（明戸隆浩・唐澤貴洋・原田學植監訳、明石書店、2020年）が参考になる。

るとみなされた弁護士に対して大量の懲戒請求がおこなわれるという事件がありました。こうした違法請求は裁判でその違法性が認められていますが、何百件という違法な懲戒請求を送りつけられることはハラスメントであると同時に、在日コリアンの弁護士にとってはそれ自体がヘイトスピーチの被害に他なりません。

匿名性の問題

サイバー空間の持つ特性は、そこでおこなわれる言論と表現の自由との関係にも影響を与えます。ひとつはその「匿名性」です。ネット上では、きわめて容易に匿名で発言をおこなうことができます。メールアカウントの取得、ブログサービスの利用、SNSへのアカウント登録などはどれも無料かつ匿名で誰でも簡単におこなうことができます。そうしたアカウントを用いておこなわれる発言は、どこの誰によるものなのか、見ているほうからはまったくわかりません。このことは、侮辱的で暴力的な発言へのハードルを下げるという効果を持つと考えられます。顔や名前を出していたら社会的信用を失うような発言も、匿名であれば気軽にできてしまうからです。

他方で、表現の自由が定められた日本国憲法21条には、2項に「通信の秘密は、これを侵してはならない」と書かれています。通信の秘密と表現の自由の関係についてはいくつかの説がありますが、通信の秘密を公権力によって内容を知られることなく通信をおこなうために必要なものであると考えるならば、それは表現の自由と深くかかわる、手厚く保護されるべき権利だということになるでしょう。

実際問題として、ネット上で匿名でおこなわれた名誉毀損や侮辱に対して法的な対処をおこなうためには発言者を特定しなければなりません。そのためには、SNSやブログサービスの提供者に書き込みをおこなったアカウントのIPアドレスの開示を求め、それをもとにインターネットサービス提供者に契約者の情報開示を求め、といった手続きが必要です。この際サービ

ス提供者の側は、発言者に関する情報提供が通信の秘密の侵害とならないよう慎重になります（さもないと自分が訴えられることになるかもしれないからです）。それに対して被害を受けた個人にとっては、ただでさえハラスメントに苦しめられているところに、弁護士と相談してそうした手続きをおこなうことは大きな負担となります。そのため、被害の回復ためにはより簡便に発言者の情報開示ができたほうが望ましいことになります。

匿名で発言することの手軽さと、被害を受けた側がそれを告発しようとする際のハードルの高さの間に大きなギャップがあることはサイバーハラスメントの重要な特徴のひとつです。

そのため、通信の秘密の侵害に繋がらないようにしつつ、被害の迅速な回復のために情報開示の手続きをどう定めるかが現在課題となります。

「数の暴力」の問題

サイバーハラスメントに関して、表現の自由との関係で問題となりうるもうひとつの特徴は、それがしばしば非常に大勢の人びとによっておこなわれるということです。匿名での発言の容易さとも関連していますが、ある人物がバッシングのターゲットとなると、大量のアカウントが気軽にそこに加わり、結果として膨大の量の誹謗中傷が一人の人物に集中するということが起こります。たとえば、女性が職場でヒールを履くことを事実上強要されていることの問題を訴える#ku too運動を展開して有名となり、2019年にはBBCの「今年の女性100人」にも選ばれた石川優実さんは、ツイッターで「売名だ」「グラビアの仕事をしているくせに」といった、膨大な誹謗中傷に晒されました。結果、石川さんは現在ツイッターアカウントを非公開にしています。

こうした現象がやっかいなのは、発言を投げかける側は大したことをしているつもりがなくても、何百件何千件というコメントに晒される被害者にとってはそれが甚大な精神的負担となる、いわば「数の暴力」があることです。場合

によっては、ターゲットへの名誉毀損や侮辱が含まれるような誰かの発言をただリツイートするだけでも、その発言を拡散される側には大きな被害となりえます。このときリツイートする側は、自分が誹謗中傷に加わるという意識がきわめて希薄なまま、ただボタンを押すだけでだれかを追い詰めることになるです。つまりここには、表現の重大性に関する理解の非対称性があることになります。

　名誉毀損や侮辱にあたる発言が、表現の自由によって保護されないものであることは間違いありません。しかし、ネット上でのどのようなふるまいが名誉毀損や侮辱にあたるのかについて、ネットユーザーの多くは十分理解しているとは言えないでしょう。それひとつだけ取ってみれば取るに足らないように見える発言や、自分自身のものですらない発言のリツイートが、場合によっては大きな権利侵害につながるというサイバー空間の特性について私たちはよく考える必要があるでしょう。

4.芸術と表現の自由

芸術とわいせつの間

　もうひとつ、表現の自由について近年あらためて話題となっているのが「芸術」との関係です。言うまでもなく芸術は私たちの社会に深く根を下ろしている、重要な文化活動です。多くの芸術家が表現活動をおこなっており、政府が積極的に芸術活動を支援するための補助金交付をおこなうこともよくあります。他方で、歴史的には芸術活動は法規制の対象ともなってきました。代表的なのは、性的な表現に対する規制です。つい最近も、自身の女性器をかたどった造形作品の3Dデータを配付したことが刑法175条のわいせつ物頒布罪にあたるとされた刑事裁判で、被告人の芸術家・ろくでなし子の有罪が最高裁で確定しています。

　「わいせつ」とされる表現に対する規制と芸術との緊張関係は、かつては文学表現において現れていました。D.H.ローレンスの小説『チャタレー夫人の恋人』における性的描写がわいせつにあたるとして翻訳家と出版社がわいせつ物頒布罪に問われた有名な「チャタレー事件」では、最高裁は「徒に性欲を興奮又は刺戟せしめ、且つ普通人の性的羞恥心を害し、善良な性的道義観念に反する」という「わいせつ」の定義を示しました。これにあてはまる表現は「わいせつ物」として法規制の対象になるということです。澁澤龍彦の訳したマルキ・ド・サドの『悪徳の栄え』がやはりわいせつ物として訴えられた事件でも、この基準によって訳者澁澤と出版社が有罪になっています。澁澤らは裁判でサドの小説の芸術性を訴えましたが裁判所はそれを認めませんでした。他方、近年では写真家メイプルソープの作品である、ヌード写真の含まれる写真集がわいせつ物として税関で輸入を禁じられた事件について、最高裁は写真集の芸術性を認める形で税関の処分を取り消しています。

　こうした歴史を踏まえたとき、作品の芸術性とわいせつ性に対して、わたしたちはどのように考えるべきでしょうか。わいせつ性と芸術性を排他的であると考える必要はないにしても、メイプルソープ事件のように、作品の芸術性に関する考慮がわいせつ物であるかどうかの評価とかかわってくることがあるのは確かです。けれど他方で、裁判官は芸術家ではありません。

　したがって、芸術作品を評価する能力という点では、訴えられている芸術家のほうがむしろ専門家でしょう。また、芸術作品というものは、その性質からしてそもそも多様な解釈に開かれているものです。ある人にとっては強烈な感動を与える作品も、別の人にとってはそれほどで

もないということはよくあることです。それゆえ、裁判所が特定の作品に対するわいせつ性／芸術性の判断を下すとき、それが誰のどんな観点から下されたものなのか、その正しさは何に担保されているのかということが問題になるのです。

ろくでなし子事件では、裁判所は色もついていない女性器の3Dデータについて「性的刺激の程度が強」く、思想との関連性を「一見して読み取ることは困難」だと述べました。しかしながら、性にかかわる表現は、特にフェミニズムの文脈では、男性社会の中で抑圧されてきた女性のセクシュアリティを見つめ直し、解放する重要な手段ともみなされてきたものです。そうした文脈も考慮に入れたとき、現在おこなわれているようなわいせつ物規制が果たして表現の自由の意義にかなうものなのか、再考する余地は十分にあるでしょう。

芸術への公的な補助

芸術と表現の自由に関して最近話題になったもうひとつの事件に、2019年の「あいちトリエンナーレ」という芸術展で公開された「表現の不自由展・その後」という展示をめぐるものがあります。この展示は、これまで何らかの理由で公開を禁じられた作品を集めることで、表現の自由について再考することを目的とするものでした。ところがその中に従軍慰安婦をモチーフにした「平和の少女像」や、昭和天皇の写真を用いたコラージュ作品などが含まれていたために、主に右派市民から批判が集まり、ガソリンテロを予告するFAXまで送られる事態に発展してしまいます。結果、展示はいったんは中止を余儀なくされることになりました。

表現の自由に関する展示が脅迫によって中止を余儀なくされるというだけで複雑な事態ではありますが、さらに複雑なことに、この事件を受けて文化庁はあいちトリエンナーレへの補助金交付を中止するという決定をしました。この決定は後に減額交付へと変更されたものの、あいちトリエンナーレ実行委員会は負担金3300万円あまりの支払いを名古屋市に求める訴訟を起

こしています。こうした事態には、単に政府による表現規制の是非ではなく、芸術表現と政治的表現の関係、また政府が芸術表現への支援を特定の政治的観点にもとづいておこなうことの是非といった、より複雑な問題があらわれていると言えるでしょう。

ナチスドイツによるゲルニカ爆撃をモチーフとしたピカソの有名な作品「ゲルニカ」に反戦の私たちがメッセージを読みとることができるように、芸術作品はしばしば同時に政治的な表現でもあります。1節で述べた表現の自由の意義に照らして考えるならば、芸術作品は単に文化活動として重要であるというだけでなく、民主主義や思想の自由市場にとっても重要な意味をもつ活動であるということになるでしょう。

芸術表現には、表現の自由によって保護されるべき大きな理由があるのです。

逆に言えば、芸術表現が政治的表現でもあるならば、特定の政治的観点から政府が芸術表現に介入することは、まさに表現の自由の理念に照らして問題含みの行為だということになるでしょう。あいちトリエンナーレで「表現の不自由展・その後」を視察した名古屋市長は、平和の少女像に対して「国民の心を踏みにじるもの」だと批判し、展示中止を要請しました。従軍慰安婦をモチーフにした作品から何を読み取るかは人によって異なるでしょうが、慰安婦問題に対する日本の責任を認めない、あるいは軽視するような政治的観点から公人が作品の撤去を求めることは、果たして表現の自由の理念に照らして正当化できるでしょうか。

もちろんこの問いは、一見正当な政治的観点に対しても問われるものです。たとえば特定の芸術作品に対して、それが性差別的、あるいは人種差別的に見えるという理由で美術館に展示中止を求めたり政府に補助金交付の中止を求めたりすることは正当化可能でしょうか。表現の自由をめぐるこうした問いについて私たちは真摯に向き合っていく必要があるのです。

小宮友根（東北学院大学経済学部准教授）

5. 差別意識と差別表現

人間関係における人権と差別意識

　私たちが社会生活を営む上で最も大切にしなければならないのは人間関係ですが、この関係を円滑に行うためには、お互いの人権を尊重することから始まります。人権は人間関係におけるもっとも優れた潤滑油と言えるからです。

　そして、この人間関係をサポートするために重要なのが、言葉や文字、ビジュアルや映像などの表現を通じたコミュニケーション活動です。

　これらの表現が人権を無視したものであったり差別的であったりすると、コミュニケーション活動も人間関係も円滑にいかなくなってしまいます。

　当然のことですが言葉を始めとするさまざまな表現は、こうした人間関係や社会の実態の反映として生み出されます。差別的な人間関係や差別を生む実態がある社会では、それらを反映して、出版物や映像、あるいはインターネットなどの媒体を通じて、差別語や差別表現が当たり前のように作りだされ、用いられることになります。

　そしてその差別語や差別表現は、それを受容する人の意識に働きかけて差別意識を助長し、再生産されることによって、また新たな差別を生みだす基になっているのです。

　単に「差別語を言い換えたり、使わないようにすれば良いのでは…」という言葉そのものに責任を押しつけるだけでは事の本質を見誤り、差別の解消になるどころか反対に差別意識を心の中に閉じ込めることになってしまう危険すらあるのです。

　日常生活や仕事の上でのいろいろな知識を持つことは必要なことですが、さらに重要なことは豊かな人権感覚を併せ持つことではないでしょうか。

差別語と差別表現を理解するために

　差別語や差別表現を理解するに当たっては、次の二つのことを考える必要があります。
① マニュアルによる「言い換え」に頼らないこと。

　世の中には差別語に関する出版物が発行されていますが、これらの中には、差別語を羅列し、その言い換えを示して解説を加えた、いわゆる差別語マニュアルが多く見られます。また、マスコミなどでは「放送禁止用語」や「自主規制用語マニュアル」が存在すると言われています。

　確かに生活する上ではこのようなマニュアルは便利かもしれません。しかし、これらのものは世の中から言葉を消すことはできても、差別そのものを消すことはできません。さらに場合によっては、言い換えた言葉がまた差別語になる可能性をも含んでいるのです。
② 表現の自由について考えること。

　「平等で差別されないこと」は基本的人権として日本国憲法に保障（第14条）されており、表現の自由もまた、基本的人権の一つとして保障（第21条）されています。しかし、日本国憲法が保障する自由と権利については、国民は「これを濫用してはならない」のであって、また「公共の福祉のためにこれを利用する責任を負う」と定められています（第12条）。

　日本国憲法や世界人権宣言などでいう自由は、私たちの先人が血を流し、時には生命を賭してまで獲得してきた歴史…フランス革命、アメリカの独立戦争、日本の自由民権運動など…を振り返ってみれば分かるように、強大な権力を背景にした束縛や抑圧から解放されるという自由であり、決して「何をしてもよい」という意味の自由ではないと考えるべきです。マスコミなどがよく主張する「表現の自由は無制限に許されるべき」という論も、この自由の意味を理解していれば、強大な権力を背景にした束縛や抑

圧に対しては無制限に許されるということであって、対等の関係や対弱者との関係においては無制限に許されるわけではなく、一定の配慮が必要であると考えられるでしょう。このことは表現の自由といっても、相手の人格否定や仲間はずれなどの差別行為に繋がる自由は認められないということを意味しているのです。誰がどんなことを考えようとそれは自由です。心の中までのぞいて見ることはできません。しかしそれを言葉、文章、行動などで表現する場合は、表現者に明確な責任が生じるものと考えるべきです。

　この場合の責任とは、他人の批評、非難、抗議に対して真摯な態度で対応するということです。他人が「批判し、非難し、抗議すること」これらもまた表現の自由だからです。

　マスコミ関係者あるいは一部の作家やユーチューバーの中には自分たちだけに表現の自由があるように錯覚している場合が見られます。

　他人に説明責任を求めるなら、自らも明快な説明責任を果たすべきです。

　例えばテレビやラジオ放送で差別発言をした後、しばしば「ただ今の放送の中に不適切な表現がありました。謝罪いたします」だけで終わってしまうことがあります。これでは説明責任を果たしたことにはなりません。

　どこがどのように不適切であったのか、どのように訂正するのか。その場合例え差別語や差別表現を繰り返すことになっても、明確な説明をするべきです。そうでなければ、社会に誤解を生んだままになり、無責任だと言えます。

差別語と差別表現

差別語とは何か

　差別語とは「言葉自体に差別的要素が含まれ

ている言葉」、つまり差別を受ける当事者が、不快に感じたり、憤りを感じる言葉で、日本語の中には多く存在します。そしてこれには

① 初めから差別する目的で作られた言葉

　例えば、えた（穢多）、ひにん（非人）新平民4)、クロンボ、ジャップ5)、チャンコロ6)、第三国人7) など、人や民族、集団や団体などを指す言葉。

②長い歴史の中でいろいろな状況で使われているうちに変化し、蔑み、侮り、忌避、蔑視などの意味合いが付加し、それが元の言葉に固く付いてしまい、ほとんどが差別的な意味合いで使われるようになった言葉

　例えば、めくら、つんぼ、かたわなど障害者に関する言葉、屠殺場、女中、士農工商、百姓など職業に関する言葉、バカ、ぼけ、気違いなど病気や症状をあらわす言葉など、後天的に諸々の関係の中で、ことわざや慣用句としてマイナスのイメージとして使われているうちに差別語と言われるようなった言葉（差別語のほとんどはこの中に含まれるといってもよい）の二つがあります。

　しかし、あまり差別語ばかりに気を取られていると、「言い換えればよいのでは」「言葉を消してしまえば」という意識になり、次に述べる差別表現を見逃してしまいます。

差別表現とは何か

　さて、差別語の使用以上に気に留めなければならないのは、差別表現です。

　差別表現とは、一つの言葉を囲む前後の文脈、全体の流れ、そして、何よりも作品の意図が差別的な表現を指します。さらに、

　① 差別語が一部に使われているからと言って、直ちに差別表現になるとは限らない。

　② 差別語を一切使っていないのに差別表現

4）1871年明治政府によって賤称廃止令によって、被差別民に対する身分制度は廃止されたが、差別や偏見は依然として残り、一般人とは区別してこうした呼称もつけられた。
5）欧米人が日本人をさげすんで言う。
6）主に在日中国人を指して言う。
7）アジア太平洋戦争後、在日を含む朝鮮人、台湾人を差別・蔑視するために作り出された言葉。

になる場合の方がはるかに多い。

のです。例えば「女のくせに、重機の運転までして…」「障害者の作品とは思えない出来栄え…」「コロンブスのアメリカ新大陸発見8)…」などの他、最近ではアジア人や店舗に対する「コロナ出て行け」という暴力行為を伴った発言もありました。

これらには差別語は使われていませんが、「上から目線」あるいは「偏った価値観」でものを見るという典型的な差別表現になっています。

また、差別表現には直接差別表現と間接差別表現があります。直接差別表現は、特定の被差別者の個人や団体を直接差別するという卑劣な言動のことです。

これに対して間接差別表現は、すでに世の中に存在している差別を言葉や文章などを通じて、温存（固定）・助長（拡大）するという言動で、発言者の心の中に「自分は差別していない」「同情しているから」「親切なことをしている」という一方的な意識があるためなかなか理解しにくいのです。

確かに、差別を受ける人々は差別語や差別表現の使用には極めて厳しい態度で臨むでしょう。

しかし、その言葉や表現をどのような場合でも強制的に排除することを要求しているわけではありません。合理的で適切な使用については、積極的に肯定すらしているのです。

つまり、言葉や表現は使うに当たっては「人権に十分配慮した使い方」つまりＴ＝使用する時、Ｐ＝使用する場所、Ｏ＝使用する目的が重要であり、それを前提として「この社会には使えない言葉や表現はない」とも言えるのです。

そしてこのことが、前述した表現の自由を守るということに繋がるのです。

差別語や差別表現を生み出さないようにするために

この社会から、人権侵害や差別を生むきっかけとなる差別表現をしないようにするためには、次の心構えを持つことが大切です。
①人権や差別について常に関心を持つとともに、差別表現に対しては、「なぜ」と自らに問いかけて検証し、他の人とも議論したりして、その結論に自信を持つこと。
②「臭いものにはふた」「面倒だから避けて通る」態度は自ら表現の自由を放棄したことになります。むしろ「差別表現をしない」という決意と、そのことを社会に積極的に伝え、他の人の意識を変えていく努力をすること。
③「世の中には異なった考え方や価値観がある」ことを認める包容力を持ち、さまざまな角度から検討してみること。
④言葉や表現は時代の流れや媒体によって変化することを理解すること。

人は誰でも多かれ少なかれ差別意識を持っています。しかし、自分ではなかなか自分の中にある差別意識に気づくことができません。

まず、「自分は差別したことはない」と考えず「自分は差別する可能性がある」と心の在り方を入れ替えてみることです。こうすると、今まで気づかなかった身の周りの差別事象や差別表現が見えてきます。そして、差別問題に関心が持てるようになり、その結果、差別解消に向けて努力することができるようになるのです。

雪竹欣哉（企画表現研究所所長）

8）ネイティブアメリカンと呼ばれる人々にとっては、「新」でもなければ「発見」でもない。この表現は欧州人から一方的に見た偏った価値観とされている。

1970年代に多くの企業が購入した差別図書「部落地名総鑑」（写真提供：竹内良）

第16章

企業 と人権

1. 会社を元気にする人権

人権問題ということ

「あんた、まだ人権とかやってんの」。

これは、私が企業の人権啓発担当者に着任してから4、5年経った頃、母が尋ねた言葉です。「ああ、やってるよ」と答えた私に母は、ため息をつきながら「早く、普通の仕事に戻してもらえればいいのにね」とつぶやきました。1990年代のはじめの話です。当時の社会の認識として、私の母の考えが特別なものではなく、企業が人権に取り組むということが一般的には馴染めず、営利企業自身にとっても、人権とは本来企業には無縁のものとの認識が強かったように思います。せいぜい、リスク管理として取り扱う、という程度だったのではないでしょうか。

人権をリスク管理として捉えることの誤り

ここでいうリスク管理とは、企業という組織防衛ということです。それは人権を企業にとっての危険因子、「取り扱い注意の厄介者」視することにつながりかねません。

企業VS人権になって、人権を主張する人々を企業と「相対（あいたい）する存在」にしてしまいかねません。人権に取り組むことが、結果として企業の不祥事、不名誉なことを引き起こさないということに結びつきますが、それはあくまで結果論であり、人権に取り組む目的ではありません。

それはその頃の企業の多くにって、人権＝人権問題であったということです。人権プロブレムです。ですからできるだけ遠ざけておきたいこと、経営と社員が一体となって、積極的に取り組むことにはなりえませんでした。

そこにおいては、「○○には気をつけろ」「こんなことをしてはいけない」「こんな言葉を使ってはいけない」という、いわば不作為の行動規範を学ぶことばかりが重視されました。

もとより、人権問題に取り組むこと、すなわち企業を取り巻く全ての人々の人権を侵害しない取り組みは、はもちろん必要です。企業の社会的責任でもあります。ただ、その際に重要なことは、「人権侵害すると、やばいから」「まずいことになるから」というような、対策的発想ではなく、人権侵害は許されない社会悪であること、重大な権利侵害であるという認識が必要です。時として、人権侵害は人の生き様をも否定することになりかねないのです。ですから、企業として、決して人権侵害に結びつくような行為はすまい、すべてのステークホルダーの安全、安心を脅かすような行為は許されない、という経営としての確固たる認識が必要なのです。

そして、ここにおいて大切なことは、その認識を企業経営のシステムとして位置づけ、取り組むことです。例えば企業の業務分掌として、人権に取り組む専門部署を設置し社内外に周知すること、人権への取り組みを経営の基本方針の中に明示し、年度ごとの活動目標をたてること等がこれにあたります。

企業の取り組みの原点

企業の人権問題への組織的取り組みの契機となったのは、1975年に発覚した「部落地名総鑑購入事件」でした。

部落地名総鑑購入事件（1975年）

全国の被差別部落の新旧町名や戸数、職業などを記載した書籍「部落地名総鑑」（当初8種類）が存在し、220社の企業がこれを購入。採用段階で応募者が提出する履歴書の「本籍欄」「現住所」と照らし合わせ、被差別部落出身とみなしたものを排除するという就職差別事件が発生した。　当時の法務省、労働省の指導、被差別当事者団体の糾弾が行われ、企業は自らの差別性を認識

し、深い反省を行い、同和問題解決に向けて取り組みを始める契機となった。

この事件への痛切な反省から、企業は部落差別解消に向けた公正採用選考への取り組みをはじめ、その後様々な人権問題と企業の関わり、解決に向けて取り組むことの必要性を学んできました。

今日では全国各地に、企業の立場から同和問題をはじめさまざまな人権問題の解決に取り組む企業の任意団体が設立され、社内研修の実施やそのための教材作り、担当者スキルを磨く各種研修会などが実施され、全国組織としての「同和問題に取り組む全国企業連絡会全国集会」なども展開され活発に活動しています。

東京人権啓発企業連絡会
（ひろげよう人権　https://www.jinken-net.com）

東京に本社を置く企業を主体に123社で組織されている任意団体。

1979年に設立され、主として以下の活動等を展開

＊会員企業の研修・啓発の推進・向上
　トップ層研修会、グループ研修研究発表会、新任担当者研修会、人権啓発・採用担当者養成講座（経済産業省の委託事業）

＊社会啓発
　さまざまな人権啓発活動（行政主催研修会への講師派遣他）、人権諸情報の発信、国、都人権啓発諸施策との連携、協力等

さまざまな人権問題の中で

「人権問題」というとき、さまざまな人権侵害が考えられます。戦争こそは人権侵害の最たるものとはよく言われるところです。それから大震災や台風、水害などの自然災害（中には「人災」というべきものもあるかもしれませんが）も、人権侵害を引きおこします。さらには犯罪被害にあって、または事故に巻き込まれてとい

うこともあるでしょう。そして、差別によって、ハラスメントによって人権が侵害されることがあります。

これらの中で、戦争や自然災害による人権問題の解決のために企業が取り組めることには限界がありますが、差別とハラスメントは企業がその解決に向けて、経営と社員が一体となって取り組めるもの、あるいは、直接の当事者として、取り組む責務を有するものものだと言えます。

そして国内的には、この差別とハラスメントへの取り組みが企業の取り組む人権問題の主課題になっています。それは部落差別、人種民族差別、障害者差別、LGBTを含む性差別、表現に関わる差別、セクシュアルハラスメント、パワーハラスメント、その他ハラスメント等です。

国際標準としての人権問題への取り組み

さらにグローバルな企業活動の展開を考えるとき、差別、ハラスメント防止への取り組みだけでは不十分です。

「企業の規模にかかわらず、取引や営業活動の結果もたらされるプラスやマイナスの影響が、国の内外を問わず広く社会に及びます。企業の社会的責任は社会に対するそのような影響に責任を持つことです。企業はもはやその製品やサービスの質や価格のみによって評価されるのではなく、どのようにしてその製品やサービスを生み出すに至っているのかの「過程」と、その製品やサービスの及ぼす社会に対するプラスやマイナスの「影響」によって評価される時代に入っているのです。（参照　『人を大切に』一般財団法人アジア・太平洋人権情報センター、ヒューライツ大阪）

つまり国内活動を超えて地球規模で、サプライチェーンからバリューチェーンを見据えた企業の人権問題への取り組みが評価されるようになっています。

さまざまな素材、部品、エネルギーなどの調達がどのようになされたのか、児童労働や隷属的労働環境、先住民族の諸権利、環境破壊など

の有無にどのように配慮されてきたのか、また同じように自社の製品、サービス、情報などが販売先において、どのように人権に配慮した形で利用、消費されて行くのか、を見据えた活動が求められています。

2011年6月、国連人権理事会において、企業の行動指針というべき「ビジネスと人権に関する指導原則」が承認されました。そこにおいては、「企業には人権を尊重する責任がある」として企業に対して、人権侵害しない予防措置を設け、人権侵害が起きれば救済する責任を負うことを求めています。その骨子は次のとおりです。①人権に関する基本方針の策定、②人権を尊重するためのデュー・ディリジェンス：相応の注意義務として、人権侵害防止の仕組みを構築する。（人権課題の洗い出し・評価、対策実行、結果評価、是正）

そしてこれら、企業の人権への取り組みを評価する動きとしては、環境・人権への貢献を投資の評価基準とするESG投資、国連提唱のSDGsへの対応期待などが挙げられます。

ESG投資

投資する企業の評価基準に、売上や利益といった財務情報だけでなく、環境（Environment）、社会（Social）、企業統治（Governance）に関する観点を取り入れる投資。二酸化炭素削減や労働者の人権、コンプライアンスへの取り組みなどに対する企業の姿勢を分析し、取り組みに前向きな企業に積極的に投資する。

SDGs（Sustainable Development Goals〉持続可能な開発目標〉

2015年9月国連サミットで採択された国際目標　17課題に対する企業の本業を通じた取り組みを要請
①貧困をなくそう、②飢餓をゼロに、③すべての人に健康と福祉を、④質の高い教育をみんなに、⑤ジェンダー平等を実現しよう、⑥安全な水とトイレを世界中に、⑦エ

ネルギーをみんなにそしてクリーンに、⑧働きがいも経済成長も、⑨産業と技術革新の基盤つくろう、⑩人や国の不平等をなくそう、⑪住み続けられるまちづくりを、⑫つくる責任・使う責任、⑬気候変動に具体的な対策を、⑭海の豊かさを守ろう、⑮陸の豊かさも守ろう、⑯平和と公正をすべての人に、⑰パートナーシップで目標を達成しよう

人権問題から「問題」を取り除いて

更にこれからの企業が人権に取り組むといったとき、これまでの人権問題への取り組みから、「問題」の二文字を取り除いた「人権」そのものへの取り組みという観点が必要だと思います。「人権」の捉え直しです。

「人権に取り組む」のもうひとつの意味、「プロブレムではない人権」は、人権をより伸ばし発展させるということです。この人権の主体・主人公は、全ての人です。従業員を含めた全ての人が対象です。では、企業が従業員の人権を尊重するとは、具体的に、どうすることでしょうか。労働関係諸法令を遵守し、労働条件を保障し、安全、安心できる労働環境を提供することは言うに及びませんが、経営者、管理監督者が職場の一人ひとりの人権を尊重するとは、具体的言動として何をすることでしょうか。このような問いを発すると、多くの管理監督者からは「個人として尊重する、個性を大事にする」という答えが返ってきますが、具体的な言動として、職場の一人ひとりと如何に向き合うことが「個の尊重」なのでしょうか。

言ってもいいんだよ

この点についてのひとつの解が、「言ってもいいんだよ」というメッセージを出すことです。「言ってもいいんだよ」とは、まず「あなたは居ていいんだよ、うちの職場に居てほしいんだよ」という前提が有り、「そのあなたの思っていること、考えていること、感じていることを私

は聴くよ」という意味です。コミュニケーションを求めるということです。

もちろん「そんなことを言われても、言いにくい」とか、「言っても仕方ない」という場合もあるかもしれませんが、「私に言いにくかったら、もっと別の人に、頭ごしでも、あなたにとって言いやすい人に、あなたは言っていいんだよ」ということです。仕事の中身や進め方、人間関係、労働条件等などについて、自己表明権を保障するということです。言われた管理監督者が、すべての問題提起には対応できないこともあるでしょうが、言うことによって「ガス抜き」になるのではなく、さまざまな潜在的にあった問題が顕在化、表面化する、つまり職場で共有することになるということです。それが解決の第一歩になりますし、言った本人もコミュニケーションの当事者であることを実感することができるのだと思います。

職場を元気にする人権

そんなことを通して社員はちょっと元気になれるのではないでしょうか。自分の仕事に、職場にそして会社に誇りを持てる、自尊感情を高めることにも繋がる、そういうところで、社員は活き活きと働ける、能力を存分に発揮できる、そこを会社が正当に評価すれば社員はもっと元気になれる、それが業務の安全性、効率性につながる、新製品の開発、よりきめ細やかな質の高いサービス提供にもつながる、それはひいては、企業の価値を高める、競争力につながることになります。

この社員一人ひとりの人権を尊重して、明るい職場づくりに取り組むことが、企業が取り組むコンプライアンスの源泉になるとも考えられます。

法令、判例、社会規範、倫理を「知識」として学ぶことは大事ですが、その規範を遵守するマインドをどう形成するかといえば、社員の人権を尊重し、元気にすることだと思います。

このように考えますと、企業の人権への取り組みは、まさに経営基盤ということが言えるの

です。人権は、企業を「強い会社」であると同時に「いい会社」にすることにも通じるのです。

あらゆる部署が、〝それって人権的にどうよ〟

企業の人権への取り組みは、人事、採用、総務などの管理部署だけが専門的に取り組むということではありません。それらの部署が対外的窓口になり、あるいは組織内に発信する、必要に応じて経営にも提言することはあるにしても、日常の人権への取り組みは、企業のすべての部署で、すべての社員が自らの仕事を通じて人権を考え、反映させることです。経理も資材部署も営業も、技術開発部門も、工場でクレーンやトラックを運転したり、圧延機を操作している人も、すべての社員が今自分がやっている仕事を、人権という尺度に照らしてどうよ、と考え、見直してみる、人を大切にするという観点に照らして妥当なのかどうか考えてみる、そして必要なら見直しを行う、それが企業が人権に取り組むということだと思います。そしてそれが人権が企業文化になるということです。

そして、そうした企業を取り巻く社会が、消費者が人権を尺度にした企業評価の価値観を持つということ、そのことをとうして市民が人権に取り組む企業を育てるということも大切でしょう。それは、いわば市民としての社会的責任、もうひとつのCSR(シチズン＝市民の社会的責任)ではないでしょうか。

竹内　良（東京人権啓発企業連絡会顧問）

地方自治の確立を!日本自治学会第13回総会・研究会(写真提供:神奈川県地方自治研究センター)

第17章

地方自治
と人権

1. 地方自治の意義

1. 自治とは、地方自治とはなにか

自治とは「自らのことを、自らの意思で、自立的に処理すること」とされています。個人の自治、集団の自治や共同社会の自治などのように、他者の統制に縛られることなく、自らの意思で自らの行為を律することができる「自律」、自己の意思を具現化し、またはコントロールできる能力を持つ「自己統治」、自律性をもち自己統治を行うことということができます。

自治を「自（みずか）ら治める」という言葉として素直に読むのがふつうですが、中国の古典に由来する漢語の「自治」＝「自（おの）ずから治まる」（何もしなくても自然と治まる）と言う意味も含まれているともいいます。こう読むと「自ら治める」とは全く反対の意味になり、他人に治めてもらう「他治」、官権に治めてもらう「官治」という表記の方がふさわしくなります。

現在の民主主義の原理は、治められる者が同時に治める者になることであり、「自分たちのことを自分たちで決める」ことであるとされています。このことからすれば「自ら治める」のが当然のこととなり、他者からの支配、他者による統治とは全く反対のこととなり、「自治」は民主主義に不可欠な要素であるといえるでしょう。

「地方自治」とは、地域において地域の住民の意思に基づいて、国から自立した地域の自治体として、自己の責任で意思決定を行い、事務・事業を執行することとされています。地域住民の生活に密着した地域の仕事を、国から切り離して地域共同体の手に委ね、地域住民の意思と責任に基づいて自主的に執行処理する仕組みです。

地域には、それぞれの歴史と自然条件のもとで、社会、経済、政治、文化が存在し、独自の営みを行ってきています。この地域的な個性を尊重しながら、国から自立した自己決定権を持つ組織としての存在を認め、地域に必要な事務・事業をその住民自らの意思と責任で執行すること、これが地方自治であるといえます。

民主主義国家は、どこの国でも「基本的人権の保障」と「権力分立の原理」をもっています。権力分立の原理とは、統治権力をひとつに集中させることなく、立法・行政・司法に分割して相互牽制をする仕組みを持つことであり、この三権分立は「水平的権力分立」とよばれています。それだけではなく、「中央」と「地方」という形に権力を分立させる仕組みをつくり、地方自治を保障すること、これが「垂直的権力分立」とよばれるものです。三権分立に合わせて地方自治制度を確立することが、民主主義的な統治機構には必要なこととされています。

「地方自治は民主主義の学校である」とよくいわれていますが、その意味は、地域現場で自治を実践することによって住民が政治を習熟し、自らの課題を自ら解決する自治能力を身につけることができるということです。「地方自治制度は、自由を住民の手の届くところに引き戻す」とともに「共通の問題を能率的に正しく処理することと、個人としての責務の意識を創り出すもの」が地方自治であるとされています。

したがって地方自治は、中央政府に権力を集中させることを防ぐ民主主義の大前提であり、基盤・土台であるということができます。

2. 地方自治の由来

この地方自治の存在根拠、由来については、学説的にはこれまでさまざまな議論がなされてきました。伝統的には次の3つの学説が存在しています。

① 固有権説 個人が国家に対して固有の人権を持つのと同様に、地方自治体も固有の自然権として統治権を持っており、国といえどもこれを侵すことはできないとする説です。こ

人の一生にかかわる地方自治体の仕事

れに含まれるものとして、地方自治体は国が成立する以前に存在しており、自治体が自治権の維持・擁護を含めその利益増進のために国を形成したものであるとする説（歴史的実態説）、例えばアメリカ合衆国の形成過程などから地方自治は「固有の権利」として説明されることがあります。

② 伝来説（承認説）　自治権は国家の統治権から伝来するものであり、自治体は国の下部行政機構であり、国が承認する限りにおいて存在するとする説です。近代国家が単一の統治権をもって成立し、その国家が定めた法律によって自治権が認められるもので、自治体の行使できる権限は国家から伝来したものです。

したがって自治体は法律で定める国家の指揮監督に服するものという説です。中央集権的な国家像を容認するこの説は、現在では主張する論者はほとんど見られなくなっています。

③ 制度保障説　①と②の説の中間的なものとして位置づけられています。憲法で定めている地方自治の保障は、歴史的伝統的に形成されてきた地方自治制度の本質を保障しており、地方自治制度の本質は法律によっては犯されることはないとする説です。憲法上の「地方自治の本旨」に基づき「団体自治」と「住民自治」が保障されており、その運用にあたっては国民主権や基本的人権などの憲法上の精神を尊重しなければならない、ということになります。これが現在では通説とされています。

学説上の争いはともかくとして、地方自治とは、がんらい、自分たちの地域を自分たちで治めることであり、地域の人々の自己決定権があることはいまや誰も否定できないものとなっています。ただし、我が国の地方自治の歴史を見てくると、1947（昭和22）年に新憲法と地方自治法が同時に施行されたものの、地方自治体は国の関与と指揮監督の下に置かれ、地方自治が本質的に認められるのは2000（平成12）年の地方分権改革を待たなければならなかったのです。

2. 地方自治制度の歴史

1. 明治以降、戦前の地方制度の変遷

　明治維新によって成立した明治政府が、中央集権的な国家体制を作り上げるために行った大きな改革が1871（明治4）年の「廃藩置県」です。江戸幕府を形成していた300諸藩を廃止して、旧藩主たちはすべて東京に居住させ、諸藩が徴収していた租税も負債も明治政府に移されました。東京・大阪・京都には「府」として官制の「知事」を任命し、他の地域は「県」に再

編して官制の「県令」を任命しました。これにより幕藩体制は解体され、中央政府のもとに全国を一元的な体制で統治する集権体制が確立しました。

　府県の数は当初3府75県でしたが、その後毎年のように統合・分割を繰り返し、1888（明治21）年に3府43県の体制ができあがり、これに北海道を加え47道府県となり、1943（昭和18）年に東京が「都」になりますが、47都道府県体

制は現在まで変わっていません。

市町村については大きな変遷がありました。

まず、国民の現況把握のため「戸籍法」が1872（明治5）年に施行されました。戸籍を把握する手段として従来の町村とは関係なく「大区」「小区」をおき、官吏である戸長、副戸長を任命して事務にあたらせました。旧来の村や町、庄屋や名主・年寄などが廃止され、画一的な地方制度を目指したものの、地域の実情とあまりかけ離れていたため円滑な運営には至りませんでした。

それを改め、従来あった町村を復活させ緩やかな自治的要素を取り入れた「三新法」が1878（明治11）年につくられました。三法とは「府県会規則」「郡区町村編制法」「地方税規則」であり、これに翌々年定めた「区町村会規則」も含まれています。この「三新法」は、従来の町村の復活を認めたことと、いまの議会にあたる府県会と町村会を認めたことが特徴です。

それから10年、明治憲法の制定を前にして、本格的な地方制度の整備がなされ、1888（明治21）年に「市制町村制」が公布されました。「市制」は人口2万5千人以上の市街地をもつ商工業が進んだ地域に、その他の地域は「町村制」が適用されました。いずれも議会を置き、市長は市の参事会が推薦する3名のうち1名を内務大臣か任命し、町村長は議会の推薦に基づき府県知事の承認を得て任命されるという制度でした。いずれも国の統制下に置かれており、特に一定の事務については市町村長を国の機関として位置づけ国の指揮監督の下に置かれる、いわゆる「機関委任事務体制」が組み込まれていました。

「市制・町村制」が施行されたのは翌1889（明治21）年ですが、公布から施行までの1年間に旧来の町村の合併・統合が強力に進められました。「明治の町村大合併」とよばれるもので、江戸時代から続いてきた町村は約7万あまりでしたが、この大合併により1万5千あまりに減少しました。この合併は国の命令に基づき、府県の具体的な指導監督の下で行われましたが、統

合される前の村の名は「字」や「大字」として現在までも残っているところが多くあります。

昭和に入って軍部の支配が強まり、戦時体制に入るとともに強圧的な中央集権的な官治主義が強まり、「自治」の制限に向かっていきました。

内務大臣や知事が市町村長を直接選任できる規定に改めたのをはじめ、東京市と東京府が一体となる東京都制ができ、地方制度が戦時体制に組み込まれていきました。また、市町村の下に部落会・町内会と隣組を補助機関として位置づけ、国民の末端まで完全に中央に直結する組織となっていきました。

2．戦後の新地方自治制度の発足

第2次世界大戦の敗戦によって、占領軍となった連合軍最高司令部（GHQ）の指導の下に多くの民主化政策が進められ、国民主権と民主主義をうたった新しい憲法の制定と、それに伴う多くの民主主義的な制度改革が行われました。

地方自治制度については憲法で新しく「地方自治」の章がもうけられ、「地方自治法」が制定され、憲法と同じく1947（昭和22）年5月に施行されました。都道府県が初めて自治体として位置づけられ、知事の公選制も初めて実現し、市町村長とその議会の公選制や自治体の組織運営に関する自立性が保障されるなど、新しい地方自治制度が発足しました。

こうした改革が完全に定着しない中で、1950年代に入ると連合国による占領が終了し、中央集権的な国の支配が強まっていきました。高度経済成長が始まると、社会が大きく変動し都市型社会への移行が始まりました。こうした社会的変化に対応する行政施策を国がうちだし、機関委任事務として国の施策の実施が自治体の仕事となり、各省庁の縦割り構造による自治体支配が強まっていきました。

自治体が国の出先機関という性格が強くなると、行政効率が優先されるようになり、そのためには自治体の規模の拡大、町村の合併が求められてきました。1953（昭和28）年には「市町村合併促進法」が制定され、新制中学校が運営

できるおおよそ8,000人規模が目標とされ、府県の指導の下に町村合併が強力に推進されました。

　また、町村合併に続いて都市化の進行に合わせた新たな市への移行も進みます。明治の大合併以降も徐々に市町村合併が進み1万ほどになっていた市町村が、この「昭和の大合併」により約3,500と、3分の1にまで減少していきました。

　1960年代に入ると、急激な工業開発を中心に高度経済成長がさらに進行しますが、これにより新たな工場公害が発生し、無秩序な宅地開発による環境破壊や車社会による矛盾が進んできました。国がこれらの地域問題に対応することが困難な状況となり、行政への批判が生まれてくるとともに、市民生活の改善と都市問題の解決を求めた住民運動も発生してきました。この時期に、独自の先駆的政策を立案し実行する一部の「先進的自治体」（革新自治体）が誕生してくるようになりました。市民生活を守るためには国の法令がなくとも具体的な対応策をとり、自ら都市問題の解決のための施策を実行できることを示していきました。

　こうした機運を受けて、1978（昭和53）年に神奈川県の長洲一二知事が「地方の時代」を提唱しました。これまでの中央集権的な統制下にあった政治・行政の仕組みを改め、「地方」にこそ積極的に時代を切り開く知恵と実行力があるとするものであり、孤立しがちな「先進的自治体」を支援するとともに、自治体自身の「自治意識」の高揚を促すものとなりました。

3．地方分権改革とその後

　1993（平成5）年6月に衆議院と参議院で「地方分権の推進に関する決議」が可決されたのを足がかりに、地方分権改革がスタートしました。1995（平成7）年6月に「地方分権推進法」が成立し、地方分権推進委員会が発足しました。推進委員会は、これまでの国と地方との関係が「上下主従」となっていたものを「対等協力」の関係に改めることを基本に据えて、さまざまな提言を行いました。その中心に据えられたのが「機関委任事務」の廃止でした。

　機関委任事務制度とは、知事や市町村長など自治体の執行機関を「国の機関」として位置付け国の指揮監督下に置き、自治体に国の政策を実施させてきた制度です。都道府県の事務量の7割から8割、市町村の事務量の約半分はこの機関委任事務でした。議会はこの機関委任事務について条例を制定することも、議会で討議することも出来ないことになっていました。この機関委任事務を廃止し、「自治事務」と「法定受託事務」の2種類に変更することになりました。

　地方分権推進委員会は、第1次から5次にわたる勧告を行い、国は勧告に基づき「地方分権推進計画」を閣議決定しました。分権改革に関連する475本の法律を一括して審議・改正する「地方分権一括法」が1999（平成11）年7月に成立し、2000（平成12）年4月から施行されました。これにより、明治以来の自治体を国の出先機関として指揮監督していた中央集権的な地方自治制度は大幅に改められ、実質的に自治体が自立した政府と認められるようになりました。

　しかし、地方分権一括法の中に「市町村合併特例法の改正」が含まれており、合併特例債などの財政支援や「3万市特例」など合併自治体に有利な条件をそろえていました。小規模自治体にとっては、有利な条件の下で合併して地方交付税の削減による財政危機から逃れたいという意識が強くなり、各地で市町村合併が進行しました。2003（平成15）年から2005（平17）年にかけて合併が一気に進み、それまで約3,200余りあった市町村が2006（平成18）年には1,800までに半減したのが「平成の大合併」です。

　この平成の大合併は、合併に関して財政的な手厚い手段と、地方財源（地方交付税）の削減というアメとムチによる合併促進策に、自治体側が乗せられたということになります。特に小規模自治体にその傾向が見られ、合併前に2,500余りあった町村が900あまりにまで減少し、「3万特例市」を含めて市の数は670から790に増加していきました。

　地方分権改革と平成の大合併が進む中でも、

自治体における自治・自律への指向は始められていきました。分権改革により自治体の行う事務はすべて自治体の仕事となり、責任を負うことになり、自治体のあり方や組織運営の基本原則を定める条例づくりが進められてきました。

「自治体の憲法」というスローガーンも掲げられた「自治基本条例」の制定運動です。また、自治体の議会のあり方、議会と住民との関係を明確にした「議会基本条例」をつくる動きや、議会改革を進める動きも広がってきました。「地方のことは地方が決める」ために自治体内部から起きた動きです。

明治政府以来の地方自治制度の経緯を見てきましたが、2000年の地方分権改革により地方自治体が、国からは自立した政治・行政組織になったことは明らかです。しかし、自治体の現状を見ると住民からの行政需要は高まる一方で、国への依存的体質も残り、「地方創生」の施策を国が提唱するものの、十分な財源が確保されない危機的財政状況も見られます。地域住民の基本的人権の保障を実現させるためにも、「地方自治」の確立に向けた活動は、これからもまだまだ続けられていかなくてはなりません。

3. 憲法の人権保障と地方自治

1. 憲法と基本的人権の保障

一般的に、憲法といえば「国家のあり方の基本を定めた法」といわれており、一般の法律とは異なり「最高法規」として位置づけられています。憲法と一般の法律との違いは、「憲法は国民を縛るものではなく、国家権力の行使に歯止めをかけるもの」であり、「国家権力を制限して国民の自由と権利を保障するための法」であるとされています。国家権力に制限をかけた憲法に基づいて政治を行うことを「立憲主義」とよび、近代憲法の本質といわれています（図1）。

日本国憲法は、基本的人権の尊重、平和主義、国民主権が三大原則であることは周知のとおりです。ただ、この原則は並立的にあるのではなく、「個人の尊重」を基盤とした「国民主権」という政治体制を手段としてもち、基本的人権の尊重と平和主義を実現させることがこの憲法の目的であるとされています。

したがって、憲法の規定する第3章「国民の権利及び義務」の各条項の実現こそが、憲法の重要な目的となってきます。第4章から第八章までは、この目的を実現させるための「統治機構」のあり方を定めたものであり、目的達成の

図1　憲法と法律の違い

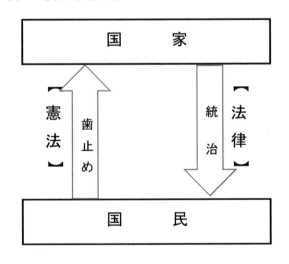

ための手段を示したものといえます。

憲法の前文と、第11条から14条には基本的人権についての原則的な規定があり、基本的人権は侵すことのできない永遠の権利である宣言されています。この基本的人権は、憲法の改正によっても侵すことのできない「人類普遍の原理」であるとされています。

第15条から17条までの3条は「選挙権」と「参政権」です。公務員を選出し、罷免し、国

民の代表を選出する権限、国民が国政に参加をする権利を認める「国民主権」の考え方が示されています。民主主義の実践としての参政権は「国家への自由」ともよばれています。

さらに、第18条から23条までは、人々の自由を認めた権利、人権についての規定で「自由権」とよばれるものです。思想、信教、集会・結社・言論、学問などの自由が明示されており、精神的自由、経済的自由、身体の自由などに分けることもできます。これらの自由を基本的人権として保障するとともに、国家からの介入を排除し、国家はこの自由には介入できないことを宣言したもので、「国家からの自由」を定めたものといえます。

続いて第24条から31条では、国家に積極的な配慮を求める権利が規定されており、「社会権」といわれています。自由権を認めるだけでは、人々に格差が生じて、社会的弱者や経済的弱者が人間らしい生活をおくることが出来ないかもしれない。それゆえ、人間らしい生活をおくれるよう国家に積極的な配慮を求めています。国民は、健康で文化的な最低限の生活を営む権利をもつとともに、国がそれを保障することを求めており、教育を受ける権利、勤労者の権利などが定められています。自由のなかでも「国家による自由」とよばれています。

基本的人権の保障の実現を目的として、それを実現する手段として第四章から第8章までの「統治機構」が定められています。統治機構が民主的に運営されるために、国家の作用を立法・行政・司法の三つに分離して権力の集中を防ぐ「三権分立」の制度が採用されています。国会、内閣、司法にその権力を分散し、チェックアンドバランスを保たせる仕組みになっています。さらに権力を分立させるために、第8章で「地方自治」の章を設け、政治を中央の政府と地方の政府「地方自治体」に分けています。中央政府の統治機構についてはここでは触れませんが、以下、地方自治について見ていくことにします。

2．「地方自治の本旨」と人権保障

① 団体自治と住民自治

地方自治に関して、憲法では第8章に「地方自治」の章が設けられ、4つの条文が規定されています。地方自治の憲法の英訳はLocal Self-Governmentであり、これは直訳すれば「地方の自己統治」と訳すことができます。

憲法第92条には「地方公共団体の組織及び運営に関する事項は、地方自治の本旨に基いて、法律でこれを定める」と規定されています。ではこの「地方自治の本旨」とは何でしょうか。

まず「本旨」とは、一般的に解釈すれば「本来の趣旨」「本来のあり方」「その理念」ということです。地方自治の解説書によると、地方自治の本旨とは、「団体自治」と「住民自治」にあるとされています。「団体自治」とは、国の政府とは別の、自立した自治組織として機能できる団体をつくり、その組織運営は自らがつくり執行できるという原則です。「住民自治」とは、その地方の政治・行政（政府）に住民自らが主権者として参画でき、住民の意思に基づき、自治体の具体的な運営は住民が直接選ぶ代表者たる議会と首長にその決定と執行を委ねる仕組みをもつことです。

地方自治に関する法律は、「地方自治の本旨」に基づいて策定されなければならず、「地方自治の本旨」に基づかない法律は憲法違反ということになります。「地方自治の本旨」が自治体の組織・運営を定める上での「要石」としての地位を与えられています。

憲法第93条には、「地方公共団体には、法律に定めるところにより、その議事機関として議会を設置する」という、議会の位置付けが規定されています。さらに「地方公共団体の長、その議会の議員及び法律の定めるその他の吏員は、その地方公共団体の住民が、直接これを選挙する」として住民の選挙権を保障しています。国の議院内閣制とは異なって、首長と議会の議員を直接選挙で選ぶ二元的代表制をとることが規定されています。住民の代表者としての議員により自治体の意思決定を行い、選挙で選ばれた

首長が執行機関として自治体行政を行う「政治的自治」の規定です。

さらに、第94条で「地方公共団体は、その財産を管理し、事務を処理し、及び行政を執行する権能を有し、法律の範囲内で条例を制定することができる」としています。国から自立した人格を持つ自治体として組織運営を行うとともに、独自に条例制定という立法機能を持つ「法律的自治」の規定です。

② 地方公共団体 VS 地方自治体

これらの条文の冒頭に書かれている「地方公共団体」という奇妙な法律用語についてみてみましょう。現在の憲法制定過程において、当時の占領軍からのいわゆる「マッカーサー草案」が示され、その草案をもとに日本側との交渉により「憲法原案」が策定されたことはよく知られています。「草案」には明治憲法にはなかった「地方自治」の一章が設けられており、その章のタイトルは「地方政府（Local Government）」とされており、地方自治体の名称については「首都圏、市、町」と個々に並べてありました。これを日本語に翻訳する際に内務官僚が意図的に一括して「地方公共団体」と曖昧な表現に変えたのです。

中央官庁筋では、今でも都道府県と市町村を一括して「地方団体」と呼ぶことが多くあります。憲法制定過程で占領軍との交渉に臨んだ内務官僚には、憲法上認められる地方の自主的政治組織を、国と対等な立場で主体性のある「自治体」として認めたくないという意識が潜在的にあって、「地方公共団体」という曖昧な表現になったものといわれています。

したがって本来は、国が中央政府であるとすれば、自治体は「地方の政府」として位置づけられるべきであったのです。現在でこそ国の公式文書に「自治行政権、自治財政権、自治立法権を十分に具備した地方政府を確立する必要がある」（2008年5月「地方分権改革推進委員会」の「基本的考え方」）と書かれるようになりましたが、国の官僚に根付いた中央集権的な「お上意識」は払拭できてはいないようです。

3．人権保障と市町村優先の原則（補完性の原理）

「地方自治の本旨」として「団体自治」と「住民自治」があり、その「本旨」は憲法上の原則である「国民主権」を具体化させるために保障されたものといえます。国も自治体も国民主権を実現させるために政治・行政を行うわけであり、その目的とは人権保障の実現であり、国も自治体も人権を最大限保障することが義務づけられているといえます。

日本に住む人々は、すべて自治体で生活しており、自治体における人権保障とは、その地域で安全で人間らしい生活の確保と、そのために必要不可欠な産業・文化の維持発展を求めることにある。国民生活に一番近い政府は地方自治体、特に市町村であり、そこに優先的に公的事務配分を行うことが最も効率的で効果的であるとする原則があります。これを「市町村優先の原則」あるいは「近接性の原則」と呼んでいます。

広域的な自治体である都道府県は、市町村が効率的に処理できない公的事務を補完的に分担するものとされます。さらに国は、地方自治体では効果的に処理することができない公共事務や全国民的な事務・事業を分担するとともに、国の存立に関わる事務を分担する、という事務配分の原則があります。これが「補完性の原則」とよばれるものです（図2）。

図2 国と自治体との関係

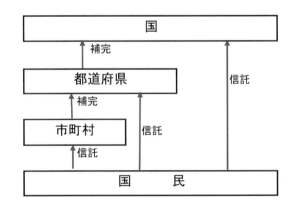

言い方を変えれば、個人でできることは個人が、小さい組織で行えるものはその組織内で行う。個人や小さな組織ではできないことを住民の身近な政府である基礎自治体(市町村)に信託して住民サービスを行ってもらい、その対価として税金を納める。ひとつの自治体だけでは解決できない課題、広域的・専門技術的なことは広域自治体である都道府県が担う。県域を越えるものや全国共通に必要なもの、国の存立に関わるものを中央政府が担う、というのがこの「補完性の原則」の考え方です。

憲法第95条は「一の地方公共団体のみに適用される特別法は、法律の定めるところにより、その地方公共団体の住民の投票においてその過半数の同意を得なければ、国会は、これを制定することができない」と定めています。全国民的に関わることのない、それぞれの地域特有の生活・産業・文化に関わる事務については、地方的な事務として自治体が処理すべき事項です。

したがって、特定の団体にのみ適用される法律の制定についての制限が課せられており、住民投票による過半数の賛成をうることが必要とされています。これは国の立法の限界でもあり、自治体がその地域に関する地方的事務はすべての権限を持つということになります（全権限性の原則）。

４．自治体の人権政策とそのあり方

憲法第99条で、天皇、国の国務大臣や公務員が憲法を尊重し擁護する義務を負っているのと同様に、地方自治体も同様の義務を負っていることになります。すなわち、基本的人権の保障という目的は国の責務であるとともに、自治体の政治・行政も人権の最大限の尊重を義務づけられていることになります。2000年から改正施行された地方自治法にも、第１条の２に、自治体は「住民の福祉の増進を図ることを基本として」「自主的かつ総合的に実施する役割を広く担う」と規定されました。「住民の福祉の増進」には「基本的人権の最大限の尊重」が根底に据えられなければならないことになります。

これまで我が国では、人権を権力に対抗して自分たちの手で勝ち取ってきた歴史がありません。したがって他人の人権侵害に無頓着になり、人権の侵害者に寛容な社会になってしまっているのではないでしょうか。憲法の規定する基本的人権の保障という理念が空洞化されてはいないか、住民に近接している自治体自らが、もう一度、住民の権利保障について見直すことが求められています。

自治体の人権政策の基本としては、基本的人権の保障という視点を、自治体のすべての政治・行政施策に反映させることです。自治体は、住民の人権を保障する上で、法律の授権の有無にかかわらず、自主的に、具体的に活動することが求められています。住民に身近な自治体こそが、自分の人権と同様に「近くの人権保障」を具体的に実現できるわけで、その役割は大きいものがあります。人権担当部局を置いて人権政策・人権教育の中心的な役割を果たすとともに、縦割りの単純な人権擁護施策だけでなく、自治体として横断的な人権施策として展開されなければなりません。

例えば、自治体の環境政策の基本的な位置づけは、環境にやさしい施策を自治体のすべての職揚・事業で実行することにあります。人権政策もまさに環境政策と同様に、基本的人権の保障という視点であらゆる行政分野で取り組み、横断的な政策実現の過程をたどるものと思われます。そのためには、住民は主権者として自由に地方政府に参加でき、改革する権利を持っているわけであり、行政が「ほどこし」としての人権政策を行うのではなく、主権者としての住民と共同して人権保障機能を向上させていくことが求められています。

各自治体での人権政策の積極的な展開が求められていますが、なかでも「人権教育・人権啓発」が最大の課題であり、自治体の職員自らが人権課題を正確に理解する教育と人権啓発活動が継続的に行われることが望まれています。

参考文献

田村明『自治体学入門』2000年、岩波書店

佐藤俊一『地方自治要論（第2版）』2006年、誠文堂

今井照『地方自治講義』2017年、筑摩新書

杉原泰雄『地方自治の憲法論』2008年補訂版、勁草書店

伊藤真『日本国憲法の論点』2006年、(株)トランスビュー

上林得郎

（公益社団法人神奈川県地方自治研究センター顧問）

資料　世界人権宣言（全文）

1948年12月10日　国際連合第3回総会で採択

前文

人類社会のすべての構成員の固有の尊厳と平等で譲ることのできない権利とを承認することは、世界における自由、正義及び平和の基礎であるので、人権の無視及び軽侮が、人類の良心を踏みにじった野蛮行為をもたらし、言論及び信仰の自由が受けられ、恐怖及び欠乏のない世界の到来が、一般の人々の最高の願望として宣言されたので、人間が専制と圧迫とに対する最後の手段として反逆に訴えることがないようにするためには、法の支配によって人権を保護することが肝要であるので、諸国間の友好関係の発展を促進することが、肝要であるので、国際連合の諸国民は、国際連合憲章において、基本的人権、人間の尊厳及び価値並びに男女の同権についての信念を再確認し、かつ、一層大きな自由のうちで社会的進歩と生活水準の向上とを促進することを決意したので、加盟国は、国際連合と協力して、人権及び基本的自由の普遍的な尊重及び遵守の促進を達成することを誓約したので、これらの権利及び自由に対する共通の理解は、この誓約を完全にするためにもっとも重要であるので、よって、ここに、国際連合総会は、社会の各個人及び各機関が、この世界人権宣言を常に念頭におきながら、加盟国自身の人民の間にも、また、加盟国の管轄下にある地域の人民の間にも、これらの権利と自由との尊重を指導及び教育によって促進すること並びにそれらの普遍的かつ効果的な承認と遵守とを国内的及び国際的な漸進的措置によって確保することに努力するように、すべての人民とすべての国とが達成すべき共通の基準として、この世界人権宣言を公布する。

第1条（自由平等）

すべての人間は、生まれながらにして自由であり、かつ、尊厳と権利とについて平等である。人間は、理性と良心とを授けられており、互いに同胞の精神をもって行動しなければならない。

第2条（権利と自由の享有に関する無差別待遇）

1. すべて人は、人種、皮膚の色、性、言語、宗教、政治上その他の意見、国民的若しくは社会的出身、財産、門地その他の地位又はこれに類するいかなる事由による差別をも受けることなく、この宣言に掲げるすべての権利と自由とを享有することができる。

2. さらに、個人の属する国又は地域が独立国であると、信託統治地域であると、非自治地域であると、又は他のなんらかの主権制限の下にあるとを問わず、その国又は地域の政治上、管轄上又は国際上の地位に基づくいかなる差別もしてはならない。

第3条（生存、自由、身体の安全）

すべて人は、生命、自由及び身体の安全に対する権利を有する。

第4条（奴隷の禁止）

何人も、奴隷にされ、又は苦役に服することはない。奴隷制度及び奴隷売買は、いかなる形においても禁止する。

第5条（非人道的な待遇又は刑罰の禁止）

何人も、拷問又は残虐な、非人道的な若しくは屈辱的な取扱若しくは刑罰を受けることはない。

第6条（法の下に人としての承認）

すべて人は、いかなる場所においても、法の下において、人として認められる権利を有する。

第7条（法の下における平等）

すべての人は、法の下において平等であり、また、いかなる差別もなしに法の平等な保護を受ける権利を有する。すべての人は、この宣言に違反するいかなる差別に対しても、また、そのような差別をそそのかすいかなる行為に対しても、平等な保護を受ける権利を有する。

第8条（基本的権利の侵害に対する救済）

すべて人は、憲法又は法律によって与えられた基本的権利を侵害する行為に対し、権限を有する国内裁判所による効果的な救済を受ける権利を有する。

第9条（逮捕、拘禁又は追放の制限）

何人も、ほしいままに逮捕、拘禁、又は追放されることはない。

第10条（裁判所の公正な審理）

すべて人は、自己の権利及び義務並びに自己に対する

刑事責任が決定されるに当って、独立の公平な裁判所による公正な公開の審理を受けることについて完全に平等の権利を有する。

第11条（無罪の推定、罪刑法定主義）
1. 犯罪の訴追を受けた者は、すべて、自己の弁護に必要なすべての保障を与えられた公開の裁判において法律に従って有罪の立証があるまでは、無罪と推定される権利を有する。
2. 何人も、実行の時に国内法又は国際法により犯罪を構成しなかった作為又は不作為のために有罪とされることはない。また、犯罪が行われた時に適用される刑罰より重い刑罰を課せられない。

第12条（私生活、名誉、信用の保護）
何人も、自己の私事、家族、家庭若しくは通信に対して、ほしいままに干渉され、又は名誉及び信用に対して攻撃を受けることはない。人はすべて、このような干渉又は攻撃に対して法の保護を受ける権利を有する。

第13条（移転と居住）
1. すべて人は、各国の境界内において自由に移転及び居住する権利を有する。
2. すべて人は、自国その他いずれの国をも立ち去り、及び自国に帰る権利を有する。

第14条（迫害）
1. すべて人は、迫害を免れるため、他国に避難することを求め、かつ、避難する権利を有する。
2. この権利は、もっぱら非政治犯罪又は国際連合の目的及び原則に反する行為を原因とする訴追の場合には、援用することはできない。

第15条（国籍）
1. すべて人は、国籍をもつ権利を有する。
2. 何人も、ほしいままにその国籍を奪われ、又はその国籍を変更する権利を否認されることはない。

第16条（婚姻と家庭）
1. 成年の男女は、人種、国籍又は宗教によるいかなる制限をも受けることなく、婚姻し、かつ家庭をつくる権利を有する。成年の男女は、婚姻中及びその解消に際し、婚姻に関し平等の権利を有する。
2. 婚姻は、両当事者の自由かつ完全な合意によってのみ成立する。
3. 家庭は、社会の自然かつ基礎的な集団単位であって、社会及び国の保護を受ける権利を有する。

第17条（財産）
1. すべて人は、単独で又は他の者と共同して財産を所有する権利を有する。
2. 何人も、ほしいままに自己の財産を奪われることはない。

第18条（思想、良心、宗教）
すべて人は、思想、良心及び宗教の自由に対する権利を有する。この権利は、宗教又は信念を変更する自由並びに単独で又は他の者と共同して、公的に又は私的に、布教、行事、礼拝及び儀式によって宗教又は信念を表明する自由を含む。

第19条（意見、発表）
すべて人は、意見及び表現の自由に対する権利を有する。この権利は、干渉を受けることなく自己の意見をもつ自由並びにあらゆる手段により、また、国境を越えると否とにかかわりなく、情報及び思想を求め、受け、及び伝える自由を含む。

第20条（集会、結社）
1. すべての人は、平和的集会及び結社の自由に対する権利を有する。
2. 何人も、結社に属することを強制されない。

第21条（参政権）
1. すべての人は、直接に又は自由に選出された代表者を通じて、自国の政治に参与する権利を有する。
2. すべて人は、自国においてひとしく公務につく権利を有する。
3. 人民の意思は、統治の権力の基礎とならなければならない。この意思は、定期のかつ真正な選挙によって表明されなければならない。この選挙は、平等の普通選挙によるものでなければならず、また、秘密投票又はこれと同等の自由が保障される投票手続によって行われなければならない。

第22条（社会保障）

　すべて人は、社会の一員として、社会保障を受ける権利を有し、かつ、国家的努力及び国際的協力により、また、各国の組織及び資源に応じて、自己の尊厳と自己の人格の自由な発展とに欠くことのできない経済的、社会的及び文化的権利を実現する権利を有する。

第23条（労働の権利）

1. すべて人は、勤労し、職業を自由に選択し、公正かつ有利な勤労条件を確保し、及び失業に対する保護を受ける権利を有する。

2. すべて人は、いかなる差別をも受けることなく、同等の勤労に対し、同等の報酬を受ける権利を有する。

3. 勤労する者は、すべて、自己及び家族に対して人間の尊厳にふさわしい生活を保障する公正かつ有利な報酬を受け、かつ、必要な場合には、他の社会的保護手段によって補充を受けることができる。

4. すべて人は、自己の利益を保護するために労働組合を組織し、及びこれに参加する権利を有する。

第24条（休憩、余暇）

　すべて人は、労働時間の合理的な制限及び定期的な有給休暇を含む休息及び余暇をもつ権利を有する。

第25条（生活の保障）

1. すべて人は、衣食住、医療及び必要な社会的施設等により、自己及び家族の健康及び福祉に十分な生活水準を保持する権利並びに失業、疾病、心身障害、配偶者の死亡、老齢その他不可抗力による生活不能の場合は、保障を受ける権利を有する。

2. 母と子とは、特別の保護及び援助を受ける権利を有する。すべての児童は、嫡出であると否とを問わず、同じ社会的保護を受ける。

第26条（教育）

1. すべて人は、教育を受ける権利を有する。教育は、少なくとも初等の及び基礎的の段階においては、無償でなければならない。初等教育は、義務的でなければならない。技術教育及び職業教育は、一般に利用できるものでなければならず、また、高等教育は、能力に応じ、すべての者にひとしく開放されていなければならない。

2. 教育は、人格の完全な発展並びに人権及び基本的自由の尊重の強化を目的としなければならない。教育は、すべての国又は人種的若しくは宗教的集団の相互間の理解、寛容及び友好関係を増進し、かつ、平和の維持のため、国際連合の活動を促進するものでなければならない。

3. 親は、子に与えられる教育の種類を選択する優先的権利を有する。

第27条（文化）

1. すべて人は、自由に社会の文化生活に参加し、芸術を鑑賞し、及び科学の進歩とその恩恵とにあずかる権利を有する。

2. すべて人は、その創作した科学的、文学的又は美術的作品から生ずる精神的及び物質的利益を保護される権利を有する。

第28条（社会的国際的秩序）

　すべて人は、この宣言に掲げる権利及び自由が完全に実現される社会的及び国際的秩序に対する権利を有する。

第29条（社会に対する義務）

1. すべて人は、その人格の自由かつ完全な発展がその中にあってのみ可能である社会に対して義務を負う。

2. すべて人は、自己の権利及び自由を行使するに当たっては、他人の権利及び自由の正当な承認及び尊重を保障すること並びに民主的社会における道徳、公の秩序及び一般の福祉の正当な要求を満たすことをもっぱら目的として法律によって定められた制限にのみ服する。

3. これらの権利及び自由は、いかなる場合にも、国際連合の目的及び原則に反して行使してはならない。

第30条（権利と自由に対する破壊的行動）

　この宣言のいかなる規定も、いずれかの国、集団又は個人に対して、この宣言に掲げる権利及び自由の破壊を目的とする活動に従事し、又はそのような目的を有する行為を行う権利を認めるものと解釈してはならない。

*執筆者一覧

はじめに
江原由美子　　えはらゆみこ　　　　　一般社団法人神奈川人権センター理事長／東京都立大学名誉教授

第1章　21世紀の人権
山崎　公士　　やまざきこうし　　　　　神奈川大学名誉教授

第2章　被差別部落と人権
吉田　　勉　　よしだつとむ　　　　　　東日本部落解放研究所副理事長
鳥山　　洋　　とりやまひろし　　　　　東日本部落解放研究所事務局長
中村　彰信　　なかむらあきのぶ　　　　部落解放同盟神奈川県連合会副委員長
我孫子高宏　　あびここうこう　　　　　曹洞宗人権擁護推進本部事務局長

第3章　アイヌ民族と人権
上村　英明　　うえむらひであき　　　　恵泉女学園大学教授

第4章　沖縄の人々と人権
高里　鈴代　　たかさとすずよ　　　　　「基地・軍隊を許さない行動する女たちの会」共同代表

第5章　外国につながる人々と人権
鈴木江理子　　すずきえりこ　　　　　　国士舘大学教授／
　　　　　　　　　　　　　　　　　　　（特非）移住者と連帯する全国ネットワーク副代表理事
山田　貴夫　　やまだたかお　　　　　　多文化共生・自治体政策研究会世話人
大石　文雄　　おおいしふみお　　　　　NPO法人在日外国人教育生活相談センター・信愛塾理事
遠原　　輝　　とおはらあきら　　　　　川崎市ふれあい館職員
高梨　晃嘉　　たかなしあきよし　　　　神奈川 朝鮮学園を支援する会
谷川雄一郎　　たにがわゆういちろう　　神奈川大学非常勤講師
富本　潤子　　とみもとじゅんこ　　　　公益財団法人かながわ国際交流財団
山岸　素子　　やまぎしもとこ　　　　　（特非）移住者と連帯する全国ネットワーク事務局長
旗手　　明　　はたてあきら　　　　　　自由人権協会理事
佐藤由利子　　さとうゆりこ　　　　　　東京工業大学教授
児玉　晃一　　こだまこういち　　　　　弁護士
浦城　知子　　うらきともこ　　　　　　弁護士
裵　　　安　　ぺい あん　　　　　　　NPO法人かながわ外国人すまいサポートセンター理事長
大川　昭博　　おおかわあきひろ　　　　（特非）移住者と連帯する全国ネットワーク理事
早川　　寛　　はやかわひろし　　　　　神奈川県勤労者医療生協理事
竹川真理子　　たけかわまりこ　　　　　NPO法人在日外国人教育生活相談センター・信愛塾センター長
高橋　　徹　　たかはしとおる　　　　　（特非）移住者と連帯する全国ネットワーク／
　　　　　　　　　　　　　　　　　　　認定NPO法人多文化共生ネットワークかながわ理事長

黄　　浩貞	ふぁん ほじょん	川崎市ふれあい館職員
ラボルテ雅樹	らぼるてまさき	関西非正規等労働組合（ユニオンぼちぼち）書記長
師岡　康子	もろおかやすこ	弁護士／外国人人権法連絡会

第6章　障害者と人権
| 臼井　正樹 | うすいまさき | 神奈川県立保健福祉大学名誉教授 |
| 山崎　公士 | やまざきこうし | 神奈川大学名誉教授 |

第7章　男女平等と人権
江原由美子	えはらゆみこ	一般社団法人神奈川人権センター理事長／東京都立大学名誉教授
贄川由美子	にえかわゆみこ	女のユニオンかながわ執行委員
大須賀啓子	おおすがけいこ	女のユニオンかながわ執行委員
高岡　　香	たかおかかおり	弁護士／茨城県立医療大学客員教授
阿部　裕子	あべひろこ	かながわ女のスペースみずら理事
齋藤百合子	さいとうゆりこ	大東文化大学国際関係学部特任教授

第8章　性的少数者と人権
| 平良　愛香 | たいらあいか | 日本キリスト教団川和教会牧師／立教大学非常勤講師／桜美林大学非常勤講師 |

第9章　子どもと人権
島﨑　直人	しまざきなおと	かながわ教職員組合連合事務局長
金澤　信之	かなざわのぶゆき	東洋大学非常勤講師／神奈川県高等学校教育会館教育研究所特別研究員
畠山　幸子	はたけやまゆきこ	神奈川県高等学校教育会館専務理事・事務局長
東　　玲子	ひがしれいこ	弁護士

第10章　高齢者と人権
| 西村　　淳 | にしむらじゅん | 神奈川県立保健福祉大学教授 |

第11章　疾病・患者と人権
| 西村　　淳 | にしむらじゅん | 神奈川県立保健福祉大学教授 |
| 大髙俊一郎 | おおたかしゅんいちろう | 国立ハンセン病資料館社会啓発課長 |

第12章　平和と人権
| 清末　愛砂 | きよすえあいさ | 室蘭工業大学大学院工学研究科教授 |
| 新倉　裕史 | にいくらひろし | 非核市民宣言運動・ヨコスカ／ヨコスカ平和船団 |

第13章　労働と人権

竹信三恵子	たけのぶみえこ	ジャーナリスト／和光大学名誉教授
川崎　あや	かわさきあや	インクルージョンネットかながわ代表理事
近藤　　昇	こんどうのぼる	寿日雇労働者組合

第14章　環境と人権

小野　行雄	おのゆきお	NPO法人草の根援助運動事務局長／法政大学非常勤講師
澤井　正子	さわいまさこ	元原子力資料情報室スタッフ
振津かつみ	ふりつかつみ	「チェルノブイリ・ヒバクシャ救援関西」事務局

第15章　表現の自由と人権

小宮　友根	こみやともね	東北学院大学経済学部准教授
雪竹　欣哉	ゆきたけきんや	企画表現研究所所長

第16章　企業と人権

竹内　　良	たけうちりょう	東京人権啓発企業連絡会顧問

第17章　地方自治と人権

上林　得郎	かんばやしとくろう	公益社団法人神奈川県地方自治研究センター顧問

あとがき

工藤　定次	くどうさだつぐ	一般社団法人神奈川人権センター副理事長

＊編集委員会

監　　修	江原由美子	一般社団法人神奈川人権センター理事長
編　集　長	工藤　定次	一般社団法人神奈川人権センター副理事長
副編集長	金　秀一	一般社団法人神奈川人権センター副理事長
編集委員	早坂　公幸	一般社団法人神奈川人権センター事務局長
同	阿部　裕子	一般社団法人神奈川人権センター事務局次長
同	中村　彰信	一般社団法人神奈川人権センター事務局次長
同	深田　　独	一般社団法人神奈川人権センター事務局次長
アドバイザー	石井　純一	（有）江ノ電沿線新聞横浜工房代表取締役
デザイン	福島　　周	福島周デザイン室
顧　　問	三川　哲伸	一般社団法人神奈川人権センター副理事長

あとがき

　「新・21世紀の人権」は、1996年の「国際化時代の人権入門」（日高六郎監修※1999年改訂）、2011年の「21世紀の人権」（江原由美子監修）に続くものです。それぞれの発行時には、最新の人権の課題全般を網羅した本格的な入門編として評価をいただき、活用されてきました。その内容は、日本の差別人権課題への幅広い提起とし、それに神奈川県内の課題を取り入れています。

　52名にも及ぶ執筆陣は、それぞれが各課題の専門家として活躍しており、その提言は今の日本の人権現状を見すえた的確なものです。

　しかし、本誌がすべての人権課題を網羅しているかと言えばそうではありません。今回取り上げた17課題までが今の私たちの力量の限界であり、まだまだ多くの課題があります。複合差別、インターネット（各課題の中では一部取り上げられてはいるが）、司法（えん罪、犯罪被害者、受刑者や出所者、その家族）、自死（「自殺」）、災害、人身取引、婚外子、ジャーナリズムなどです。

　今後改訂を積み重ねることによって内容の豊富化に努める所存です。

　2011年の「21世紀の人権」編集中には、「東日本大震災」「福島原発事故」が発生し、大きな犠牲をもたらしました。10年経過の今も、共に「復興復旧」からはほど遠い現状です。

　今回の編集中にも地球規模で「コロナ禍」という未曾有の災害に見舞われました。日本も同様で、未だ収束の気配はありません。又、2021年7月13日時点では、「コロナ」の世界的大流行、緊急事態宣言下にもかかわらず東京オリンピック・パラリンピックが強行開催されようとしています。最悪の事態とならないことを願うばかりです。

　一方で歴史は明らかに「差別撤廃、人権尊重」に向かって動いています。

　国連の人権諸条約締結と共に国内の法制度も確立しつつあり、具体的取り組みが前進していることは紛れもない事実です。そのことについては本誌を参照していただければ一目瞭然です。特徴的な例としては、2016年に相次いで成立した「障害者差別解消法」「ヘイトスピーチ解消法」「部落差別解消推進法」などがあげられます。

　本書が、人権を尊重する社会を実現する活動の一助となること、特に、人権教育、啓発等で活用されることを願ってやみません。

　最後に本書発行にあたって快諾していただいた執筆者の皆さん、協力していただいた団体、個人の皆さん、江ノ電沿線新聞横浜工房の石井社長、新進気鋭の福島デザイナー、さらに本書を推せんしていただいた皆さんに厚く御礼を申し上げます。

工藤定次
（一般社団法人神奈川人権センター副理事長）

新・21世紀の人権
知っているようで知らない差別と人権の話

2021年8月15日　第1刷発行

監　　修　　江原由美子

編集・発行　　一般社団法人　神奈川人権センター
〒235-0023
神奈川県横浜市磯子区森3-3-17-217
電　　話　　045（271）1455
Ｆ　Ａ　Ｘ　　045（761）3389
郵便振替　　00280-5-53212

発　　売　　株式会社　日本評論社
〒170-8474
東京都豊島区南大塚3-12-4
電　　話　　03（3987）8611
Ｆ　Ａ　Ｘ　　03（3987）8593
郵便振替　　00100-3-16

デ ザ イ ン　　福島周デザイン室
組版・印刷　　（有）江ノ電沿線新聞横浜工房